이코노미스트

2021 세계경제대전망

이코노미스트 지음

THE WORLD IN 2021

책을 펴내면서 From the editor

톰 스탠다지 Tom Standage | 《2021 세계경제대전망》 편집자

당신은 운이 좋은 편인가? 21은 행운, 위험, 모험, 주사위와 관련된 숫자다. 주사위의 눈은 21개, 도박과 경마의 통화인 1기니는 21실링이다. 미국에서 카지노 입장 제한 연령은 21세이며, 21은 도박사들이 즐기는 블랙잭 등 카드 게임의 이름에 들어가는 숫자다.

모든 것이 특별히 불확실한 한 해에 묘하게 들어맞는 듯하다. 코로나 팬데믹을 통제할 가능성이라는 엄청난 보상이 걸려 있다. 하지만 리스크가 크다. 건강, 경제의 활력과 사회의 안정이 위험하다. 2021년이 다가오는 지금, 다음 열 가지 트렌드를 주목해보자.

1. **백신을 둘러싼 투쟁.** 백신의 대량 생산이 최초로 가능해지면, 백신을 개발하는 영웅적 노력에서 그만큼 어려운 백신의 배포로 초점이 바뀔 것이다. 백신 외교가 중요해지고 누가, 언제 백신을 얻

을지에 대해 각국 내부적으로, 또 세계적으로 싸움이 일어날 것이다. 변수: 백신의 제공을 거부하는 사람은 얼마나 될까?

2. **불균일한 경기 회복.** 국지적 발발과 락다운이 반복되면서 각국 경제가 팬데믹의 여파를 벗어나는 회복세는 고르지 못할 것이다. 기업에 인공호흡기를 달던 각국 정부는 정책 방향을 바꿔 일자리를 잃은 근로자들을 도울 듯하다. 강한 기업과 약한 기업의 격차는 더욱 벌어진다.

3. **새로운 세계 질서의 형성.** 조 바이든의 새 행정부는 무너져 가는 세계 질서를 수습할 수 있을까? 파리기후변화협약과 이란 핵 협상이 그 시작점이 돼야 한다. 그러나 세계 질서의 재편은 트럼프 대통령 이전에 시작됐으며 그의 임기가 끝나도 계속될 것이다.

4. **미중 긴장의 심화.** 바이든 대통령이 중국과의 무역 전쟁을 끝낼 것이라고 기대하지 말자. 대신 동맹국과의 관계를 강화해 효율적으로 전쟁을 이어가려 할 것이다. 양국의 갈등이 격해지는 가운데, 아프리카부터 동남아시아까지 많은 나라가 한쪽 편을 들지 않으려 최선을 다하고 있다.

5. **최전방의 기업들.** 미중 갈등으로 인해 경영계가 지정학적 전장이 되어가면서, 화웨이와 틱톡의 사례와 같이 여러 기업이 전쟁터에 나선 양상이다. 경영자들은 위에서 압력을 받을 뿐 아니라, 아래에서도 압박을 받고 있다. 정치가 제대로 대처하지 못한 기후 변

화와 사회 정의에 대한 행동을 직원과 소비자가 기업에 요구하고 있기 때문이다.

6. **기술 발전 이후.** 2020년 팬데믹은 화상 회의부터 온라인 쇼핑, 원격 근무와 원격 교육 등 다양한 기술의 도입을 이끌었다. 2021년에는 이러한 변화가 지속될지 예전의 생활로 돌아갈지 윤곽이 드러날 것이다.

7. **덜 자유로운 세상.** 관광업이 움츠러들고 관광 형태는 국내 여행에 중점을 두는 방향으로 변할 것이다. 항공사, 호텔 체인과 항공기 제조사가 어려움을 겪고, 해외 유학생에게 크게 의존하는 대학도 곤란해진다. 문화 교류도 제한될 것이다.

8. **기후 변화 대응 기회.** 현재의 위기 가운데 하나의 희망이 있다면, 각국 정부가 일자리 창출과 온실가스 감축을 위해 환경친화적 경기 회복 계획에 투자하면서 기후 변화에 대응할 기회가 열렸다는 것이다. 2020년에서 미뤄진 유엔(UN) 기후변화협약 당사국 총회에서 각국이 얼마나 야심 찬 감축 공약을 할지 지켜보자.

9. **데자뷔의 해.** 다가올 한 해는 여러 측면에서 2020년의 반복으로 느껴질 수 있다. 1년이 미뤄진 올림픽, 두바이 엑스포와 기타 정치, 스포츠, 비즈니스 행사는 추가 연기 없이 2021년에 행사를 진행하기 위해 최선을 다하겠지만, 모두 성공하지는 못할 것이다.

10. **다른 위험에 대한 경보.** 수년간 팬데믹의 위험을 경고했던 학자와 분석가들은 이번 사태를 기회로 삼아 항생물질 내성과 핵 테러 등 지금껏 무시된 다른 위험에 대해 진지한 정책적 대응을 촉구할 것이다. 행운을 빈다.

팬데믹과 불균일한 경기 회복, 까다로운 지정학이 서로 영향을 미치면서, 2021년은 특히 예측 불가능한 해가 될 것이다. 한 해 동안 눈앞의 위험을 헤쳐나가며 기회를 잡아야 한다.

전망이 완전히 암울하지는 않다. 특별 섹션 "애프터쇼크"에서는 위기에서 얻은 교훈을 되짚으며 긍정적인 변화의 기회를 알아볼 것이다. 그러므로 주사위를 높이 던지자. 2021년이 어떤 패를 내밀더라도 독자 여러분께 행운이 따르길 바란다.

PART 1

리더스 LEADERS

비즈니스 BUSINESS

PART 2

영국 · BRITAIN

중동 · MIDDLE EAST

아프리카 · AFRICA

특별 섹션 ─ 애프터쇼크 • AFTERSHOCKS

PART
1

리더스 | 비즈니스 | 금융 | 국제 | 과학 · 기술 | 문화

The World in
2021

위기 후에 찾아오는 기회

트럼프 이후, 코로나 이후 세계를 만들 세력을 살펴본다

자니 민튼 베도스 Zanny Minton Beddoes | 〈이코노미스트〉 편집장

역사에서 어떤 해는 중요하게 다가온다. 그런 해에는 보통 역사책의 한 장에서 다음 장으로 넘어갈 때 종지부를 찍는 것처럼 전쟁이 끝나거나 혁명이 시작한다. 2020년은 예외가 될 것이다. 도널드 트럼프 대통령의 패배로 미국 역사상 가장 분열되고 파괴적인 대통령 임기 중 한 시대가 막을 내렸다. 100년 만에 한 번 찾아온 팬데믹은 혁신주의 시대처럼 극적으로 경제 및 사회를 재설정하는 기회를 만들어냈다. 정치인들이 그것을 거머쥘 만큼 용감한지 아닌지가 2021년에 중요한 문제가 될 것이다.

코로나19는 단지 세계 경제에 타격을 입힌 것만이 아니다. 그것은 현대 세계의 모습을 만들었던 세 가지 거대 세력의 궤도를 바꿔놓았다.

세계화가 잘려나갔다. 디지털 혁명은 급진적으로 가속화되었다. 그리고 미국과 중국 사이의 지정학적 경쟁이 치열해졌다. 이와 동시에, 팬데믹은 오늘날 엄청난 재앙 중 하나인 불평등을 악화시켰다. 게다가 발생 확률은 낮지만 영향력이 큰 재난에 대비하지 않아 발생한 사상자를 보여줌으로써, 더 많은 사람들이 다음 세기에 불가피하게 찾아올 것이며 심지어 영향력이 더 큰 재난인 기후 변화에 초점을 맞추게 되었다. 이 모든 것은 우리가 코로나 이전 세계로 돌아갈 수 없다는 사실을 의미한다.

그것은 연초에 분명하게 드러나지 않을 것이다. 고통스러운 코로나 재유행의 물결 속에서, 여전히 많은 나라는 바이러스를 통제하는 데 관심을 집중할 것이다. 새해가 시작하면서 백신이 곧 나오겠지만 널리 보급되는 데는 시간이 걸릴 것이다. 2021년이 흘러가면서 백신이 출시되고 나서야 비로소 얼마나 많은 것이 영구적으로 바뀌었는지가 분명해질 것이다.

그리고 그것은 특히 서양에서 많이 바뀐 것으로 밝혀질 것이다. 코로나 이후 세계는 훨씬 더 디지털화될 것이다. 원격 근무에서 온라인 소매업에 이르기까지, 팬데믹은 수년간에 걸쳐 일어날 변화를 수개월로 압축시켜 사람들이 어떻게 생활하고, 무엇을 구매하며, 어디에서 일하는지에 극적인 변혁을 가져왔다. 이번에 한바탕 일어난 창조적 파괴의 승자는 (이익과 주가가 급등한) 기술 공룡 기업들과 (가장 많은 데이터를 보유하고 디지털 변환에 자금을 가장 많이 투자하는) 대기업들이다. 대도시는 스스로 재창조해야만 할 것이다. 특히 소기업, 소매업, 여행업, 접객업소에서 폐업이 홍수처럼 발생할 것을 예상하라.

세계화는 여전히 상품과 자본이 국경을 넘어 이동하는 것을 의미하지만 사람들은 여행을 덜 하게 될 것이다. 바이러스를 가장 효과적으로 통제했던 아시아 국가들은 국경을 가장 엄격하게 봉쇄한 나라들이었다. 그들의 경험이 다른 나라들의 정책 방향을 정해줄 것이다. 코로나 발생 건수가 줄어든 후에도 국경 제한과 검역은 오랫동안 지속될 것이다. 그리고 관광이 재개된다고 하더라도 해외 이주는 훨씬 더 어려워질 것이다. 이는 해외 이주 노동자들의 송금에 의존하는 가난한 국가들의 앞길을 어둡게 만드는 바람에 팬데믹 자체로 인한 피해를 더 크게 키웠다. 2021년 말까지 약 1억 5,000만 명이 극빈층으로 전락할 가능성이 크다.

글로벌 상거래는 불길한 지정학적 배경과 싸우며 이뤄질 것이다. 트럼프 대통령의 변덕스러운 상업주의는 사라지겠지만, 대통령 자신이 자랑스레 불리기를 원했던 '관세맨'이 떠난다고 해서 미국의 중국에 대한 의구심은 사라지지 않을 것이다. 기술 회사에 대한 제재가 계속되는 것처럼 현재 중국으로부터 수입하는 품목의 3분의 2에 부과하는 관세는 그대로 유지될 것이다. 디지털 세계와 그것의 공급 사슬이 두 부분으로 나뉘어 중국과 미국이 각각 주도하는 현상은 계속될 것이다. 중미 간의 경쟁만이 세계화에 분열적인 영향을 주는 것은 아니다. 의료 물자와 다른 중대한 물품을 (주로 중국에서) 수입하는 것에 의존했던 잘못을 깨달은 유럽 국가들과 인도 정부는, 반드시 보호해야 하는 '전략적 산업'의 범위를 재정의할 것이다. 이 새로운 산업 정책을 지원하기 위한 국가 원조는 현재 어디에나 존재하고 앞으로도 그럴 것이다.

이 모든 것이 세계 경제를 분열시키고 위축시킬 것이다. 중국(그리고 코로나 이후 다른 아시아 국가)의 강세와 다른 국가들의 약세 사이의 차이는 두드러질 것이다. 중국은 2020년에 경제 성장을 이룩한 유일한 경제 대국이다. 2021년에는 중국의 경제 성장률은 7%를 넘을 것이다. 이는 유럽과 미국의 회복 속도보다 현저히 더 빠른 수준이다. 그리고 중국의 경제 회복은 서구 경제처럼 입이 떡 벌어질 정도의 재정 적자나 특별한 통화 부양책의 도움을 받은 것이 아니다. 중국 공산당 창건 100주년을 맞이해 중국의 경제적 성공과 신속한 코로나 극복은 베이징에서 열릴 올해의 승리 축하 행사의 배경이 될 것이다.

서구와 대조해보면 차이가 극명하게 드러난다. 미국은 불안정한 성장으로 한 해를 시작할 것이다. 그것은 적어도 트럼프 행정부 말년에 충분한 경기 부양책을 통과시키지 못했기 때문만은 아니다. 유럽 경제는 더 이상 존재하지 않는 일자리에 사람들을 묶어두는 관대한 일시해고제와 국가가 지원하는 좀비 기업들로 인해 더 오랫동안 침체할 것이다. 코로나19의 영향으로 대서양 양쪽에서 불평등은 더욱 분명해질 것이다. 가장 취약한 계층이 바이러스에 의해 가장 큰 타격을 받으며, 비숙련 근로자들의 일자리가 집중적으로 감소하고, 교육 단절로 가난한 가정의 아이들의 미래가 피해를 가장 많이 볼 것이다. 특히 미국에서 대중의 분노는 더욱 커질 것이므로 미국은 여전히 심각하게 분열된 상태로 2021년을 맞이할 것이다.

서구가 심한 충격을 받고 중국이 마구 자랑하는 가운데, (이 책을 포함한) 많은 전문가는 팬데믹이 서구 주도의 세계 질서에 종말을 알리는 신호라고 선언할 것이다. 하지만 그것은 시기상조라고

팬데믹은 현대 세계의 모습을 만들었던 세 가지 거대 세력의 궤도를 바꿔놓았다.

판명될 것이다. 중국의 '백신 외교'에도 불구하고 중국은 존경보다는 공포와 의구심을 야기한다. 게다가 중국의 시진핑 주석은 중국을 중앙무대로 끌어내려는 자신의 모든 결심에도 불구하고, 진정한 글로벌 리더십을 발휘하려는 욕구가 거의 없다. 트럼프 대통령의 동맹국에 대한 경멸과 기습적인 무역 외교를 추구한 것이 미국 주도의 글로벌 질서에 대한 신뢰를 흔들었지만, 그들은 그것을 파괴하지는 않았다.

이는 미국이 다시 한 번 코로나 이후 세계를 형성할 불균형적인 능력을 갖추게 되리라는 것을 의미한다. 그런 기조를 가장 잘 설정할 수 있는 사람은 78세로, 그의 정치 경력은 오늘날보다 캘빈 쿨리지(Calvin Coolidge) 대통령의 재임 기간에 더 가까이 다가가기 시작했다. 조 바이든은 자신의 정치적 입장을 항상 당의 무게 중심에 고정해 공감대 형성을 추구하는 온건파로서 대담하게 새로운 시대를 설계할 사람 같지는 않다.

하지만 그가 꼭 맞는 적임자일 것이다. 바이든 대통령의 정책 강령은 매우 야심만만하다. 그가 내세웠던 '더 나은 재건(build back better)'이라는 슬로건 뒤에는 미국의 에너지 전환을 극적으로 가속하기 위해 친환경 관련 기반 시설, 연구, 기술 등에 대한 막대한 투자와 단기 부양책을 접목하려는 대담하지만 급진적이지 않은 시도가 숨어 있다. 보건의료 접근성 확대로부터 사회보험 개선에 이르기까지 바이드노믹스(Bidenomics)가 제안한 사회계약은 진보주의 시대의 21세기 버전으로서 좌익주의 위험이 없는 과감한 개혁이다.

외교 정책에서 바이든은 상대국과의 관계를 바로잡고 미국의 가치와 세계적인 역할을 재확인할 것이다. 외교의 베테랑, 본능적인 다자주의자, 기관 건설자로 유명한 바이든은

> 조 바이든은 대담하게 새로운 시대를 설계할 사람 같지는 않지만 꼭 맞는 적임자일 것이다.

미국이 파리기후변화협약에 다시 참여하고 세계보건기구(WHO)에 머물며 코로나19 백신 보급의 세계 연합인 코백스(COVAX)에 가입할 것이라는 강력한 신호를 신속하게 보낼 것이다. 그는 나토(NATO)와 대서양 횡단 동맹에 대한 미국의 약속을 재확인하기 위해 유럽을 곧 방문할 것이다. 하지만 첫 방문지는 보리스 존슨(Boris Johnson)의 브렉시트 영국이 아니라 베를린이나 파리가 될 것이다. 바이든은 미국의 외교 정책에서 인권과 민주주의의 중요성을 다시 강조할 것이다. 중국의 신장 지역 위구르에 대한 처리 문제와 홍콩 탄압에 대한 미국의 비난이 거세질 것으로 예상하라. 독재자들과 더 이상 친하게 지내지 않을 것이다.

그러나 가장 중요한 이슈에 대해 바이든 대통령은 방향보다는 접근 방식의 변화를 제시할 것이다. 미국은 부상하는 중국이 제기하는 위협에 대해 여전히 걱정할 것이다. 트럼프 행정부가 그것에 관한 관심을 집중한 공로는 인정받을 만하다. 그러나 바이든 팀은 일방적인 관세로 공격하기보다는 중국에 대항하기 위해 다자 간 연합을 구축하는 데 초점을 맞출 것이다. 대서양 연안 국가들과 대타협에 관한 협상을 기대하라. 그 협상에서 미국은 중국 기술 회사에 대한 공동 대응의 대가로 미국의 거대 기술 기업들과 특히 그들이 수집한 개인 데이터와 미납 세금에 대한 유럽인들의 우려를 덜어주려고 할 것이다. 중국에 대항하기 위해 아시아 민주국가들을 서구 연합국으로 묶어 새로운 국제 동맹을 구축하려는 논의도 기대하라. 상상컨대 그것이 바로 미국이 주도하는 새로운 세계 질서의 토대다.

기회는 바로 거기에 있다. 문제는 바이든 대통령이 그것을 잡을 것인가에 달려 있다. 위험은 국내외적으로 바이든 행정부가 달래는 말을 많이 하고 효과적인 행동이 부족하다는 것이다. 또 다른 위험은 공화당이

다수를 차지한 상원의 제약을 받든 안 받든 간에 바이든 대통령 자신이 미래 세계를 건설하기보다는 과거 세계의 잘못을 바로잡는 데 너무 집중하고 있으며, 필요한 변화를 추진하기 위해 경직된 다자 간 기구들을 지원하고 기존의 일자리를 보호하는 데 너무 열정적이라는 사실이다. 가장 큰 위험은 많은 공화당원이 두려워하는 급진적 경향이 아니라 활동 부족, 소심, 정체다. 그것은 미국과 전 세계에 끔찍하게 부끄러운 일일 것이다.

바늘과 보급
백신이 등장하고 있지만 백신 보급에는 많은 장애물이 기다린다

에드워드 카 Edward Carr | 〈이코노미스트〉 부편집장

코로나19 바이러스인 사스-코브-2(SARS-cov-2) 예방접종이 절실한 세계에 2021년은, 두꺼운 두 조각의 좋은 소식이 일련의 갈등, 지연, 실망 등 좌절의 소식을 감싸고 있는 샌드위치와 같은 한 해가 될 것이다. 정책 입안자들은 샌드위치 속을 맛있게 만들도록 노력해야만 한다. 수천 명의 목숨이 그들의 노력에 달려 있을 것이다.

좋은 소식의 첫 번째 조각은 앞으로 6개월 동안 화이자-바이오앤테크(Pfizer-BioNTech)가 개발한 성공적인 후보자를 보완하는 새로운 백신을 많이 접하게 될 것이라는 사실이다. 그것은 과학적 협력의 힘에 대한 증거다. 예전에는 백신을 만드는 데 10~20년이 걸렸지만 오늘날에

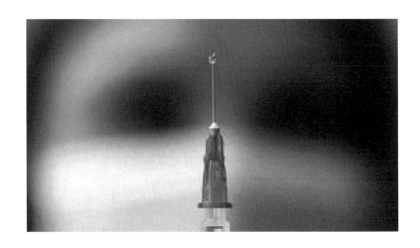

는 선진 임상 치료 수십 건을 포함해 320여 건이 넘는 프로젝트가 진행 중이다. 게다가 이 연구는 여러 팀이 다른 각도에서 바이러스를 공격하기 때문에 백신 연구에 귀중한 발전을 이룩하고 있다. 어떤 백신들은 감쇠(減衰) 바이러스를 사용하는 구식 경로를 따른다. 예를 들어 화이자 백신과 같은 다른 백신들은 바이러스 유전자를 사용해 면역체계를 준비시키는 새로운 영역을 개척하고 있다(과학 섹션 참조). 이런 백신은 대량 생산이 더 쉽다.

좋은 소식의 두 번째 조각은 모든 것이 제대로 진행된다면 2021년 말까지 백신을 충분하게 확보할 수 있을 것이라는 사실이다. 즉 이 말은 코로나19의 확산을 상당히 저지할 수 있다는 것을 의미한다. 백신은 또한 감염자들의 증상을 완화함으로써 그들을 보호할 수도 있다. 코로나19는 갑자기 사라지지 않겠지만 뒤쪽으로 서서히 사라지기 시작할 것이다.

그러나 좋은 소식 사이에 나쁜 소식도 많을 것이다. 북반구 겨울의 한파는 몹시 매섭다. 게다가 수십억 개의 경쟁 백신을 인증, 제조, 유통, 관리하는 것은 분명히 문제를 일으킬 것이다.

시간이 생명을 구할 수 있기 때문에 규제 당국은 당연히 백신 승인을 서두르고 있다.

그러나 러시아와 중국은 아직 대규모 3상 실험을 통과하지 못한 백신을 허가했다. 그들의 제품은 효력이 없거나 합병증을 유발한다. 서구 국가에서 긴급 허가를 받는 백신들도 서로 다른 그룹에서 다르게 작용하거나 일시적인 효과만 있을 수 있기 때문에 지켜볼 필요가 있을 것이다. 절차를 무시한 규제 당국에 대한 비난과 (대부분 음모지만) 백신을 피해야 하는 이유에 대한 이론이 많이 쏟아져나올 것을 예상하라.

여러 가지 백신의 생산이 시작됐다. 화이자는 2020년 말까지 5,000만 회 투여분이 준비될 것이라고 발표했다. 그렇더라도 백신 생산 규모를 늘리는 것은 엄청난 과제가 될 것이다. 세계 최대 제조사인 세럼 연구소(Serum Institute)는 2024년 이후까지도 전 세계에 접종할 수 있을 정도로 충분한 양을 확보하지 못할 것이라고 경고했다. 영하 70도 또는 그 이하로 보관해야 하는 화이자를 포함한 몇몇 백신에 필요한 '저온 유통 체계(cold chains)'의 부족과 의료용 유리 부족 현상은 백신 생산을 지연시킬 수 있다. 또한 백신 관리에 숙달된 사람들이 부족한 것도 동일한 문제를 일으킬 수 있다. 2020년 팬데믹으로 인해 전 세계가 GDP의 약 8%를 희생했다는 점을 고려한다면 돈을 낭비할까봐 이런 것들에 대한 투자를 꺼리는 것은 근거 없는 근시안적 생각일 뿐이다.

아플지도 모른다

국가 간에 싸움이 있을 수 있다. 중국과 러시아는 이미 연성 권력을 주입하는 수단으로 백신 공급을 이용하고 있다(중국 섹션 참조). 미국과 영국은 자국민을 위해 백신 공급에 자물쇠를 채우려고 할지도 모른다. 많은 생명이 위태롭다. 보스턴의 노스이스턴대학교가 만든 모델에 따르면 50개 부유한 국가가 80%의 효과가 있는, 20억 회 투여분의 백신을 처음 받으면 코로나19로 인한 사망자의 33%를 예방할 수 있지만, 백신이 국가 인구에 따라 분배된다면 생명을 구한 사람의 비율은 거의 두 배가 된다. 그러한 통찰력이 백신에 대한 동등한 접근을 보장하는 계획인 코백스를 뒷받침한다.

국가 내에서도 싸움이 있을 수 있다. 한정된 물량으로 최대한 생명을 구하려면 의료진이 먼저 예방접종을 하고 가장 취약한 사람이 그 뒤를 이어야 한다. 다른 분야와 마찬가지로 의료 서비스에서도 대기 줄의 맨 뒤에 의료진이 서 있는 경우가 많다.

역설적으로 일단 공급이 충분해지면 문제는 반백신주의자와 성급한 인증을 우려하는 회의론자의 거부 반응으로 바뀔 것이다. 여론 조사에 따르면 전 세계 성인의 4분의 1이 백신을 거부한다고 한다. 바라건대 화이자가 해내겠지만 백신 효과가 90% 이상이 된다면 정부는 대부분 사람에게 마음을 바꿔 예방접종을 하라고 설득할 수 있을 것이다.

이 모든 것이 정부에게는 벅찬 과제에 해당한다. 그들은 백신 인증에 대한 과학적 근거와 보급 기준을 명확하게 설명해야 한다. 그들은 지출이 일부 낭비될 것을 알고 있지만 공급망과 훈련에 투자해야만 한다. 그리고 그들은 국가들이 백신을 공정하게 분배하기 위해 협력한다면 전 세계가 얻는 이득이 어떻게 되는지를 국민에게 설명할 필요가 있을 것이다.

경제 방향 예측
2021년 세계 경제 성장이 어디로 향하는지 알려면 이들 지표를 관찰하라

헨리 커 Henry Curr | 〈이코노미스트〉 경제 부문 편집자

최근 기억으로는 세계 성장의 불확실성이 그렇게 많이 팽배한 적이 없다. 그 이유는 단지 2021년 세계 경제 전망이 바이러스 확산 정도와 백신 생산에 달려 있기 때문만은 아니다. 그것은 팬데믹이 경제 활동을 둔화시키고, 일부 기업들의 문을 닫게 하고, 근로자들을 실직자로 만들면서 얼마나 지속적인 피해를 줄지 알 수 없기 때문이다. 팬데믹의 전체적인 영향은 기업 구제와 근로자 지원을 위한 정부의 대규모 비상 개입으로 모호해졌다. 그 지원을 중단해야만 베일이 걷힐 것이다. 역학자들이 바이러스가 발전하면 그 바이러스에 대해 배워야만 하는 것처럼 경제학자들은 그것의 경제적 손실을 그때그때 봐가며 판단해야만 한다.

미국의 노동 시장은 시작하기에 좋은 부문이다. 그것은 모든 세계 경제 전망의 핵심에 있다. 6월 미 연준(Fed, 연방준비제도)의 통화 정책 입안자 절반은 실업률이 봄의 최고점에서 서서히 떨어져 9.3%를 상회하는 수준에서 2020년을 마칠 것으로 생각했다. 실업률은 10월에 이미 6.9%로 떨어졌다. 낙관론자들은 V자형 회복의 신호라고 말한다. 그러나 같은 달 영구 실업자 수는 리먼 브라더스가 파산한 다음 달인 2008년 10월보다 더 많았다. 고용 시장이 정말로 고비를 넘겼는지에 대한 신호를 보려면 신문 머리기사에 나오는 급락한 실업률보다 이 숫자를 주목하라.

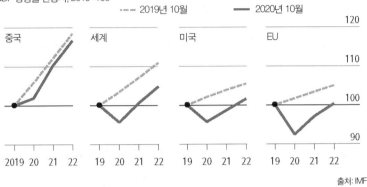

피해 추이
GDP 성장률 전망치, 2019=100

--- 2019년 10월   — 2020년 10월

중국 세계 미국 EU

120

110

100

90

2019 20 21 22   19 20 21 22   19 20 21 22   19 20 21 22

출처: IMF

노동 시장의 빠른 회복은 인플레이션이 더 높아질 것을 예고하는 것 인지도 모른다. 일부 논평가들은 2020년에 투입된 막대한 통화 및 재정 부양책이 위기로 인해 혼란에 빠진 세계 경제를 통해 제 역할을 하고 있기 때문에 가격 폭등을 경고하고 있다. 그러나 이 명제를 따르는 투 자가는 거의 없다. 금융 시장은 중앙은행들이 수년간 인플레이션 목표 를 낮게 책정하도록 가격이 책정되어 있다. 일본은 디플레이션으로 회 귀할 위험이 있어 보이며 유로존은 지지부진한 물가 상승에 갇혀 있다. 인플레 압력이 대두되면 아마도 미국에서 제일 먼저 나타날 것이며 전 세계적으로 디스인플레이션과 저금리를 전제로 형성된 자산 가격이 신 속하게 조정을 받을 것이다. 현재 경제의 일시적인 변화로 왜곡된 인플 레이션 데이터나 중앙은행들이 억제하고 있는 채권 수익률에 주목하지 말고 인플레이션 예측치에 주목하라.

통화정책은 경제 전망에서 가장 예측 가능한 부분이다. 조만간 선진 국들의 금리가 오를 것이라는 데는 의문의 여지가 없다. 오히려 더 많 은 국가들이 금리를 마이너스로 가져가는 실험을 시도할 것이다. 유럽

중앙은행(ECB)은 통화 정책 기조를 재검토 할 것이지만 북부의 매파들이 사사건건 감시하는 가운데 인플레이션이 목표치를

초과해도 내버려두겠다는 연준의 약속을 따르지 않을 것으로 보인다.

현실적인 조치는 재정 정책에서 나올 것이다. 정부는 경제 회복을 하려면 도움이 더 많이 필요한지 판단해야 한다. 만약 미국 공화당이 1월 두 번의 결선투표 후에 상원을 장악한다면 바이든 대통령은 경제 상황이 나빠져도 경기 부양책을 더 많이 통과시키지 못할 수도 있다. 정부가 재정 적자에 조바심을 내고 특히 급속한 경제 회복을 완전한 회복으로 오인함으로써 선진국들이 긴축 재정 정책으로 너무 빠르게 전환하는 것은 위험하다. 통화 정책이 어느 정도 고정되면서 세금과 재정 지출 결정의 효과가 증폭될 것이다. 중앙은행을 연구하는 것보다 금융 당국을 지켜보는 것이 더 중요할 것이다.

색다른 조치

신흥 시장은 최빈국들의 경제적 압박이 집중적이고 심각하지만 팬데믹이 시작할 때 곧 들이닥칠 것 같았던 광범위한 금융 위기에 직면하지 않았다. 국제통화기금(IMF)에 따르면 이번 팬데믹은 과거 개발 도상국들이 겪었던 세 차례 금융 위기 사례만큼 그들의 환율과 외환보유고에 큰 부담을 주지 않았다. 그 결과 그들은 부유한 나라들처럼 대규모 현금 지원이나 중앙은행의 채권 매입과 같은 색다른 재정 및 통화 정책을 실험했다. 하지만 세계 금융 여건이 순조로운 가운데서도 신흥국들이 얼마나 오랫동안 선진국들의 경제 정책 방식을 모방할 수 있을지는 불확실하다. 브라질, 남아프리카공화국, 인도의 통화가 문제 발생의 조짐을 보일 수 있다.

마지막으로, 팬데믹 이전 2020년 전망에서 밝혔던 주제인 미국과 중국의 무역 전쟁을 고려하라. 비록 그들 사이의 '1단계' 무역 협정은 여전히 유효하지만, 최근 몇 년 동안 부과된 대부분의 관세도 마찬가지로 유효하다. 양국 사이에 존재하는 상호 간의 의심을 고려할 때 휴전은 깨지기 쉽다. 그리고 세계 제조업이 급속도로 반등함에 따라 중국 경제도 빠르게 회복했다. 무역 전쟁의 미래는 불투명하다. 그러나 워싱턴에 경종을 울릴 만한 근거로 2020년 중요해진 한 가지 경제적 변수가 있다. 중국의 무역 흑자를 주목하라.

엉터리 약장수의 약
팬데믹은 포퓰리스트들이 통치를 잘 못한다는 사실을 보여준다

로버트 게스트 Robert Guest | 〈이코노미스트〉 해외 부문 편집자

권력을 잡고 있는 포퓰리스트들은 코로나 바이러스 관리를 효과적으로 하지 못했다. 트럼프 대통령은 이를 경시했고, 돌팔이 치료법을 선전했고, 마스크 착용을 폄하했다. 부분적으로는 그의 무능함 때문에 미국인들이 코로나19로 사망할 가능성은 다른 거의 어떤 부유한 국가의 국민들보다도 더 높아졌다. 팬데믹을 꺾으려면 진지한 소통, 인내심 있는 조직, 과학에 대한 존중이 필요하다. 트럼프 대통령은 이 중 어느 것도 제공하지 않았다. 그것이 아마도 유권자들이 11월에 그를 거부한 이유였을 것이다.

　다른 국수주의 포퓰리스트들 역시 형편없는 성과를 거뒀다. 나렌드라 모디(Narendra Modi) 인도 총리는 강하고 결단력 있게 보이기를 열망한 나머지, 가난한 사람들이 그렇게 많은 국가에서 세계적으로 가장 엄격한 락다운이 실시됐을 때 발생할 결과를 고려하지 못했다. 시골에서 도시로 이주해온 수백만 명의 사람들은 일자리를 잃고 시골로 모여들었고, 인파로 빽빽한 버스 정류장은 코로나19 핫스팟이 돼 인도 전체에 바이러스가 퍼져나갔다. 브라질 대통령인 자이르 보우소나루(Jair Bolsonaro)는 가짜 약을 내세우면서 코로나19를 '가벼운 감기' 정도로 치부했다. 그리고 탄자니아 대통령 존 마구풀리(John Magufuli)는 심지어 한밤중 공동묘지에 비밀리에 시체가 쌓이고 있는데도 탄자니아는 신의 개입 덕분에 코로나 청정국이 될 거라고 선언했다.

　이 모든 경우에, 전문가를 무시하는 최고 지도자의 접근 방식은 사망자의 광범위한 발생과 필요 없이 심각한 경제 손실로 이어졌다. 하지만 포퓰리스트들은 변명을 찾고 주제를 바꾸는 데 능하다. 모디 총리는 이

**결국 팬데믹이
포퓰리스트들을
약화시킬 것이다.**

슬럼교도들이 바이러스를 널리 퍼뜨린다고 비난했고, 높은 지지도를 유지했다. 보우소나루 대통령은 브라질 사람들의 생계에 미친 충격을 완화하기 위해 엄청난 규모의 공적 자금을 배분했다. 이런 조치로 그는 멕시코의 좌파 포퓰리스트 대통령인 안드레스 마누엘 로페스 오브라도르(Andrés Manuel López Obrador, AMLO로 알려진)보다 더 높은 인기를 유지할 수 있었다. 오브라도르 대통령 역시 바이러스를 제대로 막지 못했지만, 그는 사람들에게 돈을 나눠주기를 주저했다. 마구풀리 대통령은 언론의 입을 막고 반대파들을 가둬둠으로써 재선에 성공했다.

포퓰리스트 리더들은 '국민들'의 뜻을 안다고 주장하면서, 잘 알려지지 않은 사악한 '엘리트'들로부터 그들을 보호해줄 것을 맹세한다. 하지만 국민들은 다양한 관점을 가지고 있고, 그 '엘리트'들 중에는 의사와 과학자, 전염병 학자들도 포함된다. 전문성을 무시하는 포퓰리스트의 성향은 가장 좋은 때조차도 해를 끼치며, 팬데믹 중에는 재앙을 불러온다. 팬데믹과 싸우는 주요한 국제 단체인 WHO에서 미국을 탈퇴시키겠다는 트럼프 대통령의 결정부터, 국민들에게 보드카를 마시고 트랙터를 운전해 바이러스를 치료하라고 제안하는 벨라루스의 폭군 알렉산더 루카센코(Alexander Lukashenko)까지, 포퓰리스트들은 과학보다 인상적인 몇 마디 말을 선호했고, 그 결과는 치명적이었다.

불행히도 팬데믹 그 자체는 일부 유권자들이 포퓰리즘에 영향을 받기 더 쉽게 만들었다. 사람들은 겁에 질린다. 포퓰리스트들은 공포를 이용하는 데 능숙하다. 사람들은 혼란에 빠진다. 포퓰리스트들은 중국이나 국제화에 책임이 있다는 주장처럼 이해하기 쉬운 이야기를 제공한다. 이런 이야기에 진실의 요소가 존재할 때도 종종 있다. 중국이 처음에 코로나19를 숨겼던 일은 실제로 극도로 무책임한 일이었던 것처럼 말이다. 하지만 그것은 과거다. 모든 정부는 지금, 그리고 아마도 2021년도까지 바이러스와 싸워야 한다. 증거를 지침으로 삼을 때 각 정부에서는 그 일을 효과적으로 해낼 수 있다.

하지만 다행히도 팬데믹이 결국 포퓰리스트들을 약화시킬 거라고 예측할 만한 이유들이 존재한다. 유권자들은 그들의 리더가 제대로 일을 하지 못할 때 그 사실을 알아차린다. 비영리 기관인 모어인커먼(More in Common)이 실시한 설문 조사에 따르면 모두 포퓰리스트나 다소 포퓰리스트적인 정부가 들어선 국가들인 미국과 영국, 폴란드에서, 사람들이 정부가 팬데믹에 잘 대응하지 못하고 있다고 비난할 가능성은 그런 정부가 없는 독일이나 네덜란드보다 훨씬 더 높았다.

선거 달력을 보면 2021년에는 포퓰리스트 정부를 몰아내거나 저지할 기회를 가진 유권자들이 많지 않다. 러시아 의회 선거는 자유롭지도 공정하지도 않을 것이다. 인도에서는 2021년에 상원의원 선거가 열릴 것이다. 하지만 상원 전체가 아닌 몇 명의 의원만을 선출하는 선거가 될 것이다. 멕시코인들도 국회의원을 선출하겠지만 AMLO는 여전히 권력을 유지할 것이다.

투표로 악당들을 몰아내라

하지만 아무것도 두려워하지 않고 분열을 조장하는 말에도 반응하지 않는 바이러스에 대해서는 포퓰리스트들이 이용하는, 불필요한 두려움을 일으키거나, 희생양을 만들거나, 감정에 호소하는 등의 도구키트가 아무 소용이 없다. 오히려 코로나19가 글로벌 경제에 미친 타격으로, 특히 돈을 저렴하게 빌릴 수 없는 개발도상국에서는 선동정치가들이 그들의 돈으로 유권자들을 계속 매수하기가 더 어려워졌다.

바이러스를 물리치는 데는 이성과, 솔직함, 국제적 협력과 같은 포퓰리스트들이 거부하는 미덕이 필요할 것이다. 2021년에 진보주의자들의 과제는 이런 명분을 좀 더 매끄럽게 설명하고, 그래서 포퓰리스트들을 다시 몰아내는 것이다.

유감스러운 나라
미국은 외교에 더 투자해야 한다

다니엘 프랭클린 Daniel Franklin | 〈이코노미스트〉 외교 부문 편집자

2021년에는 누가 세계를 경영할 것인가? 유엔과 같은 국제 단체들은 강대국 간의 경쟁으로 약화됐다. 러시아는 방해꾼은 되겠지만 리더는 안 될 것이다. 유럽에서 보리스 존슨 총리는 브렉시트의 여파로 정신없이 바쁠 것이고, 독일의 앙겔라 메르켈 총리는 무대를 떠날 것이며, 프랑스의 에마뉘엘 마크롱 대통령에게는 자신의 원대한 아이디어를 추구하기 위한 수단이 제한돼 있다. 중국은 떠오르는 슈퍼 파워로 점점 더 적극적이 되고 있지만, 할 수 있는지의 문제는 차치하고 아직은 세계 리더십의 부담을 짊어지고 싶어 하지 않는다. 문제는 바이든 대통령이 이끄는 미국이 그 역할로 되돌아올 준비가 될 것인가다.

미국은 이제까지 몇 년간 '끊임없는 전쟁'에 지쳐 후퇴를 해왔다. 버

락 오바마 대통령은 그때가 '집에서 나라를 건설하는 데' 집중해야 할 시간이라고 믿었다. 트럼프 대통령은 그런 후퇴를 열정적으로 좋아했고, 파리기후변화협약과 이란과의 핵 협상, 팬데믹의 와중에는 WHO 등 긴 목록의 국제 협약들에서 미국을 탈퇴시켰다. 미국이 물러나면서 대담해진 권위주의 리더들은 앞으로 나섰고, 모든 곳에서 민주주의에 도전하고 있다.

하지만 미래를 내다보라. 더 후퇴하는 것은 매력적인 옵션이 되기 어렵다. 팬데믹부터 기후 변화, 우주 무기까지 국제적 위협은 크게 증가할 것이다. 그리고 점점 다극화되는 세계에서 미국은 단순히 자기 길을 가는 일에만 의존할 수 없다. 미국은 설득과 연합의 구축, 동맹국과의 협력을 통해 참을성 있게 자신의 이익을 추구하는 데 의존해야 할 것이다. 요컨대 미국은 외교에 의존해야 한다.

이런 전망은 결코 우울한 것이 아니다. 미국은 향후 지정학적으로 더

미국은 위험한 수준에 다다를 정도로 외교 부서에 대해 손을 놓고 있다.

경쟁적인 시대가 되더라도 엄청난 우위를 유지할 수 있다. 미국은 현재까지 가장 강력한 군사력을 가진 세계 최대 경제대국이다. 중국이나 러시아 같은 경쟁자들과는 대조적으로, 미국은 그들의 영향을 확대하도록 도와줄 수 있는 변함없는 동맹국들을 보유하고 있다. 그리고 최상의 상태일 때 미국은 전 세계 사람들에게 영감을 제공하는, 인권과 자유의 옹호자다.

미국인들이 군사력의 과시를 자제하고 싶어 하는 것은 옳다. 미국이 가진 군사력의 힘은 항상 영향력을 행사하는 그들의 능력 중에서 중요한 부분이 될 것이다. 하지만 2001년의 9·11 테러 이후 미국의 외교 정책은 무력에 지나치게 많이 의존해왔다. 이제 외교를 우선시 할 때다. 그러나 일관되고 세련된 미국 외교에 대한 수요가 높아지는 만큼 이를 공급할 외교 부처의 역량은 줄어들고 있다. 국무부의 사기는 저하됐고 인재의 공동화로 어려움을 겪고 있다. 이 문제는 금방 치유하기 어려울 것이다.

미국의 가장 오래된 연방 기관이 겪는 어려움이 트럼프 행정부 시대에 시작된 것은 아니지만, 트럼프 집권 시기에 극적으로 심화됐다. 트럼프 대통령은 대놓고 국무부를 '딥 스테이트[1] 부'라고 불렀고, 성공하진 못했지만 반복해서 국무부의 예산 삭감을 제안하고, 우크라이나 관련 정책에 연관된 외교관들처럼 유일한 범죄가 자기 일을 했다는 것뿐인 경험 많은 외교관들을 공개적으로 공격했다. 직업 외교관들은 사실상 정책 입안과 관련해 높은 역할에서 제외됐고, 대사직 후보자 중 정

---

1 제도 바깥의 비밀 권력 집단을 의미함.

치인의 비중은 사상 최대로 높아졌다. 그들에게 주요 자격은 종종 정치적 기부 규모였다. 미국 외교는 위기에 처해 있다.

그러면 무엇을 해야 할까? 지난 세기에는 제1차 세계대전 이후, 제2차 세계대전 이후, 그리고 냉전 시대 중 세 번에 걸쳐 미국이 미래를 위한 외교 업무 적합성을 규정하는 법안을 통과시켰다. 하지만 최근 몇십 년간 국회는 외교가 아닌 미국 군사 업무의 형태, 국토 보안 조직에 초점을 맞춰왔다. 국회의원들이 국무부를 위한 새로운 프레임워크에 합의할 역량이 있는가 하는 문제에는 의문의 여지가 있다. 그러나 새롭게 입법을 하건 하지 않건, 미국은 더 경쟁적인 세계 지형을 위해 외교를 새롭게 생각해봐야 한다.

미국이여, 자신의 탁월성을 재발견하라

하버드 케네디스쿨에 있는 전직 외교관들이 이끄는 한 그룹은 로드맵을 준비했고 바로 그 작업을 시작하고 있다. 그들의 제안 중 일부에는 국무부의 관료주의가 작동하는 방식을 바꾸자는 내용이 포함된다. 국무부는 경직되고 위험 회피적인 조직으로 악명이 높다. 모든 직급에서 진입이 가능하도록 개방하고, 특히 다양성 측면에서 형편없는 실적을 개선하도록 돕는 일을 포함해 경력 구조를 현대화하는 작업이 매우 필요하다. 외국에 파견된 미국 외교관들 중에 아프리카계 미국인은 3명, 히스패닉계 미국인은 4명밖에 되지 않는다. 하지만 목적은 단순하고 시급하다. 미국은 위험한 수준에 다다를 정도로 외교 부서에 대해 손을 놓고 있다. 미국의 미래를 위해, 그리고 전 세계의 이익을 위해, 2021년에는 미국이 외교에 다시 투자하기 시작해야 한다.

패트릭 포울리스 Patrick Foulis | 〈이코노미스트〉 비즈니스 어페어 부문 편집자

경기 침체는 자본주의의 분류 메커니즘이다. 취약한 기업들은 움츠러들거나 망하고, 더 강한 기업들은 세를 확장한다. 하지만 2020년에는 이런 창조적 파괴의 과정이 전통적인 방식으로 일어나지 않았다. 경기 하강이 금융 사고나 인플레이션에 대한 불안보다는 보건 위기가 낳은 결과였기 때문에 특이한 체질의 기업 승자나 패자들이 있었다. 활황을 겪고 있는 비디오 스트리밍이나 만신창이가 된 크루즈선 회사들을 생각해보라. 그러는 사이 방대한 규모의 국가 지원금이 기업 학살의 규모를 숨기면서 전 세계 기업들을 떠받쳐왔다. 2021년에는 이런 부양책이 줄어들고 많은 기업들이 쓰러지면서 통행료가 더 확실하게 밝혀질 것이다. 건강한 기업들은 투자를 늘리면서 오래 지속되는 우위를 확보할 것이다. 하지만 승자들도 현대 비즈니스의 3대 교리, 즉 주주 우선주의, 글로벌화, 제한된 정부라는, 변화하는 새로운 환경과 마주하게 될 것이다.

경기 하강은 드물고 빠르게 일어나는 경향이 있다. 미국은 제2차 세계대전 이후 전 기간 중 불황을 겪은 기간이 14%밖에 되지 않았다. 하지만 그 불황은 비즈니스 구조에 심오한 영향을 미쳤다. 과거 세 번의 슬럼프 기간 중 10개 사업 분야에서 사분위수 상위에 있는 미국 기업들의 주가는 평균 6% 상승했고, 사분위수 하위에 있는 기업들은 44% 하락했다.

이런 시기에는 일부 명백한 승자들이 있었다. 사용자들이 디지털 서비스(다음 리더를 보라)로 전환하면서 실리콘밸리의 전망은 치솟았다. 중국 주식회사는 또 다른 위대한 발전을 가져왔다. 중국 국내 경제는 대부분의 다른 국가의 경제보다 더 높은 성과를 거뒀고, 병입 생수 부문 대기업인 농푸산천(Nongfu Spring)의 거품이 보글거리는 주식 상장을 포함한 기업공개의 물결은 중국 기업들의 강점과 깊이를 보여줬다. 홍콩을 포함해 전 세계 주식 시장 시가총액에서 중국 기업들의 비율은 10년 전의 13%, 팬데믹 이전의 15%에서 상승해 현재는 17%에 달한다.

승자와 패자들

더 예상치 못한 성공 스토리들도 있었다. 〈블룸버그〉에 따르면 최근까지 백신 사업뿐 아니라 종마 목장으로 널리 알려진 인도의 푸나왈라(Poonawalla) 가족의 경우, 보유한 자산 가치가 62% 상승해 140억 달러

경기 침체는 비즈니스의 세계에 충격을 주고 있다. 자본주의의 규칙도 마찬가지다.

에 이르렀다. 컨테이너 운송 산업은 지난 몇 년을 더 효율적인 구조를 위한 합병작업을 하는 데 보냈다. 그 노력은 결실을 거뒀고, 최대 기업인 머스크(Maersk)는 무역 분야의 슬럼프에도 불구하고 2020년에는 알찬 수익을 거둘 것으로 예측된다. 과감한 기술 분야의 모험과 엄청난 빚으로 알려진 일본 대기업인 소프트뱅크(SoftBank)는 800억 달러 규모의 자산을 매각한다고 발표함으로써 위기를 기회로 바꿨다. 오랫동안 실속 없는 투자(dead money)로 보였던 금광 회사들은 일부 투자자들이 막대한 정부 부양책으로 이어질 한 차례의 인플레이션에서 가치를 유지할 드문 자산들 중 하나가 금괴가 될 거라고 생각한 덕분에 다시 유행 속으로 복귀했다.

패자들은 어떨까? 순이익으로 본다면 기업들은 서브프라임 위기 때보다 더 나쁜 상태에 있다. 2020년 상반기에는 미국 상위 3,000대 상장 기업들 중 40% 이상이 손실을 기록했는데, 2009년에는 그런 기업들의 규모가 3분의 1이 조금 넘는 수준이었다. 하지만 미국 내 채무 불이행 비율은 채무 불이행 상태의 정크 본드가 약 5%, 법인 카드 연체율은 약 4%로 낮은 수준을 유지하고 있다.

2021년에는 이런 비현실적인 세상이 오래가지 않을 것이다. 정부에서는 신규 지원을 줄이면서 개별 기업들의 생존을 유지하는 일에서 일자리를 잃은 근로자들이 확실하게 도움을 받을 수 있게 하는 방향으로 선회할 것이다. 아울러 다른 기업들은 투자를 줄일 때 강한 기업들은 이를 유지할 것이기 때문에 기업들 사이의 격차는 벌어질 것이다. 2020년 중반까지 지출이 가장 많았던 미국 10대 기업은 여전히 1년 전보다 자본 지출이 3% 더 증가했지만, 가장 규모가 작은 1,000대 기업들의 경우 82% 하락했다.

2020년부터 2021년에 걸친 슬럼프에서 승리하는 기업들은 기술 파괴의 혜택을 누리면서 특히 미국과 아시아 지역의 성과가 더 나은 여러 국가에서 영업하는 대기업들이 될 가능성이 있다. 하지만 그들도 기업과 사회 사이에서 게임의 법칙이 재구성되면서 다루기 어려운 팬데믹 이후의 환경과 직면하고 있다.

기업들은 주주들에게는 더 적게, 직원들에게는 더 많이 관심을 가지라는 압력을 받게 될 것이다. 2020년 중반에 전 세계적으로 자사주 매입 속도는 거의 반으로 줄었고, 수익이 회복돼도 완전히 회복되지는 않을 것이다. 국제화의 부진은 더 많은 다국적 기업들이 국내 기업들과 연합해서 일해야 하며, 국제적으로 결합된 단일 기업으로 운영하면서 온전한 효율성의 이익을 거둘 수는 없을 것임을 의미한다. 그리고 모든 곳에서 정부의 규모가 확대되면서 규제 수준과 세금도 불가피하게 상승할 것이다. 하지만 상위 3,000대 글로벌 기업의 경우 납부한 세금의 중위 실효세율이 20년 전에는 33%였지만 지금은 22%로 떨어졌다. 이제는 올라가는 길밖에 남지 않았다. 이번 경기 침체의 끝에서 비즈니스 세계는 충격을 받은 상태가 될 것이다. 그리고 자본주의의 규칙도 마찬가지다.

기술의 축복 이후
팬데믹 중에 도입된 새로운 기술적 행동양식이 팬데믹보다 더 오래갈 것이다

톰 스탠다지

미래에 오신 것을 환영합니다. 누구에게 묻는지에 따라 그 미래는 당신이 기대해왔을 수도 있는 2021년이 아니라 2025년 또는 2030년일 수도 있다. 비디오 회의부터 온라인 쇼핑까지 팬데믹에 대응한 새로운 기술적 행동양식들의 도입은, 그 사용이 앞으로 훨씬 더 많은 세월이 지나갈 때까지 기대하지 않았던 수준에 이미 도달했음을 의미한다.

컨설팅 회사 맥킨지(McKinsey)는 2020년 5월, "최근 데이터는 소비자와 비즈니스 디지털 도입에 있어서 우리가 약 8주 동안 5년에 해당하는 도약을 했음을 보여준다"고 선언했다. 그리고 미국에서 온라인 쇼핑의 진전은 '3개월 만에 10년의 성장'을 거두면서 심지어 더 빨라졌다. 이탈리아 소매업 컨소시움인 넷콤(Netcomm)은 이탈리아에서 전자 상거래 분야의 느림보였던 쇼핑 분야가 디지털을 향한 '10년의 혁명적인 도약'을 했다고 말했다. 뱅킹의 경우 〈이코노미스트〉에서 실시한 설문에서 전문가들은 현금 없는 거래의 비율이 전 세계적으로 자신이 2년 내지 5년 후에 볼 수 있을 것으로 예측했던 수준까지 뛰어올랐다고 인정했다. 제약 부문에서는 한 영국 의사가 〈뉴욕타임스〉에 의사들이 원격 진료로 전환함으로써 국가보건서비스(National Health Service)가 일주일 만에 10년에 해당하는 변화를 경험했다고 말하기도 했다.

이를 기술의 축복이라고 부르기로 하자. 이런 모든 경우에, 그리고 다른 많은 경우에 팬데믹은 기술 도입의 기존 트렌드를 가속화해왔다. 쇼핑은 계속해서 온라인으로 이동한다. 지불은 천천히 디지털화되고 있다. 온라인 학습은 느리게 더 우세해지고 있다. 많은 사람들이 적어도 얼마간의 시간은 집에서 일한다. 지금은 많은 국가에 사는 사람들은 이런 모든 행동양식들이 훨씬 더 널리 퍼져 있는 미래로 갑작스럽게 떠밀려 들어온 것이다.

이런 갑작스러운 이동은 고통스럽기도 했다. 누구나 아는 이름인 J.C. 페니(J.C. Penny)나 니만 마커스(Neiman Marcus)를 포함해 이미 어려움에 처했던 많은 오프라인 소매 기업들이 파산으로 내몰렸다. 은행 지점들이 문을 닫으면서 온라인 뱅킹과 익숙하지 않은 노인들은 사기꾼들의 표적이 됐다. 온라인 학습으로의 전환은 고속 데이터 통신망과 학생들 사이 컴퓨터 소유의 불평등을 조명하기도 했다.

하지만 이런 전환은 역사적으로 변화에 저항해온 다양한 분야, 특히 보건과 교육 분야에서 급속한 전환을 촉발시켰다. 대규모 락다운의 강요된 경험은 적절한 도구와 지원이 있을 경우, 온라인 학습과 원격 근무가 실제로 대규모로 작동할 수 있음을 보여줌으로써 그들의 오명을 벗겨주기도 했다. 이는 긍정적인 소식이다.

2021년을 향한 중요한 질문은 얼마나 많은 것들이 되돌아갈 것인가 하는 것이다. 전 세계가 팬데믹 이전 상태로 돌아가지 않을 것은 분명하다. 많은 백화점이 문을 닫았다. 이탈리아 할머니들은 온라인 쇼핑의 즐거움을 발견했다. 재택근무자들은 일주일에 5일간 통근하는 상황으로 돌아가려고 서두르지 않는다. 하지만 2020년의 모든 락다

2021년을 향한 중요한 질문은, 얼마나 많은 것들이 되돌아갈 것인가다.

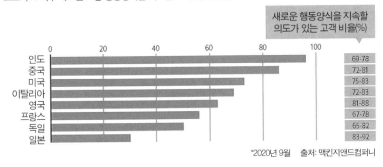

영속적인 변화
코로나19 이후 새로운 쇼핑 행동양식을 시도한 고객들, 응답률(%)*

새로운 행동양식을 지속할
의도가 있는 고객 비율(%)

국가	비율
인도	69-78
중국	72-81
미국	75-83
이탈리아	72-83
영국	81-88
프랑스	67-78
독일	65-82
일본	83-92

*2020년 9월   출처: 맥킨지앤드컴퍼니

운 행동양식들이 유지되지는 않을 것이다. 학생들과 교사들은 대면 교육으로 되돌아가기를 열망한다. 근로자들은 사무실의 동지애를 그리워한다. 따라서 모두는 아니라도 새로운 행동양식의 일부는 유지될 것이다. 그리고 그 결과는 그 중간 어딘가가 될 것이다. 다른 것들 중에서도 교통 패턴, 자산 가격, 도시 배치의 경우에는 그것이 정확하게 어디가 될 것인지가 엄청난 영향을 미칠 것이다.

맥킨지는 한 국제적인 설문 조사에 참여한 임원들 중 15%가 직원들 중 10분의 1에게 일주일에 이틀 또는 그 이상의 원격 근무를 허용할 거라고 예상한다고 보고했다. 그리고 7%는 이를 일주일에 3일로 늘릴 의사가 있었다. 하지만 이들 글로벌 평균에는 다양한 변이가 숨어 있다. 영국과 독일에서는 최소한 열 명 중 한 명의 직원이 일주일에 이틀이나 그 이상을 원격 근무하는 데 대해 만족한다고 답한 응답자가 20%였지만, 중국에서는 그 수치가 4%밖에 되지 않았다. 그리고 기술 임원들 사이에서는 그 비율이 팬데믹 이전의 22%보다 높아진 34%로 나타났다. 기술과 금융 서비스 분야 기업들은 현장 직원이 없이 더 쉽게 기능할 수 있다. 하지만 완전한 원격 근무가 가능한 산업에서조차도 원격 근무와 대면 근무가 섞인 하이브리드 미래가 가장 가능성이 높은 미래가 될 것이다.

그 미래는 지금이다

클라우드 서비스나 원격 근무를 지원하는 도구들을 제공하는 기업들처럼 일부 기업들은 더욱 강해질 것이다. 오프라인 소매 기업 같은 다른 기업들은 어려움을 겪을 것이다. 많은 기업들이 실패를 겪을 것이다. 하지만 이런 변화들이 혁신을 위한 새로운 분야를 열어주는 만큼, 다시 한 번 희망을 주기도 한다. 이미 크고 작은 기업들이 원격 근무와 협업, 학습의 경험을 개선하고, 새로운 유형의 비대면 및 특정 시간에만 가능한 소매 영업을 지원하고, 가상 회의부터 가상 관광까지 온라인에서 새로운 유형의 사회적 경험을 제공하기 위한 새로운 도구들을 고안 중이다. 팬데믹 이전에 존재했던 과거로 돌아가는 일은 없을 것이다. 그 대신 코로나19는 이 세계를 매우 다른 미래로 나아가게 만들었다.

데자뷔의 해

두 번째로 할 때 모든 것이 더 나아진다. 그렇지 않은가?

레오 미라니 Leo Mirani | 〈이코노미스트〉 영국 선임통신원

미래의 펍에서 퀴즈를 낼 때 쓸 수 있는 문제가 있다. 몇 년도에 2020 올림픽이 도쿄에서 열렸는가? 이 문제는 쉽다. 정답은

2021년이다. 두바이에서 열린 엑스포 2020은 어떨까? 2021년이라고 답하면 점수를 얻겠지만 2022년도 맞다. 엑스포 2020은 10월부터 그다음 해 3월까지 개최되기 때문이다. 미스 아메리카 2020은 어떨까? 이 문제는 까다롭다. 그 행사는 코로나 바이러스가 전 세계를 뒤집어놓기 전인 2019년 12월에 열렸다. 취소된 것은 미스 아메리카 2021 행사였다.

　사람들은 다른 많은 연례행사들을 2019년에 마지막으로 열린 지점에서 다시 시작하려고 노력할 것이다. 하지만 덜 정기적인 행사의 주최자들은 2020년에 연기된 행사를 그대로 진행하기를 희망하며 고객들이 철 지난 상품을 참아줄 것을 기대한다. 4년마다 열리는 축구 토너먼트인 유로(Euro) 2020처럼 일부 행사들은 같은 명칭을 유지하기로 했다. 유럽축구연맹인 UEFA는 이를 "토너먼트의 원래 비전을 유지하기 위해서"이며 "전체 축구 가족이 어떻게 하나로 뭉쳤는지를 상기시켜주는 역할을 할 것"이라고 말한다. 하지만 UEFA는 "브랜드가 적힌 많은 상품들이 이미 제작됐다"는 사실을 인정한다. 의심할 여지없이 엑스포 2020과 2020 올림픽에도 같은 생각이 적용될 것이다.

데자뷔의 느낌은 이미 시작됐고, 심지어 2021 년은 아직 시작되지도 않았다. 2019년 7월 도쿄 에서는 엄청난 올림픽 개최 순간 1년 전 시작되

이런 상황은 거의 크리켓 규칙만큼이나 혼란스럽다.

는 카운트다운을 기념하는 축하행사가 열렸다. 불꽃놀이와 유명인들이 등장했고, 다음 해 게임에서 수여될 메달의 공개가 있었다. 하지만 366 일 후에 일어난 일은 2020 올림픽을 향한 또 다른 한 해를 기념하기 위해 텅 빈 스타디움에서 열린 15분간의 행사뿐이었다. 이것은 평생 두 번밖에 못 하는 경험이라고 부를 수 있다.

크리켓에서는 2020 트웬티(Twenty)20 월드컵이 2021년으로 연기돼 언어적 반복을 즐기는 전 세계 팬들을 화나게 만들었다. 트웬티20은 각 팀에서 20오버²까지 할 수 있는 짧은 버전의 경기다. 설상가상으로 호주에서 열릴 예정이던 원래의 2020 트웬티20은 인도에서 열릴 예정이고, 인도에서 개최돼왔던 2021 시리즈는 호주에서 2022년에 열릴 것이다. 이런 상황은 거의 크리켓 규칙만큼이나 혼란스럽다.

라이브 음악도 영향을 받았다. 투어를 1년 연기해야 했던 많은 스타들 중에는 펄잼, 그린데이, 〈재기드 리틀 필(Jagged Little Pill)〉 발매 25주년을 맞은 앨라니스 모리셋이 있다. 2020년과 2021년 사이를 옮겨다니는 것만으로는 충분히 힘들지 않기라도 하듯, 어떤 사람들은 여전히 1995년에 살고 있다는 사실을 생각하면 신기하다. 한편 영국의 독특한 휴가 스폿이자 축제 장소인 와이트섬(Isle of Wight)에서도 '1970년 축제 경험' 행사가 연기돼 시간 여행이 결코 의도대로 이뤄지지 않는다는 사실을 증명했다.

----

2 투수는 등판해서 6개의 공을 던질 수 있는데, 이를 1오버라 함.

나중으로 미뤄진 행사들 중에 즐거운 일만 있는 것은 아니다. 원래 2020년 5월로 예정됐던 2차 '세계 유산 글로벌 정책 포럼(Global Policy Forum on Memory of the World)'은 연기됐으며, 언제까지가 될지는 누구도 말할 수 없다. 2020년 6월로 계획됐던 '악과의 전쟁' 관련 학제 간 콘퍼런스는 '검토 중'이다.

다음으로는 결코 멈추지 않는 정치가 있다. 2020년의 시장 선거를 무시하고 싶어 했던 런던 시민들은 이제 그들의 무관심을 1년 더 연장해야 할 것이다. 홍콩의 입법회 선거를 준비하던 홍콩 시민들은 마음을 정해야 하는, 특별히 어려운 12개월을 보내게 될 것이다. 51년간 보통 선거권에 기반한 선거를 한 적 없었던 소말리아도 또 다른 1년을 기다려야 할 것이다.

코로나19 팬데믹이 시작된 해로 2020년이 주로 기억될 것임에는 의심의 여지가 없다. 하지만 2020년이 심한 대접을 받은 측면도 있다. 2019년은 하룻밤의 관계와 성(姓)만을 남긴, 부재 중인 아버지처럼 그 결과에서는 도피했지만 유산을 남겼다. 코로나19라는 이름이 붙게 된 것은 이 바이러스가 2019년 마지막 날에 WHO의 주목을 받았기 때문이다.

다시 노력해보자

심지어 바이러스의 명칭 그 자체도 데자뷔를 불러일으킨다. 지난 2002년부터 2003년 사이 세계는 심각한 급성호흡기증후군(SARS)과 직면했다. 사스는 2004년에 9,000건 미만 수준으로 통제됐고, 다행히도 다시는 그 이름을 들어보지 못했다. 코로나19를 일으킨 바이러스는 SARS-COV-2로 아무도 요구하지 않은, 인기 없는 속편들 중 하나다.

하지만 이 사실은 기뻐해야 할 이유도 일부 제공한다. 인류는 이미 치명적인 코로나 바이러스를 한 번 퇴치했다. 분명히 우리는 다시 그렇게 할 수 있다. 속편들이 그렇듯 더 많은 예산과 더 많은 드라마를 기반으로 삼더라도 말이다. 2020년부터 이미 연기된 행사들이 취소나 연기될 가능성이 상당히 높지만, 이들을 포함해 2021년에 반복될 모든 것 중에서도 코로나 바이러스를 통제하는 일은, 모든 사람이 두 번째가 훨씬 더 낫다고 동의하게 될 바로 그 한 가지다.

The World in
2021

비즈니스의 지형이 바뀐다

팬데믹에서 살아남기 위해 새로운 시도를 하며 정신없는 2020년을 보낸 기업들의 결과가 드러날 때다

비제이 바이테스워런 Vijay Vaitheeswaran | 〈이코노미스트〉 뉴욕 지국, 미국 비즈니스부장

그야말로 혁신의 바람이 정신없이 몰아친 한 해였다. 많은 대기업이 놀라운 기민성을 발휘해 코로나 사태에 대응했다. 직원들은 자기 집 식탁 앞에 앉아 화상 회의를 하는 등 새로운 업무 방식에 적응했다. 갑자기 경쟁력을 잃은 사업 분야들은 '온라인으로 주문하고 오프라인 상점에서 찾는(click-and-collect)' 방식처럼 한때 기피되던 유형의 쇼핑으로 금세 대체되었다. 이와 같이 디지털화가 불붙으면서 전자 상거래, 온라인 엔터테인먼트, 원격 의료, 이러닝, 배달 음식의 수요가 급증했다. 이처럼 넘쳐나는 열정과 아이디어는 인상적이지만, 냉정하게 봤을 때 이런 추세들의 상당수가 지속 불가능하다는 사실은 분명하다.

각 기업의 최고경영자들은 2021년 내부 혁신에 따른 피로와 외부의

복잡한 비즈니스 환경에 대처하며 보내다가, 어느덧 한 해를 결산할 때를 맞이한다. 예측 전문 플랫폼인 굿 저지먼트(Good Judgment)의 '2021년 세계경제대전망' 설문 조사에 따르면, 효과가 검증된 코로나19 백신이 상용화될 가능성이 2021년 하반기까지 불투명할 것이란 예측이 우세하다(도표 참조). 세계 경제가 언제 회복될지에 대한 전문가들의 전망은 엇갈린다. 세계 최대의 헤지펀드 회사인 브리지워터(Bridgewater)는 코로나 사태 이후 전 세계 기업들이 약 20조 달러 규모의 손실을 입을 것으로 예상했다.

기업들이 앞으로 힘든 시기에도 살아남으려면 경영진의 사고방식이 '혁신(innovation)'을 넘어 '변혁(transformation)'에 중점을 둬야 한다. 특히 CEO들은 답을 찾기 쉽지 않더라도 다음과 같은 세 가지 지리적 딜레마를 해결해야 한다.

첫째, 제품을 어디에서 생산할 것인가? 기업들은 관세, 기술 분쟁, 기후 변화, 인종차별 등을 둘러싼 정치권 싸움의 최전선에 서 있다. 이것은 부분적으로 정치인들의 리더십 실패를 반영한다. 그러다 보니 대신 기업계가 적극적으로 목소리를 내야 한다는 요구가 소비자와 직원들을 중심으로 확산되고 있다. 이는 또한 기업들이 이제 더 광범위한 지정학적 분쟁에 볼모로 잡혀 있는 형국을 반영하기도 한다. 화웨이, 틱톡, 할리데이비슨, 미국 기술 대기업들, 프랑스 와인 업계를 봐도 알 수 있다. 이들은 모두 미국과 중국, 유럽 사이의 무역, 관세, 기술 분쟁으로 난처한 상황에 처했다.

이처럼 빠르게 변화하고 불확실한 규제 환경 속에서 탈세계화가 확실한 정답처럼 보일지 모른다. 그러나 컨설팅 업체 맥킨지의 글로벌 경영 파트너 케빈 스니더(Kevin Sneader)는 공급망 효율성과 회복 탄력성이 양립할 수 없다는 개념에 반기를 들며 "시간이 지남에 따라 이러한 '회복 탄력성 비용'은 새롭고 혁신적인 작업 방식으로 해결할 수 있다"라고 주장한다. 이를 위해서는 경영진들이 글로벌 공급망을 더 단순하고, 빠르고, 스마트하고, 안전하게 만드는 방법을 고안하는 어려운 결정을 내려야 한다.

둘째, 고객이 어디에서 물건을 사고 싶어 하는가? 코로나 위기 동안 비대면 쇼핑이 증가하면서 아마존

2021 IN BRIEF	
2021년 세계 GDP는 2019년 대비 얼마나 증감할까? †	응답률
8% 이상 감소	1%
4~8% 감소	1%
0~4% 감소	4%
0~4% 증가	56%
4% 이상 증가	38%
2021년 S&P 편입 기업의 이사회 자리 중 소수 인종이 차지하는 비율은 얼마나 될까? *	
23% 미만	24%
23~27%	71%
27% 초과	5%
2021년 미국의 지속 가능 기업들의 시가총액이 전년도 대비 어떤 흐름을 보일까? ‡	
2020년 수준 또는 그 이하	8%
0~100% 증가	60%
100% 이상 증가	32%
FDA 승인을 받은 2억 명분의 코로나19 백신이 미국에서 언제 배포될까?	
2021년 4월 1일 이전	17%
4월 1일~6월 30일	27%
7월 1일~9월 30일	20%
10월 1일~12월 31일	15%
2022년 1월 1일 이후	21%
2021년 7월 1일 기준, 영국 직장인 중 '전면 재택근무'를 하는 직장인의 비율은 얼마나 될까? §	
10% 미만	7%
10~20%	62%
20~30%	28%
30% 초과	3%

* 콘퍼런스 보드(The Conference Board) 자료 인용
† IMF 통계 인용
‡ 모닝스타(Morningstar) 자료 인용
§ 영국 통계청 자료 인용
출처: 굿 저지먼트

과 같은 온라인 유통 업체 매출이 증가한 것은 분명하지만, 더 의외의 수혜자도 있다. 와튼스쿨의 마우로 기옌(Mauro Guillén) 교수는 중소기업을 위한 온라인 쇼핑 플랫폼인, 캐나다의 쇼피파이(Shopify) 등이 과거에 볼 수 없었던, '집에서 반경 40km 이내' 범위의 지속 가능한 온라인 직거래 장터를 가능하게 할 것이라고 예측한다. 강력한 디지털 인프라를 갖추고도, 기술 적응력이 높은 중국에 비해 온라인 쇼핑 활성화가 저조했던 미국과 영국은 온라인 쇼핑으로 추세가 일단 전환되면 그 흐름이 영구적으로 정착할 수 있다.

그러나 그 광경은 산업과 시장에 따라 아주 다르게 나타날 것이다. 이탈리아 소비자의 60%가 팬데믹 기간에 온라인 쇼핑을 했지만, 쇼핑이 만족스러웠다는 응답자는 10%에 불과했다. 유럽 대륙의 여러 국가에서 배달 및 온라인 인프라가 상대적으로 열악하기 때문에 코로나가 진정되면 많은 유럽 소비자가 대면 소비 패턴으로 되돌아갈 것이다.

셋째는 가장 까다로운 문제다. 직원들이 어디에서 일해야 하는가? 팬데믹 때문에 어쩔 수 없이 시작된 재택근무가 의외로 직원들의 좋은 반응을 얻었다. 인적 자원 컨설팅 회사 맨파워(Manpower)의 조나스 프라이싱(Jonas Prising) 대표는 고객사들의 사례로 비춰볼 때 재택근무 이후 높은 직원 만족도와 놀라운 생산성 향상을 보였다고 말한다. 브리지워터의 데이비드 매코믹(David McCormick) CEO는 "우리는 채용 절차를 비대면 방식으로 전환하면서 완전히 새로운 각도에서 인재를 발굴하고, 직원을 확실히 다양하게 채용할 수 있을 것이다"라고 말했다. 컨설팅 업체 KPMG에서도 CEO들의 약 4분의 3이 같은 의견이라는 결과를 내놓았다.

그렇기는 하지만 재택근무는 양날의 검이 될 수 있다. 런던경영대학원의 게리 하멜(Gary Hamel) 교수는 재택근무가 폭군형 리더십, 과도한 관료주의, 현실 안주 등과 같은 기존의 경영 문제들을 평소보다 두드러져 보이게 하는 부작용을 일으킬 수 있다고 말한다. 부동산 투자 기업 JLL의 CEO인 크리스천 울브리히(Christian Ulbrich)는 괜찮은 여건에서 재택근무를 하고 있거나 가족을 부양할 책임이 있는 직원들이라면 다시 출퇴근하는 생활로 돌아가기를 원치 않을 것이라는 의견을 밝혔다.

그들의 말이 사실이라면 문제가 될 수 있다. 상대방과 직접 대면하기보다 전자 기기로 의사소통하는 데 불편해하는 관리자들이 많다. 게다가 구성원들의 고립된 생활이 장기화될 경우 부서 간 사일로 효과가 심화되고 엘리트 권력이 확고해질 우려가 있다. 젊은 직원들은 이미 직장에서 동료들과 어울리는 기회를 놓치고 있다. 중장년층의 관리자들은 답답한 아파트에 갇혀 컴퓨터만 바라보다 지쳐가고 있다. 특히 쉬고 있는 저녁이나 주말에 갑자기 화상 회의가 잡혔다는 연락이 온다면 더욱 고역이다. 심지어 원격 협업 소프트웨어를 제작하는 기술 대기업의 한 고위 간부도 대면 '아이디어 회의'를 열고, 동료들과 커피 한 잔에 잡담을 나누며 느끼던 과거의 사람 냄새를 그리워하고 있다.

따라서 관리자들은 재택근무, 사무실 기능의 축소, 공동 작업 허브의 구축 등이 특징이 될 하이브리드 미래에 개인적으로나 조직적으로나 대비해야 한다. 그들은 자신의 관리 스타일을 새로운 근무 패턴에 맞게 조정하고 구성원들의 사기와 복지에 더 관심을 기울여야 한다. KPMG가 관리자들을 대상으로 실시한 설문 조사 결과, 장기 성장을 위협하는

젯블루항공(JetBlue Airways) 창립자인 데이비드 닐리먼(David Neeleman)이 예고한 신규 항공사가 사상 최악의 재정 위기에 직면한 항공 업계 현황에도 불구하고 3월부터 서비스를 개시할 예정이다. **브리즈에어웨이(Breeze Airways)**라는 이름의 이 항공사는 우선 항공 서비스 공급이 부족한 미국 남동부를 중심으로 운항할 것으로 예상된다.

리스크 요인 중 '인재 확보'에 관한 리스크가 코로나가 닥치기 전 12위에서 현재 1위로 껑충 뛰어올랐다. 즉 회사가 위기에서 벗어나고 더 단단해지기를 원하는 관리자들은 혼란스러운 시국에서도 인재들을 놓치지 않도록 더 치열한 경쟁을 각오해야 한다.

계곡 너머로
기술 산업의 무게 중심이 옮겨가고 있다

루트비히 지겔레 Ludwig Siegele | 〈이코노미스트〉 샌프란시스코 지국, 미국 기술부장

실리콘밸리는 항상 특정 장소라는 지리적 개념보다 사고방식과 같은 추상적 개념에 더 가깝게 여겨졌다. 그곳을 대표하는 특징은 장래성은 있지만 검증되지 않은 기술에 기꺼이 고위험 투자를 하는 모험심이다. 실리콘밸리는 개인용 컴퓨터에서 인터넷, 스마트폰 앱, 클라우드 컴퓨팅에 이르기까지 기술의 흐름을 타고 방향을 바꿔왔다. 그리고 이제는 팬데믹의 영향에 이끌려 여러 다른 의미에서 다시 움직이고 있다.

먼저 지리적 의미의 실리콘밸리부터 살펴보자. 실리콘밸리의 시작점은 샌드힐 로드(Sand Hill Road) 끝자락에 자리한 팰로 앨토(Palo Alto)였다. 스탠퍼드대학교 옆에 있는 도시이자 선도적인 벤처캐피털 기업들이 선호하는 입지이기도 하다. 그러나 최근 몇 년 동안 지리적 요충지가 북쪽으로 이동하면서 다수의 유니콘(시가총액 10억 달러 이상의 스타트업)이 소재한 샌프란시스코로 무게 중심이 이동했다. 코로나19로 인해 사

다들 어디로 갔을까?

전적 의미의 실리콘밸리가 사실상 유령 도시로 변한 지금, 함축적 의미의 실리콘밸리는 다른 방향으로 이동하고 있다.

한때 샌프란시스코보다 북쪽에 와인 산지로 유명한 나파 밸리(Napa Valley)에서 선도적인 벤처캐피털 기업을 찾기가 더 쉬울 정도였다(그러나 또 다른 곳으로 들불처럼 퍼져나갔다). 한동안 재택근무를 할 수 있는 테크 관련 종사자들은 서둘러 짐을 싸서 북쪽의 마린 카운티(Marin County)나 동쪽의 타호(Tahoe) 호수 근처 등 자연을 찾아 떠났다. 한편 스타트업들도 자신들의 꿈의 요람이 되어줄 차고를 찾아 훨씬 더 먼 길을 떠났다. 생존력을 키우기 위해 에어비앤비로 저렴한 장소를 임대하는 기업들도 많다.

기술적 측면에서도 양상이 바뀌고 있다. 팬데믹으로 가장 많은 수혜를 본 부문이 있다면 바로 클라우드 컴퓨팅이다. 클라우드 컴퓨팅은 여러 산업 분야에서 워크로드를 공유 데이터 센터로 이전하는 과정을 포함해 디지털 전환을 가속화했다. 여전히 실리콘밸리 내에도 구글을 비롯한 클라우드 컴퓨팅 대기업들이 상주하고 있지만, 시장 리더인 아마존과 마이크로소프트는 북쪽 도시 시애틀에 본사를 두고 있다.

그러나 재조정이 필요한 가장 중요한 대상은 다름 아닌 재정적 측면이다. 실리콘밸리와 월스트리트 간에 기술 투자의 성과를 나눠 갖는 방법에 대한 무언의 약속에 금이 가고 있다. 이 불문율 같은 약속을 오랫동안 지탱해온 핵심은 기업공개(IPO)였다. 즉 벤처캐피털 투자가들은 투자 자금을 훗날 현금화할 수 있고, 투자 은행들은 상장 주간사로서 수수료 수익을 챙기는 구조였다. 그러나 요즘 일부 벤처캐피털 투자자는 공모가가 투자 은행이 아닌 경매에 의해 결정되는 '직접 상장'을 추진하고 있다. 이는 수수료를 줄이고 초기 투자자(대부분 벤처캐피털)들이 고가에 차익 실현을 더 쉽게 하기 위해서다.

새로운 접근은 기업인수목적회사(Special Purpose Acquisition Company, SPAC)를 통하는 방법이다. 그러나 이 방법이 월스트리트보다 실리콘밸리에 더 많은 혜택을 안겨줄지 아직 확실하지 않다. 다들 알다시피 SPAC란 상장 후 벌어들인 수익으로 다른 기업을 매입하는 페이퍼 컴퍼니다. 그러나 그들의 그간 성적표를 보면 고개를 갸웃거리게 된다. 많은 SPAC가 주식 시장에서 신통찮은 성과를 기록했기 때문이다. 그래도 2021년 SPAC의 인기가 더 높아질 것이며, 리드 호프만(Reid Hoffman)과 같은 저명한 벤처캐피털 투자가는 자체 SPAC 출범을 준비하고 있다.

2021년에는 지리적, 기술적, 재정적으로 새로운 실리콘밸리가 어디에 정착할 것인지 더 명확히 드러날 것이다. 어떤 결과가 나타나든 이제는 실리콘밸리를 특정 지역이 아니라 끊임없이 변화하는 다차원적 장소로 생각해야 한다.

'테크래시' 보다 '테크슬로그'
기술 대기업을 입법부나 사법부에서 통제하려면 시간이 걸린다

루트비히 지겔레

"특히 실리콘밸리에 기반을 둔 기술 대기업들의 성장과 영향력에 대해 광범위하고 강한 반감이 일어나는 현상." 옥스퍼드 영어사전에서 규정한 '테크래시(techlash)'의 정의다. 2013년부터 〈이코노미스트〉에서도 자주 쓰기 시작한 이 단어는 최근 몇 년 동안 무수히 많은 기사에서 인용되었다. 그러나 이 용어의 인기에도 불구하고 실제로 기술 대기업의 힘을 통제하려는 시도는 쉽게 볼 수 없었다. 하지만 2021년에는 달라질 것이다. 테크래시가 본격적으로 시작될 것이기 때문이다. 그리고 그 선봉장은 입법부와 사법부다.

특히 미국에서 독점 금지 소송에 관한 보도가 언론의 헤드라인을 자주 장식할 것이다. 가장 대표적인 사례로, 2020년 9월 법무부가 몇몇 주정부와 함께 알파벳(Alphabet)을 상대로 반독점 소송을 제기했다. 소송의 핵심은 구글의 모회사인 알파벳이 온라인 광고 시장의 주요 부분에서 지배력을 남용해 수익을 올리고 있다는 것이었다. 인기 온라인 게임 〈포트나이트〉 제작사인 에픽 게임스(Epic Games)는 〈포트나이트〉의 앱스토어 퇴출과 30% 결제 수수료에 반발해 애플에 소송을 제기했다. 연방거래위원회(Federal Trade Commission)도 페이스북이 경쟁 기업을 억압하기 위해 시장 지배력을 남용했다는 혐의로 반독점 소송을 개시할 태세다.

그러나 이들 소송을 포함해 앞으로 일어날 기타 예상치 못한 소송도 한번 시작되면 보통 몇 년은 이어지게 마련이다. 서방 국가의 정책 입안자들은 이제 긴 시간이 소요되는 '사후적' 사법 조치가 기술 대기업을 규제하는 최선의 방법이 아니라는 데 대부분 동의한다. 그 대신 독점 금지법의 개정과 같은 '사전적' 규제가 필요하다고 그들은 입을 모은다. 2020년 9월 미국 하원위원회는 이러한 개정안의 윤곽을 그린 보고서를 발표했다. 이해 충돌을 피하기 위해 투자 은행과 상업 은행의 분리를 목표로 했다가 1999년에 폐지된 글래스 스티걸 법(Glass-Steagall Act)을 주된 본보기로 삼아 새로운 법률을 제정하자는 것이 이 보고서의 대략적인 골자다. 글래스 스티걸 법을 기술 업계에 적용한 버전이라면 디지털 플랫폼과 그 안에서 판매하는 상품 및 서비스를 분리하는 것이 된다. 즉 아마존은 온라인 마켓플레이스 내에서 자체 상품을 판매할 수 없고, 애플은 더 이상 자체 앱을 제공할 수 없다.

유럽연합(EU)은 한발 더 나아갈 계획이다. 2021년 초에 발표할 디지털 서비스 법(Digital Services Act)은 디지털 대기업들이 콘텐츠 조정, 사용자 불만 처리 방식, 자사 플랫폼을 이용하면서 경쟁 관계에 있는 타사에 대한 처우, 경쟁사 서비스와의 상호 운용성, 데이터를 공유하는 방법에 관한 규정을 포함한다. 예를 들어 구글은 특정 검색 결과를 페이지 상단에 끌어올리는 자체 서비스가 금지될 수 있으며, 페이스북은 텔레그램(Telegram), 시그널(Signal) 같은 경쟁 메신저 앱과의 상호 운용성을 위해 메신저 및 왓츠앱(WhatsApp)의 소스 코드를 개방하라는 압력을 받을 가능성도 있다.

2021 IN BRIEF

테슬라의 **일론 머스크** 최고경영자에 대한 재판이 3월 델라웨어에서 열린다. 그는 자신의 사촌들이 설립했으나 실적이 좋지 않았던 솔라시티(SolarCity)를 2016년 인수해 선량한 관리자의 주의 의무(Fiduciary Duty)를 위반하고 사익을 챙긴 혐의로 기소되었다.

그러나 기술 대기업을 비판하는 사람들에게 지나친 기대는 금물이다. 기술 대기업을 규제하려는 입법적 노력도 시간이 걸리기는 마찬가지다. 바이든 후보가 당선된다면 기술업 규제보다 경제와 의료 분야 같은 더 긴급한 사안부터 처리하려 할 것이다. EU는 일을 진행하는 속도가 느리기로 유명하다. 예컨대 일반 개인 정보 보호법(General Data Protection Regulation)은 획기적이었으나 발효되기까지 10년이 걸렸다. 게다가 팬데믹이 오래갈수록 사람들은 기술 대기업이 제공하는 서비스에 더 많이 의존하게 되고, 그만큼 기술 대기업들의 지위는 더욱 확고해질 것이다.

'테크래시'라는 단어는 빠른 변화를 내포한다. 그러나 역사적으로 봤을 때 기술 규제는 항상 중단과 재개를 반복하며 천천히 진행되었다. 빠른 채찍질(whiplash)보다 지루한 고투(slog)에 가깝다. 그래서 '테크슬로그(techslog)'라는 표현이 더 어울려 보인다. 옥스퍼드 영어사전에 등재될 것 같지는 않지만 말이다.

스탠리 피그널 Stanley Pignal | 〈이코노미스트〉 파리 지국, 유럽 비즈니스부 기자

무역 전쟁은 일반적으로 해당 국가의 기업들에 악재다. 그렇다면 해당 국가 이외의 제삼자한테는 어부지리로 작용할 수 있을까? 트럼프 대통령이 중국과 무역 전쟁을 일으킨 뒤 실제로 그것은 최근 몇 년간 유럽 기업들이 내심 기대한 바였다. 그러나 결과적으로 유럽 기업에 기대만큼 이점을 주지 못했으며, 오히려 2021년에는 득보다 실이 더욱 선명하게 드러날 것이다.

유럽은 미중 무역 분쟁이 심해지면서 서로 등을 돌리게 될 양국 기업들이 대체 교역 파트너로서 유럽 기업으로 향하는 시나리오를 기대했다. 2019년 유엔 연구에 따르면 특히 중국 기업들이 신규 공급처가 필요하다는 점에 따른 반사 이익으로, 유럽에 연간 700억 달러 규모의 새로운 수출 활로가 열릴 것이라 예측했다. 2020년 지정학적 분쟁이 그 가능성을 여실히 보여줬다. 트럼프 행정부가 중국 통신 장비 제조 업체인 화웨이에 제재를 가하자, 미국 및 그 외 몇몇 국가의 기업들은 네트워크 장비를 업그레이드하기 위해 핀란드의 노키아와 스웨덴의 에릭슨으로 눈을 돌렸다.

유럽 기업들의 태세는 고래 싸움에 새우 등 터지는 결과를 피하겠다는 의지가 깔려 있었다. 그러나 현실은 갈수록 그 생각과 멀어지고 있다. 유럽은 무역 제한과 관련해 미국과 중국의 반감을 동시에 사고 있

지평선 너머
국가별 기업 매출의 내수 · 수출 비중*, 2019년 추정치(단위: %)　■ 내수　■ 수출

유럽 기업		50		기타 3.1
유럽 선진국+ 47.1		신흥 시장 31.6		북미 18.2

일본 기업

54.8	45.2

미국 기업

68.6	31.4

신흥국 기업

71.9	28.1

*전 세계 2,600개 이상의 기업을 대상으로 분석 　+ EU 역내 국가들을 가리킴
출처: 모건스탠리

을 뿐 아니라, 앞으로 갈등이 더 커질 가능성이 있다. 그러는 사이 유럽이 교역 상대로서 중국을 대하는 태도가 강경해졌다.

트럼프 대통령은 그간 중국을 상대로 벌인 전면전에 비하면 유럽과는 비교적 가벼운 분쟁을 시작했다. 그러나 역시 만만찮은 장기전이 될 듯하다. 2019년 세계무역기구(WTO)가 항공기 제조 업체인 에어버스에 EU가 부당 보조금을 지원했다고 판정한 후 미국은 EU에 75억 달러의 보복 관세를 부과했다. 여기에 유럽이 기술 대기업들에 디지털세를 부과하기 시작하면 2021년 들어 징벌적 조치가 더욱 늘어날 수 있다. 이 같은 유럽 행보에 대해 미국은 충분히 그럴 만하게도, 자국 기업들을 우회적으로 겨냥한 행위로 해석하고 있다.

중국과의 무역 문제는 더욱 가시밭길이었다. 이 경우는 중국 기업에 대한 유럽의 냉담한 시선이 크게 작용했다. 신장 지구에서 벌어진 인권 침해와 홍콩에 대한 탄압이 유럽인들의 공분을 일으켰다. 여기에 중국 기업의 위상이 과거 유럽의 고객에서 경쟁자로 변모했다는 점도 우려를 더했다. 유럽의 정책 입안자들은 여전히 자유 무역의 기조를 포기하지 않으면서도, 중국과의 교역에서는 이제 '순진하게' 당하기만 해서는

안 된다고 주장한다. 그래서 2021년 EU는 중국 기업이 정부 보조금 수혜를 받아 유럽 기업들에 타격을 준다고 판단될 경우 보복 관세를 부과하는 방안을 구체화할 것이다. 마침 코로나19에 대한 대응책이라는 명분도 있으니, EU는 이제 '전략' 산업의 공급망을 자국으로 유턴하기를 원한다. 여기서 전략 산업이란 막연한 의미라서 거의 모든 산업까지 확대될 여지가 있다.

유럽이 미국 편에 섰다는 점도 중국과의 사이가 악화되게 한 요인이었다. 영국과 프랑스를 포함한 여러 국가가 화웨이의 통신 장비를 퇴출하라는 미국의 요구에 동조했다. 그러나 중국도 유럽 국가들에 자신들이 마음만 먹으면 얼마든지 교역 관계를 맺고 끊을 수 있다고 서슴없이 말하며 물러서지 않았다. 예를 들어 2020년 9월에는 독일산 돼지고기를 위생상의 이유로 수입 금지했다.

유럽이 자신들의 최대 교역 파트너와 좋은 관계를 유지하더라도, 계속되는 다툼은 역내 기업들에 영향을 미칠 것이다. 중국산 수출품으로 분류되는 것이 사실은 동시에 유럽 기업의 제품일 수도 있다. 예를 들어 에릭슨과 노키아는 중국에서 부품을 생산하고 있고, 중국 시장에 수출하기 위해 미국에서 차량을 생산하는 독일 자동차 업체들도 무역 분쟁의 격동에 휘말렸다.

더 넓게 보면 유럽은 제2차 세계대전 이후 미국과 함께 쌓아온 자유 무역이라는 공든 탑을 무너뜨리며 자승자박을 초래할 가능성이 높다. 모건스탠리(Morgan Stanley)의 조사에 따르면 유럽 기업들이 거두는 매출의 절반 이상이 수출에서 비롯된다고 한다. 반면 미국 기업은 수출 비중이 3분의 1이 채 안 된다. 미중 간의 디커플링으로 인한 공급망의 대대적인 재편성은 유럽 기업에도 영향을 미칠 것이다. 그리고 그들이 손에 쥐게 될 얼마 안 되는 부수적인 콩고물은 별 위로가 되지 못할 것이다.

재택근무와 인간관계의 딜레마
기업 관리자들은 직원을 하나로 모을 새로운 방법을 찾아야 한다

필립 코건 Philip Coggan | 〈이코노미스트〉 바틀비 칼럼니스트

2021년 기업 관리자들은 직원의 어떤 자질을 중시하게 될까? 답은 단연 팀워크 능력이다. 2020년 기업들은 코로나 사태로 많은 직원이 재택근무에 돌입하면서 업무에 혼선을 겪었다. 대부분 기업은 그럭저럭 버텼지만 지난 몇 년간 축적해온 조직의 사회적 자본이 바탕에 깔려 있었기 때문에 가능했다. 2021년에는 다시 연료를 채우는 심정으로 심기일전해야 할 것이다.

재택근무 시도가 생각보다 순조롭게 진행된 것을 보고 많은 관리자가 깜짝 놀랐을 것이다. 연구에 따르면 2020년 이전에는 재택근무를 하는 직원들이 사무실에 출근하는 직원에 비해 소외되는 경향이 있었다. 본인들도 스스로 열등감을 느꼈다. 그러나 코로나 사태 이후에는 거의 전 직원이 너 나 할 것 없이 자기 집에 머무르게 되었다. 관리자는 직원들이 사무실에 나오지 않아도 생산적으로 일할 수 있다는 것을 깨달았다. 직원들은 화상 회의에 익숙해졌다. 전미 경제 연구소(National Bureau

of Economic Research)의 연구에 따르면 재택근무 근로자들이 사무실보다 집에 있을 때 하루에 약 1시간을 더 일한 것으로 나타났다.

업무 방식의 갑작스런 변화에도 조직이 차질 없이 운영될 수 있었던 것은 직원들이 이미 자신의 업무 분장에 익숙하고 조직이 돌아가는 패턴을 잘 알기 때문이다. 주간 회의는 온라인으로 가능하다. 팀원 간에 의논할 일이 있으면 슬랙(Slack)이나 왓츠앱 같은 앱에 접속하면 된다. 관리자는 직원 개개인의 장단점을 알고 있으므로 잔소리가 필요한 직원과 알아서 잘하는 직원을 구별할 수 있었다.

그러나 시간이 지남에 따라 이러한 조화는 흔들릴 수 있다. 관리자와 직원은 새로운 문제에 직면하게 될 것이므로 이를 해결할 방법을 찾아야 한다. 신규 직원이 합류하고 기존 직원은 이직할 것이다. 지식의 축적은 전만큼 유용하지 않게 된다. 따라서 동영상 링크보다 직원 간의 긴밀한 협력에 더 의존하는 새로운 업무 방식을 개발해야 한다.

또한 타 부서 직원과 의견을 주고받다가 의도치 않게 아이디어가 나오듯 생산성의 원천은 자유로운 소통이다. 그러나 직원들이 집에서 일하면 예전처럼 정수기 옆에 옹기종기 서서 잡담을 나누던 풍경이 드물어진다. 그리고 소속 부서나 메신저 그룹에 속한 사람들 정도로 소통 범위가 한정될 것이다. 예컨대 영업팀과 제품 디자인팀이 서로 접촉할 일이 줄어든다. 그러면 기업 건전성을 좌우할 수 있는 직원 간 소통 네트워크도 갈수록 약해진다.

따라서 2021년 기업들은 협업 정신을 회복하려 노력할 것이다. 이를 위해 직원들에게 매일까지는 아니더라도 일주일에 최소한 하루 이틀은 다시 나오라고 지시할 것이다. 그렇게 직원들의 출근이 재개된다면 기업들은 조직 내에서 '편 가르기' 문화가 고착되지 않도록 직원들이 자기 부서 안팎으로 활발히 소통하는 환경을 조성해야 할 것이다.

이 과정에서 부서 간의 장벽을 허물기 위해 사회적 거리두기 버전으로 워크숍을 진행할 수도 있다. 줌(Zoom)으로 즐기는 온라인 회식도 이미 일상화되었지만, 어떤 기업에서는 참여를 독려하기 위해 직원에게 와인이나 맥주를 보내기도 했다. 다른 이벤트로는 퀴즈나 온라인 노래방이 있고, 직원들이 미션에 따라 자기 집에서 물건을 찾는 보물찾기도 있다. 기업들은 직원들의 근로 의욕을 수시로 체크하고, 인사부는 구성원들의 틀어진 인간관계를 수습하는 등 해야 할 일이 늘어날 것이다.

중장기적으로 커다란 리스크는 긱 경제(gig economy) 시대에 소수의 정규직과 다수의 비정규직으로 분열된 현상과 유사한 양극화의 출현이다. 이번 코로나 사태는 세대 간에 또 다른 분열을 일으킬 수 있다. 중장년층 선배들이 재택근무를 하는 동안, 청년층의 후배들은 꼬박꼬박 사무실에 출근하지만 정작 동료들과 유대를 맺고 업무상 인맥을 구축하고 승진할 기회를 잡기는 쉽지 않다. 상황이 이러하니 경영진이

What If 미국 정치권에서 중국을 못 미더워하는 시선은 민주당과 공화당의 보기 드문 공통점이다. 양당은 중국 기술 기업들, 특히 화웨이 문제를 신중하게 다루고 그들에게 계속 압박을 가해야 한다는 데 한목소리를 내고 있다. 하지만 **중국이 애플을 추방한다면, 매장을 폐쇄하고 본토 공급 업체에 대한 접근을 차단하는 등 보복에 나선다면 어떻게 될까?** 애플은 공급망을 다각화하기 시작했지만 여전히 중국에서 부품을 생산하고 조립한다. 그리고 중국의 아이폰 소비자에 대한 의존도가 높다. 아무리 미국에서 시가총액 1위를 자랑하는 기업이라지만 공급 업체든 소비자든 중국인에게서 외면받는다면 조만간 예전 같지 않은 시가총액을 마주할 것이다.

아무리 좋은 말로 직원들을 다독여도 팀워크 정신을 끌어내기가 전보다 만만치 않을 것이다.

찌릿찌릿 기싸움
자동차 시장이 전기차로 이동함에 따라 산업 패권을 차지하려는 다툼이 치열해질 것이다

사이먼 라이트 Simon Wright | 〈이코노미스트〉 산업부장

말이 끄는 마차에서 내연기관으로 구동되는 장치로 이동했듯이, 화석 연료 자동차에서 전기 자동차로 시장 판도가 바뀌면 자가 교통수단에 큰 변화가 일어날 것이다. 2020년 코로나19 이후 전 세계적으로 경차 판매량이 20%, 즉 약 7,000만 대로 감소했지만 2021년에 회복될 전망이다. 그리고 중국을 중심으로 전기차 시장이 급속도로 성장할 것이다.

전기와 친해져야 할 시간

　이 변화로 사람들이 여행하는 방식도 바뀔 것이다. 전기를 사용하려면 자동차의 내부 구조를 근본적으로 재고해 바퀴 달린 컴퓨터로 바꿔야 한다. 이러한 일련의 새로운 전자 시스템은 연결성을 제공하고 데이터를 생성해 새로운 비즈니스 기회, 더 나은 이동성, 그리고 궁극적으로 완전 자율주행 자동차를 현실화할 것이다. 2021년에는 전기차 생태계에 속한 기업들, 즉 테슬라를 비롯해 후발 주자인 기존 자동차 제조 업체와 기술 대기업들이 미래의 전기차 시장의 왕좌 자리를 놓고 경쟁할 것이다.

　현재 세계 자동차 업계 중 시가총액 1위인 테슬라의 주가 급등은 기존 기업과 신규 진입자들이 따라잡도록 자극하는 엄청난 인센티브로 작용한다. 테슬라가 배터리 기술과 소프트웨어 분야에서 선두 주자이기는 하지만, 이 우위를 앞으로도 유지하려면 CEO 일론 머스크가 과거 수급 차질 문제를 놓고 표현한 이른바 '생산 지옥(production hell)'이 이제 옛이야기임을 증명해야 한다. 머스크는 연 2,000만 대를 생산하기를 희망한다. 참고로 2019년에는 37만 대를 팔았다. 테슬라의 가장 큰 골칫거리는 양산 문제다. 과연 텍사스와 베를린의 새로운 '기가팩토리'가 최근 상하이 공장처럼 원활하게 가동되어, 테슬라가 마음만 먹으면 생산량을 확장할 수 있음을 증명할 것인가?

테슬라가 대량 생산 문제를 해결해야 한다는 과제가 있다면, 기존 자동차 업체들은 소프트웨어 개발 기술을 익혀야 한다는 난제에 직면해 있다. 전기차는 배터리와 모터가 함께 원활히 작동해 최상의 성능을 내게 하는 것은 물론, 자동차를 외부 세계와 연결하기 위한 통합 소프트웨어도 필요하다. 스마트폰 스타일의 '무선' 소프트웨어 업데이트로 자동차를 지속적으로 업그레이드하고 개선하는 테슬라에 비해, 기존 자동차 업체들은 공급 업체가 제각기인 부품들을 가지고 완성체를 탄생시키는 데 어려움을 겪고 있다.

기계공학에서 소프트웨어 개발로 전환하거나 수요가 늘어나는 모빌리티 서비스(차량 호출 및 승차 공유)를 제공하는 것이 기존 자동차 업계의 유일한 과제가 아니다. 내연기관 엔진 쪽에 대한 기술 투자를 점차 줄이고 배터리와 소프트웨어 기술을 따라잡기 위해 타기업과 제휴 관계도 맺어야 한다. 이로써 서로 비용을 분담하는 차원을 넘어, 스타트업에 투자 자본을 유치하고, 휘발유 자동차에서 탈피하고, 새로운 사고방식을 받아들여야 한다.

중국의 전기차 기업 리샹(Li), 니오(Nio), WM 모터(WM Motor), 샤오펑(Xpeng)에서 미국 기업 피스커(Fisker), 루시드(Lucid), 그리고 최근 논란인 니콜라(Nikola)에 이르기까지 제2의 테슬라를 꿈꾸는 후발 주자들은 어떨까? 투자자들이 열광하며 돈을 쏟아부었고, 자동차 업계에 부는 디지털 바람에 편승하기를 열망하는 기술 대기업과 기존 자동차 업체들도 이 투자 열기에 동참했다. 그러나 어느 기업이 끝까지 살아남을 것인가? 투자자들이 납득할 만한 장기적 이점과 독자적 기술을 후발 주자들이 지니고 있는가?

번지르르한 신차 출시 발표는 누구나 할 수 있다. 그러나 지금 고전하는 기업들을 보면 알 수 있듯 브레이크와 차체 외에 비트와 바이트도 신경 써야 하는 차량을 대량 생산하는 방법을 궁리하는 것은 완전히 다른 문제다. 유통 및 관리 네트워크를 구축하는 것도 만만히 볼 일이 아니다. 2021년에는 테슬라의 기존 및 신규 경쟁자들이 경쟁에서 살아남을 수 있을지 더 명확히 확인할 수 있을 것이다.

게임 그 이상
게임과 현실의 경계가 모호해질 것이다

다니엘 놀스 Daniel Knowles | 〈이코노미스트〉 국제부 기자

사람들이 집에 갇혀 지내는 생활에 슬기롭게 대처할 방법을 모색하면서 2020년 비디오 게임 판매량이 급증했다. 다시 바깥을 활보할 수 있는 날이 오더라도 게임 팬들은 집 밖으로 나가고 싶어 할까? 차세대 비디오 게임 콘솔인 플레이스테이션 5와 엑스박스 시리즈 X가 수요에 부응하고자 11월 나란히 출시된다. 게다가 〈콜 오브 듀티(Call of Duty)〉, 〈어새신 크리드(Assassin's Creed)〉와 같은 최신 블록버스터 시리즈를 포함해 다수의 신작 게임이 출시를 기다리고 있어서, 사람들이 집에 틀

진땀 승부의 현장

어박혀야 할 이유가 추가되었다.

그러나 게임사들이 2021년에 기대를 걸고 있는 분야는 전통적인 게임 매출 외에 또 있다. 2020년에는 프로 게이머들이 관중 앞에서 비디오 게임을 하는 e스포츠의 중계 시청률이 급증했다. 코로나 이전에도 대테러 슈팅 게임인 〈카운터 스트라이크〉, 판타지 전략 게임인 〈리그 오브 레전드〉와 같은 게임 대회가 치러지면 경기장에 관중이 가득 들어차곤 했다. 이들 게임은 팬데믹 이후 더욱 활기를 띠었다. 축구, 야구 등 전통 스포츠가 시즌이 중단되면서 집에서 시합이 가능한 e스포츠가 여러 국가에서 처음으로 지상파 TV에 중계되었다. 포뮬러 원(F1)과 잉글랜드 프리미어리그는 현역 선수들이 비디오 게임으로 승부를 겨루는 실험을 하기도 했다. 비디오 게임 기술은 일부 스포츠 중계방송에서 빈

관중석을 가상 군중으로 채우는 용도로도 사용되었다.

비디오 게임과 전통적인 스포츠 사이의 경계가 모호해지면서 기업들은 2021년에 e스포츠의 인기에 편승하려 노력할 것이다. 영국의 전 축구 선수인 데이비드 베컴은 네 가지 종목의 프로 선수들을 영입해 자신의 e스포츠 구단인 길드 e스포츠(Guild Esports)를 결성했다. 이어서 2020년 10월에는 런던 증권거래소에 상장해 2,000만 파운드(약 2,600만 달러)를 모금했다. 코로나 사태로 2020년에 축소되어야 했던 이벤트들도 기지개를 켜야 할 시점이다. 2019년 개시했지만 2020년에는 취소되었던 〈포트나이트〉 월드컵이 다시 시작될 것으로 보인다. 2019년 〈포트나이트〉의 제작사인 에픽 게임스는 이벤트 상금으로 총 3,000만 달러를 내걸었다. 또 다른 슈팅 게임 〈오버워치〉 리그를 6개국에서 주최하는 블리자드는 조만간 현장 대회를 재개할지도 모른다.

e스포츠에 쏟아부은 투자가 보상을 받을까? 그 점은 확실치 않다. 성장세는 눈부시지만 e스포츠는 본질적으로 해당 비디오 게임의 마케팅 성격이 크다. 10대들은 무언가에 쉽게 빠지지만 금세 열정이 식는다. 게다가 항상 새로운 게임이 나온다. 반면 전통적인 스포츠는 훨씬 더 뿌리가 깊다. e스포츠 팀이 프리미어리그 하위권 구단에도 아직 한참 못 미치는 브랜드 파워를 앞으로 구축할 수 있을지 분명하지 않다. 하지만 승리를 원한다면 일단 경기에 출전해야 하는 법이다.

칩을 베팅하다
반도체 강국이 되고자 하는 중국의 야망이 중대한 기로에 섰다

할 허드슨 Hal Hodson | 〈이코노미스트〉 아시아 기술부 기자

무역 전쟁과 팬데믹 와중에도 중국은 여전히 세계의 제조 공장이다. 그러나 아직 중국이 경쟁력을 발휘하지 못하는 중요한 분야가 한 가지 있으니, 바로 세계 유수 기업들의 주력 상품이자 스마트폰과 클라우드 서버에 필수인 반도체칩이다. 이 분야에서 미국과 그 우방국들, 특히 한국과 대만이 여전히 지배적이다. 중국은 이들을 따라잡기 위해 열심히 노력하고 있다. 그리고 미국은 중국을 저지하기 위해 열심히 노력하고 있다.

이들의 발버둥은 2021년에 더욱 격렬해질 것이다. 미 정부는 최근 중국의 통신 장비 대기업인 화웨이를 상대로 공세를 퍼붓는 과정에서 반도체의 글로벌 공급망에 대해 많은 정보를 알게 되었다. 화웨이에 필수인 반도체칩의 공급을 차단하고자 둘러친 허술한 장벽은 이제 철벽이 되었다. 이제 미국은 그간 수집한 정보들을 활용해 중국 반도체칩 제조업의 싹을 잘라내려 한다.

반도체칩을 제조하는 일련의 복잡한 공정 단계에는 수백만 달러 상당의 거대한 기계가 필요한 어떤 한 단계가 포함되어 있다. 이 기계 중 일부를 미국 기업이 배타적으로 제조하는데, 이들의 준독점적 지위가 사실상 중국 반도체 업체에 대한 수출 금지 법령을 제정하는 것과 맞먹는 효력을 생성한다. 그러면 중국이 몇 년간 쏟은 노력을 물거품으로

만들 수 있다. 중국은 이 기계를 국산화하기 위해 노력 중이지만 현재로서는 갈 길이 멀다.

덜 공격적인 대안이 있다. 미국은 바이든 정부가 출범하면 약간 다른 접근 방식을 채택할 수 있다. 트럼프 대통령이 독단적이고 강경한 전술을 썼다면, 바이든 당선인은 중국의 반도체 국산화가 성공할 경우 중국으로부터 위협을 느낄 수 있는 타국들을 포섭해 협공 전술을 펼칠 가능성이 있다.

이는 중국 기업에 수출 가능한 기술과 수출 시 안보에 위협이 되는 기술을 가르는 기준에 대해 동맹국들과 합의하는 것을 의미한다. 중국에 첨단 기술을 수출하는 것은 수천억 달러 규모에 달하는 시장이기에 무시할 수 없다. 미국과 동맹국의 손발이 맞지 않으면 봉쇄 조치는 결국 일본, 유럽, 한국에 기회가 될 수 있다.

미국은 동맹국이 자국의 수출 규제에 동참하기를 기대하는 대신, 사전에 상호 이익이 되는 국가와 위협이 되는 국가를 가린 후 자기편을 끌어들이려 할 것이다. 그렇게 된다면 중국과의 모든 거래가 끊겨 통제권조차 전부 잃게 되는 상황을 피하면서 중국의 기술업을 압박하고 주무르기 위한 공동의 노력이 가능해진다. 그러나 미국이 이 방식을 택하지 않기로 결정하면 2021년 중국 반도체 업계는 미국 없이도 흥하거나, 또는 미국 때문에 망하거나 둘 중 하나인 더 살벌하고도 새로운 국면에 진입할 것이다. 시간이 얼마나 걸릴지의 문제일 뿐, 미국의 지난 40년 동안 행적으로 판단컨대 그 외의 열린 결말을 기대하기는 쉽지 않다.

종이책의 부활
2021년 종이책이 다시 한 번 힘을 낼 수 있을 것인가?

알렉산드라 스위치 배스 Alexandra Suich Bass |
〈이코노미스트〉 댈러스 지국, 정치·기술·사회부 수석기자

2020년 미국에선 종이책이 2004년 이후 제2의 전성기를 맞이할 것이다. 9월 기준으로 전자책과 오디오북의 연매출이 전년도와 비교해 두 자릿수 증가세를 보였지만, 종이책도 6% 이상 매출 증가를 기록하며 분전했다. 이 소식은 완전히 의외로 들릴 수 있다. 많은 서점이 코로나 봉쇄 기간에 문을 닫았고, 출판사들은 계획했던 신간 출시를 연기했으며, 아마존은 아무리 재미있는 책이 나와도 신간 도서보다 손 소독제의 주문 물량을 처리하는 데 급급했기 때문이다.

그러나 코로나 사태로 사람들은 취미와 학습의 수단으로서 우리 곁에 남아 있는 책의 매력을 재발견했다. 종이책과 오디오북은 남녀노소를 불문하고 각종 전자 기기 화면에 피로를 느낀 모든 사람에게 편안하게 다가간다. 오바마 전 대통령의 회고록 1편을 포함한 여러 정치 관련 서적의 출간이 화제가 되고, 인종 갈등과 전국적인 시위에 자극받은 많은 독자들이 사회적 이슈를 다룬 책들에 관심을 보이면서 서적 매출 증대에 더욱 불을 지폈다. 서점가에 있어서 최악의 끔찍한 해가 될 줄 알았지만 알고 보니 선방한 해였다.

코로나 사태로 사람들은 변함없이 우리 곁에 남아 있는 책의 매력을 재발견했다.

그뿐이 아니다. 2020년에는 현실 도피적 성향의 책도 인기를 얻었다. 로맨스와 범죄물은 2021년에도 계속 잘 팔릴 것이다. 전기

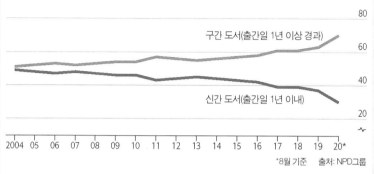

구관이 명관
출간일별 미국 도서 매출 현황(단위: %)

구간 도서(출간일 1년 이상 경과)

신간 도서(출간일 1년 이내)

2004 05 06 07 08 09 10 11 12 13 14 15 16 17 18 19 20*

*8월 기준   출처: NPD그룹

물, 아동물, 장편만화도 마찬가지다. 그 외에도 주목해야 할 추세는 독자들이 신간보다 오랫동안 시장에서 검증된 책을 선택하면서 구간 도서가 약진을 보였다는 점이다. 리서치 회사 NPD그룹의 크리스틴 매클린(Kristen McLean)에 따르면, 전체 서적 매출에서 구간 도서의 시장 점유율이 2019년 64%에서 2020년 68%로 증가했다고 한다(도표 참조).

2020년에는 온라인으로 책을 구입하는 소비자가 늘어났으며, 이는 2021년에도 마찬가지일 전망이다. 아마존이 대표적 수혜자이지만, 독립서점의 판로 역할을 해주는 신진 세력 Bookshop.org도 좋은 성적을 거뒀다. 오디오북 시장이 커지고, 오디오북과 팟캐스트 사이의 새로운 서브 장르도 더욱 확산될 것이다. 그리고 전자 기기에 지친 사람들에게 종이책의 매력이 더욱 부각될 것이다. 한편 전자책은 현재 도서 시장의 27%를 차지하는 데 그쳐, 디지털 전문가들의 예상과 달리 종이책을 시장에서 몰아내기에는 여전히 역부족이었다.

꿈틀대는 방랑벽

다시 여행길에 오르고 싶어 몸이 근질근질한 기업인들이 많다

헨리 트릭스 Henry Tricks | 〈이코노미스트〉 슘페터 칼럼니스트

처음에는 뜻밖이었다. 특급 호텔 조식보다 집밥이 더 좋고, 비행기에서 영화 볼 때보다 아이들과 시간을 보내면서 더 많이 웃었다. 하이힐과 신사화, 정장 차림, 명품 넥타이는 잠시 잊고 살았다. 의전용 리무진, 비행기 일등석, 임원들과의 오찬, 호텔룸의 웰컴 초콜릿도 마찬가지다. 모두 줌이라는 경이로운 신문물에 묻혀버렸다.

그러나 더 이상 그렇지 않다. 슬슬 현실로 복귀할 시간이 찾아왔고, 화상 회의의 피로감이 쌓였으며, 매출 급감 예상 보고서에 충격을 받은 일부 임원들은 다시 훌쩍 떠나고 싶어졌다. 하지만 그들은 2021년 초에도 여전히 몸이 근질거릴 듯하다. 매년 1월 라스베이거스에서 열리는 CES(국제 전자 제품 박람회)가 취소되었고 전 세계 거물들이 모이는 겨울 행사인 다보스 포럼이 연기되었으니, 각 호텔의 라운지가 한동안 계속 썰렁할 것이다. 그러나 단기 출장과 같이 아직 상품성을 실낱같이 유지하고 있는 일부 여행 상품은 다시 움직일 기미가 보인다. 세계비즈니스여행협회(Global Business Travel Association, GBTA)에 따르면 10번의 출장 중 약 8번이 국내 출장이었다고 한다. 최근 실시한 설문 조사에서는 기업인 3명 중 2명이 2021년 봄에 국내 출장이 예년 수준으로 회복될 것으로 예상했다.

하지만 해외여행은 문제가 다르다. 여러 나라가 자가 격리를 시행하

는 현 상황에서 코로나 백신이 널리 보급되지 않는 한 앞으로 어찌 될지 예측하기 어렵다. 각종 제한이 풀리더라도 과거 경험에 비춰볼 때 일상이 완전히 정상화되려면 시간이 걸릴 것이다. GBTA는 2001년 9·11 테러와 2007~2009년 금융 위기 이후 국외 출장 빈도가 이전 수준으로 돌아가기까지 3년 이상이 걸렸다고 밝혔다. 이번에는 역풍이 더욱 거세졌다. 무역 전쟁과 '세계화 둔화(slowbalisation)'의 시국에 설상가상으로 들이닥친 전염병은 경제 위기와 함께 여행에 대한 공포까지 몰고 왔다. 여기에 화상 회의가 출장을 대체할 수단으로 가능성을 처음 입증받았을 뿐 아니라 비용도 훨씬 저렴한 것으로 나타났다. 모건스탠리가 기업의 출장 관리자들을 대상으로 조사한 바에 따르면 2021년 전체 출장 건수의 거의 3분의 1을 가상 회의가 대체할 것으로 예상한다고 한다.

그렇다면 1.5조 달러 규모의 비즈니스 여행업에 좋지 않은 징조다. 과거 불황기에는 항공사, 호텔, 행사 주최자들이 수요 진작을 위해 요금이나 참가비 등을 인하했다. 그러나 여행자들이 비용보다 건강을 더 걱정하는 요즘은 이러한 대책이 별 의미 없을 것이다. 일부 호텔은 수익성이 훨씬 떨어지더라도 휴양 패키지 쪽으로 주력 상품을 바꾸려는 조짐도 보인다. 여행 업계는 더 다양한 여행 통로, 출장 목적 여행자의 자가 격리 면제, 공항에서의 코로나19 검사, 책임 면책[1] 등을 위해 로비할 것이다. 그러나 역시 궁극적으로 가장 큰 희망은 백신에 달려 있다.

현재는 2021년 하반기까지 백신이 널리 보급되리라는 전망이 유력

---

1 고객이 코로나 바이러스에 감염되어도 업체를 상대로 책임을 묻지 않는 것.

하다. 만약 그렇게 된다면 기업 임원들은 협상 테이블을 향해 몸소 먼 길을 떠나고자 하는 욕구가 되살아날 것이다. 코로나 사태로 그들에게 가족과 보내는 시간(그리고 수면)을 보충할 절호의 기회가 주어졌다 해도, 출장은 귀빈 대접, '나만의 시간', 법인 카드로 결제하는 저녁 식사와 같은 상당한 특전이 딸려나온다. 이것은 대면 출장을 포기할 수 없게 하는 강력한 인센티브다.

지난 수십 년이 기후 변화를 해결하기 위한 준비 운동 기간이었다면, 2021년은 본격적으로 기후 변화에 맞서야 할 가장 중요한 해가 될 것이다. 이렇게 볼 수 있는 근거로 최근 두 가지 국면이 눈에 띈다.

첫째, 과학계에서 경고했듯 우리가 앞으로 10년간 탄소 배출을 극적으로 줄이지 않으면 기후 변화의 끔찍한 영향에 직면하게 될 것이며, 이러한 영향 중 상당수가 이미 우리 코앞에 와 있다. 호주와 캘리포니아에서 발생한 전례 없는 수준의 산불부터 전 세계의 이상 홍수에 이르기까지, 우리는 기후 변화가 이미 일상생활을 위협하고 있다는 사실을 부인할 수 없다. 동시에 기후 행동을 지지하는 목소리가 그 어느 때보다 강력하다. 솔루션 지향적 사고방식을 지닌 Z세대부터 점점 더 초당적 지원을 아끼지 않는 정치권, 최초의 탄소 중립 대륙이라는 거대한 야망을 꿈꾸는 유럽 국가들에 이르기까지, 세계는 기후 변화의 위협 앞에서 그 어느 때보다 똘똘 뭉치고 있다.

둘째, 우리는 기술과 정책 측면에서 무탄소 에너지를 현실화할 수 있는 긍정적 흐름을 보고 있다. 얼마 전까지만 해도 1년 365일 무탄소 전기를 공급한다는 것을 상상하기 어려웠다. 쉽게 말하자면 바람이 항상 부는 게 아니고, 태양이 밤에 뜨는 것도 아니다. 그러나 지난 10년 동안 에너지 저장 기술이 발달하고 풍력 및 태양열 발전 비용이 각각 70%와 89%씩 떨어지는 등 신기술 발전에 힘입어 1년 365일 무탄소 에너지가 현실에 더 가까워지고 있다.

여기서 특히 주목할 기술은 인공지능(AI)이다. 구글에서는 AI를 활용해 데이터 센터 내에서 전력 소비를 최적화할 방법을 연구하고 있다. 그리고 자회사인 딥마인드(DeepMind)와 협력해 데이터 센터 냉각에 사용되는 에너지 양을 30%까지 줄이는 솔루션을 개발했다. 이 접근 방식은 공항과 쇼핑몰을 포함한 상업용 건물에서도 사용할 수 있다. 또한 AI는 풍력의 예측 가능성을 높일 목적으로 쓸 수도 있는데, 이로 인해 재생 가능 에너지의 가치, 활용, 채택이

구글과 알파벳의 최고경영자 **순다르 피차이(Sundar Pichai)**는 기후 변화와 싸우는 데 기술 업계가 중요한 역할을 한다고 말한다.

녹색 기술의 힘

우리의 목표는 1년 365일 무탄소 에너지 공급의 실현 가능성을 입증하는 것이다.

증가할 것으로 보인다.

한편 매우 정밀한 인공위성의 센서는 이산화탄소를 대규모로 배출하는 주범을 찾아낼 수 있다. 이로써 파리기후변화협약의 실효성을 극적으로 향상시킬 것이다. 또한 도시의 탄소 배출량을 줄이는 데도 기술의 힘이 도움이 된다. 기후 및 에너지에 관한 세계 시장 협약 (Global Covenant of Mayors)에 따르면 기후 변화에 대처하기 위해 제휴 관계를 맺은 1만 곳 이상의 도시와 지자체들 가운데, 서유럽 이외의 지역에는 기후 협약을 충족할 시간, 자원, 데이터를 보유한 곳이 20%도 되지 않는다. 각 도시는 구글의 환경 인사이트 탐색기 (Environmental Insights Explorer)와 같은 플랫폼을 통해 익명으로 집계한 매핑 데이터를 활용해 건물과 도로에서 발생한 탄소 발자국을 계산하고, 그 결과 태양 에너지의 잠재력을 새삼 인식할 수 있다. 이 과정은 전 세계 온실가스 배출량의 70% 이상이 도시에서 발생한다는 점에서 중요하다.

기술은 또한 이미 뚜렷이 드러난 기후 변화의 영향에 지역사회가 적응하도록 돕고 있다. 한 예로, 우리는 위성 데이터를 사용해 산불을 실시간 매핑하고 산불의 확산 경로를 더 잘 예측할 수 있다. 인도에서는 홍수 예측 모델에 AI를 적용해 홍수 발생 시기와 댐 수위 등을 예측하고 인명 피해를 최소화하도록 하고 있다. 나아가 머신러닝을 적용하면 기존 예보 방법보다 더 빠르고 정확한 '실시간 예보(Nowcast)'를 통해 강수량을 알리고, 사람들이 더 안전하고 정보에 입각한 결정을 내리도록 도울 수 있다. 기업들은 이러한 긍정적 추세와 기술을 바탕으로 기후 행동의 기간은 단축하되 지속 가능성은 높이는 데 전념했다. 구글은 수준 높은 탄소 상쇄 기술을 개발해 지금까지의 탄소 배출분을 제거했고, 2030년까지 전 세계의 모든 구글 데이터 센터와 사옥을 연중무휴 무탄소 에너지로 운영한다는 목표를 세웠다. 우리의 목표는 100% 무탄소 전력망이 단순히 가능한 것을 넘어 경제적이기까지 하다는 점을 입증하는 것이다. 다른 중소기업과 대기업 모두 이러한 노력에 동참하기를 바란다.

개별 기업의 굳은 다짐도 중요하지만, 모든 국가가 동일한 목표를 향해 나아갈 수 있도록 실효성 있는 정책과 범세계적 차원의 프레임워크를 갖춰야 한다. 우리는 그것이 가능하다고 믿는다. 우리는 코로나 사태 이후 바이러스와 싸우기 위해 필요한 개인 보호 장비(PPE), 의료 기기, 접촉 기록 추적 앱을 제공하며 정부에 협력하는 기업들의 모습을 목격했다. 더욱 강력한 민관 파트너십을 구축한다면 기후 변화와 싸우는 데에도 큰 힘이 될 것이다. 역사상 어떤 세대든 커다란 도전에 직면해왔다. 그리고 우리 세대에게 닥친 가장 험난한 도전은 기후 변화다. 2021년 세계는 이를 해결하기 위해 가장 대담한 조치를 취할 것이다.

보호자 대 보전자

2021년 선진국의 노동 시장은 다시 갈라질 것이다

캘럼 윌리엄스 Callum Williams | 〈이코노미스트〉 경제 부문 수석기자

실업률만 보면 2020년 세계 경제는 대공황 이후 가장 급격한 침체기를 겪었다고 믿기 어려울 것이다. 미국의 실업률이 3.5%에서 14.7%로 치솟았던 것처럼 일부 국가의 실업률은 급증했다(도표 참조). 그러나 다른 많은 나라의 노동 시장은 거의 눈 하나 깜박하지 않았다. 2020년 10월 독일과 영국의 실업률은 팬데믹이 닥치기 전보다 조금 높은 수준에 불과했다. 이처럼 이상한 대조 현상은 2021년에도 지속될 것 같다.

일부 국가의 뛰어난 성과는 부분적으로 코로나 바이러스로부터 타격을 가볍게 입은 결과이기도 하다. 예를 들어 노동 시장이 비교적 잘 지탱해온 호주의 2020년 2분기 GDP는 '겨우' 7% 감소했는데, 이는

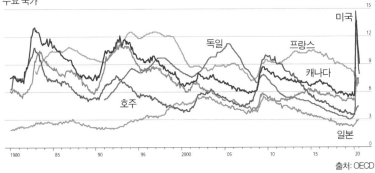

실업률, %
주요 국가

미국
독일
프랑스
캐나다
호주
일본

1980　85　90　95　2000　05　10　15　20

출처: OECD

OECD 국가가 전체적으로 10% 이상 감소한 것과 대조를 이룬다. 그러나 이번 코로나 위기에서는 GDP에 대한 타격과 실업 증가 사이의 관계가 불황기에 전형적으로 나타나는 것만큼 그렇게 강하게 나타나지 않았다. 이는 정책과 통계라는 다른 두 가지 요인이 더 중요하다는 사실을 시사한다.

우선 정책 요인을 살펴보자. 팬데믹 기간에 선진국들은 대체로 사람들을 보호하거나 일자리를 보전하는 정책을 추구했다. '보호자' 국가라고 불리는 첫 번째 유형에 속한 미국, 캐나다, 아일랜드는 정부가 경기 부양 수표와 한층 후한 실업급여 형태로 막대한 양의 현금을 국민에게 지급했다. 이런 정책의 목표는 사람들이 일자리를 잃어도 그들에게 소득을 보장하려는 것이다. 호주와 유럽의 나머지 대부분 국가를 포함하는 두 번째 그룹인 '보전자' 국가는 그 대신 단축근무제와 일시해고제를 통해 근로자들에게 임금을 지급하는 데 초점을 맞췄다. 따라서 정책 설계상으로 볼 때 실업은 보호자 국가보다 보전자 국가에서 더 적게 증가할 것으로 예상된다.

그러나 영국의 싱크탱크인 정부 연구소(Institute for Government)의 보고서에 따르면, 언뜻 보기에 탁월한 노동 시장의 성과는 통계 자료의 기묘한 산물이라고 한다. '실업'이라는 단어가 모든 나라에서 같은 의미로 쓰이는 것은 아니다. 영국과 아일랜드에서는 실직 중인 사람들이 고용주와 연결되어 있으면 일반적으로 그들을 실업자로 계산하지 않는다. EU는 보통 일시 해고된 근로자들을 고용된 것으로 간주한다. 그러나 미국과 캐나다의 통계학자들은 근로자가 일시적이라 하더라도 일을 그만두는 순간 실업자로 분류하는 경향이 있다.

2020년 4월 호주의 공식적 실업률은 6%였지만 미국이나 캐나다 방식으로 계산했다면 12%까지 올라갔을 것이다.

2021년 선진국들의 노동 시장은 계속해서 다른 방향으로 움직이겠지만 2020년의 패턴은 역전될 것이다. 보호자 국가의 2021년 화두는 실업률이 얼마나 빨리 팬데믹 이전 수준으로 떨어질 것인가가 될 것이다(미국 섹션 참조). 특히 유럽과 같은 보전자 국가들은 실업률이 얼마나 증가할 것인가에 관심이 집중될 것이다. 그 이유는 일시해고제가 끝나가고 있기 때문이다. 영국 정부는 이 제도를 가급적 빨리 끝내고 싶어 하며 스페인 정부는 이를 2021년 초 종식할 것 같다.

실업이 증가하면 두 나라 정부는 모두 거센 비난에 직면할 것이다. 급격한 실업 증가를 회피하려고 안간힘을 쓰는 일부 유럽 정부들은 (비록 고용주들이 근로자 임금의 많은 부분을 책임지겠지만) 당분간 일시해고제를 계속 유지하기로 약속했다. 독일과 프랑스의 단축근무제는 아마도 2021년 이후까지 지속될 것이다. 두 나라 모두 실업이 증가하겠지만 그렇게 많이 증가하지는 않을 것이다.

프랑스와 독일의 접근법이 가장 좋은 것처럼 보이는 것은 당연하다. 아무도 높은 실업률을 원하지 않기 때문이다. 그러나 대규모의 노동력을 일시 해고 상태로 유지하는 데 엄청난 운영 비용이 드는 것은 차치하더라도 그 제도에는 문제점이 있다. 그것은 팬데믹 이후 세계에서 (시내 중심가 상점처럼) 노동력이 더 적게 필요한 산업으로부터 (전자 상거래 창고 또는 택배 서비스처럼) 노동력이 더 많이 필요한 산업으로의 경제 부문 간 인력 이동을 가로막는다. 궁극적으로 인력 이동 제한은 경제 전체적으로 보면 도움이 되지 않는다. 일시해고제를 언젠가 폐지해야 하지만 언제가 최적의 시점인지를 아는 것이 어렵다. 2021년 내내 유럽은 바로 이 문제와 씨름해야 할 것이다.

타락한 천사 이후
기업의 채무 불이행이 놀랄 만큼 적을 것이다

존 오설리번 John O'Sulivan | 〈이코노미스트〉 버튼우드 칼럼니스트

코로나 바이러스 팬데믹이 가져온 한 가지 중요한 결과는 회사채 시장의 비참한 종말이 품위 있게 바뀌었다는 사실이다. 용어가 순화된 지는 오래되었다. 투자 적격 등급에 속하지 않는 채권을, 쓰레기를 의미하는 '정크(junk)'라고 불렀지만 이제 사람들은 그것을 고수익 채권 또는 투기 등급 채권이라고 부른다. 여기에 속한 이웃들도 한층 세련된 기업들이다. 르노(Renault), 크래프트하인즈(Kraft Heinz), 막스앤드스펜서(Marks

& Spencer) 등 유명한 기업들이 투자 적격 등급의 지위를 상실했다. 2020년은 그처럼 '타락한 천사' 채권들이 신기록을 세우는 한 해가 될 것이다.

기업들은 2020년 3분기 말까지 약 1조 5,000억 달러에 달하는 투자 적격 등급 채권을 발행했는데, 이 정도면 채권 발행액도 2020년이 기록적인 한 해가 될 것이 확실하다. 또한 기업들은 거래 은행에서 대출도 받았다. 종합적으로 보면 2020년 상반기에 미국 기업들의 부채는 GDP의 75%에서 90%로 증가했다.

흥청망청하다 보면 후유증이 따른다. 경제 전망이 매우 불확실한 가운데 기업들의 부채가 엄청나게 증가하면 부채가 전액 상환되지 못하거나 제때 상환되지 못할 위험이 커진다. 채권의 채무 불이행이 이미 급격히 증가했다. 국제 신용평가사인 S&P에 따르면 10월 초까지 12개월간 정크 채권의 채무 불이행 비율은 미국의 경우 6.3% 그리고 유럽에서는 4.3%로 상승했다. 2021년에는 채무 불이행이 더 늘어날 것으로 보인다.

얼마나 상황이 나빠지는지는 대항 세력들과의 힘겨루기에 달려 있다. 하나는 바이러스와 그것의 지체 효과다. 거의 모든 사람이 2021년 말까지 경제가 완전히 회복될 것이라고 예상하지 않는다. 2020년 10월 IMF는 1년에 두 차례 발표하는 〈세계 경제 전망〉 보고서에서 미국의 GDP는 2022년에 가서야 2019년 수준으로 회복할 것으로 예측했다. 이것은 이미 유럽에서 분명해졌다. 유럽 경제가 불황의 수렁에서 빠져나와 회복하려는 움직임은 3월과 4월에 코로나가 다시 유행하는 바람에 탄력을 잃었다. 지지부진한 회복세는 더 많은 회사채 발행 기업들을 채무 불이행 위험에 빠뜨리고 있다.

스타급 기업들에 채무 불이행 위험이 있다

그러나 그와는 반대 방향으로 강력하게 작용하는 세력들이 있다. 그 중 하나가 재정 정책이다. 정부가 주도하는 다양한 단축근무제, 일시해고제, 지원 프로그램 덕분에 재정적으로 어려움을 겪는 많은 기업이 살아남을 수 있었다. 유럽이 2007~2009년 글로벌 금융 위기 이후 그랬듯 재정 부양 정책을 너무 갑작스럽게 철회하지는 않을까에 관심이 집중되고 있다. 하지만 그 당시 얻은 교훈이 있다. EU 회복 기금(Recovery Fund) 조성은 고무적인 신호 중 하나다. 독일과 이탈리아는 프랑스가 일찌감치 암시한 것처럼 2021년에도 경기 부양을 위한 재정 정책을 광범위하게 실시할 것임을 시사한다. 게다가 미국에서는 어떤 식으로든 추가적인 경기 부양책을 추진하고 있다.

두 번째 요소는 채권 시장의 유동성이다. 2020년 채권 발행이 넘쳐난 것은 미 연준 덕분이었다. 연준은 3월 회사채를 살 준비가 돼 있다고 밝힘으로써 투자자들이 가격 상승을 기대하고 회사채 매입을 시작하도록 부추겼다. 시장 동결 조치가 풀렸다. 대기업들은 위기를 극복하기에 충분한 정도의 현금을 조달할 수 있었다. 미 연준을 포함한 세계 선진국 중앙은행들은 통화 정책을 극도로 느슨하게 유지하는 데 전념하고 있다. 그리고 투자자들은 다른 좋은 대안이 없는 한 새로 발행된 회사채를 매입할 것이고, 기존 채권들을 만기에 재투자할 것이다. 미국의 국채 수익률은 지극히 낮은 수준이다. 유럽에서 가장 안전한 채권은 수익률이 마이너스다. 회사채는 위험이 더 크지만 그것을 보상하기 위해 수익률이 더 높다.

신용은 경제의 생명선이다. 기업은 자금을 빌릴 수 있는 한 살아남을 수 있다. 그것이 바로 회사채가 주식과 마찬가지로 위험 자산으로 분류되는 이유다. 경기 회복세가 약하고 부채 수준이 높아서 기업의 채무 불이행 사례가 더 많아질 것이다. 하지만 저리 자금과 재정 지원으로 파산했을지도 모를 많은 대기업이 살아남을 것이다. 기업의 채무 불이행은 2020년 봄에 예상한 것보다 더 낮은 수준에서 정점에 도달할 것이다. 이미 타락한 천사들은 더 이상 망신당하지 않을 것이다. 심지어 몇몇 채권은 2021년에 상환될지도 모른다.

저리 자금과 재정 지원으로 많은 대기업이 살아남을 것이다.

새로운 화폐
중국은 세계 최초로 공식 전자 화폐를 출시한다

사이먼 라비노비치 Simon Rabinovitch | 상하이, 〈이코노미스트〉 아시아 경제 편집자

2021년 디지털 위안화가 유통될 가능성이 크다. 그것은 처음에는 별다른 차이가 없지만 시간이 지나면서 중앙은행들이 통화 정책을 시행하는 방식을 바꿀 수 있는 첫 무대가 될 것이다.

중국인민은행(The People's Bank of China)은 디지털 화폐에 관한 특허를 100건 이상 출원했으며 몇몇 도시와 여러 앱에서 e-위안화를 사용하게 하는 등 다양한 실험을 실행했다. 지금까지 실험은 순조롭게 진행됐으며 사람들은 머지않아 정부가 발행한 전자 지갑을 내려받을 수 있게 될 것이다. 위챗페이(WeChat Pay), 알리페이(Alipay) 등 상업용 전자 지갑과 달리 공식 전자 지갑은 경화(硬貨)와 동일한 안전성을 갖춘 중앙은행 계좌에 해당한다.

직불카드 대신 스마트폰을 사용하는 사람들이 이미 수백만 명이기 때문에 그것은 그저 또 하나의 결제 앱처럼 여겨질 것이다. 그러나 어떤 사람들은 디지털 화폐가 은행들에 문제를 일으킬 수 있을 정도

로 혁명적인 상품이라고 말한다. 그 이유는 사람들이 저축 계좌에서 예금을 찾아 극도로 안전한 공식 전자 지갑에 즉시 입금하기 때문이다. 무엇보다 디지털 화폐가 현금을 완전히 대체하면, 중앙은행들은 이론적으로 다음 세 가지 새로운 힘을 얻게 될 것이다. 첫째, 별다른 어려움 없이 금리를 0% 이하로 낮출 수 있다. 둘째, 가장 도움이 필요한 사람들에게 현금을 직접 발행할 수 있다. 셋째, 누가 돈을 갖고 있으며 그것을 어떻게 사용하는지를 더욱 분명하게 파악할 수 있다.

중국의 중앙은행은 적어도 아직은 통화 정책을 개혁하려는 것은 아니다. 그들의 동기는 훨씬 직접적인 도전에서 시작했다. 모바일 결제가 증가하는 상황에서 중앙은행은 거대 기술 플랫폼들의 힘이 너무 커질까 봐 우려했다. 디지털 위안화가 대안을 제시할 것이다. 그것은 또한 미국의 영향력 아래에 있는 국제 결제 시스템인 스위프트(SWIFT)와 관계없이 국가 간 자금 이동을 가능케 하는 경로를 중국에 제공할 것이다. 그러나 중국의 첫 번째 목표는 훨씬 기초적인 것으로 디지털 위안화를 뒷받침하는 기술이 제대로 작동하는지와 사람들이 그것을 실제로 사용하고 싶어 하는지를 확인하려는 것이다. 화폐는 대략 3,000년 전에 등장했다. 이처럼 새로운 화폐가 통용되는 데는 시간이 걸릴 것이다.

What If EU 회복 기금은 코로나19 팬데믹에 타격을 입은 회원국들의 경제 회복을 돕기 위해 그들에게 대출과 보조금을 지급하려고 마련되었다. 그러나 회원국들은 돈이 어떻게 사용되는지에 대해 거부권을 행사할 수 있다. **만약 네덜란드가 이 기금의 가장 큰 수혜국 중 하나인 이탈리아에 대한 지출을 거부한다면 어떻게 될까?** 이미 다른 유럽의 경제 대국들보다 뒤처진 것으로 예상되는 이탈리아의 경제 회복이 실패할 수도 있으며 포퓰리즘 정당에 대한 지지가 힘을 받고 이탈리아 정부 채권의 스프레드가 상승하기 시작할 수도 있다. 그 결과 유럽의 통화 연맹이 약화될 수 있다.

끝없는 갈등
2021년에는 어떤 무역 전쟁이 등장할 것인가?

소마야 케인즈 Soumaya Keynes | 워싱턴 DC, 〈이코노미스트〉 무역 및 세계화 편집자

코로나19 때문에 여행 제한, 국경 검색, 수출 제한 조치가 이어지면서 국제 무역의 통로가 막힌 2020년 세계화는 타격을 입었다. 전 세계 상품 교역량은 5월 저점에서 수요가 더욱 위축되는 바람에 전년 대비 18% 감소했다. 각종 제한 조치가 완화되고 무역이 회복될 것이지만 2021년이 반드시 더 조용해지지는 않을 것이다.

정책 담당자들은 개인 보호 장비를 구매하느라 국제적 쟁탈전을 벌였던 뼈아픈 기억을 되살리면서 그들이 통제하는 문제와 책임져야 하는 문제의 격차를 깨달았다. 따라서 그들은 위기 재발에 대한 계획을 보여주기 위해 2021년에는 누가 의료 보급품을 제공할 것인가에 관한 훨씬 더 엄격한 정부 조달 규칙 수립, 제조업의 본국 회귀에 대한 경제적 보상 시행, 기업 앞 '긴급 보급품' 생산 요구 등 당근과 채찍 정책을 함께 사용할 것이다.

미국과 중국의 갈등에 발목을 잡힌 기업들은 인권 문제에 관한 의견 충돌, 화웨이와 같은 기술 기업들에 대한 분쟁, 중국의 끊임없는 시장 개입 등으로 앞으로 더욱 골머리가 아플 것을 예상해야만 한다. 바이든 행정부는 미국의 접근 방식에 변화를 가져올 것이지만 그것은 전반적이지 않다기보다는 좀 더 조율된 대결로 변화할 것이다. EU는 이미 외국의 보조금이 시장을 왜곡하는 분야에 대한 '시정 조치'를 포함해 광

범위한 방어 전선을 구축하기 시작했다(중국 섹션 참조).

갈등의 또 다른 원인에는 코로나 바이러스에 타격을 입은 산업에 대한 보조금 지급 문제뿐만 아니라 미국과 EU가 탄소 사용량이 많은 수입품에 대해 '탄소 국경세'를 부과하겠다는 선언이 포함되어 있다. 그것은 기울어진 운동장이라는 비난에 기름을 부었다. 국제 무역 규칙을 어겼다고 비난받는 경제 민족주의자들은 트럼프가 팬데믹 초기에 자국민 우선 조치를 내세웠던 것처럼 그들 역시 자국민을 먼저 생각하는 것일 뿐이라고 주장할 것이다.

세계적인 공급망을 다수 구축하고 있는 기업들은 지원금이나 경쟁 상대에 대한 제한 조치를 환영할 것이다. 그러면서도 그들은 또한 스스로 세계화를 다시 구축할 수 있다고 목소리를 높일 것이다. 미중 무역 전쟁이 시작하기도 전에 이미 중국의 인건비 상승으로 기업들은 생산 기지를 다른 곳으로 옮김으로써 수출 공급망이 짧아졌다.

무역 평화를 요구하는 사람들은 공급망이 너무 복잡하므로 정책 변경이 갑자기 발생하면 이를 관리할 수 없다고 주장할 것이다. 정부 개입은 위기 시 생산량 증대 능력을 저해함으로써 공급망의 탄력성을 감소시킬 수 있다. 기업들은 정부가 개입해 그들을 가로막지만 않는다면 한층 다양한 형태의 세계화로 나아갈 수 있다. 그렇게 되면 생산 기업들은 국제 시장에 상품을 공급하기 위해 중국에 덜 의존하게 되며 공급망에 중복 설비를 더 많이 구축할 수 있다.

라이언 아벤트 Ryan Avent | 워싱턴 DC, 〈이코노미스트〉 경제 특파원

운이 좋다면 2021년 코로나19는 2020년에 비해 혼란 정도가 덜할 것이다. 그러나 백신으로 사회가 어느 정도 정상 상태로 되돌아간다고 해도, 팬데믹의 장기적인 경제적 비용은 증가할 것이다. 자료를 수집해보면 수십 년 동안 지속할지도 모를 불평등이 극적으로 증가하는 모습이 드러날 것이다.

불평등 문제는 결코 해결될 수 없지만 팬데믹 이전 몇 년 동안은 좀 더 다루기 쉬워 보였다. 글로벌 금융 위기 이후 노동 시장이 느리지만 꾸준히 강화되면서 결국 소득 분포 전반에 걸친 근로자들의 임금이 견실하게 상승한 덕분에, 2010년대 마지막에 많은 국가의 불평등 지수들이 안정되거나 심지어 약간 하락하기도 했다. 코로나19 사태가 발생하자 전 세계 정부가 처음에 관대한 지원 정책을 실행한 결과 이러한 추세가 크게 무너지지 않았다. 예를 들어 미국은 GDP의 약 13%에 달하는 경기 부양책을 실시한 결과 팬데믹이 발생한 처음 몇 달 동안은 일부 저임금 근로자들의 소득이 상승하기까지 했다.

2020년 말 실상은 이미 상당히 다르게 드러났다. 얼마나 다른지는 2021년에 뚜렷해지기 시작할 것인가. 지난 세기에 발생한 팬데믹의 경제적 분석에 따르면 팬데믹은 불평등의 급격한 확대로 이어질 것임을 시사한다. 팬데믹이 시작되고 5년이 지나면 일반적으로 (소득 분산 지수인) 지

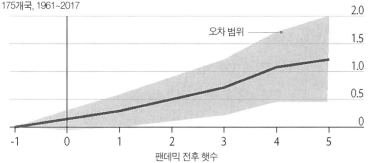

불평등 증가
팬데믹 이후 순지니계수의 평균 변화율, %
175개국, 1961~2017

오차 범위

팬데믹 전후 햇수

출처: 후르체리(Furceri), 룬가니(Loungani), 오스트리(Osctry), 피주토(Pizzuto); IMF, 2020

니계수는 위기 전보다 약 1.25% 높은 수준으로 유지된다. 지니계수가 전형적으로 서서히 변화하는 변수라는 사실을 고려할 때 이것은 놀랄 만한 상승 폭이다. 중등교육이나 고등교육을 받은 사람 중에서는 팬데믹 이후 취업자 비율이 거의 변하지 않았지만, 교육 수준이 낮은 사람 중에서는 그 비율이 보통 5% 정도 감소한다. 이번에도 다르지 않을 것이다.

재정 지원 조치를 후하게 지속한다는 것은 언제나 어려운 일이다. 따라서 2021년은 코로나19가 계속 경제를 압박하겠지만 더 정상적인 정부 지출로 되돌아가는 계기가 될 것이다. 미국에서는 치열한 대통령 선거의 여파로 인한 정치적 양극화와 역사적으로 최고 수준인 공공 부채에 대한 우려가 새로운 경기 부양책 규모를 제한할 것이다. 한편 세수가 감소한 다음 해에는 주정부와 지방정부의 예산이 급격하게 삭감될 것이다. 2020년 유럽 정부들은 팬데믹에 유연하게 대처하기 위해 재정 준칙[1]을 포기했다. 2021년에는 부채 규모를 허용 가능한 수준 이내로

---

1 재정 건전성 지표가 일정 수준을 넘지 않도록 관리하는 규범.

2021 IN BRIEF

유럽의 세금 징수관들은 대형 기술 회사들의 문을 두드리기 시작한다. 영국과 프랑스에서 **디지털 서비스세(稅)** 납부 기한이 다가오고 있으며 스페인도 과세를 도입하고 있다.

줄여야 한다는 압력이 높아질 것이다.

소득 지원의 단계적 폐지와 공공 서비스 축소는 저소득 가구에 불균형적인 영향을 미칠 것이다. 코로나19가 경제에 미치는 방식을 고려한다면 지원이 감소하면 그것은 특히 고통스러울 것이다. 일반적으로 고임금 화이트칼라 근로자들에게는 원격 근무가 사무실로 출근하는 것에 대한 좋은 대안이 된다. 하지만 제조업이나 서비스업에 종사하는 블루칼라 근로자들에게는 이런 근무 방식을 쉽게 적용할 수 없다. 그리고 만약 광범위한 원격 근무가 팬데믹 이후 경제의 영구적인 특징이 된다면 팬데믹으로 사라진 많은 저임금 일자리는 결코 다시 회복되지 않을 것이다.

일자리를 구할 만큼 운이 좋은 저소득층 사람들도 또 다른 불평등에 직면한다. 사람이 직접 일해야 하는 작업 형태에 대한 의존도가 높아질수록 저임금 근로자들은 코로나19에 노출될 위험이 더 커진다. 게다가 팬데믹으로 자녀들이 학교에 가지 못한다면, 많은 저임금 근로자는 직장에 출근하는 일과 아이들의 교육을 돌보는 일 사이에서 끔찍한 선택을 해야만 한다. 정보 격차도 온라인 자원이나 초고속 인터넷에 접근할 수 없는 저소득층 학생들을 고통스럽게 할 것이다. 그러나 빈곤층 가정에 가장 중요하고 괴로운 압박 요인은 높은 실업 수준이 끊임없이 다시 찾아온다는 사실일 것이다. 많은 저임금 근로자들에게 2021년은 투쟁의 또 다른 한 해가 될 것이다.

힘의 대차대조표

은행은 핀테크 경쟁자로부터 기반을 되찾을 것이다

매튜 파바 Matthieu Favas | 〈이코노미스트〉 금융 특파원

코로나19 시대의 특징은 사람과 기업이 전통적인 은행에 계속 의존한다는 것이다. 은행 지점들이 문을 닫고 전자 상거래가 급증하면서 온라인 금융의 연결 작업을 주도하는 거대 기술 기업과 클라우드 제공 업체가 활기를 띠었다. 그러나 동시에 정부는 기업들과 가계들에 대한 지원 자금을 분배하는 일을 은행에 위임했으며 그들 중 상당수는 예금 계좌에 막대한 돈을 쌓아두고 있다. 소비자들이 정말 중요할 때 은행에 자발적으로 저축한다는 사실은 그것이 핀테크 경쟁자들과의 싸움에서 은행이 보유한 가장 귀중하고 변치 않는 자산 중 하나임을 암시한다. 2021년 초우량 은행들은 이러한 이점을 밀어붙여 결정적인 기반을 되찾을 것이다

일부 핀테크들은 여전히 번창하고 있다. 클릭 한 번으로 디지털 결제를 처리할 수 있는 능력을 기업가와 상인들에게 제공하는 스트라이프(Stripe) 또는 스퀘어(Square) 같은 기업은 현금으로부터 빠르게 이탈하는 현상에 고무되었다. 마르케타(Marqeta)나 고카드리스(GoCardless)와 같이 식당과 체육관이 배달료나 가입비를 징수할 수 있도록 도와주는 기업들도 마찬가지였다. 클라르나(Klarna) 또는 애프터페이(Afterpay)와 같이 구매 시점에 단기 대출을 제공하는 '선 구매, 후 상환'형 온라인 대출 회사들이 알뜰한 쇼핑객들로부터 좋은 반응을 얻었다. 로빈후드

최신식 판매 시점 할부 대출

(Robinhood)나 TD 아메리트레이드(Ameritrade)와 같은 온라인 주식 거래 회사는 사람들이 집 소파에 앉아 주식 거래를 하는 바람에 기록적인 거래량을 경험하고 있다. 친구들은 실물 지갑이 아니라 디지털 지갑에서 돈을 찾아 계산서를 처리한다.

그러나 팬데믹은 다른 기업들의 목줄을 죄고 있다. 벤처 투자가들은 투자할 돈이 여전히 많이 있지만 전망이 불확실하므로 가시적인 성과 없이 현금을 불태우듯 사용하는 스타트업을 더 경계한다. 그들은 또한 완전 초보 기업보다는 사업 경력이 더 오래되고 검증받은 회사들을 선호하기 때문에 자금 조달이 점점 더 어려워지고 있으며 이런 현상은 내년에도 계속될 수 있다. 이와 동시에 몇몇 가장 인기 있는 챌린저 뱅크 (challenger bank)[2] 중 많은 은행은 예금주들이 물건을 구매할 때마다 수수료를 챙김으로써 수익을 냈다. 하지만 이제 예금주들이 출근길에 라떼를 더는 구매하지 않기 때문에 그들은 수익이 말라붙는 것을 경험하고 있다. 성장을 위한 성장을 명분으로 삼는 다른 기업들은 비용이 증가하도록 내버려둔다. 이러한 모든 압박으로 인해 핀테크 기업들은 마케팅 예산을 삭감하도록 강요받고 있으며, 그 결과 고객 확보가 정체되고 있다. 2021년에는 그들의 생존에 의문이 제기될 수 있다.

전통적인 은행들도 코로나19에 의해 타격을 입었다. 많은 은행은 디지털 부문에 투자를 적게 하는 바람에 봉쇄 조치가 시작되면서 허를 찔렸다. 실업과 기업들의 파산으로 대출 손실이 증가하며 이와 함께 저금리 상황이 지속되는 것은 은행들이 기술 업그레이드에 사용할 돈이 거의 없다는 것을 의미한다. 그러나 종이와 수작업 과정을 디지털로 변환했던 선견지명 있는 은행들은 수백만 건의 앱 다운로드, 매출 급증, 눈부신 고객 만족도로 보상을 받았다. 후발 주자들은 비용 절감을 위해 지점을 폐쇄하거나 서비스를 축소할 수밖에 없어 이 과정에서 고객들을 실망시켰지만, 선두 주자들은 시장 점유율을 높일 것이다. 또한 그들은 핀테크의 도움을 받아 일부 업무와 제품에 대한 서비스 제공을 확대할 것이다.

혼돈의 시대에 은행들이 금융에 대한 통제력을 되찾으려고 노력하기 때문에 많은 고객은 적어도 당분간 누구보다도 은행을 신뢰해 은행에 자신들의 돈을 맡길 것이다. 그것이 바로 은행들이 허비하지 않도록 최선을 다해 반드시 지켜야 할 자산이다.

---

2 영국의 소규모 온라인 특화 은행.

지능적인 설계

시뮬레이션을 통해 경제 정책을 구체화하는 방법

라차나 샨보그 Rachana Shanbhogue | 〈이코노미스트〉 금융 부문 편집자

코로나19 팬데믹 기간 재정 적자 폭이 커진 정부들은 2021년에 재정 상태를 예전처럼 돌려놓기 위해 안간힘을 쓸 것이다. 2007~2009년 글로벌 금융 위기 이후 선진국들은 허리띠를 너무 졸라 매는 바람에 경기 회복에 찬물을 끼얹었다. 이번에 그들은 경기 회복 조치에 대해 더 현명해지기를 원할 것이다. 어떤 정부는 팬데믹으로 더 강력한 사회 안전망에 대한 대중의 지지가 강화될 것이므로 더 야심차 게 복지 제도를 재설계하려 한다. 그리고 후진국의 정책 입안자들은 빈 곤을 완화하고 경제 발전을 지속하고 싶을 것이다.

이처럼 여러 가지 목표의 균형을 어떻게 유지할 것인가? 어느 한 실 험을 통해 어떤 특정한 수단이 효과가 있는지를 당신에게 알려줄지도 모르고 자선 단체인 기브 웰(Give Well)이 케냐에서 운영하는 것과 같은 기본소득에 대한 프로젝트에서 발견한 내용이 정부의 판단에 영향을 미칠지도 모른다. 그러나 여러 가지 실험을 한다고 해도 그것들은 정부 가 매년 무수히 많은 세금과 보조금 비율을 결정하는 데 도움이 될 만 큼 광범위하거나 시기적절하게 이뤄질 수는 없다. 전통적인 경제 모델 로는 세율 상승에 따라 사람들이 하는 일을 어떻게 변경하는지 그리고 부패한 공무원들이 공금을 일부 착복할지도 모르는 것과 같이 복잡한 인간 행위를 설명하지 못한다. 따라서 2021년에 각국 정부는 정책 수립

과정에서 자신들이 직접 계산하기보다 AI를 사용해 경제 상황과 새로운 정책의 효과를 시뮬레이션하고 싶은 유혹을 받게 될 것이다.

2021 IN BRIEF

제인 프레이저(Jane Fras er)는 2월 시티그룹의 최고경영자로 취임하면서 **미국 대형 은행의 첫 여성 대표**가 되었다. 스코틀랜드에서 성장한 프레이저는 현재 이 은행의 글로벌 소비자 부문장을 맡고 있다.

'대리인 기반' 모델은 시장 참여자들이 시간을 두고 서로 반응하게 함으로써 그들의 다양한 행동 유형을 시뮬레이션한다. 공무원들이 돈을 더 많이 착복하거나 납세자가 세금을 덜 낸다면 시뮬레이션 모델은 그것들을 알려줄 것이다. 어떤 모델은 방대한 데이터를 활용해 스스로 '훈련'하는 기계 학습을 사용함으로써 사람들의 실제 행동을 놀라울 정도로 정확하게 예측한다. 그러한 접근 방식 중 하나가 영국과 멕시코의 연구원들이 개발하고 유엔개발계획(UNDP)이 후원한 '정책 우선순위 추론(Policy Priority Inference, PPI)' 모델이다. 멕시코는 이미 이 모델로 부패, 비효율성, 부작용에 대한 시뮬레이션에 근거해 정부의 개발 목표를 달성할 것인지와 어디에 예산을 더 많이 (또는 더 적게) 사용해야 하는지 등 광범위한 분야와 사업에 대한 정부의 지출 계획을 수립한다. 많은 후진국이 그러한 접근 방식의 매력을 확인할 것이다.

선진국들도 자극을 받아 관심을 보일 것이다. 소프트웨어 회사인 세일즈포스(Salesforce)와 하버드대학교 연구원들은 컴퓨터가 바둑을 배워 인간이 생각하지도 못한 전략을 개발하는 것처럼 관료들이 꿈에도 생각하지 못한 세금과 지출의 조합을 통해 경제적 성과를 극대화하는 방안을 제시할 수 있다는 것을 증명하기 위해 시뮬레이션을 사용했다. 그렇다면 새로운 아이디어를 얻기 위해 AI를 의지하지 않는 이유는 무엇일까?

이것은 결코 경제학자나 관료들이 2021년에 실직한다는 것을 의미하는 것이 아니다. 모델의 결과를 해석하려면 전문가가 필요하다. 정치인들은 세율의 인상과 인하에 관한 권한을 양보하지 않을 것이다. 그러나 팬데믹의 후유증에 관한 실험에 관심이 많은 정책 입안자들과 연구원들은 정책 수단을 확장할 기회를 얻게 될 것이다.

코로나19 위기는 금융 위기로 시작된 것은 아니었지만 금융 위기로, 그것도 세계적인 금융 위기로 변하고 있다. 2020년을 장식했던 뉴스 제목은 팬데믹의 확산, 기록적인 생산량 감소, 빈곤과 신규 실업자의 급증에 대한 것이 주를 이뤘다. 이러한 불안정한 추세의 이면에는 금융 기관의 대차대조표 위기가 여러 나라에서 광범위하게 조용히 힘을 축적하고 있다. 팬데믹으로 인한 재정적 여파는 지역이나 소득 수준과 관계없이 나타난다. 금융 회사들은 부실채권의 뚜렷한 증가세를 직면하고 있으며 이런 현상은 당분간 지속될 것이다.

역사적으로 보면 은행 위기는 경제 활동이 오랫동안 확장된 이후에 등장한다. 위기 확대를 부채질하는 것은 보통 신용 확대와 부채 증가다. '이번만큼은 다르다' 라는 신조 아래 성경에서 말한 '일곱 해 풍년' 기간 (부동산, 상품, 주식, 채권 등의) 자산 가격에 거품이 생기기 시작한다. 경기 확장 속도가 둔화하고 불경기로 접어들면서 호황기에 실행했던 대출이 부실해진다. 때때로 은행들의 대차대조표 문제로 고객들의 신뢰가 훼손되어 예금 인출 사태가 발생해 금융 기관들은 위기를 완전한 공황 상태로 바꿔놓는다. 위기 이후 은행들이 더 엄격한 대출 기준을 채택하고 있음에도 불구하고 가계와 기업들은 부채 상환을 시도한다. 만약 은행들이 1990년대 초 일본의 위기와 2008~2009년 이후 유럽에서처럼 '대출 연장'을 계속하면서 부실채권을 상각하지 않는다면 이로 인한 신용 경색은 성경에서 말한 '일곱 해 흉년' 을 뛰어넘어 더 길고 더 심각해질 수 있다.

하지만 이번에는 정말 다르다. 2021년 신용 경색으로 치닫는 모습은 많은 나라가 역사적으로 경험했던 호황 후 불황이라는 패턴에 맞지 않는다. 그것은 경기 확장이나 자산 가격의 거품을 경험했다는 것에 근거를 두지 않는다. 대차대조표 위기가 발전하면 그 뒤를 신용 경색이 뒤따른다는 일반적인 맥락은 역사적 중요성과 경기 불황의 지속 가능성을 보여준다. 그것은 또한 파산을 모면할 만한

세계은행의 수석경제학자 **카르멘 라인하트(Carmen Reinhart)**는 이번 위기는 정말 다르지만 그 결과는 모두 너무나 예측 가능한 것들이라고 말한다.

코로나19
신용 경색이
다가온다

*이번 신용 경색으로
치닫는 모습은
역사적인 패턴과
일치하지 않는다.*

자산이 별로 없는 저소득 가구와 소기업들에 불균형적으로 타격을 주는 퇴행적 위기다.

팬데믹 발생 직전의 대규모 차입금은 금융 부문의 대차대조표 문제를 증폭시킬 것이다. 세계 최대 경제 대국인 미국과 중국의 기업들은 과다한 부채를 안고 있으며 고위험 차입자로 치우쳐 있다. 코로나 발생 전 IMF는 부채의 상당 부분이 미 달러화로 표시된 많은 신흥국의 기업 부채 증가에 대해 우려의 신호를 계속 보냈다. S&P는 코로나 위기가 발생한 후 6개월 동안 자신이 평가했던 중남미 기업의 거의 60%에 대해 신용 등급을 하향 조정하거나 비관적인 전망을 내놓았다. 세계의 나머지 국가의 경우 그 비율은 약 35~40%다. 절반 가까이 공실로 남아 있는 쇼핑몰처럼 상업용 부동산에 대한 위험 노출도 세계 곳곳이 안고 있는 또 다른 걱정거리다.

그중에서도 호주와 캐나다의 가계 부채는 기록적인 수준에 도달했다. 2019년 부실채권 비율이 약 11%로 추정됐던 아프리카에서는 소득의 변동성이 심하고 자산이 없는 가구에 대한 대출을 주로 취급한 마이크로파이낸스 기관의 자산도 부실화될 것으로 보인다. 인도는 팬데믹 기간 전에 이미 부실채권 비율이 약 9%에 달했으며 최근 몇 년간 국영 은행들의 대차대조표를 건실하게 유지하려는 노력의 결과로 신규 대출이 이미 중단되었다.

팬데믹 시작 이후, 세계 각국 정부들은 봉쇄 기간 문을 닫은 많은 기업에 유동성을 제공하고 갑자기 소득이 감소하고 일자리를 잃어 타격을 입은 가계를 지원하기 위해 다양한 정책들을 실행했다. 기존 대출금에 대해 상환 유예 기간을 부여했다. 만기를 연장하거나 금리를 인하하는 대출 재계약도 일반적으로 이뤄졌다. 코로나로 인한 건강 위기가 일시적이기 때문에 기업과 가계의 재정적인 고통도 일시적일 것이라는 데 희망을 건다. 그러나 전 세계가 이용할 수 있는 백신이 출현해 팬데믹이 신속하게 해결된다고 하더라도 금융 기관의 대차대조표와 세계 경제는 상당한 타격을 받았다.

위기 상황을 고려할 때 이러한 정책들은 전통적인 재정 및 통화 정책의 범위를 넘어 귀중한 경기 부양 수단을 제공했다. 그러나 2021년에 유예 기간이 끝날 것이며 수많은 기업과 가계가 직면한 문제는 유동성 부족보다는 채무 불이행이라는 사실이 분명해질 것이다. 과거에는 신용 경색이 길어지는 것이 경기 회복에 큰 걸림돌이었다. 코로나 이후를 전망해볼 때 그 상황이 달라질 것이라고 시사하는 것은 거의 없다.

기후 문제의 고비를 넘으며

지구를 지키기 위해
더 과감한 약속을 해야 할 중요한 한 해

캐서린 브라익 Catherine Brahic | 〈이코노미스트〉 환경 부문 편집자

19 95년부터 매년 연말에는 전 세계 곳곳에서 온 수만 명의 기후 정책 전문가, 정치인, 언론인, 캠페인 전문가들이 한 장소에 모였다. 그들은 꼬박 2주간 고립된 한 콘퍼런스 센터를 빽빽하게 채운다. 엄청나게 많은 대화를 나누며 잠은 거의 자지 않는다. 때로는 수백 명이 한 회의장에 모이기도 한다. 그렇지 않으면 소규모로 옹기종기 모인다. 신선한 공기는 사치다. 사교적인 모임에서 술도 마시고 식사도 한다. 그리고 모든 일정이 끝나면 모두 비행기를 타고 왔던 곳으로 다시 돌아간다. 달리 말하자면 유엔의 연례 기후정상회의는 팬데믹 바이러스의 슈퍼 전파를 위한 이상적인 행사다.

그런 만큼 'COP 26'이라 불리는 2020년 행사가 2021년 11월로 연

기됐다는 사실이 놀랍지는 않다. 공중 보건의 관점에서 본다면 지극히 예상 가능한 결정이었다. 글래스고(Glasgow)에서 행사를 개최할 예정이었던 영국 정부 입장에서는 다행일 수도 있다. 2020년 초반에는 영국 수상인 보리스 존슨과 그의 팀은 브렉시트 때문에 매우 바쁘고 기후 문제와 관련해서는 다소 무기력해 보였음이 비교적 명백했다. 하지만 이번 행사가 연기되면서 그들은 밀린 숙제를 할 12개월의 시간을 추가로 얻었다.

이번 행사 연기는 효과를 거두고 있는 것처럼 보인다. COP 26이 열리기 전에 해야 할 핵심과제는 2015년 파리기후변화협약 당사자인 약

200개국 정부에서 탄소 배출을 줄이기 위해 국가 차원에서 했던 약속을 자세히 들여다보고 개선하도록 요청하고 넌지시 재촉하는 일이었다. 하지만 그 협약과 관련해 '국가별로 결정한 기여분'(또는 NDC)의 합은 아직 온난화 재앙을 방지하기에는 충분치 않다. 여러 모형들이 2100년까지 온도가 산업화 이전보다 섭씨 3도 정도 높아질 가능성이 있음을 보여준다. 이는 상승폭을 1.5도에서 2도로 제한하려던 협약의 목표보다 훨씬 높은 수준이다.

2021 IN BRIEF

2021년 5월 중국 남서부 쿤밍시(Kunming)에서 생물 다양성 상실(biodiversity loss)을 되돌리기 위한 유엔 정상회의를 위해 정상들이 모였을 때 **과감한 자연환경 보호 협약**이 각국에 제시될 예정이다. 2030년까지 육지와 해양의 30%를 보호하겠다는 약속이다. 64개국 정도가 이런 '30X30' 약속에 이미 서명했지만 인도네시아, 호주, 미국을 포함한 다른 국가들은 아직 서명하지 않았다.

그 부족분을 메꾸기 위해 협약 당사자국들은 2020년 말까지 더 야심찬 NDC를 제출해야 한다. 아직까지 NDC를 제출한 국가는 15개국밖에 없으며, 글로벌 탄소 배출의 4.6%밖에 차지하지 않는 주로 규모가 작은 개발도상국들은 그들의 환경에 미치는 영향으로 이미 매우 큰 어려움을 겪고 있다.

글로벌 기후 정책 관점에서 볼 때 2021년의 시작은 파리기후변화협약의 5주년 기념일인 2020년 12월 12일에 시작된다. 이날은 글래스고에서 열리는 COP 26의 시작을 알리는 대신, 존슨 총리와 유엔 사무총장 안토니우 구테흐스(Antonio Guterres)가 공동 개최하는 정상회의로 기념하게 될 것이다. 그 회의에서 새로운 기후 관련 약속들이 많이 이뤄질 것이다. 최근 EU와 중국 정부에서 2050년까지 탄소 배출의 대부분 또는 전부를 없애겠다고 발표하면서 이에 자극받은 더 많은 국가에서 유사한 넷 제로(net-zero) 목표를 들고 나올 것이다.

과학 분야의 컨소시엄인 '기후 변화에 관한 정부 간 패널(Intergovernmental Panel on Climate Change)'에서 파리기후변화협약 목표인 섭씨 1.5도를 충족하기 위해 전 세계 차원에서 평균적으로 필요하다고 주장하는 기준에 따라, EU는 2050년까지 그들이 배출하는 모든 온실가스를 넷 제로로 만들 거라고 말한다. 2020년 9월 중국 국가주석 시진핑은 중국이 2060년까지 '탄소 배출'(즉 다른 온실가스들은 포함되지 않는다)을 넷 제로로 만들 거라고 발표했다. EU와 중국 모두 세기 중반까지 달성할 그들의 목표를 새롭게 갱신한 NDC의 일부로 유엔에 등록할 것으로 예상된다. 그들이 어떻게 이런 높은 야망을 달성할 것인지, 즉 중국의 경우 어떻게 탄소 배출량이 2030년 최고 수준에 도달하도록 만들 것인지, 그리고 EU의 경우 어떻게 이를 1990년보다 55% 낮은 수준으로 줄일 것인지에 관한 세부 사항은 중국의 14차 5개년 계획과 EU의 그린 딜(Green Deal)에 포함될 것이다.

또한 1월 하순에 열리는 가상의 '기후적응정상회의'에서 국가들이 온난화된 기후가 필연적으로 가져올 영향에 적응하기 위한 계획을 어떻게 수립할 것인지, 그리고 어떻게 코로나19로부터 경제를 회복시킬 계획을 구체화할 것인지도 똑같이 중요한 문제다. 팬데믹은 이와 연관된 글로벌 경기 침체가 없었을 경우와 비교해, 2020년 글로벌 탄소 배출을 8% 가까이 절감시킬 것으로 예상된다. 2007년부터 2009년에 걸쳐 일어난 글로벌 금융 위기 후에 그랬듯, 탄소 배출이 회복될 것인지 아닌지는 각국에서 흔들리는 경제를 어떻게 부양하기로 결정할 것인지에 달려 있다. 나이지리아와 베네수엘라처럼 일부 국가에서는 이미 경제 회복의 일환으로 화석 연료 보조금을 단계적으로 폐지하는 계획을 발표했다. 캐나다와 프랑스 같은 다른 국가에서는 구제 금융 자금에 기후 관련 조건을 연계시켰다. 그리고 EU 집행위원회에서는 경제 회복 패키지 중 30%를 기후 관련 행동에 지출할 계획이다.

그런 움직임은 세계 경제가 더 환경 친화적으로 전환되도록 돕고, 궁극적으로는 그런 움직임이 없을 때보다 지구 온도를 더 낮게 유지하도록 만들 것이다. 하지만 그들만으로는 충분치 않다. 잘 알려진 것처럼 중국과 인도의 경제 회복 계획에는 여전히 파리기후변화협약 목표와 일관성이 전혀 없는 미래 석탄 화력 발전을 위한 부양책이 포함될 것이다.

2021년 기후와 관련해 지켜봐야 할 가장 중요한 배우는 바이든 대통령 당선자와 함께 옛 둥지로 새롭게 돌아올 미국이 될 것이다. 2017년 취임한 지 6개월 후 트럼프 대통령이 실행되도록 만든 계획에 따르면 11월 4일, 즉 미국인들이 투표를 하러 간 그날 아침 미국은 공식적으로 파리기후변화협약에서 탈퇴한다. 바이든 대통령은 백악관에 입성한 후 이 결정을 곧 뒤집을 것이다.

그는 세기 중반까지 넷 제로를 이룬다는 목표를 지지한다. 유럽과 중국의 약속과 함께 고려할 때 이 목표는 글로벌 탄소 배출량 중 45%에 일종의 데드라인을 제공하는 셈이다. 세기의 중반까지는 아직 시간이 한참 남아 있다. 그리고 트럼프 대통령의 집권이 보여준 것이 있다면, 그것은 가장 잘 세운 계획도 그다음 행정부에 의해 쉽게 뒤집힐 수 있다는 사실이다. 바이든에게는 오바마가 실패한 지점에서 기후 문제를 승계하는 것이 중요한 일이 될 것이다. 그리고 그 일을 위한 토대는 2021년에 놓여야 한다.

다시 여행을 떠나다
2021년에는 휴가가 덜 빈번하고, 길고, 집과 가까워질 것이다

레오 미라니

여기까지는 확실하다. 2021년에는 2020년보다 여행이 쉬워질 것이다. 뜨고 내리는 비행기가 더 많아질 것이다. 방문객을 환영하는 국가들의 숫자도 더 많아질 것이다. 규제는 더 줄어들 것이다. 하지만 통계학자들이 말하고 싶어 하듯 이런 이득이 산출되는 기반은 매우 낮은 수준일 것이다. 항공편들이 거의 완전한 정지 상태에 도달하고, 많은 국가가 국경을 닫고, 방문을 아직 허용하는 국가들도 엄격한 규제를 적용했던 한 해가 지난 후에는 아주 약간의 완화도 발전으로 환영받을 것이다.

긍정적인 신호들도 있다. 2020년 9월까지 유엔 세계관광기구(World Tourism Organisation)가 추적한 여행 목적지 217곳 중 115곳에서 여행 제한을 완화했다. 4월에는 22%로 낮았던 전 세계 호텔 객실 점유율은 8월에는 47%로 두 배 이상 뛰어올랐다. 그리고 여행자들은 계속 여행을 갈망한다. 가격 비교 웹사이트인 스카이스캐너(Skyscanner)에 따르면 억눌려 있는 수요는 충분하다. 영국이 격리 예외 목록에 국가를 하나씩 추가할 때마다 웹사이트에서는 검색 건수가 폭증한다. 코로나19 감염 사례가 드문 중국에서는 국내 항공 여행이 8월에는 팬데믹 이전 수준까지 늘어났다.

2021년에는 세 가지 큰 변화가 여행을 규정할 것이다. 첫 번째는 빈도와 기간이다. 국경을 넘나드는 짧은 휴가를 가기는 여전히 어려울 것

해변에 좌초된

이다. 국경이 열리면서 대부분의 국가에서 입국하고 출국하는 여행객들에게 2주 격리 의무를 부과하면서 3일의 휴가는 31일간의 고난으로 바뀔 것이다. 결과적으로 여행의 빈도는 줄어들고 그 기간은 더 길어질 것이다. 2019년에 GDP의 20% 이상을 관광업에 의존했던 태국의 경우 여행객을 받아들이기를 열망한다. 하지만 여행객에게 최소 90일 동안 그곳에 머물러야 한다는 조건을 부과한다. 대부분의 국가들이 이를 따라할 것이다.

두 번째 변화는 거리다. 2021년에는 국내 여행이 활발해질 것이다. 주요 여행 목적지 국가들은 시민들에게 휴일에 집에 머무르라고 독려함으로써 해외 방문객의 부족을 메꾸려고 노력하는 중이다. 미국 항공사들은 하와이에 승부를 걸고 있다. 싱가포르는 국내 관광지에서 쓰라고 100싱가포르달러(75달러)를 지급한다. 심지어 에어비앤비 홈페이지

**가능하긴 하지만
해외로 나가는 일은
여전히 번거로울 것이다.**

에서도 고객들에게 '가까운 곳에 가기'를 독려한다. 휴가객을 설득하기는 어렵지 않을 것이다. 해외로 나가는 일은 가능하다 해도 번거로운 상황이 유지될 것이다. 셀 수 없이 많은 제출 양식들, 코로나19 테스트를 받아야 할 필요성, 오도 가도 못하게 될 위험성은 모두 해외여행의 의욕을 꺾어놓을 것이다.

세 번째 변화는 휴가의 본질에 있다. 여행이 덜 빈번하고 더 길어지면서 집에서 일할 수 있는 사람들은 이동 제한이 적으면서도 집보다 훨씬 더 근사한 어딘가에서 일하는 데서 매력적인 대안을 찾을 것이다. 이를 락다운 차익거래라고 해보자. 이런 변화들 중 많은 부분은 백신이 폭넓게 배포된 후에도 오랫동안 유지될 것이다. 여행자들은 더 길어진 여행, 더 많은 유연성, 그리고 일과 여가의 통합에 익숙해질 것이다. 결국 해외여행은 2019년 수준으로 회복될 것이다. 하지만 2021년을 시작으로 해외여행의 모습은 다소 다르게 보일 것이다.

충돌, 중대 상황, 위기
핵 관련 벼랑 끝 정책(brinkmanship)의 귀환

다니엘 프랭클린

2021년 세계는 중요한 국제 조약 하나를 새롭게 보유하게 될 것이다. 핵무기금지조약(TPNW) 참가국들은 핵무기를 개발

하거나 보유하지 않을 것을 약속한다. 2017년에 출범해 현재까지 84 개국이 서명한 이 조약은 50개 서명국에서 비준을 받은 90일 후부터 효력을 발생할 것이다. 2020년 10월 24일 온두라스가 50번째 비준국이 되면서 조약이 2021년 1월 22일에 발효되도록 하기 위한 카운트다운이 시작됐다.

하지만 핵무기를 통제하기 위한 새로운 낙관주의의 시대를 알리기는커녕 이 조약은 이런 제한이 위험할 정도로 약화되고 있다는, 커져가는 경고의 신호가 될 것이다. 전 세계 핵무기 보유국들은 이 새로운 조약에 서명할 의사가 없다. 충돌, 중대 상황, 그리고 발생 가능성이 높은 위기를 포함해 핵무기와 관련한 불안이 감도는 1년이 될 것으로 예상된다.

충돌은 5년마다 개최되는 핵확산금지조약(NPT) 검토 회의(RevCon)에서 발생할 것이다. 이 회의는 2020년 조약 수립 50주년을 기념하면서 뉴욕에서 개최될 예정이었지만, 코로나19 때문에 2021년으로 연기됐다. 2021년 1월 중으로 새로운 일자가 잡혔다. 이 일정은 다시 미뤄질 수 있지만, 연기가 된다 해도 이 행사를 둘러싼 시큰둥한 분위기는 수

그러들지 않을 것이다.

NPT의 핵심은 핵무기 보유국이 그들의 핵무기를 제거하기 위해 나아가고, 그 대가로 핵무기 비보유국은 개발을 자제한다는 데 있다. 2015년의 기존 검토 회의는 합의 선언문 없이 종료된 완벽한 실패였다. 그 이후 핵 관련 협상은 미국과 러시아 간의 중거리 핵무기 조약처럼 결렬되거나, 또는 미국의 탈퇴에도 불구하고 여전히 유지되고 있는 이란과의 핵 협상처럼 결렬에 가까운 상황이 되면서 분열은 깊어지기만 했을 뿐이다. 이번 새로운 TPNW는 핵무기 보유국들 일부가 무기를 줄이기보다 증강시키려는 의도를 가지고 있음을 깨달은 핵무기 비보유국들 중 일부 국가들의 그들에 대한 대응이다. 결국 NPT는 실패하고 있다.

다가오는 중대 상황은 미국과 러시아 사이의 뉴스타트(New START) 조약과 관련이 있다. 양국의 전략 핵무기를 제한하고 강압 사찰(intrusive inspections)을 가능케 하는 이 조약은 양쪽이 5년 후까지 이를 연장하기로 합의하지 않는다면 2021년 2월 5일에 만료된다. 만약 합의가 어긋난다면, 거의 반세기 만에 처음으로 전 세계 핵무기 중 약 90%를 보유하고 있는 초강대국 두 곳 사이에 핵무기 조약이 존재하지 않는 상태가 될 것이다. 게다가 5월에 미국의 협상 대표인 마샬 빌링스리(Marshall Billingslea)는 만약 이것이 새로운 핵무기 경쟁을 의미한다면 "우리는 이 경쟁에서 이기는 법을 알고 있고, 적을 사라지게 하는 방법도 알고 있다"라고 말했다.

트럼프 행정부는 데드라인을 활용해 (핵무기 저장량은 상대적으로 작지만 급속하게 이를 확대할 계획이 있다고 의심되는) 중국을 핵무기 규제 3자 협약에 참여하도록 압박하고 싶어 했다. 하지만 중국은 제한을 위한 계획을 제출하는 데 아무런 흥미를 보이지 않고 있다. 6월에 개최된 뉴스타트 회의에 참석한 미국인들은 초대를 거절한 중국 대표단을 비난하듯, 그들의 빈 의자 앞에 놓인 중국 국기를 사진으로 찍기도 했다. 비록 미국 선거 전에 빌링스리 대표가 러시아와 합의에 "매우 매우 근접했다"고 말하긴 했지만, 뉴스타트의 생명을 유지시키기 위한 시간은 얼마 남지 않았다.

그리고 2021년의 핵 위기는 어떨까? 우려되는 점은 잠재적 원인의 목록이 길다는 사실이다. 여기에는 사고들이 포함된다. 핵 시설에 대한 사이버 공격, 무모한 무력의 사용, 북한의 새로운 실험, 인도와 중국 국경에서 적대 행위의 악화, 인도와 파키스탄 간 카슈미르(Kashmir)를 둘러싼 긴장 악화, 무기 개발을 향한 이란의 추가적인 움직임, 핵클럽에 가입하려는 다른 국가들의 위협, '더티 밤(dirty bomb)'[1]을 확보하려는 악당 집단의 노력 등이다. 2020년 전 세계는 팬데믹의 위험에 너무 안이하게 대처했다. 핵무기를 둘러싸고 2021년에도 똑같은 실수를 해서는 안 될 것이다.

What If 구체적으로는 미국의 열렬한 신봉 세력이자 반민주당 사가(saga)로 시작된 큐어넌(QAnon)은 그들이 접하는 새로운 정보나 터무니없는 아이디어들은 어떤 것이든 통합하면서 엄청난 음모론으로 변모했다. **큐어넌이 전 세계로 퍼져나간다면 어떻게 될까?** 2020년에는 영국인들과 독일인들로 이뤄진 의미 있는 소수 집단이 그들의 통제 하에 들어갔다. 큐어넌이 더 많은 정치 조직과 불만들을 아우르면서, 잘 알려지지 않은 비밀 조직이 세상을 지배하면서 이상하게도 새로운 세계 질서를 창조하고 싶어 하며, 동시에 지하 땅굴 네트워크를 통해 아이들을 팔아넘긴다는 그들의 주장이 당신 주변의 시위나 인터넷 상의 주장 중에 등장하게 될 것을 기대하라.

---

1 재래식 폭발물에 방사능 물질을 결합해 만든 폭탄.

몇 발자국 앞서가기

팬데믹은 도시의 교통 패턴을 어떻게 바꿔놓을 것인가?

마리 세거 Marie Segger | 베를린과 런던, 〈이코노미스트〉 데이터 저널리스트

많은 산업평론가들은 팬데믹으로 그들이 속한 산업에서 변화가 가속화됐다고 주장한다. 하지만 교통과 관련해서도 그런 주장이 맞을까? 지난 10년간 도시계획가들은 혼잡을 완화하고 오염을 줄이기 위해 대중교통을 이용할 것을 독려해왔다. 하지만 팬데믹이 시작된 이래 사람들은 승용차나 자전거 같은 좀 더 고독한 옵션을 선택해왔다. 그래도 뉴욕이나 파리 같은 인구 밀도가 높은 도시의 거리는 공간이 부족하다. 결과적으로 대도시에서는 2021년 사람들이 돌아다니는 방식에 있어서 커다란 변화가 생길 것이 예상된다.

　백신을 폭넓게 이용할 수 있게 되거나 더 나은 치료 방법이 발견될 때까지, 팬데믹은 이동 패턴을 결정할 것이다. 이동이 어떻게 진화할 것인지 살펴보기 위해 우리는 10곳의 대도시에서 애플과 구글, 탐탐 (TomTom)이 제공한 이동성 데이터를 분석했다. 코로나19 감염이 최초의 정점에 도달했다가 하락한 8월 대중교통의 이용은 팬데믹 이전의 정상 상태보다 40% 낮은 상태가 유지됐다. 이는 2021년에도 바이러스는 여전히 위협으로 남겠지만, 마스크 쓰기를 독려해서 대중교통을 더 안전하게 만들기 위한 노력에도 불구하고 사람들은 여전히 독립적인 이동을 선호할 것임을 시사한다. 베를린에서는 '다른 사람을 보호하세요. 당신 자신과 당신의 지갑도'라는 슬로건과 함께 마스크를 쓰지 않은 대

중교통 승객에게 50유로(60달러)의 벌금이 부과될 것임을 경고한다. 우리의 데이터는 많은 사람들이 벌금을 피하기 위해 운전을 할 것임을 시사한다. 8월부터 10월 사이 베를린의 교통 혼잡은 팬데믹 이전 수준보다 8% 더 심해졌다. 팬데믹 때문에 뉴욕에서는 자동차 등록이 늘어났다. 우리가 분석한 모든 도시에서 2020년에 락다운이 완화된 후의 자동차 사용은 대중교통 이용과 걷기보다 더 빨리 증가했다. 관광객 수가 감소하면서 도로에는 자유로워진 공간이 더 많아졌음에도 불구하고 대부분의 장소에서 교통 혼잡은 이런 궤도를 따랐다.

최근 선진국 도시인들은 대중교통, 호출 서비스(ride-hailing), 자동차 클럽(car club)[2] 및 다른 대안들을 선호하게 되면서 자동차 운전과 승용차 사용에서 멀어져 가고 있었다. 혼잡 통행료나 탄소 배출 규제 등의 형태로 엄격해지는 규제 역시, 자동차 소유를 덜 매력적으로 만들었다. 씽크탱크인 교통과 환경(Transport & Environment)의 줄리아 폴리스카노바(Julia Poliscanova)는 도심의 미래는 자동차가 다니지 않거나, 아니라면 적어도 전기 자동차가 다니는 곳이 될 거라고 말한다. 2021년에 EU는 도로를 다니는 노후 차량의 수를 줄이는 데 도움이 될 배기가스 방출 기준에 관한 규칙을 검토할 예정이다. 최근의 차량 사용 증가는 전기차가 아닌 차들의 도로 통행을 금지하려는 각 도시의 계획을 가속화시킬 수도 있다.

아테네, 부다페스트, 런던, 밀라노, 뉴욕, 파리를 포함한 몇몇 도시는 사회적 거리두기를 돕기 위해 거리를 보행자 전용으로 만들었고, 새로운 자전거 길을 도입했다. 많은 도시는 이런 변화를 영구화할 계획이다. 이는 더 많은 차량과 차단된 도로들이 혼잡을 가중시키면서, 거리

---

2 영국 등 일부 국가에서 자동차를 회원끼리 돌려가면서 타는 모임을 의미함.

차가 많아지면서 도로 공간이 줄어든다면 자전거와 전기 스쿠터가 더 매력적인 옵션이 될 것이다.

에서 벌어지는 공간 경쟁에 자전거와 전기 스쿠터라는 다른 두 유형의 경쟁자를 돕는 결과를 가져올 것이다.

2020년 중반에 실시된 락다운 기간 동안 자전거의 대중적 인기는 높아졌다. 새 자전거의 공급이 부족했고, 이전에는 자전거 공유 프로그램을 관광객을 위한 교통수단으로 여겼던 도시인들의 생각을 바꿔놓았다. 돌아다니는 관광객이 거의 없는 상태에서도 3월부터 7월 사이 런던의 자전거 공유 프로그램 신규 사용자는 세 배나 증가했다. 런던의 자전거 관련 책임자인 윌 노만(Will Norman)은 런던에 40마일 길이의 임시 자전거 길이 추가적으로 생겼다고 말한다. 정부는 전국적으로 자전거 타기와 걷기를 위한 인프라를 구축하는 데 20억 유로(32억 달러)를 지출할 것을 약속했다. 지난여름 대부분의 사무실이 비어 있는 데도 불구하고, 런던 도심을 향하는 수많은 통근길에서 자전거 교통은 팬데믹 이전 수준으로 회복됐다. 2021년에는 매우 많은 통근자들이 페달을 밟을 것이다.

최근에는 전기 스쿠터가 거리의 패권을 주장하고 있다. 전기 스쿠터는 스마트폰 앱으로 분 단위로 빌릴 수 있다. 스타트업들은 전 세계 도시에서 스쿠터 서비스를 제공하기 시작했다. 게다가 팬데믹은 스쿠터를 선택할 명분을 강화해왔다. 수천 대의 전기 스쿠터가 있는 베를린에서는 2020년 5월 락다운이 완화됐을 때 스쿠터 사용이 증가했다.

전기 스쿠터에 불리한 논리 중 하나는 스쿠터가 짧은 거리의 이동에 사용되는 만큼 걷기나 자전거 타기를 줄어들게 만들 수는 있지만 자동차 여행을 대체할 수는 없다는 거였다. 하지만 교통 연구 기관인 인릭스(INRIX)가 2018년 실시한 분석에서는 미국과 영국 대도시에서 이뤄진 차량 운행의 5분의 1이 1마일도 되지 않는 거리였다는 사실이 밝혀졌

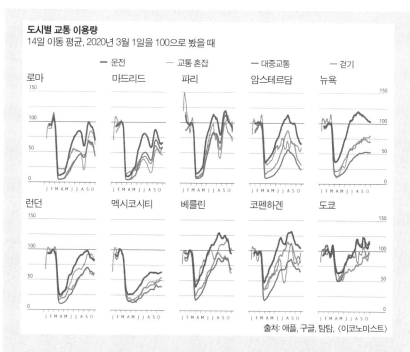

도시별 교통 이용량
14일 이동 평균, 2020년 3월 1일을 100으로 봤을 때

— 운전 — 교통 혼잡 — 대중교통 — 걷기

로마 마드리드 파리 암스테르담 뉴욕

런던 멕시코시티 베를린 코펜하겐 도쿄

출처: 애플, 구글, 톰톰, 〈이코노미스트〉

다. 미국에서 도심을 운행한 차량의 절반이, 그리고 영국에서는 3분의 2가 이동한 거리가 3마일보다 짧았다. 일부 비평가들은 전기 스쿠터가 위험하다고 말한다. 하지만 전기 스쿠터 임대 회사인 라임(Lime)이 제공한 데이터에 따르면 모든 사고의 3분의 1이 처음 5번의 운행 중에 발생했다. 이는 교육과 연습이 도움이 될 수 있음을 시사한다. 영국에서는 전기 스쿠터를 승인하기 위한 파일럿 프로그램이 시작됐고, 뉴욕에서도 진행될 가능성이 높다.

혼잡을 완화하는 또 다른 방법은 물론 재택근무다. 심지어 팬데믹이 닥치기 전에도 도쿄에서는 2020년 올림픽 기간 동안 과밀을 줄이기 위해 기업들을 독려해 직원들이 집에서 일하거나 혼잡이 가장 심한 시간을 피해 통근한다는 계획을 구상했다. 올림픽이 2021년에 개최된다면 도쿄는 그런 측면에서 준비가 잘 되어 있을 것이다.

콘크리트 난장판
도시들은 어려움을 겪겠지만, 대이동은 피할 것이다

조엘 버드 Joel Budd | 〈이코노미스트〉 사회 정책 부문 편집자

대도시에서 재난은 항상 바로 옆에 도사리고 있는 것처럼 보인다. 1948년 미국 작가 E.B. 화이트(E.B. White)는 "쐐기꼴 대형으로 나는 한 떼의 기러기보다 크지 않은 한 대의 비행기"가 뉴욕 상공에서 폭탄을 떨어뜨림으로써 파괴될 수 있음을 두려워했다. 〈우주 전쟁〉부터 〈하이-라이즈〉, 〈고질라〉까지 엄청나게 많은 영화와 책에서 대도시들은 파괴되고 무정부 상태가 됐다. 새로운 바이러스가 도시를 심하게 타격한다는 이야기는 그다지 놀랍게 들리지도 않는다.

의사들이 질병을 치료할 방법을 알기도 전에 주민들을 죽인 코로나19는 도시에 그저 발생하기만 한 것이 아니었다. 거기다 코로나19는 도시에 특히 심한 타격을 준 예방적 대응도 유도했다. 대중교통, 극장, 나이트클럽, 사무실을 닫으라는 요구가 있거나 사람들이 그런 장소들을 방문하기 두려워했을 때 그런 상황이 시골이나 소규모 도시에 미치는 영향은 미미했지만 대조적으로 도시들은 거의 그 기능을 멈췄다.

최초로 패닉 상태가 됐을 때 많은 도시인들이 도망쳤다. 휴대폰 통화 기록에 따르면 파리 시민들 중 17%가 3월에 프랑스가 락다운이 되기 전주에 프랑스를 떠났다. 그 후 몇 달간 많은 국가에서 도시 거주자들은 부동산에 대한 태도를 바꿨다. 입소스 모리(IPSOS MORI)가 2020년 6월 실시한 설문 조사에 따르면 영국인들은 모든 세대에 걸쳐 안전한

최소한 교통 체증은 없다

잠금 장치와 원활한 인터넷 연결을 포함해 집이 보유한 모든 다른 기능보다 개인적인 정원을 선망했다. 사람들은 지난 몇 년간 도시 근교에서 사는 생활을 그다지 매혹적으로 보지 않았다.

따라서 대도시들은 끔찍한 상태로 2021년을 맞이하게 될 것이다. 사무실들은 여전히 조용하고 극장들은 문을 닫을 것이다. 대중교통 기관들은 정부에 긴급 구제를 사정할 것이다. 바리스타, 네일 아티스트, 샌드위치 판매자, 요가 강사 등 도시의 서비스 노동자 부대는 여전히 임대료를 내느라 고생하게 될 것이다. 하지만 2021년이 끝날 때쯤에는 모든 것이 다시 회복되게 될 것이다.

코로나19 백신이나 더 좋은 치료 방법이 나타난다면 상당한 도움이 되기는 하겠지만, 도시는 그것 때문이 아니라 그들이 가진 내적 변화 역량 덕분에 회복하게 될 것이다. 충격에 적응하는 것이 대도시가 하는

2021 IN BRIEF

1월에는 **세계경제포럼**의 통상적인 회의 장소였던 스위스의 한 리조트에서 '다보스 대화(Davos Dialogues)'가 온라인으로 열린다. 2021년 5월에는 루체른(Lucerne)에서 소규모 대면 회의도 열릴 것이다.

일이다. 기존 산업이 시들면 그들은 목화 저장 창고를 사무실로, 철길을 공원으로, 도축장을 부티크로 변모시켰다. 상점과 사무실들이 버려지면, 도시인들은 새로운 사용처를 찾을 것이다. 이런 유연성은 화이트칼라 노동자들이 재택근무로 전환하고 버스 승차권이나 샌드위치를 사지 않게 되면서, 팬데믹 기간 중에는 도시에 타격을 주는 것처럼 보인다. 하지만 적응하지 못한다면 재앙이 초래될 것이다.

재능 있는 사람들을 한데 모으는 도시의 힘은 여전히 강력하다. '흑인의 생명도 소중하다(Black Lives Matter)' 시위와 도시에서 불법적인 광란의 파티가 빈발하는 것은 젊은 도시민들이 여전히 모이고 싶어 한다는 사실을 보여줬다. 중년의 사무실 근무자들은 다르게 느낄 수도 있다. 하지만 지식 산업이 작은 위성 사무실의 네트워크를 찾아 도심을 버릴 거라는 예측을 한다면 사무실의 목적을 잘못 이해하고 있는 것이다. 사무실은 전화를 걸거나 컴퓨터를 두드리기 위한 곳이 아니라 아이디어를 나누는 곳이다. 허브는 필수적이다. 교외 위성 사무실은 개조된 침실보다 그리 대단한 발전이 아닐 수도 있다.

어떤 도시민들은 교외와 소도시로 이사를 갈 것이다. 그들은 오랫동안 그렇게 해왔다. 국내 이민에 있어서 적자를 유지하면서 숫자를 메꾸기 위해 아기와 이민자들에게 의존하는 것은 거의 글로벌 대도시의 특성 중 하나라고 할 수 있다. 그런 유출이 홍수로 바뀔 거라고 믿는 사람은 아마도 최근에 교외 지역에서 집이나 다세대 주택을 짓기 위한 계획을 승인받으려고 시도해본 적이 없는 사람일 것이다. 도시는 심하게 바닥을 친 후 튀어오를 것이다.

악몽들
대학의 황금시대가 끝이 난다

해미시 비렐 Hamish Birrell | 〈이코노미스트〉 공공 정책 부문 통신원

작년은 신입생들에게 힘든 한 해였다. 많은 신입생들에게 캠퍼스 출입이 금지됐다. 공부하고 싶었던 나라에 입국할 수 없는 사람들도 있었다. 입국한 사람들을 맞이한 것은 줌에서 열린 신입생 환영회와 사교 활동에 관한 엄격한 규칙이었다.

이 모두는 2021년이 대학을 운영하기 어려운 시기가 될 것을 의미한다. 높아지는 명성, 늘어나는 수요, 대학을 경제 성장의 엔진으로 보는 정치인들의 지지를 받으면서 지난 수십 년간 대학은 번창했다. 코로나19는 이런 상황을 상당 부분 위협하고 있다.

가장 명백한 위험은 외국 학생들과 관련이 있다. 최근 몇 년간 외국 학생들의 수는 급증했다. 팬데믹이 일어났을 때 대부분 개발도상국에서 부유한 나라의 최고 대학으로 공부를 하러 와서 상당한 돈을 지불하고 있었던 외국 학생들의 숫자는 전 세계적으로 500만 명이 넘었다. 현재 대학들은 더 적은 수의 외국 학생들로 살아나갈 방법을 모색하는 중이다. 여행 제한이 엄격하게 실시되는 국가들에서 문제가 가장 심각할 것이다. 2019년 7월 호주에 도착한 외국 학생들의 숫자는 14만 4,000명에 달했지만 2020년 7월에는 그 수가 불과 40명밖에 되지 않았다.

정치인들의 지지도 한계가 있을 것이다. 부분적으로 이는 우선순위의 문제다. 대학들은 재정 지원을 받기 위해 기업 및 공공 부문과 경쟁

해야 한다. 하지만 이는 또한 최근 몇 년간 대학들이 보유하고 있던 명성의 일부를 상실했다는 사실을 반영한다. 부유한 나라들 중 많은 곳에서 고등교육이 팽창하는 것과 같은 시기에 생산성의 성장세가 하락했다는 사실은 대학이 경제를 부양할 수 있다는 신념을 약화시켰다. 정치적 분쟁은 학위를 가진 자와 그렇지 못한 자 사이의 교육 경계선을 따라 발생하고 있다.

미국, 호주, 영국에서 우파 정부가 대학들이 팬데믹의 1차 파도를 헤쳐나가도록 돕기 위해 제공한 지원은 그들이 원하는 수준보다 훨씬 적었다. 미국에서는 각 주마다 지출 감소에 따른 세입 감소에 대처해야 하는 만큼 대학을 위한 재정적 분위기는 악화될 것이다.

결과적으로 대학들은 비용을 삭감해야 할 것이다. 거창한 건물 프로젝트들은 보류될 것이다. 단기 계약 관계로 일하던 직원들은 일자리를 잃게 될 것이다. 공식적인 수치에 따르면 미국에서 대학에 근무하는 인력은 팬데믹이 시작된 이래 7%가 줄어들었다. 호주의 경우 일자리 손실이 더 큰 것으로 나타나고 있다. 일부 대학들은 완전히 사라질 것이다. 어떤 경우에는 그 과정이 매끄럽게 진행될 것이고, 어려움에 빠진 대학들은 더 튼튼한 이웃 대학과의 합병을 꾀할 것이다. 하지만 미국에서 가장 빈번하게 발생하는 경우처럼 파산하는 대학들도 있을 것이다. 대학 진학 연구 기관인 에드미트(Edmit)는 미국 사립대학들 중 약 3분의 1이 6년 내에 자금이 소진되는 과정을 밟을 것으로 예측한다. 이런 운명을 피하고 싶은 교육 기관들은 돈을 벌 새로운 방법을 찾아야 한다. 많은 곳에서 원격수업 방식을 계획하고 있다. 일시적으로 일자리를 잃은 사람들에게 실용적인 단기 과정을 제공하려는 곳들도 있다.

2021년 말이 되면 상황이 개선되기 시작할 수도 있다. 대학들은 젊

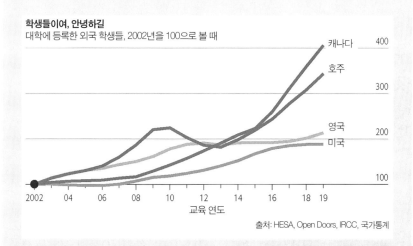

학생들이여, 안녕하길
대학에 등록한 외국 학생들, 2002년을 100으로 볼 때

출처: HESA, Open Doors, IRCC, 국가통계

은이들에게 불황이 끝나기를 기다릴 수 있는 장소를 제공한다. 따라서 경기 하강기가 끝나면 등록이 증가하는 경향이 있다. 심지어 1년간 공부를 미룬 외국 학생들 사이에는 억눌린 수요가 있을 수도 있다. 하지만 많은 대학들에게 이는 긴 기다림이 될 것이며, 모든 대학이 이 위기를 헤쳐나가지는 못할 것이다.

숫자로 인한 살인
2021년에는 사이버 공격이 고의로 사람을 죽일 수도 있다

샤상크 조시 Shashank Joshi | 〈이코노미스트〉 안보 부문 편집자

사이버 살인이라는 명료한(lucid) 시나리오는 수십 년 전까지 거슬러 올라간다. 1999년 〈뉴욕타임스〉는 '전자 펄 하버(electronic

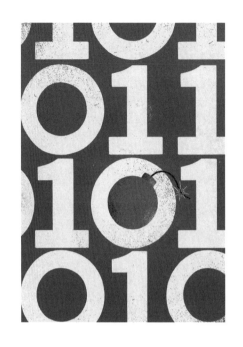

Pearl Harbour)'라는 가능성을 제기했다. 2011년 당시 미국 국방부 장관이었던 리온 파네타(Leon Panetta)는 "다음번 펄 하버는 사이버 공격이 될 가능성이 충분하며", 아마도 "9·11 테러리스트의 공격만큼 파괴적일 수 있다"고 경고했다. 그렇게 치명적이고 대규모인 사이버 공격은 일어난 적 없다고 알려져 있지만, 2020년 9월에 한 건의 공격이 뒤셀도르프에 있는 한 병원의 컴퓨터들을 다운시켰고, 긴급 수술을 받아야 했던 한 여성은 다른 도시로 이송된 후 사망했다. 처음에는 사이버 공격 때문이라고 알려졌지만, 이 죽음은 사고로 인한 것으로 보인다. 공격한 무리들의 의도는 뒤셀도르프대학교의 부속 병원이 아닌, 그 대학의 컴퓨터를 목표로 삼아 돈을 갈취하려던 것이었다. 하지만 이 사건은 이런 방식으로 의도적으로 사람을 죽게 만드는 것이 가능하다는 것을 보여준다. 아직 일어나지 않았지만, 인간 삶의 더 많은 측면이 네트워크 접속과 연관되고 있는 만큼 이런 상황이 2021년에는 바뀔 수도 있다.

이미 생명 유지 장치에 의존하고 있는 사람 아닌 사람을 다치게 하거나 죽게 하려면, 악성코드는 그것이 통제하는 무언가의 운동 또는 화학 에너지를 동력으로 삼아야 한다. 명확한 후보로는 발전소나 공장을 통제하는 시스템과 같은 산업 통제 시스템이 있다. 2007년에 미국 에너지국에서는 21줄의 코드가 디젤 발전기의 회로 차단기를 빠르게 열고 닫음으로써 기계에서 연기가 나고, 흔들리고, 망가지도록 만들 수 있다는 것을 공개적으로 증명해 보였다. 《해커와 국가(The Hacker and the State)》라는 책에서 조지타운대학교의 벤 뷰캐넌(Ben Buchanan) 교수는 "이는 자동차가 속도를 내며 전진할 때 운전자가 반대로 기어를 넣으면 자동차 변속 장치에 가해지는 압력과 비슷하다"고 말했다.

그 직후에 미국과 이스라엘은 이란의 기체 원심분리기에 유사한 조작을 가해 우라늄을 수천 번 이상 회전시켜 고장을 일으키는 컴퓨터 웜(computer worm)[3]인 스턱스넷(Stuxnet)을 출범시켰다. 2016년에는 부분적으로 스턱스넷에서 영감을 받은 러시아의 멀웨어(malware)[4]가 우크라이나의 전력 그리드를 파괴했고, 한겨울의 추운 날씨 속에 키예프(Kiev)의 전력량이 5분의 1로 줄어들게 만들었다. 이 멀웨어는 전류와 전압을 모니터링하는 보호계전기를 목표 대상으로 삼아 비정상적인 상태에서 전력 시스템을 정지시켰다. 기계나 전기 회로망이 자멸하도록 만드는 것이 인간에게 상해를 입히는 유일한 방법은 아니다. 2020년 4월에는 이란의 소행으로 의심받은 사이버 공격은 이스라엘의 수력 및 하수 처리 공장의 펌프를 망가뜨려 주택용 상수도에 염소를 과도하게 추가하도록 만들 의도가 명백했다. 우크라이나는 2018년에 염소 공장에 유사한 침입이 있었다고 보고했다.

이들 공격의 결과로 죽은 사람은 아무도 없었다. 하지만 그럴 수도 있었다. 이스라엘 국가사이버국의 이갈 우나(Yigal Unna)는 하수 처리 공

---

3 스스로를 복제하는 악성 소프트웨어 프로그램.
4 컴퓨터 사용자 몰래 시스템에 침투하거나 피해를 입히기 위해 설계된 소프트웨어.

장에 대한 좌절된 공격이 '일반 시민들에게 매우 큰 손상'을 입힐 수도 있었다고 지적했다. 뷰캐넌 교수가 지적했듯 2016년에는 공격자들이 우크라이나의 키예프에 있는 공장 한 곳만 목표로 삼았다는 점에서 어느 정도 봐준 것처럼 보인다. 그렇게 자제하는 경우는 오래가지 않을 수도 있다. 최근 몇 년간 미국과 러시아는 서로의 전력 그리드를 탐색하고 있으며, 적진 뒤에 무기 은닉처를 숨겨두는 것처럼 뒤에 멀웨어를 두고 있다. 심각한 위기 상황에서 리더들은 더 위험한 군사적 옵션 대신 이런 도구들을 활용하는 방법을 선택해 핵심 서비스에 공급되는 전력을 끊을 가능성도 있다.

또한 그런 서비스들은 코드로 전달되는 공격의 더 직접적인 목표가 될 수도 있다. 2017년에 북한 해커들은 데이터를 암호화하고 이를 풀어주는 조건으로 몸값을 요구하는 '랜섬웨어'의 일종인 워너크라이(WannaCry)를 배포했다. 이 랜섬웨어는 우연히 영국의 국민보건서비스를 공격했고, 수십 개의 병원과 약 600명의 의사들이 집도하던 수술에 영향을 미쳤다. 뒤셀도르프와 달리 입원율이 떨어졌지만 사망률은 증가하지 않는 등 그 영향은 제한적이었다. 하지만 의료 시스템을 혼란시키기 위해 특별히 설계된 멀웨어는 확실하게 생명을 위험에 처하게 할 수 있다. 코로나 바이러스 팬데믹으로 이미 병원 네트워크를 향한 공격이 증가했고, 연구에 따르면 사소한 데이터 유출조차도 치료에 대한 혼란을 일으켜 그 이후 3년간 영향을 받은 병원에서 심장마비 사례가 약간 더 늘어나게 하는 경향이 있음을 보여준다.

그럼에도 불구하고 더 단순한 사이버 살인의 수단이 존재할 수도 있다. 원심분리기나 변압기와 달리 차량은 빠른 속도로 움직이고, 인터넷과 연결된 경우가 점점 증가하는 한편 그 안에는 매우 다치기 쉬운 인간들이 앉아 있는 경향이 있다. 그런 인터넷 연결에 관한 보안 기준은 대체로 미약하다. 해커들은 움직이고 있는 자동차를 통제할 수 있는 능력을 반복해서 시연해왔다. 그중 한 시연은 2015년 피아트 크라이슬러(Fiat Chrysler)가 140만 대의 차량을 리콜하도록 만들기도 했다. 시장 조사 업체인 ABI는 2020년에 미국에서 팔린 새 경차와 트럭들 중 91%가 인터넷 연결성을 보유할 것이라고 예측한다. 고속도로 운행 속도에서 어느 정도 손상을 가하는 데는 스턱스넷까지도 필요하지 않을 것이다. 공격자들의 기술이 더 고도화되고 잠재 목표 대상의 숫자가 증가하면서, 이제 사이버 공격이 의도적으로 치명적임이 입증될 것인지는 맞고 틀리고의 문제가 아니라 시기의 문제다.

가난의 역병

코로나19의 계속되는 낙진은 세계적 빈곤층의 수를 더 늘릴 것이다

사라 매슬린 Sarah Maslin | 상파울루, 〈이코노미스트〉 브라질 통신원

2021년 빈곤층은 10년간 본 적이 없는 수준으로 증가할 것이며, 각국 정부는 여기에 대응하느라 어려움을 겪을 것이다. 세계은행은 팬데믹이 1.9달러가 안 되는 돈으로 하루를 살아가는 '극빈

층'의 숫자를 1억 5,000만 명까지 늘리게 될 거라고 예측했다. 1990년부터 2019년까지 그 계층의 숫자는 전 세계 인구의 36%에서 8%로 줄어들었다. 현재 그 숫자는 1998년 이래 처음으로 증가하고 있다. 유엔은 70개 국가에서 2억 4,000만 명에서 4억 9,000만 명에 이르는 사람들이 기본적 주거지가 부족하거나 굶주리는 아이들이 있는 경우가 포함되는 척도인 '다면적 빈곤' 층에 추가될 거라고 말했다.

새로운 극빈자들은 대부분 남아시아와 사하라 이남 아프리카에서 발생할 것이다. 도시 거주자들은 자신이 먹을 식량을 재배할 수 없고, (예를 들어 가사도우미나 거리의 상인들 같은) 회복이 느린 비공식적 영역에서 일하는 경향이 있기 때문에 시골 극빈자들보다 살기가 훨씬 어려워질 것이다. 많은 사람들이 2020년에 그들의 안전망이 사라지는 것을 지켜봤다. 해외로부터 가족들의 송금이 중단됐다. 많은 사람들이 보석 같은 자산을 팔았다. 수백만 명의 사람들이 고향으로 돌아갈 것이다. 많은 어린이들은 일하러 가기 위해 학교를 떠날 것이다.

유엔의 세계식량계획(World Food Programme)은 2020년 말까지 극심한 기아가 두 배로 늘어날 것으로 전망한다. 먹을 것이 부족한 사람들이 1억 3,000만 명 더 늘어날 것으로 보인다. 특히 육체적 성장과 정신적 발달이 저해된 어린이들에게 미치는 장기적인 영향은 끔찍할 것이다. 팬데믹의 공중 보건 파괴는 더 많은 산모가 출산 중 사망할 것임을, 그리고 더 많은 사람들이 당뇨와 같은 만성 질병이나 말라리아 같은 예방 가능한 질병으로 사망할 것임을 의미한다.

이 모든 고통은 정치적 불안정성과 사회적 불안으로 악화될 것이다. 금방이라도 무력 분쟁으로 치달을 것 같은 상태에 있는 취약한 국가들은 소규모 접전의 발발을 지켜보게 될 것이다. 일부는 내전에 돌입할 수도 있다. 불평등의 증가와 좌절감의 만연이 시위로 이어질 수도 있다. 그리고 사실상 모든 국가가 자국의 위기에 대응하는 상황에서 가장 취약한 국가들을 돕기 위한 노력은 제한적일 것이다. 팬데믹의 그늘 아래서 빈곤이라는 역병은 심지어 더 멀리 퍼져나갈 것이다.

흠… 작년에 대해서는
2020년의 전개에 관한 우리의 예측은 어땠나?

톰 스탠다지

어쨌든 우리는 그것이 올 줄 몰랐다. 2019년 12월 첫 사례가 확인된 코로나19의 발발에 거의 모든 다른 사람들처럼 우리도 기습을 당했다. 전 세계적으로 죽음과 고통을 불러온 것은 물론, 팬데믹의 덜 중요한 부작용 중 하나였던 크고 작은 행사들의 연기와 취소는 우리 것을 포함해 2020년에 관한 대부분의 예측을 무효로 만들었다.

우리는 전 세계적인 경기 둔화를 예상했다. 하지만 세계 대공황 이래 가장 심한 경기 위축은 아니었다. 우리는 중국의 수출을 둘러

**우리와 미래를 주시하는 다른
사람들에게 2020년은 잘못을
깨닫게 한 경험이었다.**
싸고 중국과 미국 사이의 긴장이 계속될 것
으로 예측한다. 하지만 바이러스로 인한 다
양성은 예측하지 못했다. 우리는 온실가스
배출을 줄이기 위한 행동을 고대했다. 하지만 팬데믹이 교통과 산업 활
동의 속도를 늦춤에 따라 발생한, 제2차 세계대전 이후 가장 큰 규모인
연간 8%의 감축은 아니었다.

이런 사실들을 감안한다면 코로나19가 전 세계로 퍼져나가기 전에
발생한 사건들 중 몇 가지에 대해서는 우리가 옳았다. 트럼프는 예상대
로 탄핵을 당했지만 상원에서는 그가 유죄라고 결정하지 않았다. 차이
잉원은 대만 총통으로 재선됐다. 영국 총선의 여파 속에서 우리가 '지
켜볼 만한 다크호스'라는 정보를 제공했던 키어 스타머 경(Sir Keir
Starmer)은 선거 패배 후 영국 야당인 노동당의 당수가 됐다.

사람들과 활동들이 디지털 공간으로 밀려나면서 온라인 세계에 관한
우리의 몇 가지 예측 역시 비교적 유효했다. 우리가 공상과학소설에서
묘사된 가상 세계와 가장 가깝다고 이야기했던, 인기 많은 비디오게임
〈포트나이트〉는 4월 일부 평론가들에게 올해와 같은 비정상적인 해의
라이브 뮤직 행사라고 불린 미국 힙합 아티스트 트래비스 스콧(Travis
Scott)의 콘서트에서 주역을 담당했다. 아울러 우리는 미국 10대들 사이
에서 중국 비디오 앱인 틱톡의 인기를 "미국 정치인들이 이제 막 알아
차리기 시작할" 거라고 지적했었다. 화웨이를 넘어서 더 많은 중국 기
업이 두 강대국의 싸움에 휘말리게 될 거라고 했던 우리의 예측에 따라
그들은 결국 그 싸움 속에 갇히게 됐다.

하지만 우리는 대부분의 사안에서 틀렸다. AI 스타트업인 오픈AI사
가 개발한 프로그램 GPT-2는 상당한 것들을 옳게 예측하면서 우리 예

측가들의 자존심에 더 큰 한 방을 날렸다. 우리는 GPT-2와 가진 '인터뷰'를 심각하게 받아들이기를 바란 것은 아니었다. 하지만 "중국의 주요한 변화"로 인해 "우리가 세계 경제에서 엄청난 격동을 경험하게 될 것"이라는 예측과, 트럼프가 "대선에서 패배하게 될 것"이라는 사실은 정확했던 것으로 나타났다.

미래파들은 기계가 어떻게 모든 사람의 일자리를 빼앗아갈 것인지에 대해 이야기하기를 즐긴다. 수십 년간 그런 예측을 했음에도 불구하고, 그런 일은 아직 일어나지 않았다. 아마도 그들이 걱정해야 할 일자리는 그들 자신의 것인지도 모른다. 우리와 미래에 관심을 가지는 다른 사람들에게 2020년은 잘못을 깨닫게 해준 경험이었다. 그러면 2021년에는 예언자들이 좀 더 겸손해질 거라고 기대해야 할까? 장담하지는 마라.

유엔 사무총장 **안토니우 구테흐스**는 우리 앞에 놓인 어려움을 해결하기 위해 국제적 협력이 중요하다고 말한다.

**지금은 함께
일해야 할 때다**

과열되고 있는
지구를 위한
백신도 필요하다.

코로나19는 국제적 협력을 위한 하나의 시험이다. 그리고 전 세계는 이 시험에 실패하고 있다. 일부 알려진 예외가 있긴 하지만, 각국에서는 자국에 집중하면서 때로는 이웃 국가들이 하는 일과 모순되는 자체 전략을 결정했다. 우리는 그 결과를 지켜봐왔다. 각국이 자신들만의 방향으로 나아가면서 바이러스는 온 사방으로 퍼져나갔다. 포퓰리즘과 국가주의가 만연한 곳에서 바이러스는 억제되지 않았고, 때로는 분명하게 상황을 악화시켰다.

부유한 국가들은 전례 없는 수준으로 자원을 동원했지만 매우 필요한 자원들은 개발도상국에게까지 도달하지 않았고, 그들은 심각한 부채와 유동성 위기에 직면할 수도 있다. 새해가 다가오는 지금 우리가 맞이한 도전 과제는 명확하다. 2021년은 팬데믹에 대응하면서 지나갈 것이며 기후 위기는 향후 10년을 곤경에 몰아넣을 것이다. 합리적이고 지속 가능한 회복 노력이 지금 시작돼야 한다. 백신에 희망을 거는 사람들이 많지만 팬데믹에는 만병통치약이 없다. 우선순위는 어떤 백신이건 세계적 공공재, 즉 누구나, 어디서나 구할 수 있고 살 수 있는 사람들의 백신이 되도록 보장하는 데 있다.

과열되고 있는 지구를 위한 백신도 필요하다. 파리기후변화협약에 서명한 후 5년이라는 기간은 기록상 가장 더운 시기였다. 2021년 온실가스 농도는 수백만 년간 우리가 결코 겪어보지 못한 수준으로 높아질 것이다.

2021년 11월에 열릴 다음번 유엔 기후정상회의에 앞서서 나는 세계 정상들에게 파리기후변화협약과 평균 섭씨 1.5도로 온도 상승을 제한하는 목표에 발맞춰 더 야심 찬 국가별 계획과 장기 전략을 제출해 달라고 촉구해왔다. 모든 국가들, 특히 G20 회원국들은 2050년까지 탄소 중립을 약속해야 한다. 모든 기업, 은행, 도시들은 온실가스 배출을 넷 제로로 전환하기 위한 자체 계획과 이정표를 수립해야 한다.

기술과 경제는 우리 편이다. 그린 경제는 취업을 북돋운다. 재생 가능한 에너지는 화석 연료에 투자할 때보다 일자리를 세 배 더 창출한다. 산업, 항공, 운송 분야의 긴급 구제는 파리기후변화협약의 목표에 발맞춰 조건부로 이뤄져야 한다. 지금은 화석 연료에 대한 보조금을 중단하고 탄소에 가격을 책정하고, 새로운 석탄을 생산하지 않겠다는 약속을 해야 할 때다.

팬데믹에서 회복하는 과정은 경제를 재설계하고 미래를 재창조할 수 있는 기회다. 회복 과정에서는 양성 평등에도 진전을 이뤄야 한다. 다른 어떠한 단일한 조치도 미래를 위해 사회를 이보다 더 많이 지켜줄 수 없기 때문이다. 경제를 재활성화하는 데 거액이 투입된 만큼 이 자금을 어떻게 사용하는가의 문제도 사람들과 지구 모두에게 중요하다. 코로나19 대응과 회복 역시 폭력을 잠재우고 인권을 옹호하는 데 달려 있다. 바이러스의 분노는 전쟁의 어리석음을 보여준다. 증오와 잘못된 정보의 급격한 증가는 그런 위험들을 높여왔다. 이것이 내가 전 세계적으로 정전을 요청하는 이유다.

우리는 두 경제 대국이 각자 그들의 무역과 금융 법규, 인터넷, AI 역량을 가지고 '대균열(Great Fracture)' 속에서 세계를 분열시키는 새로운 냉전 역시 피해야 한다. 이런 분열은 전략 지정학적이고 군사적인 분열로 바뀔 수 있는 위험을 야기할 수 있다.

국제적 협력이 중요해질 것이다. 75년 전 합의된 이 협약들은 우리가 두려워했던 제3차 세계대전을 방지했다. 하지만 현재 세계에는 유엔을 중심으로 하는 새로운 세대의 글로벌 거버넌스가 필요하다. 무법천지인 사이버 공간, 군비 통제 합의의 붕괴, 불평등의 증가, 인권에 있어서의 후퇴, 빈곤한 사람들에게 불리하게 기울어진 글로벌 무역 체제가 있는 시대를 살면서 우리는 서로 보조를 맞추고 있지 않다.

새로운 관료 체제는 필요 없다. 하지만 글로벌한 기관과 지역 기관들을 연계하는 연결된 다자주의가 필요하다. 또한 우리는 기업, 도시, 대학들과, 양성 평등, 기후 행동, 인종 정의를 위한 움직임을 아우르는 포용적인 다자주의가 필요하다.

새로운 사회적 계약을 위한 나의 계획은 사회적 응집력, 새로운 세대의 사회적 보호, 경제와 환경의 충격에 직면했을 때 회복력을 촉진하기 위한 정책에 대한 투자와 함께, 국가 차원에 초점을 두고 있다. 교육과 디지털 기술은 이를 가능하게 만들기 위한 두 가지의 위대한 가능자(enablers)이자 균형자(equalisers)가 돼야 한다.

내가 제안하는 새로운 글로벌 딜에서는 권력과 부, 기회가 더 폭넓게 공유되도록 보장할 것을 촉구한다. 공정한 국제화, 자유롭고 공정한 무역, 미래 세대의 안녕을 우선하는 일은 모두 글로벌 거버넌스의 새로운 모델을 구축하는 데 바탕이 되는 요소들이다.

우리는 코로나19와 기후 변화라는 두 가지 중요한 시험과 마주하고 있다. 취약함과 분열이라는 세 번째 시험은 상황을 더 복잡하게 만든다. 서로 연대하는 것이 자신을 위한 일이라는 깨달음은 우리가 위기를 끝내고 다 함께 더 강한 모습으로 일어설 수 있도록 도와줄 것이다.

예방주사가 희망이다

사상 최대 백신 프로그램이 시작된다

나타샤 로더 Natasha Loder | 〈이코노미스트〉 보건 정책 분야 편집자

20년 초 전 세계적으로 코로나19 팬데믹이 시작되었을 때 대부분 사람은 백신이 곧 나올 거라고 기대하지 않았다. 그리고 백신 개발 초기에는 앞으로의 어려움에 대한 심각한 경고도 있었다. 그래서 2021년으로 접어드는 이 시점에 더욱더 귀추가 주목된다. 곧 하나 이상의 백신이 나올 것 같다. 이렇게 자신 있게 말하는 근거는 개발하고 있는 백신 수가 많고 개발 방법도 다양하기 때문이다.

과학자들은 다양한 백신 제조법을 개발해왔다. 가장 오래된 방법은 코로나19 바이러스인 사스-코브-2가 우리 몸에 들어왔을 때 질병을 일으키지 않도록 어떤 식으로든 방해하는 것이다. 이 방법은 코로나19 바이러스를 약하게 만들거나 완전히 죽이는 것이다. 생명공학 스타트

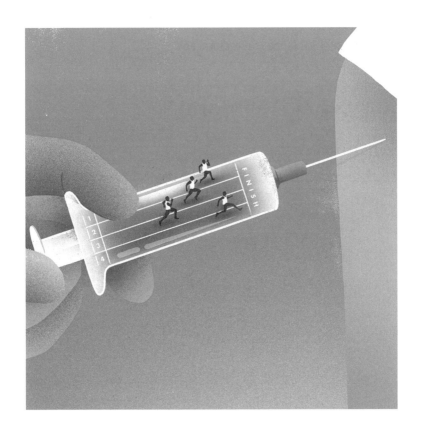

업인 코다제닉스(Codagenix)가 '코로나19 바이러스의 힘을 약하게 만드는' 백신을 만들고 있다. 바이러스는 살아 있지만 그 복제 능력은 제한된다. 시노박(Sinovac)과 시노팜(Sinopharm)이라는 두 중국 기업이 개발하는 백신은 코로나19 바이러스를 죽이는 버전을 사용한다.

최근 들어 유전공학 덕분에 가능한 백신 범위가 크게 늘었다. 일반적으로 사용되는 기법의 하나는 해가 없는 다른 바이러스를 코로나19 바이러스의 주요 부분을 전달하는 일종의 운반 시스템으로 사용하는 방법이다. 이솝 우화를 거꾸로 패러디해 이름 붙인, 이 '늑대 가죽을 쓴 양(sheep in wolf's clothing)'으로 불리는 방법은 거대 제약 회사 아스트라제네카(AstraZeneca)가 만드는 대표적인 백신에서 사용하고 있다. 이 백신은 침팬지 아데노바이러스(chimpanzee adenovirus)를 기반으로 세포를 감염시키고 코로나19 바이러스의 막을 형성하는 스파이크 단백질(spike protein)을 만들라는 지시를 전달해 우리 몸의 면역 체계가 진짜 바이러스를 인식하도록 준비시킨다.

가장 흥미진진한 방법은 코로나19 바이러스 아미노산 서열을 정하는 유전자를 몸에 직접 주입하는 핵산(nucleic-acid) 백신이다. 이렇게 주입된 유전자는 지시에 따라 바이러스를 몸속에서 만들어 우리 면역체계가 바이러스에 대비하도록 한다. 두 대표적인 백신 제조 회사 화이자와 모더나(Moderna)가 이 새로운 방법을 추진하고 있으며 좋은 결과가 촉망된다. 성공하면 이 방법의 백신은 다른 백신보다 대량 생산이 쉬울 것이다.

풍진(rubella) 백신을 개발한 펜실베이니아대학교 스탠리 플롯킨(Stanley Plotkin) 교수는 지금까지 코로나19 백신들을 살펴본바, 스파이크 단백질에 반응하는 백신들은 적어도 단기적으로는 코로나19 바이러스에 노출된 사람들의 증세가 나빠지는 걸 막을 수 있을 것이라 한다. 하지만 이 백신들이 사람들이 다른 사람들에게 바이러스를 전파하는 것을 막을 수 있을지는 여전히 불투명하다.

2020년 말 백신 긴급 사용 승인이 이뤄질 가능성은 크지만, 공급은 극도로 제한될 것이다. 2021년 1분기에는 규제 당국이 이런 새로운 백신 사용을 확대할 수 있도록 더 많은 데이터를 백신 제조 업체들이 제공하게 될 것이다. 하지만 수요가 여전히 공급을 크게 앞지를 것이며, 이는 2021년까지도 계속될 문제다.

다가오는 해에는 이 공급 백신의 사용 우선순위를 정하는 방법에 관한 어려운 정치적 · 대중적 논쟁이 격렬할 것이다. 백 신 국가주의에 대한 우려가 있지만, 2021년의 놀라운 특징 중 하나는 얼마나 많은 국가가 백신 생산과 배포 에 함께 잘 협력하는지 보게 되는 일일 것이다. 180여 개국이 가입한 코백스 이니셔티브는 2020년 공급이 달리는 개인 보호 장비와 산소 호흡기 경매를 놓고 각 국이 서로 경쟁하는 추악하고 자멸적인 상황은 피하 기를 희망한다. 이 계획은 최전방 보건 의료 종사자들을 시작으로 모든 회원국 인구의 3%를 우선 예방접종하는 것을 초기 목표로 세우고, 부 유한 나라들이 가난한 나라들에 백신을 원조하도록 한다. 고위험군에 속하는 근로자를 중심으로 연말까지 보호 범위를 20%까지 확대할 수 있다는 희망이다.

미국과 영국 등 백신 과잉 공급이 예상되는 몇몇 나라는 2021년 겨 울 이전에 가능하면 많은 사람에게 예방 접종을 시도할 것이다. 이는 대부분 나라에서 좀 더 전략적으로 행동해야 하는 상황에서 윤리적인 문제를 제기할 것이다. 모든 사람에게 예방 접종을 하지 않더라도 이 번 코로나19 팬데믹은 통제할 수 있다. 세계 백신 유통 체계를 세우 는 주요 유엔 기구인 유네스코(UNESCO)에서는 코로나19 발생 '초기 몇 년' 동안에는 보편적인 백신 접종이 이뤄지지 않을 것이라고 예상 한다.

미국 보스턴 노스이스턴대학교 공급망관리학과 나다 샌더스(Nada Sanders) 교수는 백신이 나온다 해서 곧바로 백신 접종으로 이어지지는 않을 것이라 한다. 다른 많은 준비가 필요하기 때문이다. 의료용 유리 부터 주삿바늘까지 모든 물품이 이용 가능한지에 대한 우려가 있다. 샌더스 교수는 공급망을 세계적인 규모로 설계하고 맵핑(mapping)해야 하는데, 이것이 예상보다 오래 걸릴 것이라고 걱정한다. 스위스 바젤과 취리히에 본사를 둔 세계적 금융 기업 UBS의 분석가들은 유통을 위해 백신을 병에 넣고 포장하는 단계가 가장 큰 장애물 중 하나이며, 그다음이 운반이라고 경고한다. 이 모든 이슈가 2021년에 문제를 일으킬 소지가 있다.

그리고 마지막으로 한 가지 더 복잡한 문제가 있다. 가장 먼저 나오는 백신들은 유통 과정에서 저온으로 유지되어야 한다. 하지만 현재 최소 25%의 백신이 저온 유통 체계의 문제로 성능이 저하된 상태로 도착하고 있다.

한 가지 분명한 것은 백신은 나오겠지만, 각 국가 내에서 그리고 국가 간에 골고루 분배되지 않을 것이라는 점이다. 이는 단순히 유통 문제가 워낙 크기 때문이다. 다가오는 해에는 많은 사람이 백신이 있는 질병에 사랑하는 사람들을 잃어야 하는 이유를 이해하기 힘들어 할 것이다. 2020년 영웅적 노력으로 수년이 아닌 수개월 만에 백신을 만들어냈다. 2021년에는 이 백신들을 실험실에서 병원으로 가져오기 위해 더 많은 영웅적인 노력이 필요할 것이다.

나아지고 있다
코로나19의 영향에 대한 이해가 깊어지면서 치료 전망이 밝아질 것이다

슬라비 찬코바 Slavea Chankova | 〈이코노미스트〉 헬스케어 부문 통신원

제약 업계에서는 유망한 화학 미분자(molecule)를 실험실에서 약국 선반에 놓이게 하는 데 10년이 걸리는 일이 드물지 않다. 하지만 코로나19의 경우 이미 효과적인 치료법들이 전 세계 병원에서 사용되고 있다. 2021년에는 입원 치료가 필요한 코로나19 환자를 극적으로 줄일 수 있는 치료법 등 더 많은 치료법이 추가로 나올 가능성이 크다.

일이 빨리 진전되고 있다. 코로나19가 발병한 지 불과 몇 달 만에 여러 약의 임상 시험에서 두 가지 성공작이 탄생했다. 값싼 스테로이드 약물의 일종인 덱사메타손(Dexamethasone)은 병세가 가장 중한 코로나19 환자들의 생존율을 높이는 것으로 밝혀졌다. 원래 에볼라 치료 목적으로 개발된 항바이러스제 렘데시비르(Remdesevir)는 코로나19 증상의 지속 시간을 줄이는 것으로 나타났다.

운이 좋으면 2021년에 추가되는 약 중 적어도 하나는 감염자의 발병을 막아줄 것이다. 이런 약들은 이미 독감, 광견병 등 많은 다른 질병에 사용되고 있다. 코로나19의 경우 이 약은 감염 초기 단계 환자들에게 주어질 것이다. 또한 보건 종사자 등 바이러스에 걸릴 위험도가 높은 사람과 예컨대 요양원 거주자 등 코로나19 발병으로 인해 중증 질환으로 발전할 가능성이 높은 사람에게 예방 차원에서 투여할 수 있다. 승산이 있어 보인다. 2020년 11월 EU의 의약품 규제 기관인 유럽의약품기구

(European Medicines Agency)는 이미 임상 시험 중인 코로나19용 의약품 26개와 임상 전 단계인 의약품 16개의 개발자와 협의하고 있었다.

과학자들은 또한 이 질병이 심장과 신체의 다른 부분에 미치는 지속적이고, 종종 숨겨진 영향을 분석하기 시작할 것이다. 이런 영향을 관찰하고 필요에 따라 조기에 치료하면 바이러스에 걸린 사실을 모르고 있는 사람들을 포함해서 코로나19 감염으로 인한 지연된 타격을 줄일 수 있다. 이런 효과를 찾는 연구는 2020년 중반부터 진행되어왔으며 앞으로 몇 달 동안 결과가 조금씩 나오기 시작할 것이다.

하지만 '장기 코로나(long COVID)'[1]로 고통받는 사람들의 예후는 덜 낙관적이다. 이는 무작위로 나타나지만, 중년 여성에게 더 흔하게 나타나는 것으로 보인다. 영국의 한 증상 추적 앱을 기반으로 한

운이 좋으면 새로 나오는 약들이 감염자의 발병을 막아줄 것이다.

----

1 코로나19 증상이 한 달 이상 장기간 지속하는 질환.

연구에 따르면, 코로나19 증상이 나타난 사람의 약 1~2%가 감염된 지 3개월이 지나도 여전히 낫지 않았다고 한다. 이미 발병한 사람들의 장기 코로나 예방은 불가능할 것이다. 이는 부분적으로 이들의 초기 증상이 장기 코로나의 위험을 식별할 만큼 구체적이지 않기 때문이다. 하지만 이들 중 많은 사람은 이 오래 지속하는 병에 대해 더 나은 치료를 받게 될 것이다. 의사들은 예컨대 어느 장기가 제 기능을 발휘하지 못하는지 등 장기 코로나 증상의 신체적 원인 진단법을 빠르게 익히고 있다. 그 결과 많은 환자가 더 일찍 적절한 재활 치료를 받게 될 것이다.

코로나19에 대한 더 깊은 이해와 더 나은 치료법이 이 질병을 덜 두려워하게 할 것이다. 이는 우리 곁을 계속 맴도는 이 질병에 대해 좋은 예후가 될 것이다.

바이러스와 함께 사는 법을 배워야 한다
팬데믹 2년차에 예상되는 일

슬라비 찬코바

20년 상당 기간 코로나19 팬데믹을 둘러싼 사람들의 말투가 매우 전투적이었다. 이를테면 정치인들과 보건 당국자들은 이 새로운 코로나 바이러스 '두드려 잡기'와 치솟는 확산 곡선 '짓누르기'에 대해 이야기했다. 하지만 이 성가신 리보핵산(RNA) 덩어리는 몇 달 만에 수십만 명을 죽이고, 세계 경제를 휘청거리게 하고, 빈곤

감염 확산을 막기 위해 거리를 둔다

퇴치를 위한 수년간의 진전을 물거품으로 만들고 있다. 비록 백신은 나오겠지만, 이것이 세계 각지에 도달하는 것은 아직 염원일 뿐이다. 따라서 좀 더 누그러뜨린 어조가 알맞다. 2021년에 인류는 덜 힘들게 이 바이러스와 함께 살아가기에 계속 적응해나갈 것이다. 기본은 그대로 유지된다. 즉 마스크와 열심히 손 씻기는 여전히 필요하다. 사람들은 공공장소에서 무의식중에 다른 사람들과 충분한 거리두기를 할 것이다. 하지만 팬데믹이 2년차에 접어들면서 우리는 시험과 검역 규칙, 그리고 사회적 거리두기에 대한 지침 등 세 가지 영역에서 변화에 대비해야 한다.

값싸고 빠른 코로나19 바이러스 감염 검사를 어디에서나 볼 수 있게 될 것이다. 바이러스 유전 형질의 미세한 흔적까지도 포착할 수 있는 화려한 실험실 기반 PCR(Polymerase Chain Reaction)[2] 기술과 달리, 값싼 항원 검사는 바이러스가 대량으로 존재할 때만 찾아낸다. 심지어 가장 최선의 항원 검사조차도 4분의 1의 감염을 놓친다(이 경우 놓치더라도 감염자들의 전염성이 가장 낮은 단계일 것으로 생각된다). 하지만 일부 항원 검사는 손바닥 크기의 기기나 5달러짜리 가정용 임신 테스트기와 비슷한 키트로 15분 만에 할 수 있다. 이런 신속 진단 방법 80개 이상이 준비되고 있어서 정확도는 더 높아질 것이고, 샘플 채취 방법도 예컨대 얕은 코 면봉이나 침을 사용하는 등 덜 불편할 것이다. 그리고 가격은 테스트당 1달러까지 떨어질 것이다.

2021년 중반까지는 코로나19 바이러스 감염 신속 검사가 쓸모없는 공항 체온 검사를 대체하게 될 것이다. 고용주와 학교, 일반인들은 일상적으로 이런 신속 검사를 사용해 감염 여부를 검사할 것이다. 어떤 사람들은 단지 또 다른 위생 습관으로 매일같이 아침이나 취침 시간에 간단한 가정 검사를 추가할 수도 있다. 하지만 신속 검사 결과가 양성인 경우 더 정확한 PCR 검사로 확인할 필요가 있을 수 있다. 음성으로 나온 결과도 할머니를 안아주기 안전하다는 보장이 아닐 수 있다. 하지만 이런 방법으로 많은 감염을 더 빨리 발견하게 될 것이다.

집에서 할 수 있는 이런 값싼 진단 방법의 한 가지 부작용은 대부분 감염자는 아니더라도 많은 감염자가 공식적인 시험 추적 시스템의 감시망 밖에 있게 되는 것이다. 하지만 유럽과 미국의 많은 지역에서는 어쨌

---

2 중합 효소 연쇄 반응.

든 이런 공식적인 시스템에 대한 신뢰가 회복할 수 없을 정도로 깨져 있다. 지금과 같은 상황에서 정부들은 자기 자신의 상태를 아는 감염자 대부분이 자신들의 친지들에게 경고하고 가능한 한 다른 사람들과 멀리 거리를 두는 등 옳은 선택을 하기를 바랄 뿐이다. 그리고 무증상자들에게 매일 '양성'으로 표시되는 테스트 기기를 확인하는 것이 집에 머무르라는 추적 앱 메시지보다 방역 수칙 준수에 효과적일 수 있다.

방역에 관한 한 많은 나라가 아마도 스웨덴과 프랑스를 따라 시민들의 방역 수칙 준수를 격려하기 위해 격리 기간을 2주에서 1주로 줄일 것이다. 사람들은 다소 더 낮긴 하지만 2주째에도 자신들이 여전히 다른 사람들에게 위험을 안겨줄 수 있으며, 따라서 예컨대 그 기간에 나이 든 친척들을 만나는 것을 삼가야 한다는 충고를 듣게 될 것이다. 격리 대상자들을 확인하는 공무원들은 새벽에 인적이 뜸한 공원에서 산책하는 등 위험성이 적은 활동을 하도록 내보내는 데는 더 개방적일 것이다.

비슷한 맥락에서 많은 정부에서 시민들에게 사회화에 대한 더 많은 자율권을 줄 것이다. 누가 누구를, 어디서 어떻게 볼 수 있는지에 대한 복잡하고 규범적인 규칙들이 나올 것이다. 대신 사람들이 자신들이 선택하는 어떤 방식으로든 따를 수 있는 간단한 수칙들이 만들어질 것이다. 예컨대 더 많은 국가에서 일본처럼 사람들에게 '3C', 즉 혼잡한 (crowding) 장소나 밀접 접촉 환경(close-contact settings), 좁고 밀폐된 공간(confined spaces)을 피하도록 촉구할 것이다. 친구들이나 가족과 함께 모일 때는 캐나다에서처럼 '인원수는 더 적게, 그룹 규모는 더 작게, 함께 있는 시간은 더 짧게, 공간은 더 넓게' 하라는 조언을 받을 것이다.

이 모든 것이 팬데믹 2년차를 1년차보다 더 견딜 만하게 할 것이다. 이를 위해 건배하자. 물론 소규모 그룹으로 말이다.

세계 백신 면역 동맹(Gavi, the Vaccine Alliance) 최고 책임자 **세스 버클리(Seth Berkley)**는 전 세계인의 백신 접종을 보장하는 길만이 팬데믹을 다스리는 유일한 방법이라고 말한다.

모든 사람을 위한 백신

글로벌 출구 전략은 우리가 성공할 수 있는 가장 좋은 기회를 제공한다.

20 20년이 코로나19 팬데믹으로 인한 참상과 고통의 해로 기억될 거라면, 2021년은 이 전염병의 전환점으로 볼 수 있으리라는 희망이다. 이는 단지 희망 사항만은 아니다. 2021년 우리는 세계 역사상 가장 큰 규모로, 가장 빠르게 백신을 전개해야 한다. 성공하면 위기 종식의 서막을 알리게 된다.

이는 우리가 먼저 안전하고 효과적인 코로나19 백신 개발에 성공하고, 모든 국가에서 사람들이 재산과 관계없이 이 백신을 동시에 공정하게 이용할 수 있도록 해야만 가능한 일이다. 정상적인 상황에서 이는 매우 큰 두 가지 '전제 조건'이다. 보통은 백신을 개발하는 데 10년 이상 걸리고, 부유한 나라 사람들이 먼저 백신 접종을 받는다.

하지만 지금은 아주 특별한 시기다. 200여 개의 후보 백신이 개발되고 있고, 이미 수십 개의 후보 백신이 임상 시험 막바지에 접어드는 등 과학 및 백신 제조계의 이번 위기 대응은 전례 없는 일이었다. 마찬가지로 대부분 정부에서 국민들의 당면한 요구를 넘어서 모두에게 이익이 되는 해결책을 찾는 등 세계 지도자들이 대응해온 방식도 비할 데 없었다. 파리기후변화협약 이후 우리는 이런 세계적인 협력과 연대를 보지 못했고, 이런 즉각적이고 실존하는 위협에 직면한 적도 없었다.

이런 세계적인 접근법이 매우 중요한 이유, 그리고 부유한 나라의 정부가 자국의 수백만 시민들에 앞서 세계 최빈곤 지역 사람들이 백신을 접종하도록 기꺼이 허락하는 이유는 매우 단순하다. 필요하기 때문이다. 전 세계 구석구석 사람들을 빨리 보호할수록 이 팬데믹의 급성기를 빨리 끝내고, 생활을 정상적으로 돌리고, 경제에 다시 활력을 불어넣을 수 있다. 대규모 바이러스 저장소가 계속 존재하는 한 재유행의 위협은 남아 있을 것이기 때문이다.

글로벌 출구 전략은 또한 우리가 성공할 수 있는 최고의 기회를 제공한다. 백신 개발에 보통 그렇게 오랜 시간이 걸리는 데는 그만한 이유가 있다. 매우 어렵기 때문이다. 인체 실험 전의 임상 전 단계에서 일반적으로 백신 성공 확률은 10% 미만이다. 인체 실험에 성공해도 20% 미만이다. 이런 낮은 확률 앞에서 최선의 선택은 협업을 통해 위험을 최대한 회피하는 것이다. 공동 투자와 위험 분담을 통해 각국은 집단으로 더 많은 백신 개발을 지원하고 성공 확률을 높이고 있다. 몇몇 부유한 나라 정부는 자국민에게 필요한 양을 확보하기 위해 백신 제조 업체와 양자 협상을 추진하는 노력도 멈추지 않았다. 하지만 이런 집단적 노력에 동참함으로써 이들 역시 본질적으로 보험에 드는 셈이다. 이는 양자 협상이 실패하더라도 다른 백신 물량을 보장받게 되고, 이 과정에서 다른 나라에 생명줄을 던져주는 것이기도 하다. 이는 집단적 노력에 동참하지 않으면 접근이 제한적이거나 불가능한 일이다.

이 모든 일을 하기 위해 코백스가 만들어졌다. 전 세계 정부의 거의 90%가 참여하고, 우리 조직인 세계 백신 면역 동맹이 전염병 예방 혁신 연합(Coalition for Epidemic Preparedness Innovations)과 WHO와 함께 공동 주관하는 코백스는 안전하고 효과적인 백신을 얻을 기회를 극대화하고, 신속하게 백신을 대량 생산할 수 있는 준비를 한다. 초기 목표는 2021년 말까지 20억 개의 백신을 제공하는 것이다. 이 정도 물량이면 고위험·취약 계층은 물론 일선 보건의료 종사자들을 보호하는 데 충분할 것이다.

아직 갈 길이 멀다. 우선 백신이 시험을 통과하고, 승인과 허가를 받고, 제조가 제대로 될 수 있도록 해야 성공이다. 우리는 또한 수십억 명 분량의 백신을 신속하게 분배하기 위한 인프라와 공급망, 그리고 백신 접종 주사기가 준비되도록 노력하고 있다. 그리고 이 모든 것은 팬데믹으로 인해 의료 시스템이 무너지고 잘못된 정보가 넘쳐나는 시기에 백신 안전에 대한 대중의 신뢰를 떨어뜨릴 위험이 있다.

하지만 이런 어려움에도 불구하고 우리가 여기까지 왔다는 것은 우리가 이 팬데믹의 빠른 종식뿐 아니라, 다음 팬데믹을 위한 미래 준비와 회복력을 위해서도 좋은 징조다. 왜냐하면 다음 팬데믹이 분명히 올 것이기 때문이다. 대유행으로 번질 가능성이 있는 새로운 바이러스의 출현은 진화적으로 확실하다. 코백스는 단순히 글로벌 위기에 대한 다자 간 솔루션 이상이다. 이는 질병 감시, 조기 경보 시스템, 대응 메커니즘 등 우리의 글로벌 방어력을 향상하는 집단 학습 과정의 첫 번째 단계로서, 다음에 이런 일이 발생할 때 우리가 더 잘 대처할 수 있도록 준비 태세를 확실히 하기 위한 것이다.

하늘에서 영광을 구한다

과학뿐 아니라 경제와 안보 이익 때문에
2021년 우주 임무에서는 풍성한 결과가 기대된다

벤자민 서덜랜드 Benjamin Sutherland | 프리랜서 통신원

스릴 넘치는 우주 임무를 위한 우주선이 2021년 발사를 앞두고 있다. 미국 NASA는 거의 육상 경기장만 한 소행성 위성의 궤도를 바꾸기 위해 다음 해에 자동차만 한 우주선을 발사해 이 위성에 충돌시킬 계획이다. 소행성 디디모스(Didymos)도, 그 위성 디모포스(Dimorphos)도 지구를 위협하지 않지만 이번 충돌로 잠재적으로 유용한 '지구 방어' 노하우를 얻기 위해서다. NASA는 또한 달 주위를 선회하는 무인 비행을 계획하고 있으며, 캐나다와 EU 항공우주국의 도움을 받아 역사상 가장 크고, 가장 값비싼 제임스 웨브 우주 망원경(James Webb Space Telescope) 발사도 계획하고 있다. 인도는 세 명의 우주 비행사를 지구 궤도에 올릴 것이다. 인도와 러시아는 달착륙선 발사를 목표로 한다. 그리고 중국은 최대 우주정거장이 될 다음 텐궁 3호(Tiangong-3) 부품 발사에 착수할 것이다.

이런 일들은 모든 관련 당사자에게 야심 찬 일이다. NASA의 소행성 우주선은 목표물에 충돌하기 전에 이탈리아 우주국(Italian Space Agency) 관측선을 초속 6.6km의 접근속도(closing speed)[3]로 발사해야 한다. 거의 100억 달러에 달하는 우주 망원경의 거울과 테니스 코트 크기의 일광

---

3 대상과 목표물 간의 속도 차이.

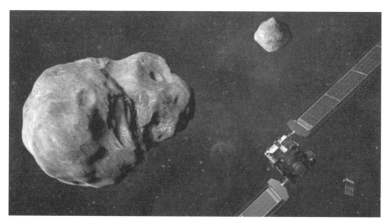

디모포스의 충돌 침로

차단막(sun-shield)을 펼치려면 −230°C에서 몇 주 동안 복잡한 로봇 종이접기를 해야 한다. 인도는 유인 우주 비행을 시도한 적이 없다. 인도의 이전 달착륙선은 추락했다. 러시아는 사람이 가본 적 없는 달 남극 근처로의 어려운 탄도 비행을 위한 새로운 시스템을 개발해야 한다고 모스크바에 있는 러시아 우주 연구소(Space Research Institute)의 레프 젤레니(Lev Zelenyi) 박사는 말한다. 중국은 우주정거장을 2년에 걸쳐 12번 발사하는 엄청난 속도로 완성하려고 한다.

우주에 대한 지출이 전반적인 세계 경제 성장을 앞지르는 가운데 우주 여행자들은 2021년에도 눈부신 성장을 지속하기를 열망하는 동시에, 비용 절감을 위해 애쓰고 있다. 유럽의 아리안그룹(ArianeGroup)은 자사의 대형 아리안 6호(Ariane 6) 로켓의 첫 발사가 미국 경쟁자들에게 빼앗긴 사업을 회복하는 데 도움이 되기를 바라고 있다. 러시아도 성공해야 한다는 압박을 받고 있음을 알고 있다. 러시아의 마지막 달로켓 발사는 1976년이었고, 국제우주정거장(International Space Station, ISS)에 우주비행사를 수송하는 수익성 좋은 독점권은 2020년 5월 미국의 스페이스X에 의해 깨졌다.

기존 업체와 신규 업체 모두의 혁신을 기대한다. 2021년 미국과 뉴질랜드에 본부를 둔 소형 로켓 발사 업체 로켓랩(Rocket Lab)은 헬리콥터를 이용해 버려진 로켓의 낙하산을 잡아채는 방법으로 그것을 회수할 수도 있다. 다른 기업들도 업적을 과시하려 하고 있다. 제프 베이조스 소유의 우주개발 업체 블루 오리진(Blue Origin)은 재사용할 수 있고 기존 대체품들보다 탑재량이 두 배인 로켓 뉴 글렌(New Glenn)의 첫 발사를 계획하고 있다. 보잉은 자사의 최초 우주비행사를 우주정거장으로 실어 보내기를 희망한다. 유나이티드 론치 얼라이언스(United Launch Alliance)의 로켓 벌컨 켄타우로스(Vulcan Centaur)는 처음 두 번의 비행에서 아스트로보틱(Astrobotic)의 달착륙선, 그리고 화물과 우주비행사를 싣고 저 지구 궤도를 왕복하도록 설계된 시에라네바다(Sierra Nevada Corp)의 우주왕복선을 쏴올리는 것을 목표로 하고 있다. 러시아 연방 우주국 로스코스모스(Roscosmos)는 소수의 서방 팀과 함께 2021년에 관광객들을 우주로 보내기를 희망하고 있다.

하지만 여기에는 경제적 이유보다 더 많은 것이 있다. 2021년의 많은 우주 개발에는 지정학적 또는 군사적 계산이 반영되어 있다. 예컨대 인도의 유인 우주 비행 뒤에는 경쟁국인 중국의 '압박 요인'이 있다고 인도 국가안전보장회의(NSC) 전 부위원장 라지 라자고팔란(Raji Rajagopalan)은 말한다. 그리고 중국 우주 문제 전문가 왕궈유(Wang Guoyu)는 중국 우주정거장은 상징성과 궤도 기동 기술 개발을 위한 '위대한 가치'를 제공한다고 말한다. 전 미국 공군 우주사령부(United States Air Force Space Command) 사령관 윌리엄 셸턴(William Shelton)은 결론적으로 중국 우주정거장 계획은 중국의 위성 요격 능력을 향상할 수 있다고 말했다. 프랑스 국방부 장관 플로랑스 파를리(Florence Parly)는 러시아의 위협적인 궤도 활동에 주목한 연설에서 이를 지난날의 '새로운 국경(new frontier)'은 이제 '새로운 전선(new front)'이 되었다고 표현했다.

What If 2021년 미국과 중국의 탐사선들이 과거 생명의 흔적을 찾기 위해 화성에 도착할 예정이고, 2020년 금성 구름에서 미생물의 징후가 포착되면서 다른 행성의 외계인에 대한 탐색 열기도 뜨거워지고 있다. **만약 외계인이 지구에 존재한다는 것이 밝혀지면 어떻게 될까?** 알려진 지구 생명체와는 전혀 다른 생화학적 구조를 가진 미생물이 존재한다는, 이른바 '그림자 생물권(shadow biosphere)'에 대한 생각은 그 가능성이 희박하다. 하지만 불가능한 것은 아니다. 그리고 만약 발견된다면, 이는 생명이 처음 시작되기가 얼마나 쉬운지에 대한 추정을 바꿀 수 있다.

의식적 선택

인간 의식의 근본은 무엇일까?
한 특이한 실험에서 두 가지 경쟁 이론을 시험한다

지오프리 카 Geoffrey Carr | 〈이코노미스트〉 과학 부문 편집자

이상적인 세계에서 과학은 이론에 근거해 명확하게 예측하고, 그 예측을 어떤 것이 옳은지 그른지에 대한 의문의 여지를 남기지 않는 방법으로 시험해야 유효할 것이다. 그렇지만 실제로 이런 일은 거의 일어나지 않는다. 특히 생물학에서는 더 그렇다. 하지만 한 신경과

학자 그룹은 이 방법을 내년 내내 가장 신비로운 생물학적 현상인 인간의 의식에 적용할 계획이다. 이들은 뇌에서 의식이 어떻게 생성되는지에 대한 두 가설 사이의, '적대적 협력 대회(adversarial collaboration competition)' 라고 알려진 경합을 준비하고 있다.

경쟁자는 줄리오 토노니(Giulio Tononi)의 통합 정보 이론(integrated information theory, IIT)과 스타니슬라스 데하네(Stanislas Dehaene)의 글로벌 작업 공간 이론(global workspace theory, GWT)이다. 이 경합은 시애틀의 알렌 뇌과학 연구소(Allen Institute for Brain Science)에서 생각해냈으며, 템플턴 세계 자선 재단(Templeton World Charity Foundation)이 비용을 대고 있다. 모든 실무는 프랑크푸르트에 있는 막스 플랑크 경험적 미학 연구소(Max Planck Institute for Empirical Aesthetics)의 루치아 멜로니(Lucia Melloni)가 주도하고 있다.

미국 위스콘신대학교 매디슨 캠퍼스의 토노니 박사는 의식이 뇌 속 뉴런의 상호 연결성의 직접적인 결과라고 생각한다. 통합 정보 이론은 어떤 존재의 뇌에 있는 뉴런들이 서로 더 많이 상호작용하고, 그 결과로 발생하는 네트워크가 더 복잡할수록 문제의 존재는 스스로 의식하는 것으로 느낀다고 주장한다. 통합 정보 이론에서는 신경세포 연결이 가장 복잡한 인간의 뇌 부분은 뇌 뒤쪽의 감각 처리 영역(특히 시신경으로부터 흥분을 받아들이는 대뇌 피질 부분)이므로, 이 부분을 인간의 의식이 자리 잡는 곳이라고 예측한다.

이와 대조적으로 파리의 콜레주 드 프랑스(Collége de France)에서 일하는 데하네 박사는 의식적 작용이 특히 전두엽 피질(prefrontal cortex)이라는 뇌 영역의 네트워크를 수반한다고 생각한다. 뇌의 이 부분은 뇌의 다른 곳으로부터 감각 정보를 받아 평가하고 편집한 다음, 편집한 버전을 다른 뇌 영역으로 전송해서 이에 따라 행동하게 한다. 글로벌 작업 공간 이론에 따르면 의식한다는 감정을 일으키는 것은 이런 평가, 편집, 전송 활동이다.

따라서 통합 정보 이론과 글로벌 작업 공간 이론의 한 가지 차이점은 전자가 '상향식' 설명이라면, 후자는 '하향식' 설명이라는 점이다. 통합 정보 이론 지지자들은 의식은 다양한 정도로 존재할 수 있는 신경 복잡성의 우연히 드러나는 특성이며, 원칙적으로 숫자로 측정될 수 있다고 생각하며, 따라서 이들은 그리스 문자 파이(phi)를 사용한다. 이와는 대조적으로 글로벌 작업 공간 이론에서 의식은 오히려 전부 아니면 아무것도 아닌 일(all or nothing)에 가깝다. 이 둘을 구분하는 것은 과학의 큰 진보가 될 것이다. 이는 또한 의식이 있는 컴퓨터를 만드는 일이 얼마나 쉬운지를 함축하는 의미가 있을 것이다.

이 대회의 실험은 미국, 영국, 중국, 네덜란드의 6개 지역에서 500명

2021 IN BRIEF

해양 연구 기관인 프로마레(Promare)와 기술 기업 IBM이 합작한 **메이플라워 자율선(Mayflower Autonomous Ship)**이 2021년 4월 첫 대서양 횡단 항해를 마무리할 예정이다. 이 연구용 선박에는 선장이나 선원, 어떤 사람의 흔적도 찾을 수 없다. 이 배는 2020년 9월 영국에서 출발해 해양 상태에 대한 자료를 수집했다.

의 자원봉사자를 대상으로 실시할 예정이다. 기능적 자기공명영상(functional magnetic-resonance imaging, FMRI), 자기뇌파검사법(magnetoencephalography, MEG), 피질뇌파검사법(electrocorticography, ECOG) 등 3가지 기법이 사용된다. FMRI는 혈류를 측정하는데, 이는 검사가 이뤄지는 뇌 부분의 활동 수준과 관련이 있다. 즉 한 영역을 흐르는 혈액이 많을수록 활동성이 높다. MEG는 뇌의 전기적 활동으로 생성되는 자기장의 변화를 기록한다. 이 두 가지 방법은 어느 것도 거슬리지 않는다. 하지만 ECOG는 대뇌 피질 표면으로부터 직접 전기적 활동을 기록한다. 따라서 프로젝트의 이 부분은 환자가 수술 내내 의식이 있어야 하는 간질 치료 등의 이유로 뇌수술을 받은 자원봉사자들에게 의존하게 될 것이다. 수집된 데이터의 절반은 어느 한쪽 이론을 편들 이유가 없는 독립된 연구자들이 즉시 분석할 것이다. 나머지 절반은 확인 분석이 필요할 경우 향후 참고하기 위해 안전하게 보관하게 된다.

적대적인 협력의 정신에서 양측은 어느 이론이 맞느냐에 따라 서로 다른 결과를 도출해야 한다는 데 서로 동의하는 일련의 시험에 대해 타결을 봤다. 이는 글로벌 작업 공간 이론은 어떤 사물에 대한 관심이 활발하게 집중될 때에만 두뇌 활동을 예측하지만, 통합 정보 이론에서는 단지 어떤 사물에 대한 의식적인 인식만으로도 활동을 예측하기에 충분하다는 사실에 의존한다. 시험의 세부 사항은 다양하다(일부 시험은 화면에 고정된 문자, 물체 또는 얼굴을 포함하며, 어떤 시험은 화면을 가로질러 움직이는 모양을 포함한다). 하지만 모든 시험에서 주의력과 의식의 구별이 명확하므로 예측도 명확히 가능하다.

이 실험에서 어떤 결과가 나오든 의식의 결정적인 설명 근처에는 가지 못할 것이다. 특히 이 실험에서는 이를테면 1974년 미국 철학자 토머스 나겔(Thomas Nagel)이 〈박쥐가 된다는 것은 어떤 것인가?〉라는 제목의 논문에서 제기한 '무엇이 되는 것이 어떤 것인가 하는 느낌'과 같은 현상의 '어려운' 문제는 다루지 않을 것이다. 하지만 이 실험에서는 의식 경험의 신경 연관성으로 알려진 내용을 제시함으로써 향후 연구가 유용하게 흐를 수 있도록 방향을 제시할 것이다.

새로운 메뉴
곤충과 실험실에서 기른 소고기를 먹을 준비를 해야 한다

에밀리 필로우 Emilie Filou | 프리랜서 통신원
에이미 호킨스 Amy Hawkins | 〈이코노미스트〉 디지털 저널리스트

전 세계 20억 인구는 곤충을 자주 먹지만, 서양 소비자들은 역사적으로 잠재적인 식량원으로서 곤충을 기피해왔다. 하지만 식량 생산이 환경에 미치는 영향에 대한 우려로 인해 곤충이 새로운 메뉴로 등장하고 있다. 곤충은 단백질이 풍부하고 쇠고기나 돼지고기와 같은 육류보다 생산이 더 지속 가능하다는 것이다.

곤충 식품은 현재 여러 나라에서 구할 수 있다. 영국에서는 귀뚜라미 스낵, 독일에서는 애벌레 버거, 캐나다에서는 슈퍼마켓 브랜드 귀뚜라미 분말을 살 수 있다. 하지만 곤충 식품은 여전히 틈새 요리의 관심사로 남아 있다. IPIFF(International Platform of Insects for Food and Feed, 식용과 사료용 곤충 국제 플랫폼) 조사 결과 2019년 EU에서 900만 명이 곤충 식품을 먹었는데, 이는 인구의 2%에 불과한 것으로 나타났다. 이유는 단

지 역겹기 때문만은 아니다. 관련 규정 때문이거나 규정이 없는 것도 한 요인이다.

2018년까지만 해도 곤충은 EU에서 어떤 규정도 적용받지 않았다. 이는 곤충이 식품으로 널리 고려되지 않았다는 단순한 이유 때문이다. 각 회원국은 독자적인 규칙을 시행했는데, 벌레 친화적인 태도에서부터 곤충 공포증까지 다양한 태도를 보였다. 이것이 EU에서 '2018년 신규 식품 지침(2018 Novel Food Directive)'을 소개하면서 달라졌다. 이 지침에서 곤충을 다루기는 하지만 각 종에 대한 개별 허가가 필요하다. 그 첫 번째 허가가 2021년 초에 날 것으로 예상한다.

이로 인해 곤충을 기반으로 하는 식료품 제조 업체들은 EU 전역에서 제품을 상용화할 수 있게 될 것이다. 이는 다시 이들의 생산 능력 확대 촉진으로 이어질 것이다. IPIFF에서는 곤충 식품 생산량이 2019년 단 5,000톤에서 2030년에는 26만 톤으로 늘어날 것으로 전망했다. 그리고 통째로 구운 귀뚜라미 씹히는 소리가 거슬린다면 걱정할 필요 없다. 생산자들은 성장을 촉진하기 위해 온전한 곤충보다 곤충 분말이나 곤충 성분이 들어 있는 식품에 의존하기 때문이다(도표 참조). 그리고 그때에도 결국 당신은 곤충을 간접적으로 먹게 될지도 모른다.

스테이크도 재배해서 먹는다

곤충은 또한 어분이나 콩 등 동물 사료에서 환경적으로 해로운 단백질에 대한 의존도를 줄이는 데 도움이 될 수 있다. 현재 세계 야생 어획량의 5분의 1은 어분을 만드는 데 사용되고 있으며, 이는 특정 지역의 남획에 기여하고 있다. 그리고 콩 생산은 남아메리카의 숲을 황폐화하고 있기도 하다.

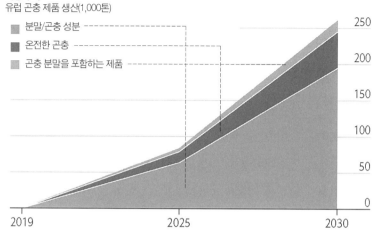

식량 부족
유럽 곤충 제품 생산(1,000톤)

- 분말/곤충 성분
- 온전한 곤충
- 곤충 분말을 포함하는 제품

출처: IPIFF

대부분 선진국에서 곤충은 이미 어류 사료와 반려동물 사료에 허용되고 있다. 2018년 미국 식품의약국(FDA)도 가금류 사료에 곤충 사용을 승인했고, EU는 2020년 말이나 2021년 초에 승인할 것으로 예상된다. 프로틱스(Protix), 인섹트(ÿnsect), 이노바피드(InnovaFeed) 등 유럽 곤충 생산 업체들은 EU가 2017년 어류 사료에 곤충 사용을 허가한 후 수백만 유로를 모금했다. 가금류 사료 시장 개방은 또 다른 단계적 변화가 될 것이다. 물론 현재 곤충은 콩보다 생산 비용이 더 많이 든다. 하지만 곤충은 집에서도 기를 수 있는 녹색 단백질의 가능성을 사료 생산 업체들에 제공한다. 전 세계적으로 전염병이 대유행하고 소비자들의 인지도가 높아진 시점에 충분히 가치가 있을 것이다.

육류 생산이 환경에 미치는 영향을 해결하는 또 다른 방법은 농장이 아니라 실험실에서 고기를 만드는 것이다. 이는 동물에서 줄기세포를 채취해서 증식 배지(growth medium)로 불리는 영양분이 풍부한 액체에

2021 IN BRIEF

2021년부터 16개국의 연구 자금 지원 기관에서 연구비를 지원받은 연구에서 비롯되는 과학 논문은 반드시 '접근이 개방된' 학술지나 플랫폼에 게재해야 한다. '플랜 S' 구상은 학술·출판물을 무료로 전면 개방해 공공의 목적을 갖고 널리 알려져야 할 논문들의 접근성을 높이고자 하는 계획이다.

담가 생물 반응 장치(bioreactor)[4]에서 배양하는 방법이다. 일단 세포 증식이 시작되면 근육과 지방으로 구분되도록 유도할 수 있다. 그런 다음 과학자들은 배양된 세포들을 조립해 하나의 제품으로 완성한다. 가장 간단한 제품은 민스미트(mincemeat)[5]와 같은 느슨한 제품이다. 50여 개 스타트업이 버거, 치킨너겟, 새우만두, 스테이크 등 다양한 종류의 배양육(cultured-meat)[6] 제품을 개발하고 있다. 2021년에는 소비자들이 실험실에서 기른 배양육을 직접 시식할 수 있을 전망이다.

미국 터프츠대학교 생물의학 엔지니어인 데이비드 카플란(David Kaplan) 박사는 지금까지 배양육을 시장에 내놓는 데 있어서 주된 장벽은 오로지 비용 문제뿐이었다고 말한다. 조직공학(tissue engineering)은 대량 생산을 엄두도 못 낼 만큼 비싸다. 네덜란드 스타트업 모사미트(Mosa Meat)가 2013년 공개한 볼품없는 햄버거 하나를 생산하는 데 25만 유로(약 3억 4,000만 원)가 들었다. 하지만 2020년 1월 미국 노스웨스턴대학교 연구진은 이 과정에서 가장 비싼 한 증식 배지 비용을 97%까지 줄일 수 있었다. 결과적으로, 실험실에서 재배한 버거 가격이 판매 시점에는 훨씬 더 저렴한 9달러까지 떨어질 것이라고 모사미트의 한나 테이트(Hannah Tait)는 말한다.

업계 관측통들은 캘리포니아에 본사를 둔 스타트업 멤피스미트(Memphis Meats)가 가장 먼저 배양육 제품을 출시할 것으로 보고 있다.

---

4 미생물을 이용해 발효·분해·합성·변환 등을 하는 장치.
5 다진 고기에 건포도 등 말린 과일과 지방, 향료 등을 섞은 것.
6 축산농가 없이 살아 있는 동물의 세포를 배양하는 세포공학 기술로 생산하는 살코기.

이 회사는 2020년 5월 배양육에 대한 이전 투자액을 모두 합친 것보다 많은 1억 8,600만 달러를 모금했다. 비욘드미트(Beyond Meat)와 임파서블푸드(Impossible Foods) 등에서 만든 식물성 고기의 성공이 투자자들의 입맛을 돋웠다. 유럽, 이스라엘, 아시아는 이 산업의 다른 세계적 중심지다.

곤충과 마찬가지로 일부 사람들에게는 역겨운 요인이 있지만, 설득력 있는 환경 논쟁도 있다. 배양육은 전통적으로 생산되는 유럽산 육류보다 99% 적은 땅과 약 90% 적은 물을 사용하므로 훨씬 지속 가능성이 크다. 하지만 생산자들이 이것을 고기라고 부르는 것이 허용될까? 라벨 붙이는 것을 놓고 약간 옥신각신이 있었다. 하지만 멤피스미트의 에릭 슐츠(Eric Schulze)는 "세계 규제계(global regulatory community)는 압도적으로 수용적이었다"라고 말한다. 미국과 유럽 규제 당국은 이미 가이드라인의 윤곽을 밝혔다.

따라서 2021년에 메뉴판에서 배양육을 볼 수 있기를 기대한다고 카플란 박사는 말한다. "선택의 여지가 없습니다"라고 그는 말한다. "이렇게 하지 않으면 곤경에 처하게 되기 때문입니다."

사라 알 아미리(Sarah Al Amiri) 아랍에미리트 첨단 과학기술부 장관 겸 우주국 의장은 우주에 대한 접근 비용의 폭락이 기회도 제공하지만, 동시에 환경에 대한 책임을 부과한다고 말한다.

우주, 기회의 공간

새로운 우주 산업 참가자들은 민첩하고, 공격적이며, 빠르게 움직인다.

2020년이 코로나19의 해로 기억될 거라면, 2021년은 코로나19 이후의 첫해, 그리고 우리가 집단으로 배운 교훈의 적용을 시작하는 해가 되기를 바랄 수밖에 없다. 이번 팬데믹이 인류의 가장 큰 시련이 아니라, 우리 주위를 맴도는 기후 변화의 망령이 더 긴박하게 더 광범위한 재난을 몰고 들이닥칠 가능성이 크다는 생각에 점점 더 공감대가 형성되는 것 같다. 우주 탐사는 우리 행성 시스템에 대한 더 큰 통찰력을 주지만, 또한 얄궂게도 지구의 대기와 궤도 환경을 더럽히고 있다. 우리는 지구 자체만큼이나 지구 주위 우주 공간을 엉망진창으로 만들고 있다.

업체들이 저비용 발사체 개발을 계속하고 다시 발사하는 데 걸리는 기간이 줄어들면서 2021년에는 우주에 대한 접근이 그 어느 때보다 쉬워질 전망이다. 더 작고 날렵한 우주선이 크고 무거운 위성을 대체함에 따라 이제 발사체는 여러 개의 탑재물을 운반하는 것이 일반적이다. 소형 신세대 위성들이 놀라운 데이터 소스와 애플리케이션을 창출하고 있다.

우주에서 정부의 역할은 당장 재정상의 이익을 가져오지 않는 연구, 혁신 자금 지원 및 스타트업 개발에 새로운 중점을 두는 쪽으로 바뀔 것이다. 정부는 또한 시스템을 조달하거나 개발하기보다는 데이터와 분석 서비스의 고객으로서 이 분야를 지원할 것이다. 민간 부문의 역동성이 증가함에 따라 위성 설계와 엔지니어링이 훨씬 더 빨라져 3년 이상이던 위성 개발 시간을 1년 미만으로 단축할 수 있다. 장기적인 대규모 우주 시스템에서 요구되는 극한의 신뢰성은 이제 요구 사항이 아니며, 비용 진입 장벽을 더욱 낮추고 우주에 대한 접근을 대중화하고 있다. 실리콘밸리의 산실이 된 차고들은 이제 우주를 목표로 할 수 있게 되었다. 클린룸(clean room)은 작고 저렴한 시설이 되거나 공유 자원이 될 수 있다.

다가오는 해에 우리는 젊은이들을 일터에 적응하도록 준비시키는 구시대의 교육 관념뿐 아니라 우리가 알고 있는 '직장'의 개념에서도 벗어날 수 있음을 깨닫게 될 것이다. 우주 산업은 놀라운 예를 보여준다. 아랍에미리트 화성 탐사 발사 전 과정의 마지막 단계는 재택근무 하는 팀에 의해 이뤄졌다. 그리고 실제로 모든 임무는 줌과 기타 온라인 협업 도구를 통해 일하는 다국적 팀이 수행했다. 우리의 임무 통제 시설은 화면과 노트북이 있는 별 특징 없는 두 개의 방이 전부다. 케이프 커내버럴(Cape Canaveral)[7]에서 볼 수 있었던 풍경이지만, 약 100m 크기의 스크린 주위를 수백 대의 워크스테이션이 둘러싸던 시대는 지났다.

우주의 상업적 잠재력을 탐구하고자 하는 혁신자와 사업자가 폭발적으로 늘고, 수익성 좋은 정부 계약으로 살아남은 소수 독점적인 대기업들은 빛을 잃고 있다. 스페이스X(SpaceX), 플래닛(Planet), 카펠라(Capella) 등은 스포츠 유틸리티 카(SUV) 크기의 복잡한 시스템을 식탁용 의자보다 작은 우주선으로 다시 만들어내고 있다. 이 새로운 우주 산업 참가자들은 민첩하고, 공격적이며, 빠르게 움직인다. 새로운 데이터 스트림(data stream)용 애플리케이션이 폭발적으로 증가하면서 지구 관측 데이터 가격은 곤두박질치고 있다.

우리가 탐구하는 새로운 데이터 세트(dataset)[8]의 한 가지 핵심 요소는 지구에 대한 이해, 우리의 건강과 웰빙 그리고 우리의 미래를 위협하는 기후 변화에 대한 이해를 증진하는 것이다. 이런 이해의 증진과 함께 더 큰 책임과 우리의 집합적 환경 영향을 완화하는 기술에 투자해야 할 필요성이 대두된다.

우리가 새로운 해결책을 개발하면서 우리는 우리 자신에게 새로운 문제들을 안겨줬다. 한 사람의 경이로운 작은 위성은 다른 사람에게는 우주 쓰레기다. 우주 과학 분야에서 일하다 보면 한 가지 냉혹한 사실이 명백하게 다가온다. 관측된 모든 우주에서 인류가 숨 쉴 수 있는 유일한 공기는 이 행성 주위에 포근하게 존재한다. 대기권은 아주 엷은 층이다. 우리가 숨 쉴 수 있는 공기의 75%는 지구 표면으로부터 평균 13㎞에 이르는 엷은 영역에 존재한다.

새로운 우주 산업 참가자들은 지속 가능한 지구 저궤도 접근 문제를 해결할 필요가 있을 것이다. 우리는 우리가 지구 주위에 버려서 빠르게 늘어나는 빽빽한 우주 쓰레기 띠에 대해 뭔가 조처를 해야 할 것이다. 우주 쓰레기를 처리하는 혁신적 방법을 개발하고, 우주 시스템 개발에서 추가 비용 부담 없이 위성을 안전하게 궤도에서 제거할 수 있다면 이 새로운 비즈니스 모델은 번창할 것이다. 이 새로운 영역의 탐험을 서두르면서 우리는 숲과 강, 바다와 마찬가지로 취약한 환경의 한 요소인 우주에 대한 책임을 소홀히 해서는 안 된다.

----

7 항공 우주국 기지가 있는 미국 플로리다반도 동쪽 연안에 있는 곳.
8 컴퓨터 상의 데이터 처리에서 한 개의 단위로 취급하는 데이터 집합.

The World in
2021

새로운 유형의 박물관을 세우다

베를린 훔볼트 포럼은 박물관 세계의 많은 논쟁거리들을 담고 있다. 이들이 해답을 제시할 수 있을까?

피아메타 로코 Fiammetta Rocco | 〈이코노미스트〉와 〈1983〉 문화 부문 통신원

베를린의 박물관섬(Museum Island) 중심부에 걸쳐 펼쳐진 웅장한 건물엔 1700년대 호엔촐레른가(Hohenzollerns)가 지배할 때는 목초지와 연병장, 도미니코(Dominican) 수도원, 프로이센 왕궁이 있었고, 1945년 이후로는 공화국 궁전(the Palace of the Republic)으로 알려진 동독 의회가 있었다. 하지만 이 건물은 2021년 또 다른 모습으로 일반에게 다시 개방될 예정이다. 바로 온도 조절 시스템을 갖춘 여러 개의 초현대식 전시 갤러리를, 공들여 재건축한 역사적 건물 외벽이 감싸고 있는 거대한 문화 센터 훔볼트 포럼(Humboldt Forum)이다.

전 세계적으로 진행 중인 수많은 대형 민간 건축 프로젝트들처럼 훔볼트 포럼은 공사가 지연되고 비용이 초과되면서 시련을 겪어왔다. 가

장 최근 추산한 바에 따르면 공사 비용은 6억 4,400만 유로(7억 6,300만 달러)에 달할 것으로 보인다. 코로나19 팬데믹도 상황을 악화시켰다. 2021년으로 개장을 연기해야 했던 다른 박물관으로는 카이로의 이집트 대박물관(the Grand Egyptian Museum), 홍콩의 엠플러스(M+) 박물관, 중국 남동부 장시성에 자리한 야외 전시 공간인 시(Xi) 예술 박물관이 있다. 현재 아부다비에 있는 자이드(Zayed) 국립 박물관 같은 일부 박물관들은 최소한 2022년까지 문을 열지 않을 예정이다.

2000년대 초반 거의 버려지다시피 한 베를린의 동독 의회를 우아한 호엔촐레른가의 궁전 모형으로 대체하자는 아이디어가 처음 심각하게 논의됐을 때, 그 아이디어가 제시하는 가능성에는 묘한 매력이 있었다. 새 건물은 베를린의 도서관, 지방자치단체 박물관, 훔볼트대학교는 물론 아시아 예술과 민족학에 관한 베를린시의 수집품들이 안착할 수 있는 보금자리를 제공할 예정이었다. 그렇게 함으로써 이 프로젝트는 프로이센 사람이었던 폰 훔볼트 형제들, 즉 1859년까지 생존했던 탐험가이자 박식가였던 알렉산더(Alexander)와 1835년에 사망한 철학자 빌헬름(Wilhelm)이 대표하는 독일 계몽주의의 모든 사상을 상징하면서, 외부를 향해 열려 있는 문화적 허브로 베를린의 정체성을 군건하게 만들어줄 참이었다.

이 박물관은 대영 박물관(BM)이나 상트페테르부르크의 허미티지(Hermitage) 박물관 같은 세계적인 박물관이 될 것이다. 또는 그 이상이 될 수도 있다. 대영 박물관 전 관장이자 이 포럼을 설립하는 자문위원회 회장을 맡은 닐 맥그리거(Neil MacGregor)는 "이곳이 베를린의 심장을 재창조할 것입니다"라고 말했다. "그리스, 로마, 지중해, 메소포타미아 작품들은 이미 있는 만큼 아프리카, 오세아니아, 아메리카, 아시아 작품들을 한데 모은다면 전 세계의 문명을 대표하는 작업이 완성되겠지요."

좌파와 우파 정당들이 모두 이 포럼에 대한 소유권을 주장하면서 이 프로젝트는 치열한 정치적 논쟁의 대상이 됐다. 하지만 이 프로젝트는 지난 몇 년 동안 자체적인 일련의 논쟁들에 휘말리기도 했다. 많은 사람들이 이 계획을 서독의 정치적 승리주의의 일부로 여겼다. 구동독 사람들은 공화국 궁전을 허문다는 사실에 경악했다. 결코 진짜 의회로 여긴 적은 없었을지 몰라도 많은 동독인들은 이곳의 디스코장과 볼링장을 애정을 담아 기억한다. 18세기의 건물 모형을 세우는 일을 군국주의적 프로이센에 여전한 경의를 표하면서 나치 시대를 얼버무리고 넘어가는 방법의 하나로 보는 사람들도 있었다. 그리고 이 프로젝트가 정치, 민족, 종교의 경계를 뛰어넘기를 바란 사람들도 2020년 5월 프

2021 IN BRIEF

다니엘 크레이그(Daniel Craig)가 본드로 분한 **제임스 본드** 프랜차이즈의 25번째 영화로, 악랄한 국제 악당 코로나19 때문에 개봉이 두 번 연기된 〈노 타임 투 다이(No Time To Die)〉가 4월에 개봉된다.

로이센 왕이었던 프리드리히 빌헬름 4세가 작성한 기독교 비문이 적힌 지붕 위로 프로이센 권력의 상징인 기독교 십자가가 들어올려지는 모습을 보고 충격을 받았다.

가장 큰 논쟁은 이 박물관의 민족별 수집품, 특히 아프리카에서 수집된 전시품과 관련이 있다. 독일은 나치 시대에 탈취한 예술 작품들을 돌려주는 작업에는 큰 진전을 이뤘지만, 아프리카 식민지 시대에 약탈하거나 무력으로 확보한 물품들에 대해서는 관심이 부족했다. 최근 몇 년간, 특히 프랑스와 네덜란드가 그랬지만, 다른 국가에서는 이것들을 아프리카로 반환하는 문제에 관한 논쟁이 점차 커졌고, 이는 지금은 나미비아(Namibia)가 된 지역에서 자행된 집단 학살과 거기에 동반된 약탈에 관한 독일의 침묵에 관심을 집중시켰다. 함부르크대학교에서 '국제 대량 학살 연구자들의 네트워크' 창립 회장을 맡고 있는 위르겐 지머러(Jurgen Zimmerer)는 "독일에서 이 일은 정말 큰 문제입니다"라고 말한다.

하지만 이런 논쟁은 기회로 전환될 수도 있다. 합의로 운영되는 연방제 국가로서 독일의 경험은 훔볼트 포럼에 영감을 제공해 문화적 토론의 위대한 중심이 되도록 만들 것이다. 작품의 유래와 반환, 문화적 권력의 한 형태로서의 작품 선정, 세계적 박물관들의 미래는 모두 과거 식민 국가들과 한때 그들의 지배를 받은 국가들 사이의 대화를 시급하게 요구하는 주제들이다. 훔볼트 포럼이 그 길에 앞장설 수도 있을 것이다.

중국을 설명하다
중국 멀티미디어 예술가인 카오 페이가
마침내 고국에서 회고전을 갖는다

피아메타 로코

2006년 카오 페이(Cao Fei)는 지멘스 예술 프로그램의 일환으로 자신의 고향인 광저우의 교외 지역인 포산(Foshan)에 자리한 오스람전구 공장에서 6개월간 작업했다. 그곳에서 촬영한 비디오 〈누구의 유토피아인가?〉는 아마도 어떤 누구보다 차이나드림과, 차이나드림이 삶에 가장 큰 영향을 미친 사람들을 탐색하면서 커리어를 쌓아온 한 예술가가 만든 고전적인 작품이다. 2021년 3월 카오 페이 작품으로 이뤄진 쇼가 그 모습을 드러낼 베이징의 UCCA 현대미술 센터 관장 필립 티나리(Philip Tinari)는 "카오 페이는 자신이 속한 세대의 원형"이라고 말한다.

〈누구의 유토피아인가?〉는 최면을 거는 듯한, 한 세기 전 만들어진 찰리 채플린의 〈모던 타임즈〉를 연상시키는 시퀀스로 시작된다. 전구들이 납땜에 이용되는 불꽃의 벽을 통과해 조립 라인을 따라 기계에서 기계로 춤을 추면서 움직이다 컨베이어 벨트에 올라가고, 공장에서도 아이라이너와 립스틱으로 스스로를 단장한, 애잔한 모습의 젊은 공장 노동자들의 손으로 들어간다. 두 번째 시퀀스에서는 공장 노동자들이 자신의 꿈에 따라 옷을 차려 입는다. 한 사람은 천사의 날개를 단 발레리나다. 다른 사람들 중에는 탭 댄서나 전자기타리스트, 태극권 전승자도 있다. 카오 페이는 결코 공공연하게 비판적이진 않지만, 자본주의

그녀가 구축한 커리어는 차이나 드림을 설명해준다.

드리머 발레리나

와 국제화의 어두운 이면에 관한 의심의 감정은 그녀의 작품 전체에 배어 있다. 〈누구의 유토피아인가?〉의 사운드트랙에서는 가느다란 목소리가 이렇게 노래한다. "당신 삶의 일부는 시들고 시들었네요. 하지만 당신은 아름다운 모습으로 누구에게 속해 있나요?"

카오 페이는 1978년에 중국 남부 광저우 미술아카데미에서 교육을 담당했던 유명한 조각가의 딸로 태어났고, 같은 해에 덩샤오핑은 중국의 성장을 촉발한 경제 개혁을 시작했다. 광둥성에서 자란 그녀는 어렸을 때부터 중국 남부 국경 지대에 널리 스며든 다양한 영향력에 노출됐다. 바로 텔레비전과 홍콩에서 들어온 광둥어 팝(Cantopop), 일본의 만화영화, 미국의 힙합이었다. 그리고 그녀의 작품은 중국 젊은층들의 문화, 유토피아와 디스토피아, 기술의 영향력이라는 주제들을 아우른다. 이 모두는 서구의 큐레이터들이 그녀에게 관심을 갖도록 만드는 데 도움을 줬다. 그녀가 아직 25세밖에 되지 않았던 2003년부터 세계에서 가장 중요한 현대미술 갤러리들 중 일부는 그녀의 작품을 전시하기 시작했다. 뉴욕의 모마(MOMA) PS1, 런던의 서펜타인(Serpentine) 갤러리와 테이트 모던(Tate Modern) 갤러리, 세 차례의 베니스 비엔날레가 그랬다.

카오 페이의 UCCA 쇼, '그 시대를 무대에 올리다'는 중국에서 처음으로 그녀의 전체 커리어를 다루는 사례가 될 것이다. 이 프로젝트를 향한 티나리의 야망은 확실하다. "관중들이 관심 있는 질문은 한 가지입니다. 바로 그녀가 지금처럼 유망한 이유죠." 그리고 그의 대답은 명확했다. "저는 그녀가 바깥 세상에 중국을 가장 훌륭하게 설명해주는 사람이라고 생각합니다."

문학적 발병
코로나19 소설이 다가오니 미리 예방접종을 하라

앤드류 밀러 Andrew Miller | 〈이코노미스트〉 문화 부문 편집자

한 비밀 연구소에서 과학자가 백신을 완성하려는 참이다. 경쟁자들이 그의 컴퓨터를 해킹한다. 악당 국가에서는 디지털 체온계로 위장한 총으로 그를 암살하려고 시도한다. 그는 도망치지만 바이러스에 걸려 쓰러진다. 몰래 그와 사랑에 빠진 과학자의 조수가 그 임무를 완수하고 과학자와 전 세계를 구해낸다.

자신의 집 발코니에서 건너편 거리를 지켜보던 여성은 한 번도 본 적

이 없었던 한 남성을 발견한다. 바이러스로 가장 암울한 시기에 그들은 저녁 같은 시간에 나타나면서 사회적 거리두기 속에 사랑이 꽃핀다. 마침내 열정에 압도된 그들은 서로를 포옹하려고 거리로 달려간다. 그리고 락다운을 어긴 죄로 체포된다.

소설을 쓰고 출판하는 것은 진행이 느린 작업이다. 이는 팬데믹 중에 구상하거나 영감을 얻은 이야기들이 대부분 2021년에 출판될 것임을 의미한다. 어떤 소설들은 위에서 상상한 것과 다르지 않은 줄거리를 담고 있을 수도 있다. 이런 책들은 때로 우연하게, 스토리텔링의 기술, 그리고 소설과 뉴스 사이의 미묘하게 다른 관계를 잘 보여줄 것이다.

최근의 사건들을 배경으로 소설을 구성할 때 겪는 어려움은 다른 작가들도 같은 일을 하게 될 거라는 점만이 아니다. 독자들 자신도 팬데믹을 온전히 겪어왔고, 온건하게 표현하자면 다른 주제를 보고 싶은 기분일 수도 있다는 점도 있다. 심지어 일부 독자들은 코로나 바이러스 발생의 공포를 다시 겪어보고 싶어 할 수도 있겠지만, 거기서 창의적인 통찰을 얻기는 어려울 것이다.

혼란스러움과 병원에서 겪은 삶과 죽음을 오가는 부산함에도 불구하고, 많은 사람들에게 팬데믹은 텔레비전도 많이 보고 빵도 많이 만들었던 정적이고 소외된 상황이었다. 이는 정신없이 빠져드는 드라마로 만들 만한 소재가 아니다. 그리고 이런 장애물을 가까스로 넘어선 소설가가 있다 해도 여전히 작가로서의 또 다른 위험이 다가온다. 만약 현실에서 백신이 바이러스를 막아낸다면, 내러티브 속에 포함된 마스크와 손 위생을 위한 모든 시설들은 소설이 서점에 배포되기도 전에 시대에 뒤떨어진 것처럼 보일 수 있다.

최적의 시도는 좀 더 교묘하게 이뤄질 것이다. 소설 속에서 질병은 종종 도덕적 무지나 극단주의 정치의 만연 등 다른 어떤 것을 위한 은유로 작용한다. 이와 유사하게 가장 사려 깊은 현대 작가들은 간접적인 방식과 배경 속에서 바이러스의 영향을 포착할 것이다. 텅 빈 도시는 사막, 외로운 거실은 감옥이 되는 식이다. 그들은 수명이 짧은 바이러스의 세부적 사실들보다는 이 질병의 분위기를, 그리고 사람들의 관계와 마음에 오래도록 미치는 영향을 전달할 것이다. 이 모두를 정제하는 데는 시간과 거리가 필요하다. 따라서 2021년에 필연적으로 몇 개의 소설이 등장할 것임에도 불구하고 최고의 코로나 소설을 원하는 독자들은 한동안 기다려야 할 것이다.

할리우드의 지각 변동
팬데믹이 영화 산업을 뒤흔들고 있다

레이첼 로이드 Rachel Lloyd | 〈프로스페로(Prospero) 블로그〉, 〈이코노미스트〉 편집자

크리스토퍼 놀란 감독의 가장 최근작인 시간 비틀기 스릴러 〈테넷〉은 코로나 바이러스의 팬데믹 동안 영화감독과 스튜디오들이 직면한 어려움의 전형적 사례다. 애초에는 2020년 7월 17일 극장가를 강타할 예정이었던 이 영화의 개봉은 7월 31일로 미뤄졌다가 다시 8월 12일로 미뤄졌다. 그런 다음 워너브라더스는 이 영화가 8월 후반에 개봉은 되겠지만 특정 국가들로 개봉이 한정될 거라고 말했다. 9월로 예정됐던 미국에서의 시사회는 '선택된' 도시들(즉 락다운 제한이 완화

된 도시들)에 우선순위가 부여됐다. 영화사 임원들은 이런 각각의 지연 상황이 비용을 발생시킨다고 불평한다.

코로나19는 영화 산업에 무자비한 피해를 입혔다. 영화 세트들은 몇 달 동안 폐쇄됐다. 홍보투어는 취소됐다. 그해의 대형 영화들이 시사회를 갖는 칸느와 같은 영화제들은 취소되거나 온라인 행사로 형태가 바뀌었다. 많은 배급사들이 가장 규모가 큰 블록버스터 영화들의 일정을 조정해 극장 매표소에서 수익을 낼 가능성이 더 높아질 2021년에 개봉하기로 선택했다. 이는 고예산 영화들의 과잉 상태를 의미한다. 영화팬이라 해도 이 영화들을 모두 볼 가능성은 낮다.

또한 관객들이 집에 칩거하면서, 우세를 점하던 스트리밍 서비스들의 파워는 팬데믹 때문에 더욱 강력해졌다. 넷플릭스는 전 세계적으로 2020년 2분기에 830만 명의 추정치보다 많은 1,010만 명의 신규 가입자를 추가로 확보했다. 미디어 규제 기관인 오프컴(Ofcom)에 따르면 4월 영국인들이 텔레비전과 온라인 비디오 콘텐츠를 보는 데 쓴 시간은 하루 평균 6시간 25분이었다. 이는 2019년 통계보다 1시간 30분 더 길다. 영화 제작사들은 한때 그들이 보유한 작품들 중 중간 정도이거나 가장 형편없는 작품들을 올리던 온라인에서 요즘은 프리미엄 콘텐츠들도 상영한다. 9월 디즈니는 2억 달러의 비용이 든 〈뮬란〉의 실사판 리메이크를 자체 스트리밍 서비스인 디즈니 플러스(Disney+)에서 추가 요금을 받고 방영했다.

그 결과 일부 영화관들은 그들이 가진 독점적 권리를 두고 타협을 해야 했다. 유니버설은 〈트롤들의 세계 여행(Trolls World Tour)〉을 온라인과 제한된 장소에서 동시에 개봉하기로 결정하면서, AMC와 극장 시사회와 디지털 개봉을 둘러싸고 새로운 계약을 하게 됐다. AMC 극장들은 어떤 영화가 온라인에서 개봉되기 전에 90일 동안 상영할 수 있었다. 지금 그 기간은 영구적으로 17일로 바뀌었다.

이 모두는 수상식에도 연쇄적인 영향을 미쳤다. 2021년 4월에 열릴 예정인 아카데미 시상식의 경우, 이 규칙에 '일시적 예외'를 만들었고, 온라인 스트리밍 서비스에서 영화 시사회를 개최한 영화들도 후보가 될 수 있다. 스트리밍 서비스 회사들은 자체 극장에서 최고의 작품들을 개봉함으로써 기존의 규칙을 오랫동안 우회해왔다. 그리고 넷플릭스의 작품들은 어떤 다른 배급사보다도 2020년 오스카상 수상 후보 지명을 많이 받았다. 하지만 이런 변화는 그들의 위치를 더욱 강력하게 만들 것이다.

2021년에 영화 제작사와 온디맨드 플랫폼들은 락다운이 가지는 더 장기적인 영향도 감안해야 한다. 할리우드 영화 한 편을 찍는 데는 통상적으로 106일이 걸리는 만큼 몇 개월 동안 중지된 제작으로 인한 새로운 콘텐츠의 기근이 곧 닥쳐올 것이다. 소비자들에게 어필하기 위해 빽빽한 일정에 의존하고 있는 스트리밍 서비스들은 가입자를 유지하느라 애를 먹을 것이다. 그리고 이는 극장의 빈 좌석이 심지어 더 많아질 것임을 의미할 수도 있다.

What If 루퍼트 머독(Rupert Murdoch)은 3월에 90세가 되지만 여전히 자신의 미디어 왕국을 굳건하게 관리하고 있는 것처럼 보인다. **만약 머독이 퇴임한다면 어떻게 될까?** 머독의 장남인 라클란(Lachlan)은 여동생 엘리자베스와 제임스가 아버지의 보수적인 정치에 반기를 들면서 회사를 나간 후 승계 전쟁에서 가장 선호되는 사람이다. 2019년 700억 달러 가치의 영화와 TV 자산을 디즈니에 매각한 후 미디어 사업은 종전 규모의 몇 분의 일밖에 되지 않는다. 하지만 〈월스트리트저널〉과 〈더선〉과 같은 신문사와 폭스 텔레비전 네트워크를 보유한 미디어 사업은 여전히 막대한 유산이다.

전 세계에서 아프로비트가 울린다
더 많은 아프리카 엔터테인먼트가 글로벌 주류로 넘어올 것이다

존 맥더모트 John McDermott | 요하네스버그, 〈이코노미스트〉 아프리카 지역 선임통신원

지난 10년간 나이지리아 아티스트들은 아프리카 대륙의 음악가들을 위한 새로운 길을 열어왔다. 아프로비트(afrobeat)[1], 또는 아프로팝(Afropop)은 유럽과 북미에서 점점 인기를 얻고 있는 사운드들의 결합을 칭하는 포괄적 명칭이다. 이들의 인기는 나이지리아 출신 싱어송라이터인 버나 보이(Burna Boy)가 내놓은 5집 앨범이 10여 개국의 스트리밍 차트에서 1위를 차지한 2020년 8월 새로운 정점에 도달했다.

---

[1] 1970년대 나이지리아에서 탄생한 음악 장르로, 서아프리카 음악과 서양 음악이 결합된 스타일이 특징임.

버나 보이의 인기는 폭발적이다

　이제까지 현대 아프리카 음악을 세계 주류로 끌고 들어오는 데 앞장선 사람들은 버나 보이, 다비도(Davido), 위즈키드(Wizkid) 같은 남성 나이지리아 아티스트들이었다. 그들은 선도적인 미국 레코드사들과 음반 계약을 했고, 여러 곡의 싱글 앨범을 히트시켰고, 대형 콘서트로 헤드라인을 장식했다. 그들의 성공은 고무적이다. 하지만 이들의 성공은 일부 사람들에게 외국 청중들이 아프리카 대중음악에는 오로지 나이지리아 음악만 있는 것으로 생각하게 만들 수 있다는 걱정을 하게 만들었다.

　하지만 훨씬 더 다양한 아프리카계 뮤지션들과 사운드들이 세계적 관심을 얻으면서 2021년에는 그런 우려가 수그러들 것이다. 다른 사람들도 있지만, 남아프리카공화국 출신 래퍼인 내스티 C(Nasty C)와 나디아 나카이(Nadia Nakai)는 2020년 5월에 설립된 유니버설 뮤직 그룹 자

> *아프리카에서 만들어진 콘텐츠는 아프리카 대륙에 관한 서구 관점에 새로운 정보를 제공하는 데 도움이 될 것이다.*

회사인 데프 잼 아프리카(Def Jam Africa)와 최근 계약했다. 콤(gqom)과 아마피아노(amapiano) 장르를 포함한 남아프리카공화국의 하우스 뮤직에 대한 시도도 인기를 얻고 있다. 때로는 이런 사운드들이 세계적 관심을 받기 전에 나이지리아 제작자들이 이들을 채택하기도 하지만, 듣는 사람들 중에는 원래 장르를 확인하고 싶어 하는 사람들이 많다.

아프리카 대륙의 상당한 범위에 걸쳐 명성을 얻었고, 더 폭넓은 성공을 목전에 두고 있는 다른 아티스트들로는 이노스비(Inноss' B, 콩고 출신), 시바 카룽지(Sheebah Karungi, 우간다), 브라이언 나드라(Brian Nadra, 케냐), 마누 월드스타(Manu WorldStar, 남아공계 콩고인)가 있다. '아프로비트의 여왕'으로 알려진 나이지리아 출신 슈퍼스타인 티와 사비지(Tiwa Savage)는 남성 동료들의 인기에 대적하게 될 가능성이 높다. 아프로트랩(AfroTrap)이 가장 유명하지만, 디아스포라 커뮤니티[2]에서 개발된 스타일도 인기를 얻을 것이다. 그리고 스포티파이(Spotify)와 애플뮤직과 같은 플랫폼의 전용 플레이리스트가 이 모든, 그리고 더 많은 사운드들의 분출구 역할을 하고 있다.

2021년 서구의 청중들은 듣는 것은 물론, 보기 위해서도 아프리카인들이 만든 콘텐츠를 보유하게 될 것이다. 넷플릭스는 나이지리아 엘리트들의 세계로 갑자기 내던져진 한 가난한 십대 청소년에 관한 나이지리아 시리즈물인 〈파 프롬 홈(Far From Home)〉과, 남아프리카공화국 드

---

2 원래는 팔레스타인을 떠나 세계 각지에 흩어져 사는 유대인을 지칭하는 말로, 아프리카 대륙을 떠나 타국에서 살아가는 아프리카계 사람들의 커뮤니티를 의미함.

라마 〈지바(Jiva!)〉를 포함해 몇 개의 '아프리카의 고유한' 프로그램들을 출시할 예정이다. 케이프타운에서 촬영된 십대들을 위한 유명한 시리즈 〈블러드 앤 워터(Blood & Water)〉가 두 번째 시즌으로 돌아온다. 나이지리아 소설가인 치마만다 은고지 아디치에(Chimamanda Ngozi Adichie)의 베스트셀러 소설 《아메리카나(Americanah)》는 짐바브웨 출신 부모를 가진 미국 여배우이자 극작가 다나이 구리라(Danai Gurira)에 의해 HBO 시리즈로 제작되고 있다.

이런 프로그램 만들기는 아프리카 대륙에 대한 서구의 관점에 새로운 정보를 제공하는 데 도움이 될 것이 틀림없다. 미국의 텔레비전에 관한 한 최근 연구에 따르면 2018년 3월 한 달간 70만 시간에 걸친 프로그램들이 방영됐지만, 아프리카에 관한 의미 있는 스토리라인은 25개밖에 되지 않았다. 게다가 이들 중 약 절반이 범죄와 관련이 있었다. 2021년에는 뒤늦긴 했지만 이런 스테레오타입이 점점 더 많이 도전을 받게 될 것이다.

쇼는 계속돼야 한다

예술은
소외의 기간 중에도
사람들이 계속
희망을 품을 수 있게
만들었다.

"**쇼**는 계속 돼야 한다" 라는 문구는 우리에게 익숙하지만 대개 작은 재난들과 관련이 있다. 리드 싱어의 목이 상하거나, 커튼이 막 올라가려고 할 때 발레리나가 발목을 삐거나, 제작 중에 갑작스러운 기술적인 문제가 발생하는 경우처럼 말이다. 하지만 코로나19는 지난 몇 십 년간 공연 예술이 직면해온 재난 중 가장 심각하며 공연 예술의 미래에 심각한 위협을 가하고 있다. 따라서 지금 해야 할 질문은 공연이 계속돼야 하며 그럴 수 있는가라는 것이다. 거기에 대한 내 확고한 대답은 그렇다, 절대적으로 그렇다는 것이다.

문화 예술 분야에 종사하는 우리는 일정한 시간 동안 재정적으로 우리의 존재를 위한 명분을 쌓아왔다. 즉 예술에 투자된 1파운드의 공적 자금이 어떻게 경제에 5파운드로 돌아오는지, 우리가 관광업이나 여행업 같은 다른 산업들을 어떻게 지원하고 뒷받침하고 있는지 말이다. 영국에서 이 분야가 창출한 일자리는 35만 개가 넘는다. 하지만 측정이 더 어렵다는 이유로 종종 잊혀지는, 더 심오한 정신적, 문화적, 감정적 이유들이 존재한다.

우리는 요즘과 같은 소외와 외로움의 시기를 거치면서 사람들이 계속 희망을 품을 수 있게 만드는 진정한 한 가지는 예술이라는 사실을 목격해왔다. 영화와 라디오, 음악, 연극은 모두 사람들의 감정적이고 심리적인 안녕에 기여해왔다. 하지만 샘 멘데스(Sam Mendes) 이사가 말했듯이, "스트리밍 서비스는 락다운으로 인해 우리의 가장 뛰어난 연기와 제작, 극본, 감독의 재능에서 엄청난 돈을 버는 한편, 그런 재능의 풀을 키워낸 바로 그 예술 문화는 고사하도록 놔두고 있다는 사실은 매우 아이러니한 일일 것이다". 그 매개체가 무엇이긴 이야기를 공유하고, 서로를 공감하기 위해 모이는 일은 우리 DNA에 깊게 체화된 필수품이며, 모든 문화에 있어서 본질적인 일이다.

나는 락다운 첫날부터 온라인으로 무료 발레 수업을 공유하기 시작했다. 그 10주 동안 우리 집 주방에서 찍은 영상을 계속 제공하고 이를 전 세계와 공유하면서 나는 400만 명의 사람들이 나와 함께하게 될 거라는 사실은 거의 알지 못했다. 전문 댄서들부터 완전한 초보자까지, 매일 행사로 함께 발레 수업을 받으면서 사람들은 아침에 일어나는 일에 대한 위안과 일관성, 이유를 찾았다.

우리 영국국립발레단이 100만 명에 달하게 된 전 세계 시청자들이 볼 수 있게 된 수요 워치 파티(Wednesday Watch Parties)를 통해, 영상으로 기록된 과거 공연들을 공유하기 시작했을 때 받은 열광적인 반응도 비슷했다. 일상적인 때였다면 우리가 한 시즌 동안 그만큼 많은 수의 공연을 할 수도 없었고, 이를 다양하고 많은 관객에게 제공하지도 못했을 것이다. 다양한 배경과 전통을 가진 사람들이 예술을 통해 디지털로 연결되고, 저녁에 집에서 발레를 보면서 현실도피와 즐거움의 순간들을 찾게 된 것이다.

그렇다면 그다음은 뭘까? 영국국립발레단에서 소속 인력 중 85%를 일시 해고한 이후, 우리는 서서히 스튜디오로 돌아오기 시작했고, 창작 활동을 시작했다. 재정적 측면에서는 말이 안 되는 일이었지만, 감정적으로나 예술적으로는 합당한 일이었다. 그래서 우리는 온라인 플랫폼을 만들었고, 다섯 편의 새로운 작품을 주문했고, 영화감독과 프리랜서 스태프들을 고용했다. 우리 음악가들은 다시 연주를 시작했고, 다시 한 번 우리는 사람들이 디지털로 접속할 수 있게 될 작품으로 구성된 온전한 프로그램을 창조할 수 있었다.

관객들이 제한적으로 참여하는 공연이 허용되기 시작하면서 우리가 그런 공연들을 시리즈로 발표하자 불과 몇 시간 만에 모두 매진됐다. 이들 공연 역시 재정적으로 볼 때는 결코 합리적이 아닐 것이다. 하지만 디지털 커뮤니티에서 위안을 찾는 즐거움에도 불구하고, 실연 공연은 중요한 사건이고, 스토리텔링의 마법을 공유하기 위해 하나로 모이는 일이며, 많은 측면에서 우리 존재 이유의 핵심에 존재한다.

영국에서는 정부의 구제 패키지가 우리 발레단을 비롯해 많은 기관들이 2021년까지 생존할 수 있게 했다. 하지만 이 시기가 미치는 재정적 영향은 2021년을 훨씬 지나서까지 지속될 것이다. 우리는 위험을 감수하고 다시 한 번 직원들과 프리랜서들의 신규 채용에 투자하고, 새로운 공연과 순회공연을 제작하기 시작할 수 있어야 한다. 그렇게 하려면 우리에게는 코로나19의 물결로 공연이 강제로 취소될 경우에 대비해 정부가 보장하는 보험이 필요하다. 기술과 재능이 영원히 상실되는 일을 피하기 위해서는 이 분야에 특화된 일자리 유지 계획도 필요하다.

예술 단체들이 더 많은 보조금을 받는 유럽 대륙에서는 그 영향이 그렇게 깊게 오래가지 않을 것이다. 정부의 재정 보조가 거의 또는 전혀 없는 미국에서는 훌륭하고 (정상적인 시기라면) 안정적인 예술 단체들과 발레단들이 실질적으로 사라질 가능성이 있다.

필요는 혁신에 박차를 가할 수 있다. 나는 처음으로 발레에도 많은 측면에서 자체 분석과 혁신의 필요가 있음을 인정하고자 한다. 하지만 이는 발레단들이 새로운 미래를 직면하고 창조하기에 충분한 정신력과 힘을 보유한 채 이 시기를 넘어서 살아남을 수 있을 경우에만 일어날 수 있는 일일 것이다.

PART
2

The World in
2021

신정부의 우선 과제

바이든 당선인은 팬데믹 해결부터 경기 부양까지 할 일이 많다

제임스 아스틸 James Astill | 〈이코노미스트〉 워싱턴 DC 지국장, 렉싱턴 칼럼니스트

미국은 새해 들어 전년도보다 여러모로 상황이 크게 개선될 것이다. 2020년 미국은 일련의 스캔들과 전염병에 시달려야 했다. 유권자들이 투표소로 향할 무렵 10개월 전 열렸던 트럼프 대통령의 탄핵 심판에 관한 언급은 거의 쑥 들어갔다. 국민 25만 명이 코로나19로 사망했으며 1,000만 명 이상이 일자리를 잃었다. 미국 역사상 거의 최대 규모였던 '흑인의 생명도 소중하다' 시위로 더욱 쟁점화된 인종 갈등이 트럼프 대통령의 인종 차별 발언으로 더욱 절정에 이르렀다. 나아가 트럼프 대통령의 대선 불복 선언은 미국이 민주주의 국가가 맞는지조차 의심스럽게 만들었다.

이러한 문제들은 대부분 2021년에도 끝나지 않을 것이다. 코로나19

가 종식되지 않는 한 경제는 휘청일 수밖에 없다. 트럼프 대통령이 지지층을 결집해 대선 과정에 대한 의혹을 퍼뜨리는 작전은 장기전이 될 듯하다. 그러나 그가 한 세기 만에 재선에 실패한 네 번째 대통령이 되면서 백악관을 떠나야 한다는 이 단순한 사실 하나면 이제는 미국의 위기 관리 방식에 변화가 올 것임을 예상하기에 충분하다. 지금까지 트럼프 대통령은 코로나19의 확산을 언론 탓으로 돌리며 자신의 책임 영역에 명확히 선을 그으려 했다. 그리고 미국의 인종 분열을 자신의 정치적 기회로 여겼다. 그러나 바이든 시대의 미국은 전문성을 존중하고 국민을 하나로 모으는 데 전념할 유능한 대통령을 보게 될 것이다.

바이든 당선인은 취임하자마자 행정명령을 대거 발동하느라 여념이 없을 것이다. 먼저 미국의 WHO 탈퇴를 철회하고, 파리기후변화협약에 재가입하며, 어릴 때 미국으로 건너온 불법 이민자들을 보호하던 오바마 정부 시절의 조치를 재개할 것이다. 또한 트럼프 대통령의 일부 이슬람권 국민에 대한 입국 금지 조치를 폐기할 것이다. 트럼프 대통령이 불법 이민자 부모를 구금하고 추방해 자녀와 생이별하게 했다면, 바이든 당선인은 부모와 헤어진 545명의 아동에게 다시 부모를 찾아주는 임무를 시작할 예정이다. 또한 국가적 차원의 마스크 의무화를 실시할 것이다.

이어서 바이든 정부는 트럼프 정부에서 기를 펴지 못했던 국가 기관들의 권한을 되살리는 조치를 재빨리 취할 것이다. 명망 있는 과학자들을 환경보호국의 요직에 복귀시키고, 사법부의 독립성을 보호하기 위해 다시 방화벽을 세울 것이다. 새로 임명될 국무장관은 동맹국은 물론 트럼프 대통령의 탄핵 정국에서 만신창이가 된 외교 공무원들에게 신뢰와 질서를 되찾아주도록 노력해야 할 것이다.

이러한 행정 조치들이 특히 중요한 의미가 있는 이유는 11월 현재 민주당이 상원을 점령하지 못했기 때문이다. 2021년 1월 초 조지아주에서 상원 2석을 두고 치러질 결선 투표에서 민주당이 승리한다 해도 마찬가지일 것이다. 다시 말해 이대로는 바이든 당선인이 후보 시절 공약한 경제, 의료, 기후, 세금 정책 등에 관한 안건 대부분이 의회에서 통과할 수 없게 된다. 그가 최우선으로 꼽은 공약 중 하나는 녹색 및 기타 인프라 투자를 포함한 2조 달러 규모의 경기 부양책을 통과시키는 것이었다. 그러나 원안보다 대폭 축소한다 해도 바이든 당선인의 경기 부양책이 공화당의 다선 베테랑 미치 매코널(Mitch McConnell) 원내대표에게서 합격점을 받기는 쉽지 않을 전망이다.

매코널 원내대표는 바이든 정부가 추진하는 정책을 사사건건 방해할 것이며, 2022년 중간 선거에서의 승리를 노리고 공화당의 재정 보수주의(민주당 의원들에게만 유독 엄격히 적용되는 듯한 교리) 기조를 재확립하려 할 것이다. 입법 과정에서 가로막힐 바이든 당선인은 이전 오바마 정부처럼 여소야대 국면 속에서 꿋꿋이 전진하려면 더 야심 찬 행정명령들을

2021 IN BRIEF

미국이 **2001년 9·11 테러 20주년**을 맞이한다. 당시 비행기 납치범들은 뉴욕 세계 무역 센터와 워싱턴 DC의 펜타곤으로 비행기를 돌진시켰다. 네 번째 비행기는 펜실베이니아에서 추락했다. 약 3,000명의 승객이 사망했다.

취해야 할 것이다. 그가 석탄 및 화력 발전소의 오염 물질 배출에 대해 규제를 강화할 것으로 예상되지만, 그러한 조치들이 보수 성향이 확실히 우위를 점한 대법원의 심판대에 오르고도 무사히 버틸 수 있을지는 불투명하다.

외교 문제에서 신정부는 전임 정부와 큰 차이를 보이겠지만, 많은 사람들이 예상한 것만큼 완전히 다른 방향으로 가지는 않을 것이다. 바이든 당선인은 미국의 전통적인 동맹국에 유화적 태도를 보이되, 기후 변화, 러시아와의 갈등, 이란의 핵 개발 억제 등의 해결을 위한 국제적 공조에서 미국의 주도권을 회복하려 할 것이다(중동 섹션 참조). 그러나 중국에 대한 적대적 태도와 일부 관세에 관한 입장은 트럼프 정부와 크게 다르지 않을 것으로 보인다. 그는 미군의 아프가니스탄 철수를 늦출 수는 있어도 백지화하지는 않을 것이다. 그리고 미국의 초점이 유럽에서 중국으로 빠르게 옮겨가는 상황에서(바이든 당선인도 같은 노선을 걸을 것이다) 기존 동맹국들은 신정부로부터 트럼프 대통령의 패턴을 연상케 하는 익숙함을 감지할 것이다.

바이든 당선인은 행사할 수 있는 권력에 제약이 있겠지만 2021년은 그에게 순탄한 해가 될 수 있다. 이것은 무엇보다 코로나19 백신을 얼마나 빠르고 널리 보급할 수 있을지에 달려 있다. 백신이 순조롭게 보급된다면 경기 회복 속도도 빨라질 것이고 바이든 당선인의 지지도도 급상승할 것이다. 그렇지 않다면 혼돈의 트럼프 정부가 끝나면서 다시 높아졌던 기대 심리가 곧 실망으로 바뀌면서 전임 대통령에게 유리한 여론이 형성될 것이다.

트럼프 대통령의 불복 과정도 새해에 불거질 또 다른 난제다. 공화당은 트럼프 대통령이 트위터와 텔레비전에서 어떤 돌발 행동으로 당 개혁의 발목을 잡는 걸림돌이 되지 않을까 우려하고 있다. 그들의 우려는 아마 현실이 될 것이다.

분열의 장기화
미국의 문화 전쟁이 심화될 것이다

존 패스먼 Jon Fasman | 〈이코노미스트〉 워싱턴 통신원

버니 샌더스(Bernie Sanders)와 엘리자베스 워런(Elizabeth Warren) 상원의원은 열혈 지지자가 더 많았다. 카멀라 해리스(Kamala Harris) 상원의원과 피트 부티지지(Pete Buttigieg) 전 사우스벤드 시장은 더 준비된 달변가였다. 하지만 바이든 후보는 다른 민주당 후보들에게 없는 것이 있었다. 바로 민주당과 공화당을 하나로 모을 수 있다는 믿음이었다. 많은 사람들이 이를 두고 순진하고 비현실적이라고 생각했다. 그러나 바이든 후보의 이런 믿음이 자신보다 더 눈에 띄는 경선 경쟁자들을 넘어서고, 근래 역사상 가장 극심한 분열을 일으킨 대통령도 패배시키게끔 유권자들의 마음을 움직인 원동력이 되었다.

이유는 간단하다. 지난 4년 동안은(어쩌면 오바마 정부의 8년까지 포함해) 미국이 혹독한 문화적, 정치적 양극화를 경험한 시기였다. 민주당과 공화당의 견해차는 갈수록 동성 결혼과 세제 개혁에 그치는 수준을 넘어

투쟁은 계속된다

서게 되었다. 그들은 이제 완전히 다른 세상에 살고 있으며, 전보다 더 서로를 불신하고 있다.

2020년 대선 두 달 전에 양 당원을 상대로 실시한 여론 조사에 따르면 40% 이상이 누가 당선되더라도 상대방 지지층의 격렬한 저항을 피할 수 없을 것이라고 답했다. 오바마 전 대통령을 포함한 대부분의 전임 대통령은 이와 같은 양당의 뿌리 깊은 적대감이 국가적 단결과 정치 발전에 해를 끼친다고 보았다. 과거에 거의 모든 대통령이 취임 후 적어도 말로는 단결을 널리 호소하려 노력했다.

다만 트럼프 대통령은 완전히 예외였다. 그는 정계에 입문하기 전 예능 프로그램에서도 그랬듯 사회 분열을 치유하기보다는 이용하고 조장했다. 따라서 사회 통합을 외치던 바이든 후보에게 7,500만 명이 넘는 국민이 표를 준 것은 놀랄 일이 아니다. 평상시에 사회 통합에 대한 호소는 미국 정치인들이 주장하는 단골 레퍼토리다. 그러나 요즘은 평상

시라고 볼 수 없는 시국이다. 양당 후보들이 각
자의 지지층을 향해 호소하는 동안, 유권자의
대다수를 차지하는 미 중산층은 때마침 나타난

고령의 정치 베테랑 바이든 후보에게서 평범한 국민을 위해 나라를 이
끌 지도자의 면모를 발견했다.

하지만 바이든 당선인은 공약대로 화합을 이끌어내지 못할 것이다.
그래도 그의 잘못은 아니다. 누가 정권을 잡든 불가능한 일이기 때문이
다. 당파성과 분열이 사람들에게 더 잘 먹히는 법이다. 트럼프 대통령
이 선거에서 패하고 바이든 당선인이 화합을 외친다고 해서 극우 언론
인 러시 림보(Rush Limbaugh)나 정치 풍자 프로그램 〈데일리 쇼(The Daily
Show)〉가 사라지는 것도 아니다. 국민들은 소셜 미디어를 통해 자신의
정치적 견해를 자유롭게 표출하면서 반대편의 비난보다 자기편의 공감
을 얻는다.

보수적인 민주당원과 진보적인 공화당원이 상대방의 진영으로 전향
하는 경우가 흔했던 시대는 지났다. 오늘날 두 정당은 거의 전적으로
문화적, 이념적 평행선을 달리고 있다. 한편 대부분 상하원 의원들은
자기 의석을 지키기 위해 야당 후보는 둘째 치고 더 급진적인 당내 경
선 후보부터 견제해야 한다.

진보주의자들이 바라던 대로 바이든 당선인이 압승을 거둬도 미국의
커다란 분열은 쉽게 치유되지 않을 것이다. 오히려 바이든 당선인에게
는 입법을 통해 정책을 추진하던 상원 시절이 더 수월했을지도 모른다.
그는 1월 20일 취임 후 곧 전 국민에게 마스크 착용을 촉구할 것이다.
그러면 공화당보다 민주당 우세 지역에서 마스크 착용을 더 잘 준수할
것이다. 대법원에 계류 중인 몇몇 낙태 관련 사건은 낙태 권리를 직접

불법화하는 대신 엄격히 제한하는 정도로 판결 날 수 있다. 바이든 정부 하에서 이들 사건에 대한 논란은 전만큼 치열하게 전개되지 않을 것이다. 어떤 정치인도 국민들에게 문화 전쟁을 끝내자고 강요할 수 없다. 오직 국민의 자발적 결정이 그것을 끝낼 수 있다.

가시지 않을 고통
경기가 회복 중이지만 대가를 치러야 한다

캘럼 윌리엄스

2020년 미국은 엄청난 경제 충격에 직면했다. 1월까지만 해도 실업률은 50년 만의 최저치인 3.5%를 기록했다. 최저임금도 대폭 상승했다. 그러나 몇 주 후 특히 최빈곤층을 중심으로 1930년대 대공황 말기를 연상시킬 만큼 실업률이 급증했다. 2분기 GDP는 전년 대비 10% 감소했다. 그러나 이후 경제는 예상보다 더 빨리 반등했으며 2021년에는 전문가들의 예측을 능가할 만큼 회복할 수도 있다.

6월 연방준비은행의 예측 전문가들은 2020년 말에 실업률이 9%로 하락할 것으로 예상했다. 실제로는 8월에 이미 9% 이하로 떨어졌다. 부분적인 이유로는 소비자 지출이 많은 경제 전문가의 예상보다 활발했기 때문일 수 있다. 수출 실적도 꽤 견실했다.

특히 팬데믹 초기에 합의된 일련의 대규모 경기 부양 프로그램의 공헌이 컸다. 지금까지 의회는 절대적 액수로 보나 경제 규모에 따른 상대적 액수로 보나 다른 어떤 국가보다 대규모인 3조 달러 상당의 재정 지원책을 통과시켰다. 국민들은 최대 1,200달러의 재난 지원금을 받았으며, 의회는 실업 수당을 주당 600달러 인상했다. 그러다 보니 이제 소득이 팬데믹 이전보다 더 늘어난 사람도 많아졌다.

　실업률은 계속 떨어질 것이다. 과거 불황의 여파를 살펴보면 실업자의 대다수가 자신의 실직을 일시적일 뿐이라고 생각하는 경우 실업률이 금방 정상 궤도로 돌아오는 추세를 확인할 수 있다. 예컨대 봉쇄 조치로 영업을 못 하게 된 식당에서 해고되는 것은 망한 식당에서 해고되는 것과 다르다. 코로나 창궐 초기에 실직자의 4분의 3이 자신의 실직이 일시적이라고 믿었다. 경제 전문가들은 의회가 여름에 추가 부양책에 합의하지 않으면 2021년 경제가 파탄 날 것이라고 우려한다. 하지만 이는 지나치게 비관적인 견해다. 많은 국민이 재난 지원금의 상당 부분을 저축했다. 이제 그 돈을 사용한다면 경제에 활력을 줄 것이다. 2021년에 새로운 부양책이 나올 수도 있다. 공화당과 민주당은 어떻게 경제를 살릴 것인지에 대해 견해차가 크지만, 더 많은 돈을 수혈해야 한다는 데에는 대체로 동의한다.

　미국 경제가 여러 다른 선진국들보다 회복 속도는 빠르겠지만, 팬데믹의 후유증은 오래갈 것이다. 실업률이 조만간 3.5%로 회복될 것으로 예상하는 경제 전문가는 거의 없다(그나마 골드만삭스가 2025년이 되어서야 4%대로 떨어질 것으로 예측하고 있다). 이제는 실직자들 가운데(아직 소수이긴 해도) 자신이 완전히 해고되었다고 믿는 사람이 점점 늘어나고 있다. 그들은 재취업하기 더 어려워질 것이다. 그리고 본의 아니게 쉬는 시간이 길어지는 만큼 새로운 것을 시도하려는 의욕을 잃고, 본인이 가진 기술은 쓸모없게 될 위험이 있다. 당분간 정책 입안자들은 미국 경제를 본 궤도로 되돌리는 데 집중해야 한다. 그러나 나중에는 팬데믹이 낳은 잃어버린 세대에게 관심을 돌려야 할 것이다.

위기의 경찰들
변화가 필요하다는 것은 다들 알고 있으나, 다만 어려울 뿐이다

존 패스먼

2014년 8월 9일 미주리주 퍼거슨에서 마이클 브라운(Michael Brown)이라는 흑인 청년이 무방비 상태로 백인 경찰 대런 윌슨(Darren Wilson)의 총에 맞아 사망했다. 브라운의 사망 경위에 대해서는 여전히 논란의 여지가 있다. 어떤 사람들은 브라운이 두 손을 들어 저항할 의사가 없음을 표시했다고 주장한다. 반면 윌슨 경관은 브라운이 자신에게 달려들어 주먹을 휘두르고, 허리춤에 손을 뻗어 총을 뺏으려 했다고 진술했다. 퍼거슨에서는 시민들의 시위가 몇 주 동안 이어지기도 했다. 윌슨 경관은 검찰 조사 결과 불기소 처분을 받았지만 이를 계기로 모든 경찰이 신체 카메라(바디캠)를 착용해야 했다.

2020년 5월 25일 미니애폴리스 경찰서 소속의 데릭 쇼빈(Derek Chauvin) 경관은 수갑에 손이 묶인 무방비 상태의 조지 플로이드(George Floyd)의 목을 약 9분간 무릎으로 압박해 그를 질식사하게 했다. 플로이드의 죽음이 담긴 동영상이 퍼지면서 시민들의 시위가 몇 주 동안 이어

졌고 경찰 개혁에 대한 여론이 들끓었다. 시위 참가자들은 정치인들을 향해 "경찰 예산을 삭감하자(defund the police)"라고 외쳤다. 이 외침은 곧 잠잠해졌지만 이후 일부 민주당 주지사와 의원들이 경찰의 투명성을 높이고 감시를 강화하기 위한 법령을 제정했다. 2021년은 경찰이 얼마나 변화할 수 있을지에 대한 변곡점이 될 것이다.

미국의 법 집행 기관 1만 8,000곳 중 연방 기관은 소수에 불과하다. 대부분은 주, 시, 카운티에서 관할한다. 그래도 경찰 개혁을 진전시키기 위해 연방정부가 할 수 있는 일이 두 가지 있다. 첫째, 연방법을 개정하면 된다. 예를 들어 6월 민주당이 발의해 하원을 통과한 한 법안은 용의자의 목을 조르는 행위를 인권 침해로 간주하고, 이를 지키지 않는 관할 경찰서에 연방 지원을 중단하는 내용이 담겼다. 또한 경찰관의 개인 면책 특권을 제한하고, 인종 프로파일링을 금지하는 경찰서에 조건부로 연방 자금을 지원하기로 했다. 바이든 당선인의 진보적인 사법 제도 정강에도 비슷한 조치가 많이 포함되어 있지만, 이를 실행에 옮길 가능성은 어찌 보면 민주당이 상원을 장악할 수 있느냐에 달려 있다. 따라서 1월 5일 조지아에서 치러질 상원 결선 투표 이후에야 더 확실히 알 수 있을 것이다.

둘째, 법무부는 헌법상 국민의 권리를 지속적으로 침해한 혐의가 있는 경찰관을 수사할 수 있다. 해당 경찰관의 행위가 위법으로 판단되면 연방 판사의 주재 하에 쌍방이 경찰 개혁의 세부 방침을 제시하고 합의하는 '동의 판결(consent decree)'을 내리는 것이 통례다. 오바마 정부 때 최소 20개 관할권에서 경찰 개혁을 장려하기 위한 동의 판결을 내린 바 있다. 이후 트럼프 대통령이 이 관행을 축소했지만, 바이든 당선인은 재개하겠다고 약속했다.

일부 주지사와 의원들은 이미 행동에 나섰다. 미국의 법 집행 기관 중 절반 이상이 일부 경찰관에게 바디캠을 장착시키고 있는 것으로 추정되며, 적어도 6개 주가 관련 조례를 통과시켰다. 뉴욕주도 6월 이 대열에 합류했다. 뉴욕주는 또한 플로이드 사건 때와 같은 목 조르기 행위를 금지하고, 경찰의 위법 혐의를 조사할 독립 부서를 신설했으며, 총격 시 6시간 이내에 보고할 것을 의무화했다. 경찰 징계 기록을 기밀로 유지하는 법은 폐지했다. 그리고 법원에 경범죄자들의 인종별 분포 데이터를 수집하고 게시하도록 요구함으로써 교통 경찰관들이 유색 인종 운전자를 멈춰 세우는 비율이 특히 높은지를 대중이 파악할 수 있게 했다. 콜로라도주도 보고 의무 요건을 확대했다. 뉴저지주는 위법 행위로 징계받은 경찰들을 공개하도록 했다. 그 외에도 여러 사례를, 특히 주지사가 민주당인 지역에서 쉽게 찾을 수 있다.

그래도 많은 활동가들이 보기에 이것은 시작에 불과하다. 경찰제를 '폐지'하거나 '예산을 삭감'하라는 초보적인 수준의 요구도 쏟아지고 있지만, 더 구체적인 제안들도 눈에 띈다. 퍼거슨의 비극적인 사건을 계기로 경찰 개혁 운동을 벌이고 있는 시민 단체 캠페인 제로(Campaign Zero)는 경찰 폭력을 거의 4분의 3까지 줄일 수 있는 정책 변화 방법 8가지를 제시했다. 이 목록에는 목 조르기 금지, 이동 중인 차량에 대한 총격 금지, 분노 억제 훈련, 발포 전 경고, 동료 경찰의 공권력 남용 목격 시 제지할 의무, 위협 행위 및 무력 사용 시 보고할 의무 등이 포함된다.

이것은 상식적 수준의 개혁인데도 많은 경찰서에서 격렬히 반대하고 있다. 이러한 개혁의 움직임은 공화당이 아닌 민주당 우세 지역에서 현실화될 가능성이 더 클 것이다.

코로나 시대의 아이들
빈부 격차가 확대될 것이다

이드리스 칼룬 Idrees Kahloon | 〈이코노미스트〉 워싱턴 DC 지국, 미국 정책부 기자

경제학자, 사회학자, 심리학자 등 대부분 사회과학자들이 유년 시절의 불행한 경험이 성인기의 어려움으로 이어진다는 데 동의한다. 아이들은 코로나19로 사망할 확률이 다행히 어른보다 훨씬 낮지만 빈곤 확대, 가족 실직, 학업 중단과 같은 영향은 쉽게 비껴갈 수 없다. 대면 수업은

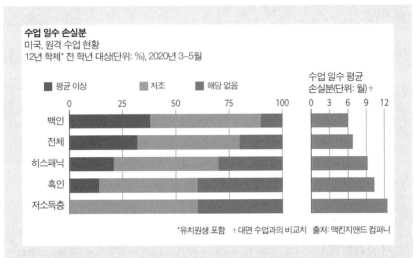

수업 일수 손실분
미국, 원격 수업 현황
12년 학제* 전 학년 대상(단위: %), 2020년 3~5월

*유치원생 포함　＋대면 수업과의 비교치　출처: 맥킨지앤드 컴퍼니

예전의 일상에 대한 단순한 그리움 이상의 의미가 있다. 원격 수업보다 실제로 효과가 좋기 때문에 지금까지 유지되는 것이다. 특히 인터넷 접속 환경과 개인 노트북을 갖추지 못하고, 과외를 받을 수도 없으며, 학교 무상 급식에 의존할 수밖에 없는 가난한 아이들에게 대면 수업의 중요성은 더욱 크다. 컨설팅 업체 맥킨지에 따르면 2021년 1월 각급 학교들이 대면 수업을 재개한다 해도(현재로서는 그나마도 가능성이 희박하지만), 그간 학생당 수업 일수의 손실분이 평균 7개월에 달할 것이라고 추산한다. 게다가 흑인 학생이라면 10개월에 달하며, 저소득층 학생은 1년이 넘는다.

　가정생활도 갈수록 팍팍해지고 있다. 인구조사국의 조사에 따르면 실업수당이 종료된 9월 기준, 자녀 있는 가구의 30%가 특히 저학력층 가정을 중심으로 전주에 끼니를 제대로 해결하지 못한 것으로 나타났다. 저학력층 가정(대부분 저소득층과 겹친다) 중 21%는 전달 월세를 내지 못했다고 답했으며, 두 달 안에 퇴거될 가능성이 크다고 답한 응답자 수도 비슷한 비율을 차지했다. 이처럼 실업 문제가 특정 계층에 편중된

만큼 우울증과 불안과 같은 부모들의 정신적 고통 지수
도 계층별로 불균등한 양상으로 증가하고 있다. 생계 문
제와 부모의 정신적 불안이 합쳐지면 자녀들은 학교에서
일탈 행위를 저지르거나 성적이 하락하기 십상이다. 그 결과 고등학교
나 대학을 중퇴할 확률도 높아진다.

후폭풍이 수년간 이어질 것이다.

　부모가 직장에 복귀하고 자녀가 등교하는 날이 앞당겨질수록 불평등
심화를 막을 수 있다. 정부가 고려할 만한 일종의 완충 장치 정책(정부 지
원 과외 봉사단, 노트북 보급 확대 등)은 고질적인 당파적 갈등 때문에 실현 가
능성이 낮다. 주와 시 정부는 재정난 때문에 적극 나서지 못할 것이다.
대신 미국의 분권형 교육 시스템이 이러한 문제를 학군별로 조금씩 해
결해야 한다. 코로나19가 아이들에게 여러모로 고통을 주는 것과 마찬
가지로 정책 대응의 부재도 불평등을 키우는 요인이 될 수 있다. 그리
고 그 후폭풍이 수년간 이어질 것이다.

향후 10년의 승리를 보장받기 위한 노력
게리맨더링이 조금은 어려워질 수 있을까?

애덤 로버츠 Adam Roberts ｜ 〈이코노미스트〉 시카고 지국, 미국 중서부 통신원

선거에만 관심을 기울이면 놓치기 쉬운 것이 있다. 바로 10년에
한 번씩 찾아오면서 향후 선거의 당락을 좌우하는 인구총조사
다. 2020년 인구총조사가 끝나고 인구 변동에 맞춰 이듬해에 선거구를

의자 뺏기 싸움
미국, 선거구 재획정 후 의석수 변동 예측

■ 변동 없음

메인

위스콘신

버몬트 뉴햄프셔

워싱턴 / 아이다호 / 몬태나(+1) / 노스다코타 / 미네소타(-1) / 일리노이(-1) / 미시간(-1) / 뉴욕(-1) / 매사추세츠

오리건(+1) / 네바다 / 와이오밍 / 사우스다코타 / 아이오와 / 인디애나 / 오하이오(-1) / 펜실베이니아(-1) / 뉴저지 / 코네티컷 / 로드아일랜드(-1)

캘리포니아(-1) / 유타 / 콜로라도(+1) / 네브래스카 / 미주리 / 켄터키 / 웨스트버지니아(-1) / 버지니아 / 메릴랜드 / 델라웨어

애리조나(+1) / 뉴멕시코 / 캔자스 / 아칸소 / 테네시 / 노스캐롤라이나(+1) / 사우스캐롤라이나 / 워싱턴DC

알래스카 / 오클라호마 / 루이지애나 / 미시시피 / 앨라배마(-1) / 조지아

하와이 / 텍사스(+3) / 플로리다(+2)

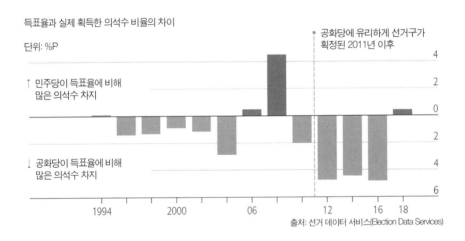

득표율과 실제 획득한 의석수 비율의 차이

단위: %P

공화당에 유리하게 선거구가 획정된 2011년 이후

↑ 민주당이 득표율에 비해 많은 의석수 차지

↓ 공화당이 득표율에 비해 많은 의석수 차지

1994 · 2000 · 06 · 12 · 16 · 18

출처: 선거 데이터 서비스(Election Data Services)

다시 정하는 것은 주 의회를 통해서든 특별위원회를 통해서든 각 주에서 할 일이다. 이 틈을 이용해 게리맨더링의 여지가 생긴다. 자기 편의 유권자들을 한데 모으고 반대자들을 갈라놓게끔 교묘하게 선을 그리면 10년 동안 보장되는 당파적 우위를 점할 수 있다.

과거 공화당의 지략가들이 이를 아주 능숙하게 해
냈다. 티 파티(Tea Party) 운동의 물결에 짓눌린 민주당
은 2010년 주 의회와 주지사 선거에서 참패를 당했다.
공화당은 오하이오, 미시간, 펜실베이니아, 위스콘신
등 중서부 경합 주에서 쉽게 승리를 거둔 후 이듬해 선
거구를 재획정했다. 그 결과 해당 주들에서 가장 심각
한 게리맨더링이 일어났다. 예를 들어 위스콘신주는
민주당이 선거에서 유효 투표수의 54%를 득표하더라

도 공화당은 여전히 의석에서 9석 과반수를 차지할 수 있었다.

이것은 단순한 불공평의 문제를 넘어 극단주의를 조장하기도 한다.
게리맨더링을 등에 업고 당선된 현직 의원은 자신이 총선에서 패할 위
험이 적다는 것을 알고 있다. 더 큰 위협 요인은 전형적인 정치적 극단
주의에 호소하는 당내 경선 도전자들(대부분 열혈 정당원들)에게 있다. 따
라서 게리맨더링이 억제되어야 차후 양당에서 더 많은 온건파가 선거
에 출마할 수 있다.

2021년이 되면 문제가 조금은 해결될 것이라는 희망이 있었다. 예를
들어 민주당은 2020년에 주 의회 의석을 더 많이 확보할 것으로 예상했
다. 그러나 결과는 참패로 끝났다. 위스콘신과 같이 여전히 공화당이
우위인 일부 지역에서는 의회가 터무니없는 선거구 획정안을 들고 나
올 경우 현재 민주당원인 주지사가 (형식상으로는) 거부권을 행사할 수 있
다. 의회와 주지사 간 법정 싸움으로 이어질 가능성도 있다. 그렇게 된
다면 보기에 추한 과정이 되겠지만 한쪽으로 치우친 선거구는 약간 바
로잡을 수 있다.

마찬가지로 중요한 것은 여러 주에서 정치인들의 개입을 배제한 채

선거구의 획정 절차를 정리했다는 점이다. 예를 들어 2018년 미시간주 유권자들은 선거구 획정을 초당적인 독립위원회에 맡기는 안에 압도적으로 지지표를 던졌다. 애리조나, 캘리포니아, 콜로라도주도 모두 독립위원회를 신설했다. 아이오와주는 이미 독립된 기관에서 선거구를 정하고 있다. 펜실베이니아주는 지나치게 당파적인 선거구를 다시 획정해야 한다는 법원 판결이 나와서, 잘하면 앞으로 게리맨더링이 더 어려워질 것이다. 2018년 미주리주는 선거구제를 개편하려 했으나 2020년 11월 유권자들의 선택이 그 변화를 원상 복귀시켰다. 그래도 적어도 중서부 지역에서 게리맨더링의 기회는 줄어들 것이다.

앞으로도 게리맨더링이 자행될 지역은 어디일까? 법과 정책을 연구하는 뉴욕의 싱크 탱크 브레넌 정의 센터(Brennan Center for Justice) 소속 전문가 마이클 리(Michael Li)는 두 가지 흐름을 주시해야 한다고 말한다. 첫째, 한 정당이 의회, 주 상원, 주지사 등에서 '3관왕'을 차지한 주들을 살펴봐야 한다. 공화당은 이미 몇몇 주에서 3관왕을 기록한 상태이고, 여기에 11월 뉴햄프셔주와 몬태나주가 더 추가되었다. 둘째, 상당한 규모의 인구 이동이 기록된 지역을 확인해야 한다. 이는 곧 선거구에 큰 변화가 생길 것임을 의미하기 때문이다.

민주당이 우세인 일리노이주는 여전히 심각한 게리맨더링의 결과를 안고 가는 형국이다. 주지사와 의회를 대개 공화당이 싹쓸이하는 남부주의 경우 우려가 더 심각하다. 이 지역은 인종 문제가 근본적으로 깔려 있기 때문이다. 선거구 지도는 (민주당 지지 성향이 강한) 아프리카계 및 기타 유색 인종 유권자의 영향력을 약화시키는 방향으로 다시 그려진다. 플로리다, 조지아, 텍사스, 그리고 주지사가 선거구 재조정에 거부권을 행사하지 못하는 노스캐롤라이나주는 이러한 악습이 자행되기에 충분한 여건이 형성되어 있다.

양당 의원들이 연방 차원의 선거구 획정안에 모두 만족해 동의할 가능성은 적지만, 하원의원 선거구와 주 의회 선거구에 대해 국가적 차원의 표준을 설정하는 안을 추진하는 것은 고려해볼 만하다. 캘리포니아 주 하원의원 세 명이 2019년에 그와 같은 내용의 법안을 상정했다. 과거 의회에서 실제로 비슷한 안을 의결한 사례가 있었다. 1842년에 선거구당 하원 의석수를 하나로 제한하도록 한 것이다. 이제 거의 2세기가 지났으니 다시 입법화를 추진할 때가 되었음직하다.

방임하고, 비축하고, 규제하라
총기 규제 관련 기사들이 헤드라인을 장식할 것이다

알렉산드라 스위치 배스

동양에서는 2020년이 쥐의 해였다. 반면 미국에서는 총의 해였다고 봐도 과언이 아니다. 2020년 미국 내 총기 매출이 역대 최고치를 기록했다. 웰즐리대학의 필립 리바인(Phillip Levine)과 로빈 맥나이트(Robin McKnight) 교수에 따르면 코로나 바이러스와 사회 불안의 확산으로 예년보다 총기 판매량이 500만 대 이상 증가했다고 한다. 1월부터 9월까지 총기 구매자에 대한 신원 조회 건수가 2,900만 건에 육박했는데, 이는 5년 전 동기 대비 84%가 증가한 수치다(모든 총기 판매 건수마다 신원 조회가 이뤄지는 것도 아니다). 생애 첫 총기 구매를 위해 줄 서서 기

다리는 시민들의 모습은 가게 앞이라기보다 록 콘서트장의 입장 행렬을 방불케 했다. 7월의 어느 토요일, 댈러스 컨벤션 센터에서 열린 총기 박람회는 입장 대기 시간이 2시간을 넘었다.

미국은 이미 1인당 총기 소유 비율이 세계에서 가장 높다. 인구수보다 총이 더 많고, 총기 난사 사건이 다른 어떤 선진국보다 빈번히 발생한다. 하지만 2020년이 총의 해였다면 2021년은 총기 규제가 더 주목받는 해가 될 것이다. 근거는 네 군데 영역에서 찾아볼 수 있다.

첫째는 백악관이다. 트럼프 대통령은 총기 보유 찬성론에 영합하고 기존의 총기 규제를 가능한 한 느슨하게 풀려고 했다. 반대로 바이든 당선인은 총기 규제 강화에 초점을 맞출 것이다. 그는 1990년대 상원 시절에 현재의 연방 신원 조회 시스템을 도입하고, 2004년에 폐지된 공격용 무기 금지법(Assault Weapons Ban)을 제정하는 데 일조한 바 있다. 대통령이 된 후에는 정치적 논란의 여지를 감수하더라도 또 다른 금지 법안을 추진하겠다고 약속했다. 현행법의 허점을 메워서 총기 판매와 양도까지 포괄적으로 신원 조회 범위를 확대하겠다는 방침이다.

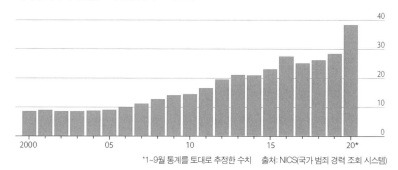

오버슈팅
미국, 총기 구매자 신원 조회 건수(단위: 100만 건)

*1~9월 통계를 토대로 추정한 수치　출처: NICS(국가 범죄 경력 조회 시스템)

　둘째는 대법원이다. 《총격전(Gun Fight)》의 저자이기도 한 캘리포니아
대 로스쿨의 애덤 윙클러(Adam Winkler) 교수는 최근 임명된 에이미 코니
배럿(Amy Coney Barrett) 대법관이 기존의 총기 규제법들을 문제로 삼을
가능성이 있다고 전망한다. 예를 들어 각 주에서 제정한 중범죄자나 정
신질환자의 총기 소유 금지법에 의문을 제기할지도 모른다. 그렇게 된
다면 총기 규제 찬성론자들에게 실망스러운 소식이다. 역사적으로 대법
원은 수정 헌법 제2조에 관한 사건을 다루기 꺼려왔지만(2020년 봄에만 10
건이 기각됨), 이는 배럿 대법관이 자리에 앉으면 달라질 수 있다.

　셋째는 주정부다. 캘리포니아와 같이 민주당이 우세한 주에서는 더
엄격한 법률 제정을 추진할 것이며, 공화당이 우세한 주에서는 허가
없이 총기 소지가 가능한 범위를 확대하려고 노력할 것이다. 의사이자
사회운동가인 조셉 사크란(Joseph Sakran)은 총에 대한 미국인들의 관점
이 숱한 총기 난사 사건을 겪으면서 바뀌었고, 이는 주정부와 연방정
부 모두 총기 규제에 대해 전례 없는 수준의 관심
을 기울이고 있다는 점에서 분명히 드러난다고 말
한다.

*2020년 미국의 총기
매출이 역대 최고치를
기록했다.*

넷째, NRA(National Rifle Association, 전미 총기 협회)를 주시해야 한다. 미정계에 강력한 영향력을 행사하는 이 비영리 단체는 과거에 총기를 규제하려는 시도를 공격했지만 2021년에는 자신이 공격 대상이 될 것이다. 뉴욕주 검찰총장이 NRA의 해산을 추진하고 있고, 국세청은 NRA 협회장을 탈세 혐의로 조사하고 있는 것으로 알려졌다. 이 사실들이 총기 규제 정책을 둘러싼 논쟁에 영향을 줄 것이다. 그렇다면 NRA는 더 이상 난공불락의 요새로 보이지 않을 것이다.

종착역에 다다른 대중교통
재정난에 처한 도시는 위기의 대중교통 시스템을 현명하게 운영해야 한다

존 패스먼

뉴욕에 거주하며 최근 뉴욕 대중교통의 역사에 관한 책을 쓰고 있는 작가 니콜 겔리너스(Nicole Gelinas)는 "나는 지하철을 탈 때면 '지하철은 참 좋은 교통수단이다. 여러분도 지하철을 애용하길'이라고 트윗을 올리고 싶어진다"라고 말한다. 하지만 모든 사람이 지하철을 이용한다면 "우리는 지하철을 타지 못할 것"이라고 덧붙인다.

팬데믹 시대에 대중교통이 처한 역설적 상황을 보라. 버스와 지하철이 유례없이 깨끗해졌고, 마스크를 쓰고 사회적 거리두기를 실천하는 승객들은 전보다 확연히 조용하고 점잖아졌다. 그런데도 사람들은 그 어느 때보다 대중교통을 꺼리고 있다. 뉴욕, 시카고, 샌프란시스코, 워

대중교통의 뉴노멀

싱턴 DC의 대중교통 이용객 수는 80% 이상 감소한 후 바닥을 쳤다. 각 도시는 승객의 안전을 위해 소독 강화, 노선 변경, 탑승 방법의 변화 등으로 혁신을 꾀했다. 이러한 혁신 중 일부는 2021년까지 유지되고 정착되어 미국 도시의 대중교통을 전반적으로 바꿀 것이다. 단, 팬데믹으로 불어닥친 극심한 재정난을 각 시의 교통 당국들이 타개할 수단을 찾아야 한다는 전제가 필요하다.

재정난에 시달리는 기관들은 통상적으로 지역 또는 주정부에 자금 지원을 요청할 수 있다. 그러나 지방정부들도 급격히 위축된 경기로 세입이 감소한 데다가 집중적인 방역 작업과 직원들의 보호 장비 구입 등으로 지출이 늘어나 어려운 상황이기는 매한가지다. 연방정부는 3월 제정된 경기 부양 패키지법(CARES Act)에 따라 대중교통 체계에 250억 달러를 지원했다. 얼핏 보면 많은 액수 같지만 수백 곳의 기관들에 분산된 탓에 금세 바닥났다. 뉴욕의 버스, 지하철, 통근 열차 운행을 책임지는 뉴욕 메트로폴리탄 교통국(New York's Metropolitan Transportation

Authority)의 팻 포이(Pat Foye) 국장은 자신의 기관이 '100년에 한 번 있음직한 재정 파탄'에 직면해 있다고 우려한다.

연방정부의 지원이 없다면 각 시의 교통 당국은 서비스를 대폭 줄여야 할 것이고, 결과적으로 기차와 버스의 운행 빈도가 줄어든 만큼 각 차량이 혼잡해질 것이다. 따라서 더 많은 사람들이 자가용으로 출퇴근하기를 선택해 교통 체증이 악화될 수 있다. 도시들이 재정난에서 벗어나더라도 한번 축소된 서비스는 이전 수준으로 되돌리는 데 오랜 시간이 걸린다. 2021년 예상되던 운행 정상화는 연기될 것이 거의 확실하다. 뉴욕 시민의 약 75%가 대중교통으로 출퇴근한다. 따라서 교통 서비스가 축소되면 지역 전체의 생산성이 저하된다. 보스턴과 샌프란시스코는 대중교통을 이용하는 노동 인구의 비율이 비교적 낮지만, 이들 이용자가 자가용을 끌고 거리로 나온다면 이 두 도시도 심각한 교통 체증에 시달리게 될 것이다. 디트로이트는 노동 인구의 약 7%만이 버스로 통근한다. 따라서 운행 감축 시 대중교통이 거의 남아나지 않을지도 모른다.

그러나 코로나19는 교통 체계의 혁신과 개선을 부추기는 계기가 되었으며, 이러한 영향은 2021년에도 지속될 것으로 보인다. 예를 들어 많은 도시에서 버스 승차 방법을 재고해왔다. 전에는 모든 승객이 줄지어 앞문으로 승차했으므로 버스가 정류장에서 정차하는 시간이 길어지고 시스템의 효율성이 떨어졌다. 그래서 일부 지역에서는 승객이 어느 문에서나 탑승할 수 있도록 승차 방법을 바꾸는 실험을 도입했다.

대중교통 애호가들은 오랫동안 버스 전용 차로를 찬성해왔다. 시 정부들도 이를 도입하는 데 복잡한 절차도 거액의 자본도 필요하지 않다

는 사실을 깨달았다. 페인트 몇 통과 시험 의지만 있으면 되었다. 2021
년 지자체들이 더 스마트하고 비용 효율적인 대중교통 체계를 구축하
고자 노력한다면, '버스 전용 차로'는 몇몇 도시에서 영구적으로 정착
할 수 있을 것이다.

What If 미국은 오랫동안 유럽식 산업 정책을 기피해왔지만, 이제는 일부
기술, 특히 차세대 모바일 네트워크인 5G 분야에서 중국보다 뒤
처지는 실정이다. **정부가 이를 따라잡기 위해 국영 5G 네트워크를 개시한다면 어떻게
될까?** 트럼프 행정부의 대(對)중국 강경론자들은 이 아이디어를 지지한다. 한 가지 나
온 제안은 영향력 있는 공화당원들이 투자에 발 담그고 있는 기업 리바다 네트워크
(Rivada Networks)에 국방부가 전파 스펙트럼의 일부를 임대하게 하는 것이다. 바이
든 당선인조차도 이 제안을 지지할 가능성이 있다. 공공 5G 네트워크를 보유하면 경
쟁을 촉진하고 혁신을 장려할 수 있기 때문이다.

캘리포니아주 스톡턴시의 **마이클 텁스 (Michael Tubbs)** 시장은 기본소득제가 불평등을 해소하고 경제의 회복 탄력성을 구축할 수 있다고 말한다.

이제는
기본소득제가
필요한 때

빈곤과 경제 불안은 개인이 아닌 정책의 선택에 따른 결과다.

20년 3월, 공항에서 근무하던 토머스 바르가스 주니어는 코로나19로 일자리를 잃고 4,000만 명의 실업수당 청구자 중 한 사람이 되었다. 실업수당이 입금되기까지 몇 주를 기다려야 했지만, 그동안 토머스는 2019년 2월부터 스톡턴에서 시험적으로 시행하고 있는 월 500달러의 기본소득을 지급받아 버틸 수 있었다. 그는 조건 없이 주어진 현금을 월세, 식비, 공과금 등으로 지출했다. 이처럼 기본소득이 받쳐주고 있으니 토머스는 필수 노동자(essential worker)[1]들에게 무료로 자동차를 수리해주고 지역 소방서에 물품을 기부함으로써 지역사회에 보답할 수 있었다.

토머스의 사정은 전염병 창궐이라는 평생에 한 번 겪을까 말까 하는 특수한 상황에 기인하지만, 토머스뿐 아니라 누구든지 그 밖의 다양한 이유로 갑작스러운 실직을 겪을 수 있다. 실직자들은 푸드뱅크에서 끼니를 해결하고, 막대한 부채를 떠안아야 할 것이다. 코로나19는 원래부터 존재했던 현실의 문제를 수면 위로 떠오르게 했을 뿐이다. 즉 사람들은 일하는데 경제는 돌아가지 않는다. 미국 경제는 불안 심리가 널리 퍼져 있으며, 구조적 인종차별주의가 인종 간 빈부와 소득 격차를 고착화해 자수성가의 길을 가로막고 있다. 여기서 토머스의 사례는 최소한의 소득 보장이 경제의 회복 탄력성을 구축할 수 있는 방법임을 분명히 보여준다.

특히 비상사태와 경제 혼란이 일상이 된 작금의 뉴노멀 시대에 우리는 모두 최소한의 경제적 기반을 갖출 필요가 있다. 지금은 코로나 때문에, 또 나중엔 허리케인이나 화재 때문에 생계에 타격을 입을 수 있다. 국가와 지역사회의 부를 쌓아올린 주체는 국민이지만 그 국민의 다수가 여전히 빈곤선 이하의 삶을 살고 있다는 점

---

1 코로나 사태 중에도 기본적으로 사회가 돌아갈 수 있도록 필수적인 업무를 담당하는 노동자.

은 미국이 세계에서 가장 부유한 나라라는 사실을 무색하게 한다. 2~3가지 직업을 가진 사람들은 본질적으로 품위 있는 삶을 누릴 수 없을뿐더러 그러면서도 기본적인 의식주 해결조차 버거운 실정이다. 또한 '필수 노동자'에 속하면서도 위험수당, 단결권 보장, 의료보험, 개인 보호 장비 등이 주어지지 않는 사람들도 많다.

역사상 현재의 경제 위기와 흡사했던 1930년대 대공황은 노조 단결권과 실업 보험 수급권을 포함해 중요한 노동 보호 장치들을 도입하는 과감한 사회 개혁으로 극복할 수 있었다. 하지만 2020년에는 그 이상이 필요하다. 실업 보험도 필요하지만 그것만으로는 역부족이며, 정규직도 더 이상 경제적 안정을 의미하지 않는다. 우리에게는 일한 만큼 벌어들이는 소득 외에 누구에게나 두루 통하고 나아가 인종적, 경제적 정의를 실현해줄 사회 안전망이 필요하다.

2021년 스톡턴시에서는 기본소득제를 통해 모든 시민의 보편적 존엄성을 인정하는 경제를 건설하려 한다. 마틴 루터 킹 목사의 경제적 소망에 뿌리를 두고 있는 기본소득제(개인에게 매달 현금을 직접 지급하는 방식)는 주민들을 신뢰하고 그들이 자신과 가족을 위해 옳은 결정을 내리도록 돕는 가장 이상적인 정부를 구현하는 길이다.

2019년 2월에 시작한 스톡턴의 기본소득제는 125명의 주민들에게 2년간 매달 500달러를 제공하는 프로그램이다. 나는 수급자들이 현금을 본인과 가족을 위해 요긴하게 잘 사용할 것이라 믿었고, 실제로 데이터를 통해 내 생각이 틀리지 않았다는 것을 확인했다. 수급자들은 전체 금액 중 식비에 40%, 일상용품에 25%, 공과금에 11%, 그리고 술, 담배에는 겨우 2% 이하씩 각각 지출한 것으로 나타났다. 그리고 수급자 중 구직 의사가 없는 실업자가 2%도 되지 않았다는 점에서 기본소득제가 저소득층의 낭비벽과 게으름을 조장할 것이라는 악의적이고 인종차별적인 주장은 사실무근임을 알 수 있었다.

기본소득 실험의 성공을 바탕으로 2020년 6월 나는 연방 기본소득제에 찬성하는 25명 이상의 지자체장들과 함께 기본소득제 추진을 위한 지자체장 협의 기구(Mayors for a Guaranteed Income)를 출범시켰다. 지자체장들은 코로나19는 물론 조지 플로이드, 브리오나 테일러(Breonna Taylor) 등의 사망 사건으로 시민들의 불안이 커진 가운데 정치적 최전선에 나서야 했다. 흑인 인권 시위의 물결은 경찰의 잔혹 행위에 대한 대항으로 시작되었지만 그 이면에는 빈곤과 경제적 불안 문제, 그리고 우리가 400년째 풀지 못하고 있는 더 근원적인 의문이 깔려 있다. 바로 생명권, 자유권, 행복 추구권과 같은 양도할 수 없는 권리가 실제로 모든 국민에게 적용되고 있느냐는 것이다.

빈곤과 경제 불안은 개인이 아닌 정책의 선택에 따른 결과다. 코로나 사태, 그리고 전 세계로 퍼진 흑인 인권 시위는 우리가 앞으로 전 인류의 존엄성을 인정하며 새로운 방향으로 나아가야 한다는 단순하고도 부인할 수 없는 진리를 일깨워줬다. 2021년에는 빈곤과 가난을 과거에 묻어두고 새 출발을 맞이했으면 한다. 우리는 모두 복지를 마음껏 누리고 애착을 느낄 수 있는 지역사회를 건설해야 하고, 또 그러한 사회에서 살 자격이 있다.

역경 헤쳐나가기

EU에 힘든 한 해가 다가오고 있다

던컨 로빈슨 Duncan Robinson | 〈이코노미스트〉 브뤼셀 지국장, 샤를마뉴 칼럼니스트

20 21년 EU는 내부 갈등과 외부 불안에 시달리고 오래전부터 기약된 작별을 맞이할 것이다. 코로나19로 유럽 대륙이 고통을 겪게 되자 EU는 금융 위기를 진정시키기 위해 처음으로 7,500억 유로(8,880억 달러)의 공동 채권을 발행하는 데 힘겹게 합의했다. 2021년 EU 정치인들은 채권 발행에 합의하는 것은 차라리 쉬운 일이었음을 알게 될 것이다. 그렇게 마련한 돈의 사용 방식에 합의하는 일은 훨씬 더 힘들 일이 될 것이다.

네덜란드처럼 채권 발행에 회의적인 나라들은 각 나라 정부들이 그 돈으로 무엇을 하는지 주의 깊게 지켜볼 것이다. 스페인과 이탈리아 정치인들은 다른 EU 국가들이 그들의 재정 문제에 관여하는 것을 달가워

하지 않을 것이다. 하지만 그들은 그런 관여에 익숙해져야 한다. 보통 재정에 관한 논쟁은 순전히 국가 차원의 정치 범위에 속하지만, 2021년에는 유럽 차원에서 그런 논쟁들이 벌어지기 시작할 것이다.

마르크 뤼터(Mark Rutte) 네덜란드 총리가 남유럽 이웃들을 너그러이 봐줄 이유는 거의 없을 것이다. 2021년 유럽에서 있을 두 차례의 중요한 선거 중 첫 번째 선거가 봄에 네덜란드에서 치러질 것이다. 뤼터 총리는 유럽 통합에 회의적인 우파에 유권자를 빼앗기지 않기 위해 남유럽 국가들을 상대로 싸움을 걸 것이다. 하지만 중도 우파 성향의 뤼터 총리는 아슬아슬하게 줄타기를 해야 할 것이다. 유럽 통합에 찬성하는 정당들이 그의 왼쪽에 도사리고 있기 때문이다. 뤼터 총리는 이 두 진영 사이에서 균형 잡을 수 있는 묘수를 찾았다. 민주주의 규범을 후퇴시킨 폴란드와 헝가리를 강렬히 비판하며 진보적인 경쟁자들과 함께하려 할 것이다. 네덜란드가 볼 때 언론을 탄압하는 헝가리는 낭비가 심한 이탈리아만큼 나쁘다.

2021년에는 법 규범에 대한 의구심이 EU를 괴롭힐 것이다. 부패, 시민권 장사, 언론 탄압 혐의가 가득한 불가리아, 키프로스, 몰타 같은 나라들이 폴란드와 헝가리가 EU로부터 심판받는 자리에 합류하게 되면서 상황은 더욱 악화될 것이다. 단일 시장은 각 나라가 청렴한 정치인과 자유 언론, 공정한 법체계를 갖췄다는 전제가 중요하지만, 이것은 확실히 보장할 수는 있는 게 아니다. 인내심이 줄어들 것이다.

하지만 그에 대한 조치도 신통찮을 것이다. 빅토르 오르반(Viktor Orban) 헝가리 총리는 10년 넘게 진보 야당을 앞섰으며, 어느 정도는 유럽 정치인들의 영향력

2021 IN BRIEF

아일랜드 독립 전쟁이 끝나고, **영국·아일랜드 조약**이 체결된 지 100주년이 된다. 조약을 맺은 다음 해 아일랜드자유국이 세워졌다.

있는 중도 우파 정당인 유럽인민당(EPP) 당원 자격 덕분에 보호를 받았다. 중도 우파의 무기력한 정치인들이 그를 저지하기 위해 한 일은 거의 없었다. 동료 지도자들이 푸념하더라도 오르반 총리의 연승은 멈추지 않을 것이다.

안타깝게도 많은 지도자들은 EU가 더 큰 문제를 안고 있다고 믿기에 이 문제를 무시하고 있다. 외교 정책에 관해서라면 그들이 옳다. 북아프리카에서 러시아에 이르는 지역을 둘러싸고 불안감이 감돌고 있다. 블라디미르 푸틴(Vladimir Putin)과 레제프 타이이프 에르도안(Recep Tayyip Erdogan) 터키 대통령은 EU 국가들의 국경을 위협할 것이며, EU는 이에 격렬하게 대응할 것이다. EU가 이웃 국가들에 대해 일관성 있는 외교 정책을 내놓으려면 진통을 겪어야 할 것이다. 러시아나 터키 같은 나라들에 대해서는 이해관계가 첨예하게 엇갈린다. 두 나라는 일부 회원국에는 유용한 친구가 될 수 있고, 다른 나라들에는 실질적인 위협이 될 수도 있다.

EU는 더 먼 곳의 문제에 관해서는 오히려 더욱 단결할 것이다. 중국에 대해 공통된 정책을 구상하는 것은 러시아에 대한 정책 구상 때보다 조금 덜 힘들 수 있지만, 여전히 쉬운 일은 아니다. 트럼프의 백악관 입성은 미국과 유럽의 이해관계가 항상 일치하지는 않는다는 사실을 시기적절하게 일깨웠다. 유럽 강대국들은 (특히 에마뉘엘 마크롱 프랑스 대통령

2021 IN BRIEF

7월부터 독일에서 새로운 법이 시행된다. 세계의 바다를 오염시키는 빨대, 커틀러리, 면봉 등 **일회용 플라스틱 제품** 판매를 금지하는 법률이다.

의 부추김 덕분에) 때로는 EU가 홀로 서야 할 필요가 있음을 뒤늦게 깨달았다. 유럽의 자주권(패권에 흔들리지 않는 힘) 확립이 그들의 좌우명이 될 것이다. 바이든 대통령 당선인은 이런 거침없는 변화를 막기 위해 할 수 있는 일이 거의 없을 것이다. 우르줄라 폰데어라이엔 (Ursula von der Leyen) EU 집행위원장은 '지정학적 위원회'를 운영하겠다고 밝혔다. 이 아이디어를 꾸준히 발전시키는 원동력은 EU와 다른 강대국들과의 관계일 것이다. EU는 미국에 지나치게 의존하는 것을 경계할 것이다. 또 중국과 미국 사이의 어떤 싸움에도 휘말리지 않겠다고 단단히 결의했다. 무역을 지렛대 삼아 오랫동안 경제 대국으로서의 입지를 굳혀왔지만, 2021년에는 EU의 (부족한) 군사력에 깊은 관심이 쏠릴 것이다. 어쨌든 그런 접근법에서 가장 큰 (그러나 결코 유일하지는 않은) 걸림돌인 영국이 떠났다.

2021년에는 브렉시트가 본격적으로 실현된다. 4년간의 논쟁 끝에 그 효력이 체감되기 시작할 것이다. 기업인들은 삶이 바뀌리라는 것을 오래전부터 알고 있었지만, 영국 시민들은 아연실색하게 될 것이다. 얼핏 보기에 사소한 결과들에 관심이 쏠릴 것이다. 중대한 경제 문제가 아니라, 애완동물 여권 같은 것에 대한 분쟁들(그리고 프랑스 국경 수비대가 영국 개를 강제로 압수할 경우 보게 될 잠재적 구경거리)이 그런 논란에서 비현실적으로 큰 부분을 차지할 것이다. 브렉시트 지지자들은 오래전부터 EU가 대단치 않다고 여기는 실수를 저질렀다. 반면 잔류파들은 EU가 자신들에게 도움이 된다고 여긴다. 양측 모두 충격에 빠질 것이다.

또 다른 작별은 큰 공백을 남길 것이다. 앙겔라 메르켈은 2021년 가을 차기 독일 선거에서 퇴임하면 유럽 무대에서 퇴장할 것이다. 메르켈 총리는 EU 체제의 대들보였기에 정치가 그녀를 중심으로 움직였다. 독일이 항상 원하는 바를 얻는 것은 아니었지만, 대체로 반대하는 것은 멈추게 할 수 있었다. 메르켈 총리가 떠나면 빈자리가 클 것이다. 누가 그 빈자리를 채울까? 그것이 2021년 유럽에서 가장 중요한 문제가 될 것이다.

앙겔라 메르켈 이후
누가 차기 독일 총리가 될까?

톰 넛톨 Tom Nuttall | 〈이코노미스트〉 베를린 지국장

독일 지도자들은 장기 집권하는 경향이 있다. 콘라트 아데나워(Konrad Adenauer) 서독 초대 총리는 14년 동안 서독을 이끌었고, 헬무트 콜(Helmut Kohl) 전 총리는 16년 동안 재임했다. 2005년 11월 총리가 된 앙겔라 메르켈 총리가 2021년 가을 독일 연방 선거 이후 물러나면(연정 구성 협상이 12월 중순까지 진행되면 콜을 제치고) 최장수 총리로 기록될 가능성이 크다. 네 차례의 임기를 거치면서, 그중 세 차례는 중도 좌파와 우파의 '대연정'을 이끈 메르켈 총리는 유능한 중도주의자의 덕목을 구현하며 유럽의 최고 위기 관리자로 떠올랐다. 그런 덕목은 독일 정치를 안정으로 이끌었다. 메르켈 총리 퇴임 이후의 삶에 대한 전망이 많은 독일인들에게 불안감을 안겨줄 것이다.

선거 결과가 예측 불가능한 탓에 그런 불안감은 한층 더 커질 것이

또 만나요!

다. 메르켈 총리의 보수당 기독교민주동맹(CDU)은 [바이에른의 자매 정당인 기독교사회연합(CSU)과 더불어] 통일 이후 30년 중 7년을 제외한 나머지 기간 내내 그랬듯 차기 정부를 이끌 가능성이 여전히 높다. 하지만 코로나19 위기에 정부가 안정적으로 대응한 데 힘입어 CDU-CSU에게 주어진 '메르켈 보너스'는 2021년 독일 유권자들이 당의 새로운 리더십에 적응하면서 희미해질 것이다.

메르켈 총리가 후임자를 직접 지정하고 싶어 하는 바람은 자신이 발탁한 안네그레트 크람프-카렌바우어(Annegret Kramp-Karrenbauer)가 2020년 초 사퇴하면서 무너졌다. 현재 크람프-카렌바우어의 당대표 자리를 대신하기 위해 다투는 경쟁자들은 이 승리가 CDU-CSU의 총리 후보 지명으로 이어지길 기대할 것이다(두 당은 공동 후보를 내기로 합의했다). 독일 최대 주(州)인 노르트라인베스트팔렌주의 아르민 라쉐트(Armin Laschet) 주총리는 메르켈식 중도주의를 꾀하고 있다. 친기업적이며 미국과 서유럽 국가들 간의 긴밀한 협력을 지지하는 프리드리히 메르츠(Friedrich Merz)는 완고한 보수주의로 복귀하겠다고 단언한다. 세 번째 도전자 노베르트 뢰트겐(Norbert Röttgen)은 가능성이 희박하다. 의외의 강력한 경쟁 상대는 CSU의 카리스마적인 당대표이자 바이에른 주총리인 마르쿠스 죄더(Markus Söder)다. CDU의 새로운 지도자가 유권자들의 마음을 얻는 데 실패하면, 죄더는 높은 지지율 덕분에 CDU의 환심을 살 것이다.

분열된 의회의 선거 이후 연정 구성은 상황이 복잡해질 것이다. 메르켈 총리의 들러리로 8년 동안 불행한 시간을 보낸 사회민주당(SPD)은 그들의 총리 후보인 올라프 숄츠(Olaf Scholz) 재무장관의 포부에도 불구하고 당내 좌파 계열에 이견이 존재할 것이다. 독일 16개 주의 절반 이상에서 이미 정권을 쥐고 있는 녹색당(Green Party)은 지방 의회 선거에 이기기 위해 준비하고 있다. (둘 중 누가 선거 운동을 주도할지 결정해야 하는) 공동대표 아날레나 베르보크(Annalena Baerbock)와 로버트 하벡(Robert Habeck)은 당을 중도로 옮겨놓았다. 가능성이 꽤 큰 CDU–CSU와 녹색당의 연정은 국방과 외교 정책에 대한 그린 절충안을 모색하고, 기후 친화적 공공 투자라는 큰 계획에 대해 보수파의 동의를 얻어낼 수도 있다. 가능성은 낮지만 녹색당(또는 SPD)의 주도로 구동독 공산당의 후신인 좌파당(Die Linke)과 '진보적' 연정이 추진될 수도 있다.

메르켈 총리의 후임자는 그녀의 신중한 접근법을 모방하고 싶은 유혹을 느낄 것이다. 하지만 새로운 시험이 기다리고 있다. 어쩌면 메르켈의 가장 큰 잘못은 유럽 이웃나라들의 불안정에서부터 중대한 자동차 산업이 직면하고 있는 혼란에 이르기까지, 독일이 장기적인 도전에 대비하지 못한 것이었다. 메르켈이 겪어온 많은 위기는 유럽에 큰 타격을 주었지만 독일 국내의 안정을 깨는 일은 거의 없었다. 메르켈의 후계자는 그렇게 운이 좋지 않을지도 모른다.

구조 작업에 나서다
EU 집행위원회는 돈을 풀고, 그로 인해 더욱 강해질 것이다

라차나 샨보그

유럽 경제는 2021년을 향해 비틀비틀 걸어가고 있다. 코로나19 팬데믹은 유럽 경제를 강타했고, 남유럽 국가들은 가장 큰 고통을 겪었다. 2020년 이탈리아와 스페인의 GDP는 10% 이상 줄었다. 무급 휴직 제도가 축소됨에 따라 스페인의 실업률은 20%를 훌쩍 넘길 것이다. 그에 비해 독일은 2020년 5%의 실업률을 보이며 비교적 큰 타격을 입지 않고 위기에서 벗어날 것으로 보인다.

남부와 북부 유럽의 의견 차이에서 EU에 대한 불만이 드러나고, 통화동맹(currency union)에 긴장감이 감돌았을 것이다. 높은 수준의 공공부채를 떠안고 있는 남유럽 국가들은 북유럽 국가들에 비해 자국 경제를 부양할 능력이 훨씬 떨어지기 때문이다. 하지만 2021년에는 그런 과거와 결별하게 될 것이다. EU는 처음으로 경제 회생 기금 7,500억 유로(8,880억 달러)를 조성해 균형을 바로잡기 위한 조치를 취할 것이다. 이 기금은 EU 집행위원회가 발행하고 회원국들이 공동으로 지원하는 채

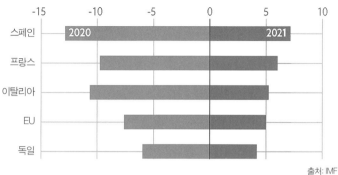

출처: IMF

권으로 자금이 조달되며, 대출과 보조금의 행태로 각 나라에 지급될 것이다.

그 기금은 강력한 효과를 발휘해야 할 것이다. 이탈리아와 스페인처럼 가장 궁핍한 나라들에 가장 많은 금액이 돌아갈 것이다. EU는 수혜국들에 유럽의 신통치 않은 성장 가능성을 끌어올릴 수 있는 그린 테크놀로지와 디지털 인프라에 투자하도록 권장할 것이다. 이 기금 덕분에 통화 정책이 고무적인 상태를 유지할 것이다. 유럽중앙은행은 물가 상승률을 목표치인 2% 가까이 (그러나 그보다는 낮게) 높이는 데 필요한 기간 동안 낮은 금리를 유지하겠다고 약속할 것이다. 2021년 중반 마무리되는 전략 검토가 끝난 뒤, 어쩌면 경제 회복을 장려하기 위해 일정 기간 동안 목표 이상의 물가 상승을 용인하겠다고 약속할지도 모른다.

EU 집행위원회는 경제 회생 기금 덕분에 더욱 강력해질 수 있다. 이 기구는 수십 년 동안 회원국들의 지출 규모를 감시하고 EU의 재정 준칙을 집행하는 책임을 맡아왔지만, 잘못된 행동을 처벌할 힘은 거의 없었다. 이제 수천억 유로를 마음대로 쓸 수 있으므로 더 많은 제재를 가할 수 있게 됐다. 관계 당국자들은 기금을 지급하기 전에 회원국들의

브뤼셀에서의 전경

지출 계획을 검토할 것이다(하지만 지급을 기각할 수 있는 주체는 각 나라의 중앙 정부들뿐이다).

　집행위원회는 금융 시장에도 큰 영향을 미칠 것이다. 팬데믹 이전에는 매년 채권을 아주 적은 금액만 발행했던 이 위원회가 2024년에는 유럽에서 채권을 가장 많이 발행한 주체가 될 것이다. 초안전 자산을 쫓는 투자자들이 EU의 우량 채권으로 몰려들 것이다. 회생 기금의 상당 부분은 녹색채권을 통해 조달될 예정이다. 이는 앞으로 3년 동안 집행위원회가 전체 녹색채권 발행액의 4분의 1까지 차지할 수 있음을 의미한다. 그것은 새로운 자산군인 녹색채권의 커가는 인기에 보탬이 될 것이다.

각 정부들은 이 모든 부채를 어떻게 갚아야 하는지도 논의하기 시작할 것이다. 그 논의는 몇 년이 걸릴 테지만, 일부 국가들은 집행위원회가 훨씬 더 강력할 역할을 하게 되더라도 자신들의 출연금이 늘어나는 것보다 EU가 자체적인 세금을 부과하는 쪽을 선호할 것이다. 또 지지자들의 바람대로 회생 기금이 앞으로 더 많은 부채 발행의 문을 열어준다면, EU의 준 재정권자로서 집행위원회의 역할은 그대로 자리 잡을 것이다.

물론 고통도 따를 것이다. 일부 회원국(주로 네덜란드)은 몇몇 나라들에서 진행되는 여러 프로젝트를 돈 낭비로 여길 것이다. 현금을 훨씬 더 빨리 나눠줬더라면 진정 빠른 회복이 가능했을지도 모른다. 2021년 이 기금의 5분의 1이 브뤼셀에서 나올 것이다. 나라들에 자금이 늦게 전달되면 한 해 동안 실제로 쓸 수 있는 돈은 훨씬 더 적을 것이다. 경기 침체가 이어짐에 따라 각 나라들은 당연히 그들 나라에 많은 돈을 써야할 것이다. 그럼에도 불구하고 경제 회생 기금이 계획되지 않았다면 유럽 경제는 훨씬 더 무기력했을 것이다.

What If 주세페 콘테(Giuseppe Conte) 이탈리아 총리는 코로나19 재유행 대응에 대해 첫 유행 때보다 더 신랄한 비판을 받고 있다. **이탈리아 정부가 무너지면 어떻게 될까?** 한 가지 가능성은 EU 경제 회생 기금을 지출하는 임무를 주로 수행하게 될 거국내각이 꾸려지는 것이다. 유력한 총리 후보는 마리오 드라기(Mario Draghi) 전 ECB 총재일 것이다. 또 다른 가능성은 선거를 통해 마테오 살비니(Matteo Salvini)의 북부동맹(Northern League), 부분적으로 신파시즘에 기원을 둔 이탈리아 형제당(Brothers of Italy)을 내세운 강경 우파 정부가 들어서는 것이다. 상황이 험악해질 수도 있다.

소피 페더 Sophie Pedder | 〈이코노미스트〉 파리 지국장

누가 마크롱 대통령에게 확실한 도전장을 낼 수 있을까? 프랑스인들은 2021년 말경이면 다음 해 봄 선거에서 어떤 경쟁 상대가 그렇게 할 수 있는지 잘 알게 될 것이다. 가지각색의 희망을 품은 사람들이 대권 가능성을 시험하려 하므로 정치적으로 분열이 일어나는 한 해가 될 것이다. 집단 간의 갈등, 문화 전쟁, 기회주의적 침략, 그리고 수많은 마크롱 때리기를 볼 수 있을 것이다.

2017년 마크롱 대통령은 프랑스 전역에서 좌파(사회당)와 우파(공화당)의 주류 정당들을 압도했다. 하지만 각 정당은 강력한 지역적 뿌리를 유지하고 있다. 그러므로 두 정당은 3월 프랑스의 전체 13개 지역에서 (코로나19 상황이 허락하면) 실시될 선거에서 좋은 성적을 거둘 것이다. 반면 마크롱 대통령의 앙마르슈당(LREM)은 구조적 취약성을 노출하며 한곳에서도 승리하지 못할 것이다.

프랑스 북부 오트 드 프랑스 지역에서 벌어지는 경쟁은 지켜볼 만할 것이다. 공화당 출신 자비에르 베르트랑(Xavier Bertrand) 현 시장은 자신의 재선을 2022년 대선에 출마하기 위한 포석으로 삼을 것이다. 그가 승리할 가능성은 크지 않다. 중도파인 마크롱 대통령은 중도 우파의 지지를 강화하기 위해 전 공화당 의원들을 자신의 정부로 영입했다. 하지만 그는 북부의 본거지에서 파리지앵의 이미지를 벗는 데 성공한 베르

중도를 모색하다

트랑을 주의 깊게 지켜볼 것이다.

좌파의 대선 전망은 옥신각신하고 있는 사회당과 녹색당이 단일 후보에 합의하느냐에 달려 있다. 합의에 이르지 못하고 각자 후보를 내게 되면 그들은 힘든 싸움을 치를 것이다. 사회당은 예전 사회당의 환영에 지나지 않는다. 녹색당은 2020년 여러 도시에서 승리한 덕분에 좀 더 낙관적이다. 하지만 그들의 지지층은 대도시 유권자들에 쏠려 있다. 게다가 그들은 국민적 지도자인 야닉 자돗(Yannick Jadot)과 그르노블의 급진적 친환경 시장인 에리크 피올(Éric Piolle) 사이의 내부 갈등을 극복하기 힘들 것이다. 자전거를 애용하는 사회당 출신 안 이달고(Anne Hidalgo) 파리 시장을 주목해야 한다. 그녀는 녹색당의 지지를 받으며 재선에 성공했다. 이달고 시장이 출마를 결심하고, 녹색당의 전국적인 지지를 확보하고, 대도시 출신 이미지를 벗을 수 있다면 만만찮은 대선 후보가 될 것이다.

마크롱 대통령의 잠재적 경쟁자들은 극우파 마린 르 펜 후보의 대선 2차전이 되풀이되는 것은 한사코 피하고 싶어 한다. 하지만 르 펜은 핵심 민족주의 기반을 유지하고 있으며, 그것을 약화시키기는 어려울 것이다. 르 펜은 엘리트들의 분노와 불신을 불러일으키기 위해 새로운 공포(코로나19)와 오래된 공포(이민자 문제)를 이용할 것이다. 자신이 키운 사람들을 홍보하는 한편 조카인 마리옹 마레샬(Marion Maréchal)이 정계에 복귀하도록 지지하지는 않을 것이다.

사방에서 비난받고 있는 마크롱 대통령은 자신의 적수들이 어디에서 나오든 그들을 뒤흔들기 위해 좌파와 우파, 파리와 지방의 균형을 유지하면서 정치적 '줄타기' 술책을 쓸 것이다. 그는 경기 부양책으로 1,000억 유로(1,200억 달러)를 지출하면서 (그중 3분의 1은 녹색 정책에 책정됐다) 자유시장경제주의자 이미지를 지우려 할 것이다. 그는 이슬람 과격주의자들을 계속 엄중히 단속하는 한편, 이슬람교도가 밀집한 교외 지역에서 (세속적인 가르침뿐만 아니라) 조기 교육을 개선하기 위한 대책을 마련할 것이다. 여론 조사에서 인기가 없는 마크롱 대통령은 다른 사람들이 그를 단념할 때 종종 최고의 기량을 보여준다.

국가 지원이 멈추고, 기업이 파산하고, 일자리가 없어지면 더욱더 격동하는 한 해가 될 것이다. 그 어느 때보다 불안한 프랑스에서 사회적 반란이 일어날 가능성도 배제할 수 없다. 하지만 마크롱 대통령은 국내의 불만을 해결하려 노력하는 한편, 가을에 메르켈이 독일 총리직을 떠남으로써 남겨질 빈자리에 발을 들여놓으면서 해외에서 점점 더 자신의 목소리를 낼 것이다. 세계적인 강대국들의 경쟁과, 터키와 러시아, 리비아를 포함한 지역 말썽꾼들에 맞서, 마크롱 대통령이 유럽을 강력한 플레이어로 내세우려 노력하면서 많은 마찰이 빚어지고 있다. 모두가 마크롱 대통령의 외교적 행동주의를 높게 평가하지는 않을 것이다. 하지만 브렉시트 이후, 메르켈 이후의 유럽에서 리더십은 그의 몫이 될 것이다.

이탈리아에서 돈이 어디로 가는지 지켜봐야 한다
유동성은 풍부하지만, 과연 구조 개혁 가능성은?

존 후퍼 John Hooper | 로마, 〈이코노미스트〉 이탈리아 · 바티칸 통신원

2021년은 이탈리아가 대박을 터뜨리는 해가 될 것이다. EU 회원국들의 코로나19 피해 극복을 돕기 위해 EU 집행위원회가 마련하고 있는 기금의 일차분이 여름쯤 지급될 예정이다. 이탈리아는 월등히 많은 몫을 차지할 것이다. 이탈리아 정부에 따르면 총 7,500억 유로 가운데 보조금과 대출금 형태로 2,090억 유로(2,500억 달러)를 가져갈 것이다.

그렇게 대규모로 유동성이 투입된 전례는 없을 것이다. 제2차 세계대전 뒤 이탈리아의 운명을 바꾼 마셜플랜조차 (경제 규모와 인플레이션을 감안하면) 그토록 많은 금액을 제공하지는 않았다. EU의 경제 회생 기금이 같은 결과를 불러올지는 몇 가지 요인에 달려 있을 것이다.

첫 번째는 정부의 추산이 정확한지 여부다. 궁극적인 할당량은 코로

늘 똑같은 순환?

나19 제재 조치로 각 나라가 입은 경제 타격의 규모에 달려 있을 것이다. 2020년 중반 이탈리아의 GDP는 전년보다 17.3% 낮아져서 EU 평균을 밑돌았다. 그래도 이탈리아는 스페인이나 프랑스보다는 형편이나았다.

두 번째 문제는 관계 당국자들이 EU 집행위원회가 승인할 수 있는 유형의 프로젝트를 고안할 수 있느냐는 것이다. 환경 친화적이고 디지털 방식일수록 더 유리하다. 세 번째는 할당된 돈이 계획된 목적에 쓰일지 여부다. 그 목적들 중 하나는 이탈리아 남부 지역인 메조지오르노에 자금을 공급하는 것이다. 부유한 북부와의 빈부 격차를 줄이기 위해서다. 과거에도 그 목적을 이루기 위해 노력했지만 실패로 돌아갔었다. 부분적인 이유는 너무 많은 현금이 합법적인 경제에 불온하게 뿌리 내린 이탈리아 조직 범죄자들의 손에 넘어갔기 때문이다.

이탈리아의 미래 생산성, 경쟁력, 전체적
인 번영에서 무엇보다 중요한 문제는 국가가
20년 넘게 막아온 고통스러운 구조 개혁을 당

**할당량은 코로나19 제재
조치로 입은 경제 타격의
규모에 달려 있다.**

국자들이 지원할 준비가 됐는가 하는 것이다. 결국 그것은 정치에 의존
할 것이다.

중도 좌파인 민주당(Democratic Party, PD)과 반체제 오성운동(Five Star
Movement, M5S)을 연합한 주세페 콘테 총리의 연정은 의회 상원에서 힘없
는 다수당임에도 불구하고 비교적 오래 버틸 것으로 보인다. 하지만
M5S는 국영화라면 사족을 못 쓰고, PD는 과거에 이탈리아를 더 현대적
이고 능률적인 국가로 만들려던 시도를 막아낸 노동 운동과 역사적, 정
서적 유대감이 남아 있다. 너무 큰 기대는 하지 않아야 한다.

스페인에는 더 많은 고통이
힘없는 정부는 유럽의 도움을 기대한다

마이클 리드 Michael Reid | 마드리드, 〈이코노미스트〉 벨로(Bello) 칼럼니스트,
라틴아메리카 · 스페인 담당 수석편집자

스페인의 경제 회복은 유럽 다른 나라들보다 얼마나 뒤처질까? 코로나
19 위기로 피해를 입은 많은 사람들의 원망 때문에 극단주의 세력에 대
한 지지가 흔들릴까? 2021년 스페인이 직면한 문제는 이런 것들이다.

길고 엄격한 봉쇄 조치, 관광 시즌의 전멸, 코로나19 재유행과 일부
이웃 국가들보다 적은 자금력 때문에 발생한 혼란은 스페인을 깊은 불

황에 빠뜨렸다. 2020년 스페인 경제는 약 12% 위축됐고, 백만 개의 일자리가 사라졌다. 경제가 되살아나기 시작했지만, 바이러스가 급속도로 재확산되고 여가 활동 규제가 재개되면서 상황이 더 나빠졌다.

회복 또한 한쪽으로 기울어졌다. 스페인은 관광과 기타 대면 비즈니스(2019년 GDP의 12.3%)에 크게 의존하는 나라다. 누구도 전면적인 봉쇄 조치로 돌아가고 싶어 하지 않지만, 일부 지방정부들은 바이러스에 감염된 사람들을 효과적으로 추적하고, 역학 조사와 격리 조치를 체계화하느라 힘든 시기를 보낼 것이다.

사회노동당 출신 페드로 산체스(Pedro Sanchez) 총리의 소수 좌파 연합 정부의 상황은 어떤 면에서는 나아질 것이다. 중도 우파인 시민당(Ciudadanos)이 힘을 합치기로 결정하면서 예산안 통과에 도움이 될 것으로 보인다. 산체스 총리는 근로자와 기업에 대한 긴급 자금 지원을 너무 급하게 줄이는 일은 피하고 싶을 것이다. 만일 상황이 잘 풀리면 2021년에 경제가 7% 정도 성장할 수 있다. 스페인 정부는 유럽 회생 기금에서 얻으리라고 예상하는 1,400억 유로(1,650만 달러)에 큰 기대를 걸고 있다. 대부분의 기금은 어느 정도 시간이 지나야만 혜택을 볼 수 있는 재생에너지나 디지털화, 교육 제도 개혁 같은 프로젝트에 들어갈 것이다.

이제까지 스페인 사람들은 놀랄 만큼 강한 인내심을 보여줬다. 하지만 10년 만에 두 번째 경제 충격을 겪으면서 인내심이 약해질 수도 있다. 이전 위기는 현 연립정부의 소수 극좌파정당 포데모스당(Podemos)을 탄생시켰다. 현재의 위기는 2019년 총선에서 3위를 차지한 극우정당 복스(Vox)에 힘을 보태줄 수도 있다. 카탈루냐에서 독립에 대한 지지도가 떨어졌음에도 불구하고 그곳의 분리주의 정당들은 2021년 2월 14일에 있을 지방 선거에서 경쟁자들의 무관심에서 반사이익을 얻고 싶어 할 것이다.

산체스 총리는 그럭저럭 헤쳐나갈 것이다. 경제가 강하게 회복되고 팬데믹이 진정되면, 2022년에 피할 수 없는 재정 조정 이전에 조기 선거를 요구할 수 있을 것이다. 그의 사회노동당은 주로 포데모스당을 희생시키며 이익을 얻고 싶어 할 것이다. 하지만 스페인은 몇 년 더 힘없는 정부와 함께할 가능성이 크다.

헝가리의 독재자 빅토르
빅토르 오르반은 코로나 방역을 구실로 강화한 권력을 지키려 할 것이다

벤델린 폰브레도 Vendeline von Bredow | 베를린, 〈이코노미스트〉 유럽 비즈니스 · 금융 통신원

헝가리는 2021년을 힘겹게 시작할 것이다. 2020년 봄 상대적으로 온건했던 코로나19 1차 대유행 이후, 늦여름부터 시작된 2차 대유행의 여파로 신규 확진자와 사망자 수가 확 늘었다. 새해가 밝아도 경제는 부진할 것이다. 그런데도 오르반 총리는 2010년 권좌에 복귀한 이래 어느 때보다 더 단단히 권력을 움켜쥘 것이다.

낡은 의료보험 제도를 유지하고 있는 나라에서 팬데믹의 공포에 놀란 오르반 총리는 2020년 3월 말 제정된 법에 따라 거의 독재에 가까운 권력을 손에 쥐었다. 이 비상사태법에 따라 코로나바이러스 위기가 끝날 때까지 (헝가리 의회를 건너뛰고) 행정명령으로 통치할 수 있게 됐다.

인권 단체와 EU 의회 의원들, 국제 언론은 분노했다. EU 집행위원

헝가리(와 오르반) 우선주의

회는 예산을 깎겠다고 위협했다. 헝가리 정부는 미국 언론이 오르반 총리의 비상 지휘권을 겨냥해 '근거 없는' 비판적 보도를 했다고 뻔뻔스럽게 사과를 요구했다(6월 헝가리 정부는 의회에 이 법을 폐기하라고 요구하기는 했다).

사실 오르반 총리는 그 법을 포기하는 척했을 뿐이다. 헝가리 의회는 비상사태법을 폐지하면서 총리에게 똑같은 권력을 쥐어주는 또 하나의 법안을 통과시켰고, 이번에는 제약이 훨씬 더 적었다.

프린스턴대학교 헌법학 전문가인 킴 레인 셰펠레(Kim Lane Scheppele) 교수는 이 새로운 권력이 250쪽 분량의 문서에 파묻혀 있다고 말한다. 오르반 총리는 의회의 동의 없이 정부가 선포할 수 있는 새로운 '보건 비상사태'를 만들었고, 일단 비상사태가 선포되면 의회는 그것을 중지시킬 힘이 없다. 정부는 이 새로운 권력을 이용해 군 지휘관들이 즉시 병원을 관리하도록 했다. 또 코로나 방역을 위해 만들어진 비상 기구의 소관을 확대했으며, 이 기구의 구성원들은 내각에 속하지 않는다.

보건 비상사태 기간은 이론상으로는 6개월로 제한돼 있다. 실제로는 정부가 원할 때마다 비상사태를 연장할 수 있으며, 2021년에 두 차례 연장될 가능성이 높다. 헝가리 정부는 '이주민 비상사태' 때도 같은 방법을 썼으며, 2015년 통과된 이 법은 당시 6개월마다 연장됐다.

셰펠레 교수는 오르반 총리가 장기 집권할 것이라고 내다본다. 그를 권좌에서 끌어내릴 방법은 반란밖에 없을 듯하지만, 헝가리 국민들은 무엇이 오르반 독재 정권을 대체할지 두려워한다. 오르반 총리는 경제, 보건과 관련된 고난의 한 해를 보낼 가능성이 크고 2022년 상반기에는 총선을 치를 것이다. 하지만 누가 봐도 결과는 불 보듯 뻔하다. 독재자 빅토르는 의회에서 3분의 2를 차지하는 압도적인 다수 의석을 확실히 지킬 것이다.

반항아가 된 스웨덴 사람들
코로나19로 일어난 분열은 계속 이어질 것이다

맷 스타인글라스 Matt Steinglass | 〈이코노미스트〉 유럽 통신원

북유럽 국가들은 비슷한 정치 모델과 문화 규범을 공유하고 있다. 따라서 2020년 3월 코로나19가 퍼지기 시작했을 때 대다수의 사람들은 덴마크, 핀란드, 노르웨이, 스웨덴이 비슷한 정책을 채택하리라 예상했다. 하지만 스웨덴은 식당과 초등학교를 열어둔 채 국민들이 사회적 거리두기 권고를 자발적으로 준수하는 데 의지하는 느슨한 접근법을 택했다. 다른 나라들은 엄격한 봉쇄 조치를 시행하고 전염병 확산세가 약해질 때만 조치를 완화했다.

그로 인해 북유럽은 자연 실험 현장이 됐고, 어떤 접근법이 경제적, 사회적 피해를 최소화하면서 공중 보건을 잘 유지하는지 실험했다. 그

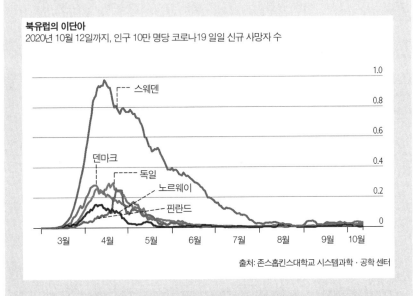

북유럽의 이단아
2020년 10월 12일까지, 인구 10만 명당 코로나19 일일 신규 사망자 수

출처: 존스홉킨스대학교 시스템과학 · 공학 센터

결과에 따라 2021년에는 스웨덴이 이웃 나라들의 접근법으로 바꾸거나, 이웃나라들이 스웨덴의 접근법으로 바꿀지도 모른다. 어떤 결과가 나올까?

처음에는 결과가 뻔해 보였다. 2020년 봄 스웨덴의 감염률은 이웃나라들보다 훨씬 높았다. 6월 중순 무렵 인구 규모에 따라 조정된 일일 신규 확진자 발생률은 덴마크, 핀란드, 노르웨이보다 10배 이상 높았다. 7월 말까지 스웨덴에서 공식적으로 등록된 코로나19 사망자 수는 5,729명이었다. 인구가 스웨덴의 절반 정도인 덴마크는 사망자가 615명뿐이었다. 스웨덴은 코로나19 슈퍼 전파자 취급을 받았다. 6월 다른 나라들이 유럽 여행자들에게 국경을 다시 열었을 때도 대부분 스웨덴에는 계속 닫혀 있었다.

하지만 여름이 지나면서 스웨덴의 감염률은 다른 유럽 나라의 감염률과 마찬가지로 떨어졌다. 8월 말 코로나19 재확산이 시작됐을 때 북유럽 지역에서 최악의 감염률을 보인 나라는 덴마크였다. 스웨덴에서 코로나19 사망자 절반은 요양원에서 감염됐으며 대개 정책보다는 부주의와 불운에서 비롯된 결과였다. 스웨덴 사람들은 다른 북유럽 국가 사람들보다 더 많이 돌아다녔지만 그 밖의 사회적 거리두기 실천은 크게 다르지 않았다. 결국 그들이 옳았던 것일까?

그렇지는 않을 것이다. 경제 상황을 살펴볼 때 봉쇄 조치를 피한 것은 단지 피해를 늦췄을 뿐이다. 스웨덴의 GDP와 취업률은 3월에는 상승세를 유지했지만 감염률이 올라가면서 하락했다. 다른 북유럽 국가들이 반등하기 시작할 때도 마찬가지였다. 다른 나라들은 방역 조치 덕분에 학교를 빨리 재개할 수 있었다. 8월의 실험에 따르면 타격이 컸던 스톡홀름에서조차 코로나19 항체가 생긴 사람은 거주자의 4분의 1 미만으로 집단 면역에 필요한 비율에 훨씬 못 미쳤다.

2021년 이웃 나라들이 스웨덴의 정책을 모방하지는 않을 것이다. 북유럽 국가들은 서로에 대한 신뢰가 전보다 줄었다. 핀란드 정부의 코로나19 정책에 조언하는 핀란드 보건복지 연구소의 미카 살미넨(Mika Salminen)은 "우리가 서로 다른 길을 가야 하는 것은 걱정스러운 일이다"라고 말한다. 만일 감염률이 다시 엇갈리면 새로운 이동 제한 조치가 취해질 것이다. 스웨덴이 입은 또 다른 피해는 나라의 엄격하고 위생적인 이미지에 타격을 입은 것이다. 노르웨이 언론인 오스네 세이에르스타(Asne Seierstadt)는 "북유럽 국가들 가운데 스웨덴이 위험을 무릅쓰는 대표적인 나라가 된 것은 매우 이상한 일이다. 그들은 늘 안전한 선택을 하는 쪽이었다"라고 말한다.

하지만 스웨덴 사람들은 자신들이 반항아가 된 데 만족하는 것처럼 보인다. 2021년에도 그들은 짧은 격리 기간(겨우 7일) 등 관대한 조치를 고수할 것이다. 그 전략은 스웨덴 내에서 압도적인 지지를 얻고 있으며, 스웨덴의 코로나19 방역 책임자인 안데르스 텡넬(Anders Tegnell)은 국가적 아이콘이 됐다. 북유럽 국가들의 분열은 공중 보건에서 소통과 신뢰가 결과만큼이나 중요하다는 것을 보여준다.

발칸반도의 인구 감소
이민과 저출산이 타격을 주고 있다

팀 주다 Tim Judah | 〈이코노미스트〉 발칸 지역 통신원

20 21년 대다수의 유럽 국가들은 인구조사를 실시할 것이다. 그 중 많은 나라들의 결과는 예측하기 쉽겠지만 발칸 지역에서는 문제가 다를 것이다.

공산주의가 몰락하고 그 뒤 이어진 유고슬라비아의 유혈 낭자한 전쟁이 끝난 뒤, 발칸 지역 사람들은 아이를 적게 낳았고 많은 이들이 이민을 떠났다. 이런 이탈은 독일처럼 노동력이 부족한 몇몇 유럽 국가들 덕분에 수월했다. 이런 나라들이 EU 비회원국 국민들에게 취업 허가를 쉽게 내줬기 때문이다. 몇 명이 떠났고, 몇 명이 남았는지 아무도 모른다는 사실이 발칸 지역 국가들의 정책 설계자들에게 골칫거리를 안겨주고 있다.

북마케도니아는 2002년 이후 인구조사를 실시하지 않았다. 그때부터 통계청은 과거의 상황을 토대로 충실히 예측해왔다. 통계 전문가들

은 북마케도니아 인구가 208만 명 정도 된다고 추산하지만, 실제 수치는 그보다 적은 약 150만 명일 수 있다. 불가리아 같은 일부 국가들의 수치는 더 최신이지만, 그 수치의 신뢰도에 관계없이 추세는 같다. 이민과 저출산의 결합으로 이런 나라들이 고령화하고 있으며, 국내로 유입되는 이주자가 없는 까닭에 인구가 줄어들고 있다.

1989년 불가리아 인구는 890만 명이었지만 지금은 690만 명뿐이다. 30년 전 세르비아(코소보 제외) 인구는 780만 명이었지만 지금은 690만 명으로 줄었을 것이다. 과거 루마니아 인구는 2,320만 명이었지만, 2020년에는 1,940만 명으로 추산됐다. 2023년까지 인구조사 계획이 없는 몰도바는 공산 정권이 끝난 뒤 인구의 3분의 1을 잃어서, 현재 약 270만 명 정도 된다.

출산율을 살펴보면 보스니아 여성의 출산율은 1.26, 알바니아 여성은 1.37로 세계 최저 수준에 속하며, 인구 보충 수준[1]인 2.1에 훨씬 못 미친다. 출산율이 1.56인 불가리아를 비롯한 다른 나라들은 EU 평균인 1.55에 가깝지만, 이민자가 없다면 인구 감소를 막기에는 역부족이다. 코로나19 팬데믹이 몰고 온 경제적 불안으로 여성들은 과거 어느 때보다 아기를 훨씬 적게 낳을 것이다.

2021년 인구조사는 정부가 유치원에서부터 연금 정책에 이르기까지 모든 정책을 계획하는 데 필요한 신뢰할 만한 자료를 제공해야 한다. 교육 수준이 높은 사람들은 이민을 떠나고, 남아 있는 사람들은 대부분

---

1 총인구를 유지하는 데 필요한 출생률.

교육 수준이 낮은 사람들과 노인들이기 때문이다. 하지만 정확한 수치가 무엇이든 전망은 밝지 않다. 유엔과 EU 통계 전문가들의 예측에 따르면 2050년까지 불가리아는 1989년 이후 인구의 39%를 잃게 되고, 보스니아는 37%, 루마니아는 31%, 세르비아와 크로아티아는 24%, 알바니아 25%를 잃게 될 것이다.

이런 큰 변화는 엄청난 사회적, 경제적 파장을 불러올 것이다. 과거에는 발칸반도 전역에서 실업률이 문제였다. 이제는 노동력 부족이 큰 걱정거리다.

러시아를 차지하려는 싸움
블라디미르 푸틴 대 알렉세이 나발니

아르카디 오스트로브스키 Arkady Ostrovsky | 〈이코노미스트〉 러시아 담당 편집자

소련 붕괴 30주년은 2021년 러시아 정치에서 쓰라린 배경으로 작용할 것이다. 1991년 8월 공산당의 강경파들은 구소련의 개혁파였던 미하일 고르바초프를 상대로 쿠데타를 일으켰다. 그들은 자신들에게 불리하게 흘러갔던 역사의 흐름을 되돌리기 위해 거리로 탱크를 내보냈고, 그럼으로써 제국의 붕괴를 가속화했다. 모스크바 사람들은 국회를 지키기 위해 러시아 삼색기를 휘날리며 거리로 나섰고, 4개월 뒤 소비에트연방은 해체됐다.

대다수의 구소련 공화국들은 앞으로 나아갔지만, 러시아는 과거의

제국주의로 회귀했다. 2000년 옛 소련의 국가(anthem)를 복원시키면서 대통령에 오른 푸틴은 검열, 탄압, 서구와의 대립, 이웃 국가 침략 등 구소련의 많은 관행을 서서히 되돌려놓았다. 그는 냉전 후의 규정 따위는 기꺼이 버리려는 의지와, 무력을 사

노비촉이라니? 난 결백해!

용할 수 있는 능력 덕분에 서구에 대해 전술적인 우위를 차지했다.

하지만 소련이 붕괴된 지 30년이 지난 지금, 또 하나의 빠르고 강력한 역사적 흐름이 남아 있는 구소련의 질서를 거스르며 움직이고 있다. 2021년에는 이런 흐름이 더욱 거세져서 푸틴 대통령이 정책 실패로 치러야 하는 대가를 들춰낼 것이다. 제국의 부활에 정통성을 걸었던 푸틴은 대다수의 구소련 공화국들이 멀어지게 했다. 이제 그 나라들은 러시아를 가까이 다가가고 싶은 나라가 아니라 위협적인 존재로 여기고 있다. 러시아는 크림반도 합병과 돈바스에서의 분쟁으로 우크라이나와의 관계가 틀어졌다. 게다가 2020년 11월 10일 러시아가 중재한 평화 협정에 합의하면서 끝난 아르메니아와 아제르바이잔의 6주간의 교전은 이 지역에서 터키의 역할이 확대되고 있음을 보여줬다.

구소련 제국들 가운데 두드러지게 도전받고 있는 곳은 가장 독재적이면서 겉보기에 평화로워 보이는 지역으로 꼽히는 벨라루스일 것이다. 이곳에서는 지금 대규모 시위가 벌어지고 있다. 지난 26년 동안 벨

2021 IN BRIEF

이탈리아는 중세 시인이자 철학자인 **단테 알리기에리**의 사망 700주년을 기념한다. 〈신곡〉으로 널리 알려진 단테는 이탈리아어의 아버지로도 불린다. 1265년 피렌체에서 태어난 그는 1321년 망명지인 라벤나에서 생을 마쳤다.

라루스를 통치한 알렉산더 루카셴코 대통령은 국영농장 관리인 출신의 포퓰리스트이며, 구소련의 유산을 토대로 자신의 정권을 세웠다. 그는 1918년 벨라루스가 잠깐 주권을 회복했던 시절 처음 도입됐고 1991년 다시 채택된 빨간색과 흰색이 섞인 국기를 폐지하고, 예전 벨라루스 국기의 수정된 버전으로 바꿨다. 러시아의 보조금을 받으며 공장들을 국영으로 유지했고, 국민들을 탄압했으며, 안정이라는 명분 아래 선거를 조작했다.

2020년 8월 벨라루스 국민 수십만 명은 루카셴코 대통령이 또 다른 선거를 조작한 데 항의하기 위해 거리로 나왔다. 루카셴코는 무력으로 대응하며 국민들의 시위를 폭동으로 비하했다. 시위대가 빨간색과 흰색의 깃발로 몸을 감싸고 벨라루스 노래를 합창하자, 루카셴코는 구소련의 음악을 틀어 그 노랫소리를 지우려 했다.

국민들의 이런 각성은 당연히 푸틴 정권에 대한 위협으로 인식된다. 이는 독재 정권의 취약성을 폭로해서가 아니라, 그들이 공동의 이념적 토대에 도전했기 때문이다. 이 일은 비슷한 시기에 러시아 정부가 러시아 극동부 하바롭스크에서 인망 있는 주지사를 체포한 직후 거리로 뛰쳐나온 시위대의 마음도 움직였다. 러시아 정부가 루카셴코를 지지하는 반면, 러시아 야당들은 벨라루스 시위대를 응원하며 거리와 인터넷 사이트에 그들의 깃발을 내걸었다.

루카셴코와 마찬가지로 푸틴 대통령은 거의 전적으로 구소련의 시대정신과 상징들을 중심으로 자신의 이념을 세웠다. 그는 제2차 세계대전에서 소련의 승전을 기념하는 군사 퍼레이드를 자신의 공식 행진으로 만들었다. 2020년 이 퍼레이드 뒤, 푸틴은 자신의 대통령 임기 제한을 없애는 헌법 개정을 두고 가짜 국민투표를 실시했다. 그는 이론상으로 2036년까지 정권을 유지할 수 있게 됐다. 하지만 러시아인들의 가처분소득과 마찬가지로 그의 지지율과 정통성은 꾸준히 떨어지고 있다. 경제가 침체된 탓에 이 추세를 되돌리기는 더욱 힘들 것이다.

러시아의 제1야당 지도자 알렉세이 나발니(Alexei Navalny)를 생화학 무기로 분류되는 노비촉으로 독살하려 한 시도는 절박함의 신호로 보인다. 나발니의 생존과 푸틴이 공격 배후라는 그의 주장은 푸틴 대통령의 입지를 더욱 약화시켰다.

푸틴 대통령이 법원과 보안 기관, 선거관리위원회를 장악하고 있기는 하지만, 2021년 러시아 총선은 전쟁터가 되기 십상이다. 푸틴 대통령의 권력 행사 수단인 통합러시아당(United Russia party)에 반대하는 항의표를 결집하려는 나발니의 전술은 크렘린궁의 전지전능한 위상을 무너뜨릴 수도 있다. 더욱 중요한 것은 러시아를 현대 국가로 보는 나발니의 비전이 푸틴 대통령의 구소련식 제국주의적 민족주의보다 더 매력적이라는 사실을 증명할 수 있다는 점이다. 30년 전 소비에트 연방으로부터 러시아의 독립을 선언했던 의회를 차지하기 위한 격렬한 싸움 탓에, 2021년은 예상외로 중요한 기념적인 한 해가 될지도 모른다.

우르줄라 폰데어라이엔 EU 집행위원장은 바이러스를 물리치는 데서부터 기후 변화와 싸우는 데 이르기까지 지구촌 문제를 해결하려면 팀워크가 필요하다고 강조한다.

세계를 위해 뛰는 팀 유럽

EU에는 특별한 자산인 컨비닝 파워, 즉 소집의 힘이 있다.

어떤 나라들은 백신 연구를 1960년대 우주 개발 경쟁을 연상시키는 세계 강대국들의 경쟁으로 보고 있다. 이것은 잘못된 생각이다. 우리가 싸워야 할 대상은 바이러스와 시간뿐이다. 우리 인류는 다 같이 여기에 힘을 보태고 있다. 최선의 전략은 협력이며, 이것이 코로나 바이러스 위기 초창기부터 EU의 접근법이었다.

새로운 백신을 개발하고 시험하고 보급하는 데 보통은 최장 10년이 걸린다. 하지만 세계는 10년 동안 이어질 팬데믹과, 그에 따른 애도, 격리 생활, 혼란을 감당할 수 없다. 우리가 백신 개발을 한 달 앞당길 때마다 수많은 생명과 일자리를 구할 것이다. 현재 수십 개 연구팀이 백신을 개발하기 위해 경쟁하고 있다. 결승점에 도달하기 위해서는 되도록 많은 백신이 필요하다.

백신 개발은 경쟁이 아니라 지정학적 협력의 문제다. 처음 나오는 백신이 중국에서 만들어졌는지, 미국이나 유럽에서 만들어졌는지는 중요하지 않을 것이다. 정말 중요한 것은 전 세계가 가장 짧은 시간 안에 안전한 백신을 얻고, 어디서든 가장 취약한 사람들이 우선적으로 면역력을 갖는 것이다. 국적을 불문하고 의사, 간호사, 노인, 필수 노동자들이 우선권을 얻어야 한다. 이것이 팬데믹을 막고 생명을 구하는 가장 효율적인 방법이다. 면역에 대해 '자국 우선'을 외치는 백신 민족주의는 바이러스와 싸우는 전 세계의 노력에 제동을 걸 뿐이다.

EU 집행위원회는 집단의 이익을 위해 위기 초기 단계부터 보건 전문가들의 성공 가능성을 높이려 노력해왔다. 초기 발생이 세계적 대유행으로 번졌을 때 우리는 WHO, 세계백신면역연합(GAVI), 전염병예방혁신연합(CEPI) 같은 세계적인 보건 기관뿐 아니라 기업, 시민사회 단체들과도 신속하게 협력했다. 힘을 합쳐 질병과의 싸움에 박차를 가하기 위해 글로벌 협력 프로그램인 '코로나19 대응 장비에 대한 접근성 가속화 체제(Access to COVID-19 Tools Accelerator)'를 출범시켰다.

글로벌 백신 공급 기구인 코백스는 다양한 백신 후보 포트폴리오를 만들기 위해 세계 170개국과 NGO, 비즈니스 리더들, 자선가들을 한데 모았다. 그들의 목표는 되도록 많은 백신이 임상 시험에 도달하고, 마침내 상용화되도록 하는 것이다. 유럽은 다른 국가들과 경쟁하지 않고 그들과 힘을 모음으로써 성공 확률을 높이고 있다.

우리는 이타심에서 이런 일을 추진하는 게 아니다. 유럽의 이익과 전 세계 공통의 이익이 일치한다는 사실을 잘 알고 있다. 유럽인들을 위해 6개 제약사와 지금 개발 중인 백신 공급 계약을 체결하는 한편, 코백스를 통해 저소득 국가에 지원할 백신을 확보하고 자금을 조달하기 위해 노력하고 있다. 일례로 사노피(Sanofi), 글라소스미스클라인(GSK)과 사전 구매 계약을 맺었을 때, 그 회사들이 코백스를 위해 백신 공급량의 상당 부분을 남겨두도록 합의했다.

오늘날 세계에서 EU의 사명이 바로 이런 것이라고 생각한다. 우리에게는 특별한 자산인 '컨비닝 파워(convening power)', 즉 소집의 힘이 있다. 우리는 27개 주권국가의 연합체로서 흔치 않은 외교적 네트워크가 있으며, 국제기구와 NGO가 신뢰할 수 있는 교섭 상대다. 우리는 서로 대화조차 안 할지 모르는 나라들에 손을 내밀어 공동의 명분을 중심으로 그들을 결집시킬 수 있다. '팀빌더'로서의 사명을 띠고 있으며, 백신을 구하는 퀘스트에서 모든 나라들이 우리의 컨비닝 파워를 마음대로 쓸 수 있도록 했다.

나는 유럽이 글로벌 리더가 되기를 바란다. 진정한 리더는 누구도 뒤에 남겨두지 않는다. 리더십은 공동 목표를 향해 크고 강력한 연합체를 구축하는 것이다. 기후 변화에도 조치를 취해야 한다. 우리는 더 깨끗하고 더 순환적인 경제[2]로 향하는 전환점에서 선구자가 됐으며, 유럽 그린딜(European Green Deal) 정책은 이런 전환을 가속화할 것이다. 우리는 스스로 아주 야심 찬 목표를 세웠다. EU는 2030년까지 탄소 배출량을 1990년 수준 대비 55% 이상 줄일 것이고, 2050년까지 탄소 배출량을 제로로 만들어 기후 중립(climate-neutral)을 달성할 것이다.

하지만 EU의 탄소 배출량은 전 세계 배출량의 10%도 되지 않는다. 우리의 노력만으로는 지구 온난화를 막을 수 없다. 반가운 소식은 우리가 혼자는 아니라는 것이다. 강대국들뿐만 아니라 수많은 도시들, 지방정부들, 개인들에게 기대할 수 있는 기후 행동 움직임이 전

---

2 쓰레기를 줄이고 자원을 최대한 활용하기 위한 경제 체제.

세계에서 일어나고 있다. 유럽이 그 운동에 기여하고, 그들의 성장에 힘이 되고 싶다. 우리는 기후 변화나 삼림 벌채, 화학물질 오염에 맞서는 싸움에서 대규모 연합체를 구성할 것이다. 탄소배출권 거래 제도와 관련해, 우리처럼 탄소에 가격이 매겨져야 한다고 믿는 모든 파트너들과 협력할 준비가 돼 있다.

전 세계에 우리가 내놓는 제안은 명확하다. 우리 모두 공익을 위해 힘을 합치자는 것이다. 꾸물거릴 시간이 없다. 2021년에는 마침내 인류가 한 팀이 될 수 있을까? 그 답은 잘 모르지만, 유럽이 어떤 입장을 취할지는 확실히 알고 있다.

혼란, 재정 적자, 실업수당

코로나19의 지속적인 영향이 경제 전망을 지배할 것이다

던컨 웰던 Duncan Weldon | 〈이코노미스트〉 영국 경제 부문 통신원

2021년은 영국 경제에 낯선 한 해가 될 것이다. 연간 GDP 성장률은 수십 년 만에 가장 가파르게 올라갈 것이다. 그러면서도 영국은 높은 실업률과 막대한 재정 적자 속에 위기감에 사로잡힐 것이다.

보리스 존슨 정부가 마침내 '브렉시트 완수(get Brexit done)' 약속을 이행함에 따라 2021년은 무역 충격과 함께 막을 올리게 됐다. 유럽 단일 시장과 관세 동맹에서 영국의 전환 기간은 2020년 12월 31일 종지부를 찍는다. 한때 우려했던 노딜 브렉시트와 정부가 시도했던 맥 빠지는 무역 협상의 결과는 길게 봤을 때 그 차이가 비교적 미미하다. 단기적으로는 둘 다 혼란으로 이어질 가능성이 크다. 유럽에서 국경을 쉽게

넘나드는 이동을 전제로 적기 공급 생산 공정을 구축한 자동차 제조 업체들과 항공우주 산업은 상황에 적응하느라 한동안 힘든 시기를 보낼 것이다. 소매상들은 통관 절차 문제를 해결하는 데 시간이 걸리므로 일부 제품의 부족 사태를 맞을 것이다.

2016년부터 2020년까지는 브렉시트가 영국의 정치적, 경제적 담론을 지배한 반면, 2021년에는 코로나19로 침체된 경제의 회복이 중점 과제가 될 것이다. 영국은 2020년 상반기에 적어도 한 세기의 가장 깊은 불황을 겪었다. 초기의 반등 속도는 비교적 빨랐지만 연말로 갈수록 회복세가 둔해졌다. 4월부터 10월까지 이어진 정부의 무급 휴직(fur-lough) 제도는 코로나19 팬데믹의 초기 단계 내내 실업률을 낮추는 데 도움이 됐다. 하지만 실직자가 늘어나고 고용이 부진함에 따라 실업률은 1990년대 초반 이후 가장 높은 수준으로 치솟을 것이다.

오프라인 소매업과 서비스업 같은 노동 집약적 산업들이 사회적 거리두기 규제와 재택근무 증가로 고통받는 가운데, 실업률은 2021년 내내 고질적으로 높은 수준을 유지할 것이다. 청년들의 취업을 지원하기 위해 2020년 가을 도입된 '킥스타트(kick-start)' 제도의 뒤를 이어, 2021년에는 재무부가 실업률을 낮추기 위해 안간힘을 쓰면서 더 많은 일자리 창출 계획이 마련될 것이다.

고질적으로 높은 정부 재정 적자는 큰 불안을 야기하겠지만, 그것을 해결하기 위한 조치는 거의 없을 것이다. 차입 비용이 낮게 유지되는 한, 리시 수낙(Rishi Sunak) 재무부 장관은 나중에 강경한 조치를 취할 필요

가 있다고 의회에서 말하는 것으로 만족스러워 할 것이다. 빨라도 2022년 이전에는 진정한 재량적 재정 긴축이 이뤄지지 않을 것이다. 그 대신 2021년 봄과 가을 예산안에 관해서는 재무부 장관이 단기에 연금, 자영업자, 고소득자에 대한 세금 인상 필요성을 일축하기 전에 먼저 통상적인 사전 브리핑을 해야 할 것이다. 하지만 정부는 인프라에 대한 지출에 초점을 맞출 것이다. 재무부 장관과 총리가 영국의 빈곤 지역을 돕기 위한 '상향 평준화(levelling-up)' 어젠다를 다시 논의하고 싶어 하기 때문이다.

2021년 하반기에 정책 입안자들에게 또 하나의 커다란 문제는 정부가 보증한 '바운스 백(bounce-back)' 대출에 대한 채무 불이행 증가일 것이다. 최대 5만 파운드(6만 5,000달러) 대출금에 재무부가 100% 보증을 제공하는 이 제도는 2020년 5월 중소기업을 지원하기 위해 도입됐다.

정부가 보증하므로 세세한 기업 실사가 덜 필요하다고 판단한 은행들은 대출을 늘렸다. 이 제도를 실시하고 첫 5개월 동안 약 380억 파운드가 160만 개의 사업체에 풀렸다. 첫 원리금 상환 기한은 2021년 5월이며 은행들은 대출금의 약 40%가 빠르게 부실해질 것을 우려하고 있다. 정부는 파산 법원을 통해 영세 기업 수십만 곳을 추적하거나 대출금을 보조금으로 전환해 수십억 파운드를 탕감해줘야 할 것이다.

코로나19 팬데믹과 브렉시트로 인한 공급 차질에도 불구하고 인플레이션은 낮은 수준을 유지할 것이다. 고용 시장의 약세는 임금 상승을 억제하고, 수요는 계속 지지부진할 것이다. 영국 중앙은행은 금리를 0.1%로 유지할 것이며, 어떤 새로운 경제 충격에 직면하더라도 마이너스 금리로 내리기보다 양적 완화 프로그램을 확대할 가능성이 더 크다.

2021년 말 즈음 경제는 2020년 상반기에 잃어버린 기반을 만회할 것이다. 하지만 그 기반은 더 높아진 실업률, 훨씬 더 커진 정부 부채, 치유되기까지 수년이 걸릴지도 모르는 상처가 만들어낸 진창 속에서 모습을 드러낼 것이다.

과거에서 벗어나 새로운 틀을 구축하다
보리스 존슨은 나라를 개혁하고 싶어 한다

애드리안 울드리지 Adrian Wooldridge | 〈이코노미스트〉 정치 부문 편집자 겸 배저트 칼럼니스트

영국 정부의 심장부인 화이트홀 70번지(내각 사무처)에서 인테리어 디자이너들은 땀 흘려 일해왔다. 사무실마다 '공동 작업용' 책상들과 '실시간 성능 데이터'를 보여주는 평면 스크린들이 갖춰져 있었다. 그 건물을 차지하던 내각 사무처 공무원들이 쫓겨난 뒤, 존슨 총리의 최측근 보좌관들이 그 자리를 차지했다. 총리의 논란 많은 수석보좌관 도미닉 커밍스(Dominic Cummings)는 그곳을 '나사식 관제 센터(NASA-style mission-control centre)'라고 불렀다.

2021년에는 정부 각 부처에서 톱질과 망치질 소리가 울려퍼질 것이다. 부처들은 재편성될 테고, 공무원들은 역량을 더욱 높이라는 목소리를 들을 것이다. 높은 곳에서부터 '문화 변동'이 일어날 것이다.

그것은 당연한 일이다. 정부는 코로나 바이러스 팬데믹에 제대로 대처하지 못함으로써 영국이 '최고의(롤스로이스 같은) 공무원 조직'을 보유하고 있다는 생각이 근거 없는 믿음이었음을 보여줬다. 지배층과 그들의 제도가 시대에 뒤떨어졌을 뿐만 아니라, 일반인들의 삶과 동떨어졌음을 입증한 브렉시트를 둘러싼 4년간의 투쟁에 뒤이어 이 팬데믹이 일어났다.

존슨 총리가 추구하는 개혁은 두 가지 목표를 조화시키려 할 것이다. 정부를 현대화하는 동시에 더 많은 국민의 삶에 정부를 연결시키는 것

이다. 공무원 조직은 전문가가 아닌 일반 관료들의 낡은 모델에 지나치게 의지하고 있다. 그들은 대학을 졸업하자마자 채용돼 이 부서, 저 부서 옮겨다닌 사람들이다. 정부는 특히 수학과 과학 분야에서 더 많은 전문가를 채용하려 애쓰고, 그들이 '높은 성과를 내는 팀'에서 일하도록 격려할 것이다. 공무원 조직은 제도적, 문화적으로 번영하는 동남부 지역에 여전히 뿌리를 두고 있다. 정부는 여러 부처들을 런던 밖으로 옮기려 애쓸 것이다.

정부는 두 가지 중요한 사안을 마주하고 있다. 영국은 개혁이 필요하다는 널리 퍼진 인식과, 개혁하기 위해 필요한 조치에 대해 갈수록 모아지는 의견을 말한다. 하지만 정부는 스스로 만든 여러 가지 문제 때문에 비틀거릴 것이다. 존슨 총리는 세부 사항과 실행을 챙길 수 있는 유능한 사람들이 곁에 있어야만 성공할 수 있는 거시적 시각을 가진 인물이다. 하지만 그는 (대체로 브렉시트 때문에) 총리의 결함을 보충하기는커녕 그들 자신의 결함을 보태는 평범한 사람들로 내각을 채웠다.

정부 개혁에서 존슨 총리의 주요 보좌관 역할을 해온 마이클 고브

(Michael Gove) 랭커스터 공작령 대법관과, 불화를 몰고 다니는 커밍스 같은 인물들은 분명 평범한 사람들은 아니다. 그런데도 그들

은 갈등과 혼란을 잠재우지 못하고 있다. 커밍스는 공무원 조직에 '폭우'가 내릴 것이라고 장담했다. 끊임없이 문제를 일으키던 커밍스가 11월에 사임했으므로 이제 모든 게 고브에게 달렸다.

막스 베버의 표현을 빌리자면 정부 개혁은 "단단한 널빤지를 온 힘을 다해, 그러나 서서히 뚫는 일"이다. 영국 정부는 나라를 고치려면 무엇을 해야 하는지 대략적으로 알고 있다. 정치인들이 '서서히 뚫기'를 실천할 수 있을지 여부는 2021년에 가장 흥미로운 질문 중 하나가 될 것이다.

연합 국가
영국의 균열은 더 커질 것이다

매튜 홀하우스 Matthew Holehouse | 〈이코노미스트〉 영국 정치 부문 통신원

잉글랜드, 스코틀랜드, 웨일스, 북아일랜드로 이뤄진 영국 연합이 편치 않은 상황이다. 이 연합은 2021년과 그 뒤 몇 년 동안은 유지될 것이다. 그들의 문제는 급성이라기보다 만성적이다. 하지만 런던과 나머지 행정구역 수도들의 관계는 악화될 것이다. 지난 20년 동안 연합주의와 분리주의 사이의 긴장은 자치권 이양 합의에 의해 억제돼

런던에 보내는 메시지

왔고, 에든버러(스코틀랜드 수도), 벨파스트(북아일랜드 수도), 카디프(웨일스 수도) 의회들은 그 합의 아래 법률을 제정했다. 이 체제는 사방에서 공격받을 것이다.

이 연합이 함께할 수 있을지 여부는 북아일랜드가 가장 깊게 고민할 것이다. 2021년 아일랜드는 건국 및 분할 100주년을 맞는다. 성대한 기념행사는 없을 것이다. 영국 정부는 문화, 스포츠, 비즈니스를 육성하기 위한 프로그램을 제안했다. 아일랜드의 재통합을 바라는 민족주의 정당인 신페인당(Sinn Fein) 출신 미셸 오닐(Michelle O'Neill) 자치정부 제1부장관은 "기념할 게 없다"고 말한다. 연합주의자들 쪽에서도 기념행사는 거의 없을 것이다.

2019년 10월 이뤄진 영국의 브렉시트 합의가 1월 1일 발효된다. 존슨이 규제 없는 무역을 유지하겠다고 약속했음에도 불구하고, 북아일랜드는 EU의 식품 및 제품 규정을 계속 따르고 물품이 아일랜드해를 건너갈 때 세관 검사를 거칠 것이다. (영국과 EU 관계 당국은 어느 쪽 관리들이 검사를 맡을지, 어떤 국경검문소가 필요할지, 어떻게 세금을 매길지를 두고 실랑이를 벌일 것이다.) 영국이 유럽에서 갈라져나옴에 따라, 시간이 흐르면 북아일랜드의 경제를 지배하는 규칙은 런던보다 더블린의 규칙을 더 닮아갈 것이다. 연합주의자들은 경제적 분리가 조만간 정치적 분리로 이어질까봐 두려워한다.

스코틀랜드에서는 연합에 대한 위협은 덜 심각하지만, 훨씬 더 시끄러울 것이다. 2021년 5월 스코틀랜드 의회 선거가 실시된다. 코로나 바이러스 팬데믹은 스코틀랜드 정부의 '섬기는 국가' 이미지를 강화했다. 브렉시트는 스코틀랜드와 잉글랜드가 서로 다른 길을 걷고 있다는 생각을 더욱 부채질했다.

스코틀랜드 국민당(SNP)은 투표에서 큰 실수가 없다면 의회에서 의석을 늘릴 것이며, 스코틀랜드 자치정부의 니콜라 스터전(Nicola Sturgeon) 제1장관은 영국으로부터의 독립을 놓고 새로운 국민투표를 실시하는 것은 자신들의 임무라고 말할 것이다. 존슨이 그런 투표를 허락할 리는 없다. 그는 2019년 총선에서 그런 투표에 맞서겠다고 약속했던 자신의 공약을 들먹일 것이다. 나라를 조각낼 수 있는 투표에서는 얻을 게 거의 없고 잃을 것만 가득하다. 스터전은 독립을 쟁취하는 일은 법적으로 흠집이 없어야 한다고 말하면서, 런던의 승인 없이 국민투표를 실시하라는 지지자들의 요구를 외면할 것이다. 길고 추악한 교착 상태가 이어질 것이다.

5월에 있을 웨일스 의회 선거에서도 지각 변동이 일어날 것이다. 자치권 이양을 이끌었던 노동당은 수십 년 동안 웨일스에서 패권을 쥐고 있었다. 노동당은 런던과 더 긴밀한 관계를 원하는 보수당과, 독립을 원하는 웨일스민족당(Plaid Cymru)에 의석을 잃을 것이다. 급진적인 사상들도 모습을 드러낼 것이다. 독립에 대한 지지는 스코틀랜드에 비해 훨씬 낮은 수준에 머물겠지만 서서히 상승할 수도 있다. 비주류 우파

사이에서는 위임 정부를 완전히 폐기하자는 의견이 돌고 있으며, 이에 대한 지지도 올라갈 것이다.

존슨 총리 주변 사람들은 (위임 정부의 권력이 점점 커짐에 따라 분리주의를 간신히 비켜간) 지난 20년 동안의 전략을 실패로 여긴다. 존슨 총리는 위임 정부들을 통치하는 데 화이트홀의 역할을 거듭 강조하려 할 것이다. 도로와 교량 공사에 쓰일 EU 보조금이 위임 정부에 전달되었으므로, 존슨 정부는 그 돈을 직접 관리하려 하면서 그 사실을 떠들썩하게 홍보할 것이다.

존슨 총리는 스코틀랜드를 방문할 때 자신이 손님이라는 생각을 떨쳐버리려 할 것이다. 브렉시트는 잔류 농약 기준, 경쟁, 그 밖의 많은 것들에 대한 법률이 과거에는 브뤼셀에서 만들어졌지만, 이제는 그런 법률이 런던에서 제정되어 스코틀랜드와 웨일스에서 적용됨을 의미한다. 그 사실은 지나치게 강력한 중앙정부의 권력 장악에 비난을 불러일으킬 것이다. 총리의 측근들은 2016년 국민투표 때 영국이 EU와 갈라서게 한 베테랑들이다. 2021년은 존슨 총리가 이렇게 환영받지 못하는 연합 국가를 능숙하게 이끄는 것만큼 중앙정부에 대한 지방의 반란을 잘 억제할 수 있는지 시험하는 해가 될 것이다.

심폐소생이 필요한 때

영국 국민보건서비스는 수준이 떨어질 것이다

해미시 비렐

영국인들은 언제나 국민보건서비스(NHS)를 좋게 생각했지만, 그런 마음을 내보이기까지 한 적은 드물었다. 그런데 코로나19 1차 대유행 기간에 길거리와 창문들 곳곳에는 NHS를 응원하는 현수막이 걸려 있었다. 의료 서비스와 관련된 자선 단체들로 현금이 밀려들었다. 사람들은 목요일마다 대문 앞에 서서 의료진에게 박수를 보냈다.

NHS는 지역 봉쇄를 택한 롬바르디아주 같은 재난을 가까스로 피하면서 팬데믹 첫 유행 때 평판을 온전히 유지한, 영국의 몇 안 되는 기관 중 하나였다. 2021년 NHS는 다른 종류의 도전에 직면할 것이다. 코로나19 입원환자가 급증하는 상황에 대비하면서, 일상적인 의료 서비스도 제공해야 하기 때문이다. NHS는 서비스 수준을 떨어뜨리지 않으면서 균형 잡힌 활동을 유지하기 힘들 것이다.

팬데믹 이전에도 NHS의 상황은 썩 좋지 않았다. 비록 최악의 긴축 재정으로부터 보호받기는 했지만, 지난 10년 동안 그들이 받은 지원금의 인상률은 경제학자들이 기존 수준을 유지하는 데 필요하다고 생각한 수치에 못 미쳤다. 코로나 위기 직전 응급실 방문자의 85%만 (목표치는 95%인데 비해) 4시간 안에 진료를 받았다.

NHS의 현실은 대중의 인식과 매우 다르다. 비용을 낮추는 데는 효과적이어서 영국이 의료 서비스에 쓰는 돈은 부유국의 평균보다 적다.

나라의 보배

하지만 심장마비 발생 뒤 한 달 이내 사망, 또는 각종 암 진단을 받은 뒤 5년 이내 사망 등 많은 의료 조치에서 평균 이하의 결과를 내놓기도 한다.

이런 전통적인 인색함은 2021년에 문제를 일으킬 것이다. 정부는 민간 병원의 병상 이용에 들어갈 비용 등 그와 같은 일에 쓰도록 NHS에 예산을 투입했다. 하지만 보건 싱크탱크인 누필드 트러스트(Nuffield Trust)의 분석에 따르면 영국은 대다수의 다른 부유국들에 비해 환자 수용력이 떨어졌다. 많은 병원들이 노후하고, 1인 병실과, 환자들을 떨어뜨려놓을 때 유용한 개방된 공용 공간도 부족하다.

세계 최대 관료 조직 중 하나인 NHS는 대개 절차가 복잡하고 더디다. 하지만 코로나19가 덮쳤을 때 이 조직은 한 가지 목표에 집중하기 위해 하룻밤 새 변신을 꾀했고 드문 민첩성을 보여줬다. 이제 그들의 과제는 이런 변신으로 드러난 효율성을 제 것으로 만드는 것이다. 수년간 장관들은 의사들에게 디지털 기술을 받아들이라고 요구했다. 감염의 위험을 최소화하기 위해, 주치의와 잡는 진료 약속의 44%가 현재전화나 온라인으로 이뤄지고 있다. 맷 핸콕(Matt Hancock) 보건부 장관은 과거로 되돌아가는 일은 없을 것이라고 말했다.

하지만 이러한 변화들은 많은 갈등을 만들 뿐이다. 개인 보호 장비와 무균실의 필요성 때문에 하루에 볼 수 있는 환자 수가 줄어들고 있다. 최악의 팬데믹 시기에는 많은 치료가 중단됐다. 코로나19 확진자가 잠잠했던 여름에도 환자 본인이 희망한 입원환자 수는 여전히 팬데믹 이전 수준의 절반에도 못 미쳤고, 각종 진단 검사 횟수는 평소 수준의 4분의 3 수준이었다.

그 결과 치료를 기다리는 긴 행렬이 늘어설 것이다. 2020년 1월에는 1년 이상 대기자 명단에 오른 환자 수가 1,643명이었던 데 비해, 8월에는 11만 1,026명이었다. 약 200만 명이 18개월 넘게 기다리고 있다. 처음에는 사람들이 이런 대기 행렬을 코로나19의 결과로 봐서 별다른 항의가 없었다. 하지만 인내에는 한계가 있기 마련이다. 정치인들은 NHS에 추가적인 예산을 쏟아부을 테지만, 사회적 불안에 좀 더 빨리 대응하기 위해 NHS가 하는 일에 더 많이 간섭하려 할 것이다. 무엇보다도 그들의 목표는 영국인이 사랑하는 의료 서비스를 저버렸다는 비난을 피하는 것일 테니 말이다.

1721년의 메아리
이전 재난의 여파에서 얻은 전망

에마 던컨 Emma Duncan | 〈이코노미스트〉 영국 담당 편집자

1720년 남해거품사건(South Sea Bubble)이 터졌고, 1721년은 그 일을 뒤치다꺼리하는 한 해였다. 남태평양 노예 무역 독점권을 부여받은 회사의 주식을 둘러싼 투기 사건으로 수천 명이 파산했다. 조사위원회(영국의 코로나19 부실 대응도 이런 조사를 받게 될 것이다)는 1721년 그 재앙의 조사

결과를 보고하면서 남해 회사(South Sea Company)로부터 공짜로 주식을 받고 주가 부풀리기를 도왔던 정부 고관들의 유죄 사실을 밝혔다. 많은 이들이 해고됐고 재무장관은 수감됐다.

문제에 휘말리지 않았던 로버트 월폴 경(Sir Robert Walpole)이 그 난장판을 수습했다. 그는 비록 국왕과 자신의 연인들은 보호하긴 했지만, 회사의 수익자들로부터 대부분의 재산을 몰수해 그 돈을 피해자들에게 돌려줬다. 그는 대중의 분노를 누그러뜨렸고 국왕의 측근이 돼 명성을 쌓고 최초의 영국 총리가 됐다. (이 칭호는 당시에는 쓰이지 않았다. 오히려 궁정에서 너무 많은 권력을 획득한 신하를 묘사하는 데 쓰인 모욕적인 표현이었다.) 월폴은 20년 동안 총리 자리를 지켰고, 아직까지 가장 오래 집권한 총리로 남았다. 여기서 얻을 수 있는 교훈은? (영국의 야심 찬 재무장관 리시 수낙이 확실히 알고 있듯이) 재앙 뒤 사태를 잘 수습하면 출세할 수 있다는 것이다.

3세기 전 일어난 일 가운데 2021년과 관련된 이야기는 이것뿐만이 아니다. 당시 터키 주재 영국 대사의 아내였던 레이디 메리 워틀리 몬태규(Lady Mary Wortley Montagu)는 터키에 천연두가 거의 없다는 사실을 깨달았다. 그녀는 다음과 같은 기록을 남겼다. "마을마다 한 할머니가 견과 껍질 가득 최상의 천연두 고름을 가져와 상대에게 어떤 정맥을 째면 좋겠냐고 묻는다. 할머니는 상대가 내민 곳을 즉시 큰 침으로 긁어 상처를 내고 침 끝에 묻은 고름을 정맥 속으로 넣는다."

레이디 메리는 영국으로 돌아온 뒤, 1721년 국왕의 주치의를 포함한 한 무리의 사람들에게 딸이 예방접종을 받는 모습을 보여줬다. 거센 항의가 이어졌지만 그녀의 친구들 몇몇과 국왕은 그 방식을 따라 했다. 75년 뒤에야 에드워드 제너가 우두에서 백신을 개발했고 이 접종법은 인기를 끌었다. 그렇더라도 1721년은 치명적인 질병을 물리치는 데 중요한 한 해였다. 영국인들은 2021년도 그런 해가 되길 바랄 것이다.

하락과 추락
한때 강력했던 영국 여권은 영향력이 훨씬 더 약해질 것이다

레오 미라니

부유한 고객들의 새로운 국적 취득을 돕는 회사인 헨리&파트너스 (Henley & Partners)가 매년 집계한 지수에 따르면, (EU 회원국임을 나타내는 자주색 표지의) 영국 여권은 2013년에서 2015년까지 세계에서 가장 강력한 여권이었다. 운 좋은 영국 여권 소지자들은 다른 어떤 나라 여권 소지자들보다 더 많은 나라를 무비자로 드나들 수 있었다. 2016년 영국 여권은 1위에서 3위로 떨어졌고, 이후 순위가 더 밀렸다(도표 참조). 파란색 표지로 되돌아간 2020년에는 7위로 떨어졌다. 2021년에는 이렇게 완만하게 내려가던 영국 여권 지수가 뚝 떨어질 것이다.

가장 큰 이유는 브렉시트다(여권 표지 색이 바뀐 이유이기도 하다). 영국은 2020년 12월 31일 종료되는 브렉시트 전환 기간 동안 EU 회원국의 특권을 누려왔다. 영국인들은 전환 기간이 끝난 뒤에도 나머지 27개 회원국을 방문할 때 비자가 필요하지는 않겠지만, 그곳에서 거주할 권리, 일할 권리, 공부할 권리를 잃게 될 테고, 서류 작업 없이 머무를 수 있는 기간에 제한이 따를 것이다. EU가 미국처럼 비자 사전 허가제를 시

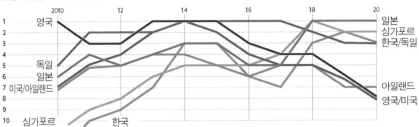

그다지 환영받지 못하는 여권
선별 국가들의 여권 지수 순위

출처: 헨리&파트너스

행하면 그들은 양식을 작성하고 소정의 수수료를 내야 할 것이다. 이 제도는 2022년부터 시행될 예정이다. 또 EU 회원국에 애완동물을 데려가는 게 더 까다로워진 것도 알게 될 것이다.

비자 제도에 큰 영향을 미치는 요인은 한 나라 관광객들의 부의 수준이다. 영국 여행자들은 씀씀이가 큰 부류이며 세계 각지에서 여전히 인기가 있을 것이다. 사실 지난 몇 년 동안 영국 여권이 순위에서 밀린 주된 이유는 일부 국가들이 영국인들에게 문을 닫았기 때문이 아니라, 다른 나라들에 문을 열어줬기 때문이다. 싱가포르, 한국, 일본 여권 소지자들은 영국인이나 다른 유럽인들보다 더 많은 나라에서 점점 더 환영받고 있다.

지정학적 요인과 무역도 비자 정책에 영향을 미친다. 중국, 이란, 러시아와의 정치적 긴장이 일반 여행자들에게 조금씩 확산되고 있다. 더욱이 독일, 한국, 일본 같은 나라들은 많은 제품을 만드는 경제 강국이다. 많은 나라들이 이 나라들과 맺는 경제적 관계를 중시하며, 무비자 여행은 무역 확대의 원동력이 될 수 있다. 헨리&파트너스의 패디 블루어(Paddy Blewer)는 서비스 산업이 강력한 영국은 "더 이상 완제품 면에서 주요 국가가 아니며, 그것은 영국에 대한 인식에 영향을 미친다"라고 말한다. 그 결과 "다른 주권국가들은 영국에 무비자 여행을 허락해 줄 의향이 줄었다"고 한다. 영국도 비서구권 국가의 국민들에게 무비자 입국을 허용하는 데 딱히 관대하지는 않다. 그것이 분노를 불러일으키기도 한다.

코로나19 팬데믹은 그런 상황에 도움이 되지 않을 것이다. 전 세계 국경이 폐쇄된 상황에서도 EU 회원국들은 영국을 계속 회원국으로 대하고 있다. 하지만 전환 기간 이후 영국은 다른 나라들과 같은 취급을 받을 것이며 EU 회원국들에 대한 접근은 코로나19 감염률을 낮게 유지하는 조건에서만 가능할 것이다. 유럽 밖에서 영국 국민들에게 특별히 예외를 두는 나라는 드물 것이다. 세계에서 영국의 위상이 약해진 탓에 상호적인 비자 정책을 새롭게 협상하게 될 것이다. 일부 영국인들은 전통적인 파란색 여권으로 돌아간 데 자부심을 느낄 수도 있지만 그것은 이전 자주색 여권만큼 폭넓게 환영받지 못할 것이다.

What If 보리스 존슨이 하원에서 과반을 훌쩍 넘는 의석을 차지하고 있지만, 보수당 내 많은 의원들이 그가 팬데믹을 잘못 관리했다고 말하고 있으며, 권력 도전에 대한 풍문이 나돌고 있다. **존슨 총리가 밀려나면 어떻게 될까?** 네 명의 주자가 눈에 띌 것이다. 왼쪽에는 2019년 당대표 경선 때 2위에 머물렀던 제러미 헌트(Jeremy Hunt)가 있고, 오른쪽에는 프리티 파텔(Priti Patel) 내무장관이 있다. 인지도가 높은 리시 수낙 재무부 장관은 유력한 후보로 꼽힐 것이며, 마이클 고브 국무조정실장은 가장 강력한 권력 기반을 가졌다. 와일드카드를 꼽으라면 하원의 씩씩한 외교위원장인 톰 투겐다트(Tom Tugendhat)가 있다.

키어 스타머(Sir Keir St
armer) 노동당 대표는 팬데
믹에 잘 대처한 나라들이,
2021년에 다른 나라들에게
가르침을 준다고 주장한다.

팬데믹에서 전 세계가 얻은 교훈

코로나19 대응에서
리더십의 실패는
혹독한
평가를 받았다.

어떤 나라, 어떤 정부도 이 팬데믹을 다루기 쉽다고 생각하지 않았을 것이다. 완벽하게 대처한 나라도 없었다. 하지만 2020년을 되돌아보면 몇몇 나라가 나머지 나라들보다 코로나 바이러스에 더 잘 대처했으며, 모든 정부가 배워야 할 교훈이 있다는 것은 부인할 수 없는 사실이다. 무엇보다도 우리는 더 잘 협력하는 법을 배워야 한다. 이것은 한 나라가 승자가 되는 경주가 아니며 우리가 홀로 맞설 수 있는 바이러스도 아니다.

2020년은 우리 모두에게 특별한 한 해였다. 영국에서 전염병이 한창일 때 나는 야당 지도자로 뽑혔다. 우리는 이 바이러스의 확산에 대응하고 이 사태를 주시해야 했다. 그리고 다른 나라들보다 더 효과적으로 대응한 몇몇 나라들의 특성들을 보고 배워야 했다.

첫째는 리더십이다. 세계 어디서나 국민들의 신뢰, 자신감, 행동 변화의 의지는 모두 좋은 리더십에서 비롯된다. 위기의 시기를 살아가는 사람들이 리더에게 기대하는 것은 안심시켜주는 말과 통솔력이다. 뉴질랜드의 저신다 아던(Jacinda Ardern) 총리는 새롭고 혁신적인 방법으로 소통하면서 정직함, 투명성, 연민으로 나라를 이끌었다. 그럼으로써 일체감과, '500만이 한 팀'이라는 공동 목표를 구축했다. 이런 목표를 이룬 나라들이 팬데믹 이후 세계에서 가장 잘 적응한 나라들이 될 것이다. 이와 마찬가지로 코로나19 대응에서 비난을 회피하거나, 공동체를 분열시키거나, 공중 보건 권고를 약화시킨 리더십의 실패는 혹독한 평가를 받았다. 미국인 4분의 3은 나라가 팬데믹 이전보다 더 분열됐다고 말한다. 영국에서는 보리스 존슨이 자가 격리 조치를 위반한 수석보좌관을 해고하지 않은 탓에 정부에 대한 대중의 신뢰가 곤두박질쳤다. 현재 14개 선진국들 가운데 가장 낮은 지지율을 얻고 있다.

이전의 여러 위기에서 나온 연구는 사람들이 자신의 공동체를 위해 기꺼이 희생할 수 있음을 보여주지만, 그 핵심은 리더십이다. 이를테면 덴마크 총리가 어린이들을 대상으로 연 기자회견이나, 한국이 방역 대책의 각 책임자들을 지정한 방식에서 볼 수 있듯이 리더십은 진정성과 책임감이 있어야 한다.

속도 또한 중요하다. 이 팬데믹은 무대응일 때 폭발적으로 퍼져나간다. 무대응의 명백하고 치명적인 결과는 인명의 희생이다. 최근 연구 결과에 따르면 8개국에서 봉쇄 조치가 한 주 늦춰졌다면 50만 명 이상이 목숨을 잃었을 것이다. 이제 많은 나라들이 코로나 방역 조치에 너무 늦장을 부렸다는 사실을 인정하고 있다. 영국 정부는 더디게 봉쇄 조치에 들어갔을 뿐만 아니라, 요양원에 있는 노인들을 보호하고 제대로 된 검사 체계를 제공하는 데도 꾸물거렸다. 이와 대조적으로 사망자가 적은 나라들의 특징은 신속하게 봉쇄 조치를 하고, 바이러스 검사를 실시했으며, 지체 없이 역학 조사 기술을 채택한 것이다. 마지막 차이점은 준비성이었다. 역사적으로 전염병보다 사람의 목숨을 더 많이 앗아간 재앙은 없었다. 게다가 코로나19는 21세기의 첫 팬데믹도 아니었다. 사스, 메르스, 신종플루 등 위험 신호가 계속 있었다. 그저 보류된 계획을 갖는 게 준비성은 아니다. 싱가포르는 영국의 팬데믹 대응책을 모방했다고 알려졌지만, 한 보건 당국자에 따르면 "그들은 실제로 그 계획을 실행" 했다.

준비성이란 공공 서비스가 위기에 대응할 수 있는 신속한 회복력을 갖췄음을 의미한다. 정부가 이용할 수 있는 정책 수단은 결국 공공 서비스 현황에 따라 규정된다. 예컨대 독일은 팬데믹이 닥쳤을 때 국민 1인당 간호사 수가 영국보다 두 배 더 많았다. 코로나19는 투자 부족과 정부의 부실 관리로 취약해진 우리 사회의 약점이 드러나게 했다.

세계 모든 나라들이 저마다 어떻게 대응했든, 그들이 새겨야 할 한 가지 가르침은 전 세계가 더 긴밀히 협력해야 한다는 것이다. 우리는 영국에서 이뤄지고 있는 선도적인 백신 개발 작업에 당연히 자부심을 느낀다. 하지만 백신이 어디에서 개발되는지는 중요하지 않다. WHO가 전 세계에 백신을 고르게 배포하는 데 중점을 두도록 촉구한 것은 옳은 일이다. 그렇지 않으면 한 나라는 안전해질 수 있지만, 바이러스는 퇴치되지 않을 것이고 세계 경제는 되살아나지 못할 것이다.

살아 있는 사람들에게 기억될 최대 보건 위기 속에서 G20 정상들이 2020년 3월에 비상 회의를 딱 한 번 소집했고, G7 정상회담이 1시간짜리 화상 회의로 대체된 것은 도저히 믿을 수 없는 일이다. 우리 모두가 그렇듯 세계 지도자들도 얼마든지 원격으로 만날 수 있다. 2008년 금융 위기 때 큰 힘이 된 협동의 효과를 생각하면 지금 서로 돕지 않는 것은 리더십의 실패처럼 느껴진다. 2021년에는 세계 여러 나라가 리더십, 속도, 준비성을 보여주며 협상 테이블에 앉아 보건과 경제 문제에 공동 조치를 취해야 한다. 우리는 이 팬데믹을 물리치고 더 나은 미래를 건설할 수 있겠지만 이는 오직 힘을 합쳐야만 성공할 수 있다.

The World in
2021

바이든의 당면 과제

*미국의 새 대통령이 된 바이든이
이란과의 핵 협상에 다시 뛰어들까?*

로저 맥셰인 Roger McShane | 〈이코노미스트〉 중동 담당 편집자

20 15년 이란과의 핵 협정으로 이어진 협상에서 존 케리(John Kerry)가 가장 어려운 과제를 안은 것처럼 보였을 수 있다. 합의 조건을 이뤄내려고 애쓰던 당시 미국 국무장관 케리는 이란 측 협상 파트너에게 너무 좌절감을 느낀 나머지 회담장을 떠나겠다고 위협했다. 이들의 고성이 오가는 대결은 전설이 되었다.

하지만 바이든이 더 힘든 일을 맡았다는 주장이 타당할 수 있다. 당시 부통령이었던 바이든은 이 협상의 세부 사항을 철저히 검토한 후 의회를 설득해야 했다. 민주당은 국제 제재를 해제하는 대가로 이란이 핵 프로그램을 억제하고 엄격한 사찰에 응하기로 한 이 합의에 회의적이었다. 공화당은 이 합의에 단호히 반대했다. 결국 하원도 상원

도 이 합의를 지지하지 않았지만 애써 막지도 않았다. 바이든의 성공이었다.

지금 현직 미국 대통령이 직면한 가장 시급한 외교 정책 중 하나는 트럼프가 2018년 폐기한 포괄적 공동행동 계획(Joint Comprehensive Plan of Action, JCPOA) 합의에 다시 복귀하느냐 마느냐일 것이다. 트럼프는 이란을 세계 경제와 단절시키면서 제재를 계속 추가해왔다. 이에 맞서 이란은 핵 협정 일부를 폐기하고, 하지 않겠다고 약속한 원심분리기를 돌리고 농축 우라늄에 대한 제한선을 넘어섰다. 이것은 핵에너지, 또는 고농축일 경우 핵폭탄을 만드는 데 사용될 수 있다. 하지만 JCPOA에 참여하고 있는 이란과 다른 세계 강대국들(영국, 중국, 프랑스, 독일, 러시아)은 여전히 JCPOA를 부활시킬 희망을 품고 있다.

바이든도 마찬가지다. 선거 운동 기간 그는 이란이 다시 준수에 들어가면 이 협정을 다시 체결하겠다고 약속했다. 이는 "우리의 신뢰를 다시 확립하기 위한 중대한 계약금이 될 것이며, 미국의 말과 국제적인 약속이 다시 한 번 의미 있는 것임을 세계에 알리는 것"이라고 바이든 후보는 말했다. 하지만 바이든은 또한 JCPOA 규제를 강화하고 연장하겠다는 약속도 했다. 일부 규제의 효력은 앞으로 4년 안에 끝나고, 모든 규제가 2030년에 만료될 예정이다. 이 협정에 대한 비판론자들은 이란의 탄도 미사일 프로그램과 이라크, 시리아, 예멘에서 정정을 불안하게 하는 이란의 활동 등을 무시한 이 일몰 조항을 불만스러워했다.

바이든은 미국에 보내는 세계의 새로운 믿음이 자신이 이런 문제들에 대한 외교적 해결책을 추구하는 데 도움이 될 것이라고 말한다. 하지만 JCPOA에 대한 복귀만으로도 매우 힘들 것이다. 우선, 미국과 이란은 누가 먼저 움직일 것인가, 즉 바이든이 먼저 제재를 풀 것인가, 아니면 물라(mullah, 이슬람 율법학자)들이 먼저 핵 활동을 후퇴할 것인가에 대해 합의해야 할 것이다. 더구나 이란은 미국이 테러 관련 제재 등 트럼프 대통령이 부과한 모든 제재를 해제해야 한다고 주장할 수도 있다. 하지만 이란이 미군에 대한 공격을 계속 후원하고 있기 때문에 이런 일은 일어나지 않을 것 같다. 바이든으로서는 협상을 강화하려고 할 때 트럼프 대통령의 제재가 자신에게 주는 압박 수단을 높이 평가할 수도 있다.

다른 더 복잡한 문제도 있다. 트럼프 행정부 일각에서는 '최대 압박' 전략이 정권 교체로 이어지기를 희망했다. 하지만 이는 현재 이란 의회를 장악하고 있는 강경파들에게 힘을 실어주고, 서방세계에 손을 내밀려는 이란 정치인들의 기반을 약하게 할 뿐이었다. JCPOA를 협상한 하산 로하니(Hassan Rouhani) 대통령은 2021년 임기 제한에 들어간다. 그를 대신할 경선에서 강경파가 득세할 공산이 크다. 이는 바이든을 더 힘들게 할 것이다. 궁극적으로 바이든은 이란 최고지도자 아야톨라 알리 하메네이(Ayatollah Ali Khamenei)를 설득해야 한다. 하메네이는 원래 합의 승인을 꺼리고 트럼프 대통령과의 협상을 거부한 바 있다.

그렇다면 어떤 일이 일어날 가능성이 가장 클까? 바이든이 먼저 움직여 트럼프 대통령이 명령한 이란 여행 금지를 해제하고, 미국의 상징적인 제재를 일부 완화하며, 이란이 코로나19와 싸우는 데 필요한 지원을 받을 수 있도록 도울 것이다. 양측은 이란이 자국의 대리인들(proxies)을 더 엄격히 통제하고, 미국은 이 그룹들에 대한 공격을 자제하면서 이 지역의 상황을 진정시키는 데 합의할 것이다. 이는 새로운 핵 회담의 발판을 마련할 것이다. 이란은 핵 프로그램을 철회하는 데 동의하고, 바이든은 이란에 대한 더 많은 제재를 풀 것이다(이는 의회와의 또 다른 충돌을 촉발할 것이다). 하지만 바이든은 협상을 강화하기 위해 자신이 가지고 있는 경제적 지렛대의 상당 부분을 고수할 것이다.

2021년 내에 이런 합의가 실현되기는 어려울 것이다. 4년 동안 긴장이 고조된 뒤라서 신뢰를 다시 쌓는 데 더 많은 시간이 필요할 것이기 때문이다. 하지만 미국과 이란의 관계를 적절히 재설정하는 것이 나쁘지 않을 것이다.

검은 황금시대의 종말
아랍 국가들에 석유 의존을 청산해야 할 순간이 닥친다

그레그 칼스트롬 Gregg Carlstrom | 〈이코노미스트〉 베이루트, 중동 통신원

수십 년 동안 아랍 산유국들은 진퇴양난에 빠졌다. 유가가 하락하면 이들은 자국 경제가 석유에서 탈피해야 한다고 다짐한다. 하지만 하락한 유가로는 값비싼 개혁을 감당할 수 없다. 이후 생산량이 감소하고 수요가 증가하면서 가격은 필연적으로 반등을 시작한다. 금고는 다시 가득 차고 개혁 압력은 사라진다.

일부 관리들은 이제 이 사이클이 끝났는지 의문을 가지고 있어 필요한 개혁을 피할 수 없게 되었다. 코로나19로 인한 수요 감소로 2020년 브렌트 원유는 배럴당 21달러까지 내려갔다. 2021년에는 가격이 다소 회복되어 50달러를 넘어설지도 모른다. 하지만 더 높이 올라가지 않을 것이다. 중동의 대부분 산유국은 여전히 수지를 맞출 수 없을 것이다.

이 지역 최대 산유국인 사우디아라비아가 비석유 수익원 발굴에 나선다. 작년 사우디는 부가가치세를 15%로 3배 인상했다. 그 인상이 일시적이기를 바랐던 사우디 사람들은 그것이 아니라는 걸 알고 좌절할 것이다. 그럼에도 적자 폭은 더 커질 것이다. 도급업자들은 공공부문 일에 대한 대금 지급 지연으로 어려움을 겪을 것이다. 하지만 이 왕국은 북서 사막에 있는 5,000억 달러의 첨단 기술 도시인 네옴 (Neom)과 일부 유럽 국가들보다 더 큰 홍해 휴양지 등 가장 큰 메가 프로젝트를 밀고 나갈 것이다. 사우디는 또한 더 많은 이주자를 노동 시

개혁이 필요한 이유
유가, 배럴당 가격(달러)

재정수지를 맞추는 데 필요한 가격, 2021 전망

↑ 이란 $320

출처: 레피니티브 데이터스트림(Refinitiv Datastream), IMF

장에서 몰아내고 비록 저임금이긴 하지만 자국민들에게 일자리를 제 공할 것이다.

밤에 두바이 거리를 드라이브하면 으스스할 것이다. 우뚝 솟은 아파 트 단지와 호화 빌라들이 텅 빈 채로 어둠 속에 자리 잡고 있을 것이기 때문이다. 아랍에미리트는 인구의 10분의 1에 해당하는 약 100만 명의 이주민을 잃게 된다. 이들의 일부는 실직 상태로 귀국할 것이다. 월급 이 삭감된 다른 이들은 가족을 돌려보내고 비용을 줄이기 위해 작은 아 파트로 이사할 것이다. 2020년 10% 떨어진 부동산 가격이 신규 건설로 추가 하락할 것이다. 두바이는 원래 2020년에서 1년 연기된 세계박람 회(2021년 10월 1일~2022년 3월 31일) 개최로 인해 지연된 경기 부양 효과를 얻게 될 것이다.

쿠웨이트는 GDP의 15%에 달할 수 있는 재정 적자를 메우기 위해 채권 시장을 두드릴 것이며, 이는 미래 세대에게 더 많은 부채를 떠안겨 거대한 공공 부문의 빚을 갚게 할 것이다. 이미 낮은 신용 등급을 받은 바레인과 오만은 대출에 어려움을 겪을 것이다. 걸프만 밖의 그림은 더 절망적으로 보인다.

이라크는 과도하게 늘어난 급여를 충당하기 위해 지출을 줄일 것이다. 알제리의 외환보유고는 2014년 인상적인 2,000억 달러에서 400억 달러 아래로 떨어질 것이다.

안도할 수 있는 것은 아무것도 보이지 않는다. 석유 수요는 계속 침체될 것이다. 공급 측면에서는 2020년 엄격한 생산 한도를 지켰던 OPEC+ 회원국이 시장 점유율을 위해 생산을 더 늘릴 것이다. 조 바이든의 이란에 대한 180도 바뀐 정책이 시장에 더 많은 원유를 유입시킬 것이다. 왕과 장관들은 마침내 자신들이 경제를 재정비할 필요가 있음을 깨닫게 될 것이다. 이들은 또한 너무 늦은 것이 아닌지 궁금해할 것이다.

중국의 시간
미국이 물러가면서 다른 초강대국이 들어온다

로저 맥셰인

일단 국내에서 코로나19 통제에 성공한 중국은 외교적 공세에 나섰다. 중동에서는 중국의 원조를 고맙게 받아들였다. 이란, 이라크, 이집트, 걸프만 국가 등 모든 국가가 원조를 받았다. 당시 이라크 보건장관 자파르 알라위(Jafaar Allawi)는 "중국은 의약품과 최고 전문가

'전우' 관계인 이란과 중국

들을 보냈지만, 미국은 우리에게 단 한 알의 약품도 제공하지 않았다"라고 말했다.

미국이 철수하면서 중국의 영향력은 갈수록 커지고 있다. 이라크를 보라. 오늘날 중국은 가장 큰 교역 상대국이자, 전 이라크 전기부 장관에 따르면 "장기적으로 전략적 동반자로서 우리의 일차적 선택"이다. 이런 느낌은 이 지역의 많은 곳에서 공유된다.

에너지에 대한 접근이 중국의 일차적인 동기지만, 중동과의 관계는 그 이상의 것이다. 석유의 대가로 중국은 공장, 항만, 철도를 건설하고 있다. 중국은 사우디아라비아의 핵 프로그램을 도왔다. 중국 통신 업계의 거인인 화웨이는 중동 5G 네트워크 사업에서 큰 비중을 차지한다.

미국은 중국을 경제적·전략적 경쟁자로 본다. 따라서 미국은 중동 국가들에 중국을 너무 가까이하지 말라고 한다. 하지만 많은 아랍 지도자는 중국을 미국보다 더 신뢰할 수 있는 파트너로 보고 있다. 미국은 이 지역에서 인권에 대해 불편한 요구를 하고, 어쨌든 이 지역에 진저리가 난 것으로 알려져 있다.

확실히 많은 아랍 국가는 여전히 무기와 보호를 미국에 의존하고 있다. 중국은 지역 경찰 역할에 큰 관심을 보이지 않는다. 하지만 중국의 개입은 점점 더 전략적이다. 중국의 이란과의 협력 협정 초안이 그 좋은 예다. 이 협정에 따르면 양국은 정보를 공유하고 공동 연구와 무기 개발을 수행한다. 이들은 이미 합동 훈련을 했다.

이는 이란의 적국인 사우디아라비아와 아랍에미리트에 드론을 팔아온 중국으로서는 까다로운 균형 잡기 행태다. 중국은 이스라엘과 우호적인 관계다. 이스라엘에는 중국 국영 기업이 항구를 임차하고 있다. 중국은 또한 표면적으로는 연료를 보충하고 재공급하기 위해 인도양을 따라 항구를 건설했지만, 이 항구들은 군사적인 목적에도 사용될 수 있다.

이 지역 사람들을 대상으로 한 조사에 따르면 중국은 미국이나 러시아보다 더 인기 있는 세계 강국이다. 중동에서의 중국의 영향력은 2021년에 더 커질 것이다.

What If 이란과 러시아의 도움으로, 그리고 자국민을 폭격함으로써 바샤르 알 아사드는 시리아 내전에서 거의 승리를 거두었다. 하지만 이 독재자는 구멍 난 경제와 미국 제재에 대처하느라 고군분투하고 있다. 현금이 바닥난 그는 자신의 지지자들로부터 돈을 모금하기 시작했고 이들 중 일부는 정권에 등을 돌리고 있다. **아사드 정권이 전복되었다면 어떻게 될까?** 하지만 그 결과는 아마도 나머지 모든 반군을 만족시키지는 못할 것이다. 그가 정권의 다른 구성원으로 대체될 것이기 때문이다. 하지만 그렇게 되면 시리아 내전을 정치적으로 타결하기가 더 쉬워질 것이다. 서방 국가들이 전후 재건 자금을 지원할지도 모르고, 수백만의 시리아 난민 중 일부는 돌아올 것이다. 아사드는 너무나 많은 고통을 안겨줬다. 그가 떠나면 고통은 덜 것이 분명하다.

돌아온 빅 브러더
두바이는 다시 아부다비의 도움이 필요할지 모른다

그레그 칼스트롬

1년 전 7개의 아랍 토후국 연합인 아랍에미리트의 두 토후국 두바이와 아부다비의 실질적인 경계선은 제한속도였다. 남쪽으로 향하는 운전자들은 두바이의 차량 정체에서 빠져나와 아부다비의 넓고 텅 빈 고속도로를 시속 140km까지 달릴 수 있다. 하지만 팬데믹이 시작된 이후 이들은 멈춰야 한다. 한때 보이지 않던 경계선이 이제 단단한 경계선이 되었다. 아랍에미리트 수도 아부다비로 건너가는 사람은 이제 코로나19 검사를 위해 줄을 서야 한다.

검문소는 가끔 어색한 관계를 나타내는 하나의 표시다. 두바이는 두 토후국 중 인공 섬과 쾌락적인 호텔들이 있는 화려한 도시다. 아부다비는 정치권력의 중심이자 이 나라의 석유가 있는 도시지만 기꺼이 더 겸손한 지위를 유지한다. 예상대로 두바이는 경제와 공항을 이웃(아부다비)이 원하는 것보다 더 빨리 재개했다. 이런 경계선이 생긴 이유다.

2019년 금융 위기가 두바이의 부채투성이 경제를 강타했을 때 아부다비는 100억 달러의 구제 금융으로 두바이를 돕고 나섰다. 코로나19로 인해 장기 침체에 직면한 두바이는 다시 도움이 필요할지도 모른다. 하지만 이번에는 공공연한 구제 금융 방식은 아닐 것이다. 아부다비는 강력한 국부펀드인 무바달라(Mubadala)를 통해 두바이의 허약한 경제 일부를 사들일 것이다. 이 두 아랍에미리트 토후국은 또한, 예컨대 이들의 증권거래소 등 중복되는 기관들을 통폐합할 것이다.

두바이에 정확히 얼마나 많은 도움이 필요할지는 알 수 없다. 두바이는 경제 지표를 몇 달 또는 몇 년 늦게 발표하는 것으로 악명이 높다. 두바이의 부채 수준은 오랫동안 미스터리였다. 9월에 발행된 채권 투자설명서에서 두바이는 공적 부채를 그다지 대단하지 않은 국내총생산(GDP)의 28% 수준인 1,240억 디르함(약 40조 원)으로 표시했다. 하지만 이 수치는 많은 정부 관련 기업을 포함하지 않는다. 이들을 포함하면 두바이의 부채는 GDP의 77%에 가깝다고 신용 조사 기관 무디스(Moody's)는 추산한다.

두바이와 아부다비의 공식 항공사 에미레이트항공(Emirates)과 에티하드항공(Etihad Airways)이 합병을 다시 논의한다. 이들은 서로 불과 131km 떨어진 공항에서 운행한다(현재 건설 중인 두바이 제2공항은 더 가깝다). 소프트 수요 시대에 합병은 타당성이 있다. 에티하드는 2019년에 8억 7,000만 달러의 적자를 냈다. 2020년 수치는 더 나빠 보인다. 하지만 이 두 항공사를 합치는 것이 단지 위신을 위해서라면 설득하기 어려운 일이 될 것이다.

이것만이 합병이 거북한 근본적 원인은 아닐 것이다. 아부다비는 테마파크, 금융권, 영화 산업 등에 막대한 투자를 하고 있는데 이들 모두 두바이와 직접적인 경쟁을 벌이고 있다. 한편 아부다비에서 펼치는 아랍에미리트의 점점 더 공격적인 외교 정책이 두바이를 괴롭힐 것이다. 터키와 이란과의 긴장 관계는 비즈니스에 좋지 않기 때문이다. 두바이와 아부다비의 국경 검문소는 2021년에 없어질 것이다. 하지만 두 아랍에미리트 항공사의 관계는 다른 이유로 더 나빠질 것이다.

로저 맥셰인

이스라엘은 이집트가 이스라엘과 화해하는 첫 아랍 국가가 되기를 31년 동안 기다렸다. 요르단이 두 번째 국가가 될 때까지 15년이 더 흘렀다. 그리고 그로부터 25년 이상이 지난 2020년 아랍에미리트가 세 번째 국가가 됐다. 하지만 지금은 상황이 더 빠르게 변하고 있다. 바레인과 수단이 재빨리 UAE의 뒤를 이었고, 팔레스타인 명분이 퇴색한 다른 아랍 통치자들이 이에 갈채를 보냈다. 다가오는 해에는 더 많은 나라가 이스라엘을 인정하게 될 것이며 아마도 보수적인 사우디아라비아도 그럴 것이다.

아랍과 이스라엘의 적대감을 식히는 것은 중동 변화의 한 측면일 뿐이며, 아마도 가장 중요한 변화도 아닐 것이다. 옛 강대국들이 빠져나가고 새로운 강대국들이 들어서고, 지역 참가자들이 더 많은 영향력을 주장하면서 새로운 갈등이 일어나고 있다. 이런 변화는 2021년에 가속화하고 이후에도 지속할 것이다.

이란은 역내 국가들이 방향을 잡는 주요 축으로 남아 있다. 이란의 위협적인 언사, 해외 모험주의, 핵 활동에 대한 우려가 이스라엘과 아랍 국가들을 하나로 모으는 데 도움이 되었다. 이들과 이란의 갈등이 지난 10년을 큰 틀에서 규정하며, 이라크, 시리아, 예멘에서의 전쟁을 부채질하고 다른 곳에서 혼란을 더했다. 바이든은 긴장 완화를 원하지만, 미

국은 예전보다 덜 관여하고 있다. 그리고 지역 대리인(proxy)들과 외세도 관여하는 색다른 투쟁이 이 지역의 미래를 형성할 수도 있다.

이런 투쟁은 UAE에서 시작된다. 때때로 '리틀 스파르타(Little Sparta)' 로 불리는 UAE는 오랫동안 더 큰 이웃이자 동맹국인 사우디아라비아 의 그늘에 가려져왔다. 하지만 UAE는 거의 틀림없이 더 영향력이 있다 고 할 수 있다. 이 나라는 종종 훌륭한 거버넌스와 경제적 역동성을 가 진 '두바이 모델'을 선전하고 오일 달러를 외국 수도들 주변에 뿌리면 서 부드럽게 권력을 휘두른다. 이란은 문제가 있다고 생각하지만, 동시 에 비즈니스 파트너(이란 회사들이 두바이에 사무실을 두고 있다)로도 보고 있 기 때문에 UAE는 물라들과의 긴장 완화를 목표로 하고 있다. 하지만

UAE도 예리한 면이 있다.

UAE의 사실상 통치자인 무함마드 빈 자이드(Muhammad bin Zayed) 왕자에게 생기를 불어넣어주는 문제는 정치적 이슬람주의에 대한 그의 반대다. 그는 이를 위협으로 여긴다. 미국이 관여하지 않고 바라만 보는 가운데 아랍의 봄으로 인해 잠시 이집트에서 이슬람 정부가 집권한 이후, 무함마드 왕자는 이 지역에서 더욱 적극적인 역할을 해왔다. 그는 UAE의 막대한 자원을 이용해서 이슬람 단체들을 물리쳤다. 여기에는 이집트의 이슬람 정부에 대항하는 민중 봉기에 대한 자금 지원과 이후의 군사적 정권 탈취를 지원하는 것 등이 포함되었다.

이런 연유로 무함마드 왕자는 이슬람을 옹호하는 레제프 타이이프 에르도안 터키 대통령과 맞서고 있다. 이들의 경쟁의식은 예상대로 격렬하다. 이스탄불은 아랍 반체제 인사들이 북적이는 곳이 되었다. UAE는 터키가 이 지역 전체에 정치적 이슬람주의를 강요하기 위해 카타르와 연합해서 터키는 무력을 제공하고 카타르는 자금을 대고 있다고 비난한다. 2017년 이후 이 작은 에미리트 토후국은 이슬람 단체들에 대한 지지를 둘러싸고 UAE가 주도하는 연합국에 의해 봉쇄되어왔다. 터키는 카타르 원조국이 되었다. 2019년 터키는 카타르에 터키군 5,000명이 주둔할 수 있는 군사기지 건설을 마쳤다.

에르도안 대통령은 또한 후원자가 없던 리비아 정부를 지원하기 위해 무기와 용병뿐만 아니라 군대를 파병했는데, 리비아 정부는 때마침 이슬람 민병대와 협력하게 되었다. 에르도안 덕분에 리비아 정부는 반항적인 반군 지도자이자 UAE, 이집트, 러시아의 지원을 받는 독실한 반이슬람주의자 칼리파 하프타르(Khalifa Haftar)의 공세를 물리칠 수 있었다. 이 분쟁은 터키가 리비아와 체결한 협약에 근거해 그리스 섬 해역에서의 훈련권을 주장해온 지중해 동부 지역으로 번지고 있다. 당연히 그리스인들은 터키의 주장에 동의하지 않는다. 그리스는 8월 에미리트가 참가한 군사훈련을 했다.

대부분 아랍 국가는 여전히 터키를 이란만큼 큰 위협으로 여기지는 않는다. 하지만 사우디아라비아와 이집트 같은 나라는 에르도안 대통령이 이웃 나라에서 펼치는 모험을 점점 더 우려하고 있다. 그는 시리아 북부 일부 지역을 점령하고 이라크 내부를 깊숙이 강타했는데, 이 군사 작전들은 쿠르드군을 겨냥한 것이었다. 터키는 쿠르드군을 테러리스트로 여긴다. 서방에서도 지도자들은 터키가 NATO 회원국으로 남아 있지만 에르도안 대통령을 억제할 필요 있는 악의적 세력으로 보고 있다.

터키가 서방세계에서 벗어나 이란과 러시아에 기울고 있는 가운데 이들 3개국이 중동에서 '거부파(rejectionist)' 연합을 형성하고 있다는 시각도 있다. 이들은 이익을 공유한다. 그리고 아마도 더 중요하게도 적을 공유한다. 하지만 이들은 특히 리비아와 시리아에서 누구를 지지할지 등 일부 사안에 대해서는 의견이 엇갈린다. 그래서 이 집단은 취약하다.

하지만 터키와 UAE의 적대 관계는 지속되면서 이 지역에 나쁜 영향을 줄 것이다. 중동의 관리들은 적어도 이스라엘과의 모든 거래에서 영원한 적은 없다는 교훈을 얻을 수 있을 것이다.

The World in
2021

최고의 친구

아프리카의 경제는 점점 긴밀해지고 있지만
그 속도가 너무 느리다

존 맥더모트 John McDermott | 요하네스버그, 〈이코노미스트〉 아프리카 수석통신원

중국-아프리카 협력포럼(Forum on China-Africa Co-Operation, FOCAC)이라는 외교 행사에는 3년마다 아프리카와 중국의 정치인이 모인다. 유엔의 연례 회의보다 아프리카 국가 원수들이 더 많이 참가하는 정상회담으로, 장기간 이어진 중국의 대아프리카 정책을 점검하는 중간 지점이다. 지난 30년간 중국은 아프리카 여러 국가에 최고의 동맹국이 됐다. 2021년 세네갈의 수도 다카르에서 개최될 8차 FOCAC에서 다시금 그 입지가 확인될 것이다.

그러나 이번 정상회담의 환경은 이전 일곱 번과는 다르다. 미국은 트럼프 재임 기간 내내 아프리카에서 중국의 역할을 점점 거세게 비난했다. 2020년 국무장관 마이크 폼페이오는 중국이 아프리카에 남긴 건

"허울뿐인 약속과 상투적인 말"뿐이라고 비판했다. 바이든 행정부는 도발적인 수사를 자제하겠지만, 그럼에도 불구하고 아프리카 문제에 있어 중국의 의도에 반발하는 태도는 같을 것이다. 2021년은 이미 팬데믹 사태의 여파와 싸우고 있는 아프리카 정책 입안자들에게 곤란한 시기가 될 듯하다.

아프리카의 목표는 제로섬 게임에 끼지 않는 것이다. 가나의 재무장관 켄 오포리 아타(Ken Ofori-Atta)는 탈식민지화 이후 아프리카는 늘 열강들이 힘을 겨루는 '체스판'이었으며 이는 "아프리카에 어떤 도움도 되지 않았다"고 주장한다. 우후루 케냐타 케냐 대통령은 아프리카를 싸움에 걸린 경품으로 생각하지 말라고 경고했다. "우리는 선택을 강요받고 싶지 않다." 시릴 라마포사(Cyril Ramaphosa) 남아공 대통령은 중국의 지원에 대한 미국의 '질투'로 아프리카가 고통받아서는 안 된다고 언급했다.

문제를 정확히 짚었다. 미국은 공중 보건 등의 영역에 막대한 지출을 하며 중국의 행보를 트집 잡지만, 한마디로 중국이 주는 혜택을 주지는 않는다. 도로, 교량, 항만 신설이 절실히 필요한 아프리카 국가 원수라면 중국 정부의 자금 지원과 중국 기업을 선택할 수밖에 없다. "중국은 서양 국가들과는 달리 구조적 변화를 통해 아프리카의 굶주림을 해결하려 하고 있다." 존스홉킨스대학교 중국-아프리카 리서치 이니셔티브

(China Africa Research Initiative)의 데보라 브라우티검(Deborah Brautigam)이 의견을 밝혔다.

통신 분야에서도 사정은 같다. 화웨이는 아프리카에서 중국 정부의 보조금과 보증을 받으며 프로젝트를 진행하고 있는데, 미국이 아프리카 각국에 화웨이 기술 보이콧을 종용했음에도 발주 취소는 전혀 없었다. 워싱턴 DC 소재의 씽크탱크, 국제 전략 연구소(Centre for Strategic and International Studies)의 주드 데버몬트(Judd Devermont)에 따르면, "미국이 제대로 된 대안을 제공하지 않는 이상 합당한 요구가 아니"었던 것이다.

2021 IN BRIEF

르완다의 수도 키갈리에서 6월에 열릴 **커먼웰스 정부수뇌회담**(the Commonwealth Heads of Government Meeting, CHOGM)은 10년 만에 아프리카에서 열리는 정상회담이다.

다카르 FOCAC에서 이전 포럼과 같은 규모의 자금 지원이 반복될 가능성은 낮다. 시진핑 대통령은 2015년, 그리고 내키지 않는 듯했지만 2018년에도, 이후 3년간 600억 달러에 달하는 저금리 대출, 보조금과 투자 프로그램을 발표했다. 분석가들은 이 금액이 실현되리라고 보지 않는다. 중국에 있어서 아프리카는 이득 없이 비용만 드는 흰 코끼리 같은 존재다. 하지만 비용 투자를 줄인다고 해도 중국의 영향력이 줄어들지는 않을 것이다.

무엇보다 중국은 아프리카가 코로나19 팬데믹을 극복할 희망이다. 아프리카 제1의 쌍무채권자로서 부채 재협상을 해결할 열쇠를 쥐고 있다. 시진핑 대통령은 중국에서 백신이 개발되면 아프리카 국가에 우선 공급하겠다고 공언했다.

코로나19 이전에도 중국이 아프리카에 약속한 것은 인프라뿐만이 아니다. 대부분 소기업인 약 1만 개의 중국 기업이 아프리카에서 운영된다. 중국 유학 중인 아프리카 학생은 미국과 영국 유학생을 합친 것보다 많다. 중국 고위층은 특히 군부에서 아프리카 인사들과 광범위한 네트워크를 형성하고 있다.

작년에 항구도시 광저우에서 아프리카 이민자들을 부당 대우한 사건으로 아프리카에서 중국의 이미지는 다소 손상됐다. 소셜 미디어와 아프리카 정치인들의 지탄이 쏟아졌다. 그러나 중국에 대한 아프리카의 시각은 복잡한 문제로, 회복 가능성이 있다. 범아프리카 리서치그룹 아프로바로미터(Afrobarometer)에서 2020년 9월 발표한 아프리카 18개국 조사 결과에 따르면 응답자 평균 59%는 중국에 우호적이었다. 근소한 차이로 미국을 앞선다(58%). 아프리카 정치인들이 한쪽을 편들지 않으려 고심할 만하다.

신장, 홍콩, 대만 등의 이슈에 대해서도 중국에 반대하는 의견을 표명해서 좋을 것이 없다. 중국은 유엔을 비롯한 국제기구에서 아프리카 54개국의 표결권을 매우 중요하게 여긴다. (1971년 아프리카의 표로 중화인민공화국이 유엔에 가입됐으며 대만은 퇴출됐다.) 중국의 편을 들어 투표하면 보상을 주고 그렇지 않으면 보복한다. 케냐 공무원들은 호주가 인권기록을 비판했을 때 중국이 취한 보복성 조치를 연구했으며, 케냐가 비슷한 선택을 했을 때 일어날 일을 두려워하고 있다.

아프리카 정치인들이 중국에 대항하는 의견을 내더라도 서양 국가의 지지를 받기는 어려울 것이다. "중국에 등을 돌린 대가를 서양 국가들이 부담해줄 리는 없다." 현재 국제 개발 센터(Centre for Global Development)에 있는 라이베리아 전 장관 W. 기우데 무어(W. Gyude Moore)가 말한다. "아프리카는 아프리카만의 길을 개척하는 것이 최선이다."

올리비아 아클란드 Olivia Acland | 고마, 〈이코노미스트〉 콩고 통신원

2021년 2월 총선이 예정된 우간다 당국은 코로나19를 이유로 집회를 금지했다. 금지령을 무시한 반대파들은 구속됐다. 그러나 집권당인 국민저항운동당(National Resistance Movement)의 딕슨스 카테슘부와(Dicksons Kateshumbwa)는 수백 명의 지지자들을 불러모을 수밖에 없었던 모양이다. "워낙 큰 지지를 받고 있어 인원수를 통제할 수 없다"는 것이다. 예상대로 이 집회는 어떤 제재도 받지 않았다.

2021년 아프리카 대륙 전체가 전염병으로 신음하는 가운데 최소 18개국이 선거를 치를 전망이다. 요웨리 무세베니(Yoweri Museveni) 우간다 대통령처럼 실제로 민주주의를 이루기보다 흉내만 내길 원한다면 코로나19는 각종 부정행위의 좋은 핑계. 상대 정당의 집회를 중단시킬 명분도 되고 세계적으로 여러 제약이 있어 감시하는 눈도 적을 것이다.

선거 운동의 무대가 거리에서 방송이나 소셜 미디어로 이동하면서 언론의 자유는 그 어느 때보다 중요하다. 그러나 부정직한 집권자들은 언론에 재갈을 물린다. 35년간 대통령 자리를 지킨 콩고의 드니 사수 은게소(Denis Sassou Nguesso)는 다시 집권할 가능성이 높다. 집회가 불가능한 지금도 은게소 대통령의 선거 운동에는 문제가 없다. 측근 세력이 민간 TV와 라디오 채널 몇 군데를 소유하고 있다.

팬데믹 사태로 인해 감시하는 눈이 적을 것이다.

자유 선거? 공정 선거?

그러나 상대측은 어려움을 겪을 것이다. 최근 상대 후보를 방송에 출연시키거나 대통령을 비난한 언론인들이 협박을 받았다. 상대 후보가 소셜 미디어에서 인기를 얻으면 지난 선거 때와 마찬가지로 정부가 인터넷을 끊어버릴 것이다.

우간다에서도 소셜 미디어를 통한 선거 운동은 까다롭다. 모든 블로거가 정부 규제 담당자를 등록하도록 하는 신법이 제정됐다. 2021년 초 대선을 앞둔 베냉에서는 트위터나 페이스북에 정치적 견해를 올리길 꺼린다. 2019년 12월 한 언론인이 지역 검사의 말을 인용하는 트위터를 올렸다가 허위 정보 유포로 기소, 18개월형을 받은 탓이다. 어차피 파트리스 탈롱(Patrice Talon) 현 대통령의 적수는 없다. 주요 정적 셋이 위협을 받고 망명길에 올랐다.

선거를 아예 연기한 사례도 있다. 차드의 이드리스 데비 이트노(Idriss Deby Itno) 대통령은 애초 2015년 예정이었던 선거를 다섯 번째로 미뤘다. 전에는 자금 부족과 지하드 단체 보코하람(Boko Haram)의 공격 위협을 이유로 들었다. (2주 사이 코로나19 확진자가 3배 늘어난 에티오피아가 최소 9개월 총선을 연기한 결정은 합리적으로 보인다.)

팬데믹 시대에 공정 선거를 실시하기는 쉽지 않다. 승리를 위해 무슨 짓이든 할 재임자들이 어려움을 더한다. 안타깝지만 그들 중 여럿이 2021년에 승리할 것이다.

인공호흡기 떼기
아프리카에 대한 원조 삭감은 장기적으로 긍정적인 영향을 미칠 것이다

조너선 로젠탈 Jonathan Rosenthal | 〈이코노미스트〉 아프리카 편집자

아프리카연합(African Union, AU)에 모인 정상들은 달콤한 시럽이 뿌려진 케이크를 먹고서 쓴소리 가득한 연설을 하는 아이러니를 보여줬다. 서구의 기부자들이 비용을 댄 식사 사이 단상에 오른 아프리카 지도자들은 서구 국가들이 과한 영향력을 행사한다고 맹렬히 비난했다. 위선적인 모습이지만 일리 있는 말이다. 원조를 받다 보면 경제에 문제가 생기고 자주권은 약해진다.

담비사 모요(Dambisa Moyo)는 2009년 저서 《죽은 원조(Dead Aid)》에서 원조는 부패의 양분이며 수출 비용을 올려 빈곤을 심화시킨다고 주장했다. "원조는 무해하지 않으며 악성 종양과 같다"는 것이다. 이후 가나의 대통령 나나 아쿠포아도(Nona Akufo-Addo)는 "원조라는 버스는 아

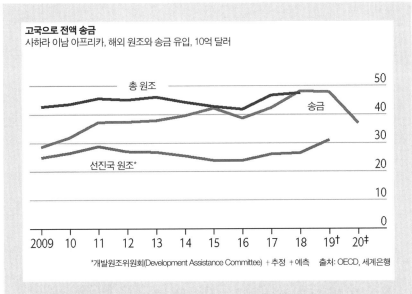

고국으로 전액 송금
사하라 이남 아프리카, 해외 원조와 송금 유입, 10억 달러

총 원조

송금

선진국 원조*

50
40
30
20
10
0

2009 10 11 12 13 14 15 16 17 18 19† 20‡

*개발원조위원회(Development Assistance Committee) † 추정 ‡ 예측   출처: OECD, 세계은행

프리카를 바람직한 목적지에 데려다주지 않을 것"이라고 했다. 아프리카에는 그와 의견을 같이하는 사람들이 많다. 그런데도 원조금은 2010년 1,290억 달러에서 2019년에는 1,690억 달러까지 꾸준히 늘었다. 아프리카는 오랫동안 최대 수혜 대상이었다.

2021년에는 추세가 반전될 것이다. 국내 문제를 겪는 선진국들은 직접 원조의 3분의 1가량을 삭감할 예정이다. 당장은 충격이 클 것이다. 자선가인 빌 게이츠는 코로나19와 원조 삭감이 의료 개선을 25년 퇴보시킬 것이라고 보았다. 세계은행은 극빈층이 세계적으로 1억 명 이상 증가하리라고 예측했다.

그러나 장기적으로는 긍정적인 변화가 기대된다. 원조보다 송금의 중요도가 커질 것이다. 2020년 송금액은 370억 달러로 23% 줄었지만, 2021년에는 소폭 개선될 전망이다. 이민자들이 고국으로 보내는 돈은 교육과 주거에

원조보다 송금의 중요도가 커질 것이다.

쓰인다. 부패한 공무원이 채가는 돈은 거의 없다. 아프리카 각국에서는 줄어든 원조금을 거창한 프로젝트에 헛되이 쓰기보다 사회 안전망에 우선 투자하고 있다. 원조금이 줄어들면 세금을 올려야 한다. 그러려면 행정력과 신뢰도, 민주주의의 개선을 약속해야 할 것이다. 아마 AU 파티의 디저트는 소박해질 것 같다.

시험에 들다
아비 아머드 총리는 에티오피아에 어려운 선택을 맡길 것이다

톰 가드너 Tom Gardner | 아디스아바바, 〈이코노미스트〉 아디스아바바 통신원

조짐은 좋았다. 2018년 에티오피아 총리 취임 연설에서 아비 아머드 알리(Abiy Ahmed Ali)는 "사랑과 용서가 에티오피아의 미래"라고 했다. 수년간의 반정부 시위 끝에, 젊은 개혁가는 아프리카에서 두 번째로 인구가 많은 에티오피아에 새로운 새벽을 약속했다. 정치범을 석방했고 언론의 재갈을 풀었으며 추방됐던 반체제 인사들을 불러들였다. 에리트레아와 평화 협정을 맺은 공으로 2019년 노벨평화상을 받기도 했다. 아머드 총리는 에티오피아가 독재 정권에서 벗어나 최초의 자유 선거를 치를 수 있도록 인도할 과도기의 리더를 자처했다.

2021년에는 아머드 총리가 에티오피아를 자유의 궤도에 올려놓았는지 무정부의 나락으로 떨어뜨렸는지 알게 될 것이다. 11월 총리는 에티오피아의 인종별로 구성된 10개 지방정부 중 가장 강력한 티그레이 북

부 지역에 주둔한 정부군 캠프가 받은 '공격'에 대해 정부군의 반격을 명령했다.

《2021 세계경제대전망》이 편집을 마감하는 시점에서, 티그레이 통치자에게 충성하는 티그레이 인민해방전선(Tigrayan People's Liberation Front, TPLF) 군대와 정부군 사이의 무장 충돌이 해결될지는 불투명하다. 외교관들이 양측을 설득해 대화를 이끌어낼 수도 있다. 그러나 전면적인 내전이 발발해 지난 20년간 지역 의료 등의 분야에서 이룬 성과가 완전히 파괴되고 인구 1억 1,800만 명의 국가가 내분의 공포에 떨게 될 가능성도 배제할 수 없다.

아머드 총리에게 축출당하기까지 거의 30년간 수도를 지배하던 TPLF와의 갈등 말고도 위험 요소가 있다. 총리의 고향이자 에티오피아의 최대 자치주인 오로미아는 무장한 분리주의자들에게 포위된 상태다. 총리의 통치에 반대하는 폭력을 동반한 대중 시위도 곳곳에서 발발해 정부는 진압에 골머리를 앓고 있다. 오로모족 출신 가수가 살해된 6월 이후 시위에서 최소 166명이 사망했다. 희생자들은 주로 소수 민족 구성원으로 성난 군중에게 학살당했다. 연방정부와 분리독립의 권리가 있는 각 자치주 사이의 긴장 악화가 모든 갈등의 근원이다.

코로나19로 인해 6월로 연기된 선거 진행은 불가능할지도 모른다. 일부는 관심조차 없을지도 모른다. 이제 사람들은 질서를 유지할 수 있는 강한 지도자의 등장을 간절히 원하고 있다. 아머드 총리는 에티오피아를 하나로 뭉칠 수 있다고 자신했으나 에티오피아 국민이 여전히 그의 뜻에 동의할지는 모를 일이다.

What If 전기차 배터리 제조와 급전망에서 태양열과 풍력 에너지 저장에 사용되는 광물, 코발트의 수요가 치솟고 있다. 그러나 세계 공급량의 2/3 이상이 콩고민주공화국에서 채굴된다. 콩고는 비민주 국가로 정부의 힘이 닿지 않는 지역이 있으며 치명적인 에볼라 바이러스의 창궐이 반복되는 곳이다. **전쟁이나 질병으로 세계의 공급이 중단되면 어떻게 될까?** 코발트 가격 상승은 이미 예견된 일이지만 그 폭이 더욱 커질 것이다. 코발트 공급이 부족해지면 배터리 생산이 어려워져 온실가스 저감 노력이 좌절될 수 있다.

코피 아난 재단(Kofi Annan Foundation)의 특별고문 **앨런 도스(Alan Doss)**, 모 이브라힘 재단(Mo Ibrahim Foundation)을 설립한 **모 이브라힘(Mo Ibrahim)**은 팬데믹 시대에 합당한 절차 없이 선거를 연기하면 아프리카의 민주주의가 무너질 것이라고 주장한다.

코로나19를 핑계로 민주주의를 희생하지 말자

바이러스를 이유로 정상적인 선거 절차를 무시해서는 안 된다.

아프리카에서 팬데믹은 단순히 공중 보건이나 경제 문제가 아니다. 아프리카의 여러 국가가 최근 몇 년간 이룩한 민주주의의 진보를 위협하는 정치적 비상사태가 올 수 있다.

현재 아프리카는 대단히 불리한 위치에 있다. IMF와 세계은행이 예언한 심각한 경기 침체의 영향을 최소화할 재정 여력이 있으면서 사회 안전망이 갖춰진 아프리카 국가는 몇 되지 않는다. 이미 수백만 명의 사람이 일자리와 수입원을 잃었다. 사회적 혼란이 가중되고, 그 어느 때보다 일자리와 기회에 굶주린 청년들이 들고일어날지 모른다. 경제적, 사회적, 정치적인 위기가 동시다발적으로 발생한 지금, 사회적 불만과 불안정성은 피할 수 없는 결과다.

민주 선거는 도화선에 불을 붙일 불씨다. 2020년 총선을 치를 예정이었던 아프리카 국가는 20개국이 넘었다. 대부분 코로나 사태가 한창이거나 막 벗어나고 있으며, 이제 시작인 곳도 있다. 총선을 계획대로 진행한 국가는 토고, 기니, 말리, 부룬디, 말라위 5개국에 불과했고, 평화롭게 마무리된 사례도 있지만 의심스러운 결과도 있었다. 다행히 어디서도 선거로 인해 확진자가 급증하지는 않았다.

모든 정부가 어려운 숙제를 안고 있다. 전염병을 막을 수 있는 엄격한 사회적 규제를 시행하는 한편 국민이 의미 있게 선거 절차에 참여하도록 해야 한다. 2021년에 선거가 예정된 국가는 더 적지만, 우려되는 점은 같다.

인간의 기본권, 민주주의의 온전성과 정부의 정통성 문제가 복잡하게 얽힌 상황에서, 어렵지만 선택과 포기가 필요하다. 그러나 아프리카의 시민과 정치인들은 팬데믹이 정치적 이익을 위해 선거를 피하거나 미룰 핑계가 되지 않도록, 공중 보건을 명분 삼아 시민사회를 통제하고 독재적, 비민주적 조치를 도입하는 일이 없도록 경계를 늦춰서는 안 된다.

아프리카의 여러 국가는 최근에야 엄청난 희생을 치르고 민주주의의 기반과 개인의 자유를 쟁취했다. 어떻게 이를 지킬 수 있을까? 코피 아난 재단이 소집한 세계적인 선거 전문가들은 정부와 일반 대중에게 다음과 같이 제안한다.

법치는 근본 원칙이다. 선거와 관련된 비상 대책은 헌법 조항 및 선거법에 근거를 두고 있어야 한다. 국가의 법률 체계가 이런 사태를 예상하지 못했다면, 국제적으로 수용되는 기준에 따라 개정이 이뤄져야 한다. 선거를 무기한 연기할 수는 없다. 따라서 선거가 안전하게 치러질 수 있는 보건 환경에 대해 명확하게 합의해야 한다.

다음으로, 정치인들은 다각도의 협의를 거치며 신뢰를 쌓아야 한다. 그렇지 않으면 정계에서 도입하는 비상 대책이 사사로운 이익을 위한 것으로 인지되어 현재의 위기에 대처하는 데 필수적인 공공의 신뢰를 무너뜨릴 것이다.

셋째로, 투명성이 중요하다. 정부와 선거 당국은 명확하고 신속하게 대중과 소통해야 한다. 누가, 어떤 조치를, 어떤 근거로 고려하고 있는지 국민이 이해해야 한다. 언론과 시민단체는 정책을 모니터링하고 논의를 촉발하며 주요 문제를 조명함으로써 민주주의를 보호하는 데 핵심 역할을 해야 한다. 정부는 표현의 자유를 보호해야 한다. 보건 문제도 마찬가지지만 정치 문제도 은폐하면 점점 나빠질 뿐이다.

마지막으로, 정부가 취하는 모든 조치(투표소에서의 예방 조치, 유권자 등록이나 투표권 행사 방법 및 개표 절차 변경 등)는 건강상의 위험과 합리적인 균형을 이뤄야 한다. 바이러스를 이유로 정상적인 선거 절차를 무시해서는 안 된다.

자유 선거, 공정 선거를 하더라도 경기 악화로 인해 아프리카의 민주주의는 위협받을 것이다. 아프리카 각국이 위기를 헤쳐나가려면 상당한 원조가 필요하다. 아프리카 정부와 세계의 협력 단체들은 채무 면제나 기한 연장이 있었음에도 교육과 공중 보건 예산을 대폭 줄였던 과거의 실패한 정책을 되풀이해서는 안 된다. 지금의 대량 실업 상황에서 엄격한 규제는 안정성과 민주주의의 진보를 위협할 것이다.

힘든 시기일수록 포퓰리스트의 허울 좋은 약속과 집단적 분노를 유발하는 극단주의자의 논리가 잘 통한다. 앞서 말한 조치를 통해 아프리카는 코로나19 위기 속에서 아직 미숙한 민주주의의 희생을 막을 수 있을 것이다.

The World in
2021

계속 분투하는 보우소나루

코로나19도, 화재와 스캔들도
브라질 대통령을 무너뜨리지 못할 것이다

사라 매슬린

2021년 자이르 보우소나루 브라질 대통령은 대중적 인기를 잃
지 않으면서 경제를 살리기 위해 아주 험난한 길을 가야 할
것이다. 코로나19 팬데믹은 국제적으로 버림받은 자로서의 그의 이미
지를 더욱더 확고하게 했다. 브라질의 코로나19 사망자가 세계에서 두
번째로 높이 치솟았을 때 기자의 질문에 보우소나루는 "그래서?"라고
답했다. 하지만 정작 브라질 국내에서는 많은 사람이 도발적인 대통령
에 익숙해지고 있는 것 같다. 가족 스캔들과 열대우림 화재 속에서도
그의 지지율은 상승했다.

이는 부분적으로 빈곤층에 나눠준 대규모 재난 지원금 덕분이다. 브
라질 정부는 이들에게 팬데믹이 시작하면서 월 600헤아이스(약 12만 원)를

지급했고, 9월부터 2020년 말까지 300헤아이스(약 6만 원)를 지급했다. 이는 진보적인 경제장관인 파울루 게지스(Paulo Guedes)로서는 180도 전환이었다. 그는 정부 지출과 관공서의 불필요한 절차를 줄여 이전 불경기(2014~2016년)로부터 브라질의 회복을 촉진하겠다고 약속했었다. 하지만 코로나19에 초점을 맞추느라 개혁은 늦어졌다. 하지만 2021년에는 시장이 더는 너그럽지 않을 것이다. 불요불급한 예산 삭감이나 개혁이 수반하지 않는 새로운 지출은 브라질을 재정적으로 파산 상태에 더 가까워지게 할 것이다. 2020년 공공 부채는 GDP의 76%에서 95% 안팎으로 급증했다. 비록 가능성은 적지만, 2016년에 부과한 연방 지출 상한선을 없애려는 의회의 움직임은 신뢰 위기를 초래할 것이다. 게지스 장관은 그만둘 수 있다.

하지만 팬데믹 때 투입한 사회 안전망을 제거하면 빈곤이 더 심해지고 보우소나루의 인기도 떨어질 것이다. 2020년 지방 선거가 끝나면서 야당은 2022년 대선으로 관심을 돌릴 것이다. 따라서 보우소나루는 인색한 사람이 되지 않기 위해 경제 개혁과 자신의 지지도를 높이는 노력의 균형을 맞출 필요가 있을 것이다.

복잡한 세법 개혁은 기업의 경영 비용을 줄이고, 외국인 투자를 유치하고, 고용을 확대할 것이다. 이 개혁의 성공은 2020년 보우소나루의 브라질을 위한 동맹(Alliance for Brazil)에 표를 던지기 시작한 중도 우파 진영과의 우호 관계에 달렸다. 보우소나루는 예컨대 총기에 대한 접근성 확대와 환경 관련 규제 완화 등 자신의 이념적 의제에서 승리를 노릴 수도 있다. 이는 자신의 보수 기반과 의회에서 '소고기, 성경, 총알(beef, Bible, and bullet)'로 상징되는 농부, 보수 기독교, 군부 등 자신의 기지 기반의 로비를 만족시킬 것이다. 아마존은 2021년에 더 큰 어려움을 겪을 것이다. 3년 연속 불길이 열대우림과 판타나우(Pantanal) 습지대를 휩쓸고 지나갈 것이다. 이는 기후 변화와 늘어나는 삼림 벌채가 낳은 뉴노멀이다. 치솟는 금값으로 불법 채굴 붐이 일어나고 있다. 보우소나루 정부는 원주민 보호구역에서 채굴과 벌채를 합법화하도록 의회를 압박할 것이다. 하지만 정치인들이 논란이 되는 법안을 두고 논쟁하는 동안 광부와 벌목꾼들은 더 많은 땅을 침범할 것이다. 남은 몇 안 되는 고립된 부족들은 더욱 줄어들 것이다.

국제 투자자들의 압력에 못 이긴 대규모 소고기와 콩 생산자들이 자신들의 공급망에서 삼림 벌채에 대해 단호한 조처를 해야 할지도 모른다. 하지만 보우소나루는 더 친환경적인 정책을 채택하지 않을 것이다. 트럼프보다 덜 우호적인 바이든이 미국의 새 대통령이 되면 제재까지는 안 가겠지만 브라질의 환경 파괴주의를 비판할 것이다.

브라질 의회는 다시 야심 찬 정책들을 통과시키는 데 앞장설 것이다. 2020년 이 정책들에는 오랫동안 기다려온 공공 위생에 대한 규제 체계의 개선이 포함되었다. 이로 인해 이제 민간 부문 투자와 가난한 학교들에 도움을 주게 될 공교육을 위한 주요 자금 조달 메커니즘의 개혁이 가능하게 되었다.

보우소나루의 지지율이 무너지지 않는 한 중도파는 수십 차례의 탄핵 발의로부터 그를 보호해줄 것이다. 보우소나루가 새로 지명한 두 대법관의 존재로 인해 그와 그 아들들에 대한 조사가 늦어질 가능성이 커질 것이다. 리우데자네이루 출신 상원의원 플라비오(Flávio)는 돈세탁과 '밀리치아(milícias, 민병)'라고 불리는 조직범죄 단체들과 관계를 맺은 혐의를 받고 있다. 역시 정치인인 카를로스(Carlos)와 에두아르도(Eduardo)는 온라인에서 잘못된 정보를 제공하는 네트워크를 운영한 혐의로 조사받고 있다. 보우소나루는 대법원에서 사법 방해 혐의로 조사받게 된다. 이 조사는 세르지우 모루(Sérgio Moro) 법무부 장관이 사임하고 보우소나루가 가족을 비호하기 위해 연방경찰국장을 해임했다고 고발한 뒤 시작됐다.

이 모든 극적인 사건에도 불구하고, 여론 조사는 만약 다음 대선이 내일이라면 보우소나루가 다시 승리하리라는 것을 암시한다. 하지만 그 길은 함정으로 가득 차 있고, 브라질은 뜻밖의 일로 가득 차 있다. 2022년까지 많은 것이 바뀔 수 있다.

멕시코 국민들에게 묻는다
오브라도르는 지금까지 자신의 대통령직 수행에 대한 신임을 묻는 국민투표를 제안한다

사라 버크 Sarah Birke | 〈이코노미스트〉 멕시코 및 중미 지국장

멕시코의 포퓰리즘 대통령 안드레스 마누엘 로페스 오브라도르가 6년 임기 중반에 자신의 대통령직을 검증하기 위해 헌법적으로 문제의 소지가 있는 국민투표를 제안했다. 그는 이번 선거를 국회 하원 의석 500석, 그리고 32개 주의 거의 절반에 해당하는 의회와 주지사를 선출하는 6월 중간 선거와 함께 치를 수 있다고 했다.

이 국민소환 성격의 투표는 진행되든 안 되든 오브라도르가 창당한 모레나당으로서는 골칫거리가 될 수 있다. 팬데믹 상황에서 수개월째 마스크 없이 행복하게 포용하라고 해온 오브라도르와 그의 정부는 코로나19를 몹시 잘못 다뤘다. 멕시코는 코로나19로 인한 사망자 수에서 미국과 브라질, 인도에 이어 수위를 달리면서 2021년에 접어들었다. (멕시코 정부는 공식 수치가 지나치게 과소평가된 것임을 자인한다.) 다른 나라 어린이들이 9월에 학교로 돌아왔을 때 멕시코 사람들은 텔레비전 교육을 시작

했다.

멕시코 사람들은 또 점점 가난해지고 있다. 경제 성장은 지난 80년 동안 최악의 침체에 빠져 있다. 2020년에는 경제가 적어도 10%는 위축되었을 것이다. 3월과 6월 사이 110만 명 이상이 일자리를 잃었다. 재정 보수주의자인 오브라도르는 재정 지출로 코로나19 위기를 극복해야 한다는 충고를 무시한 채 긴축 정책을 지속해왔다. 이미 반쯤 지어진 130억 달러에 달하는 신공항을 취소하는 등 팬데믹이 닥치기 전에 내린 결정들이 투자 감소와 자본 이탈 증가로 이어졌다.

치안도 나빠지고 있다. 2020년 첫 6개월 동안 멕시코는 2019년 같은 기간보다 1.7% 증가한 1만 7,349건의 살인 사건을 기록했다. 봉쇄 조처를 한 다른 나라들은 범죄율이 낮아졌다. 2020년 6월 멕시코 사람들은 마약 갱단의 멕시코시티 경찰청장 암살 시도로 들썩였다. 이 사건은 수도 번화가에서 일어난 너무나 대담한 사건으로 유난히 충격적이었다.

하지만 오브라도르는 투표에서 자신의 실수에 대한 대가를 치르지 않을 수도 있다. 그의 지지율은 2020년 초 80%에서 중반까지는 60% 안팎으로 떨어졌고, 모레나에 대한 지지율도 역시 떨어졌다. 지난 5월 2021년 반드시 이 당에 투표하겠다는 응답은 19%에 그쳐 2018년 12월의 절반에도 못 미쳤다.

오브라도르는 투표에서 자신의 실수에 대한 대가를 치르지 않을 수도 있다.

그의 실수에도 불구하고, 오브라도르의 매력은 세계 다른 대중 영합주의자들과 마찬가지로 정치적 기량보다는 개성과 집안 내림에 더 많이 의존한다. 많은 멕시코 사람은 오브라도르를 자신들과 같은 사람으로 본다. 그는 길가 노점에 들러 타코를 먹고 노동자들과 어울린다. 어떤 이들은 그를 자신들의 구세주로 본다. 연금 확대나 청년을 위한 연수 프로그램 등 사업이 오브라도르 이름으로 운영된다.

오브라도르의 청렴 이미지도 도움이 된다. 심지어 그를 깎아내리는 사람들조차 그가 개인적으로 부패하지 않았음을 인정한다. 이는 이 나라의 지도자들 사이에서 드문 자질이다. 이는 때마침 전 국영 석유 회사 사장이 세 명의 전직 대통령을 포함한 멕시코 고위 관리들에 대해 심각한 혐의를 제기하는 거대한 부패 스캔들로 인해 부각되었다.

야당들이 모레나에 타격을 가하기 위해 뭉칠 수도 있다. 따라서 오브라도르는 멕시코의 '제4차 변혁'이라는 별명이 붙은, 부패 척결, 부의 불평등 해소, 전국적 자급자족 증진을 위한 거창한 계획을 진행하기에는 축소된 권한과 능력을 갖추고 등장할 수도 있다.

2021년 한 가지 결과는 분명하다. 세계 많은 나라, 특히 멕시코 북쪽 이웃 국가(미국)에서처럼, 선거는 극단적인 국가 원수에 의해 증폭된 분열을 치유하는 데 아무런 도움이 되지 않을 것이다.

마이클 리드

라틴아메리카 지도자들에게 2021년은 부채 위기를 극복하고, 민주주의가 여전히 성과를 낼 수 있음을 국민들에게 설득하면서 경제 회복을 이끄는 한 해가 될 것이다. 이 지역의 전망은 어떨까?

오랜 봉쇄에도 불구하고 많은 사람이 코로나19에 유린당하면서, 여러 나라가 어느 정도 '집단 면역'을 갖게 될지도 모른다. 하지만 팬데믹의 사회 경제적 영향은 예상보다 오래 남을 것이다. 2020년에 경제가 8% 정도 위축된 후 라틴아메리카에는 약 4,000만 명의 '새로운 빈곤층'이 생기게 되고, 가난하게 사는 사람들이 적어도 3명 중 1명꼴이 될 것이다. 특히 칠레, 콜롬비아, 볼리비아 등에서 보듯 거리 시위에서는 좌절감이 나타나고 선거에서는 포퓰리즘 승리의 위협이 등장할 것이다. 많은 사람이 꺼리겠지만, 군대는 질서를 강화하고 정부를 지탱하는 데 더 중요한 역할을 요구받을 수도 있다. 1980년대 이후 이 지역에서 지배적인 민주주의가 어떤 곳에서는 무릎을 꿇을 수도 있다. 이런 점에서 엘살바도르의 권위주의 대통령인 나입 부켈레(Nayib Bukele)를 경계해야 한다.

2021년에는 대부분 국가가 잃어버린 생산량의 절반 이상을 회복하기 위해 고군분투할 것이다. 회복은 브라질과 일부 남미 국가들이 주도할 것이다. 투자자들이 오브라도르 대통령을 불신하는 멕시코에서

인구 10만 명당
코로나19 확진 사망자 수
2020년 10월 20일까지

0 20 40 60 80 100 120

2020 **2021**
GDP 예측
전년도 대비 변화율(%)

멕시코

-9.7 3.3

벨리즈
온두라스
과테말라
니카라과
엘살바도르
파나마
코스타리카
베네수엘라

콜롬비아 -7.7 4.4

에콰도르 -11.0 5.1

브라질

-5.5 3.0

페루 -13 9.2

볼리비아

파라과이

칠레 -6.5 4.6

우루과이

아르헨티나

-11.0 6.0

출처: 존스홉킨스대학교 CSSE, 이코노미스트 인텔리전스 유닛(EIU)

는 회복이 더디게 진행될 것이다. 공적 부채가 GDP의 80% 이상에서
한 해를 시작할 것으로 보이는 가운데, 라틴아메리카는 IMF에 더 많
은 원조를 요구할 것이다. IMF의 원조를 얻지 못하면 라틴아메리카
는 회복이 안 되고 재정 긴축이나 부채 위기, 또는 둘 다에 직면할 것
이다.

에콰도르(2월), 페루(4월), 칠레(11월)의 대통령 선거에서는 대중영합주의자들이 승리할 수 있지만, 보수주의자들에게도 기회가 있다. 에콰도르에서는 2007년부터 2017년까지 집권하면서 나라를 파산에 이르게 한 좌파 포퓰리즘 성향의 라파엘 코레아(Rafael Correa)가 부정부패 혐의에 대한 궐석 재판에서 유죄 판결이 확정되어 출마할 수 없게 됐다. 그는 젊은 경제학자 안드레스 아라우스(Andres Arauz)라는 대리 후보를 통해 정계 복귀를 희망한다. 아라우스는 보수적인 은행가 기예르모 라소(Guillermo Lasso)와 원주민 지도자 야쿠 페레스(Yaku Perez)와의 힘겨운 싸움을 앞두고 있다. 페루 선거는 활짝 열려 있고 정치적 아웃사이더의 승리를 볼 수도 있다. 2019년 시위로 흔들리기 전까지 자본주의의 안정적인 보루였던 칠레에서 이번 선거는 새로운 헌법에 대한 투표와 맞물릴 수 있으며, 의료, 교육, 연금 등에서 국가에 더 큰 역할을 부여할 것으로 보인다. 좌파가 대권에 강력히 도전하겠지만 대중영합주의적인 온건 보수주의자 호아킨 라빈(Joaquin Lavin)에게 질 수도 있다. 아르헨티나(10월)와 멕시코(7월)의 중간 의회 선거에서는 각각 중도 성향의 페론주의자(Peronist) 알베르토 페르난데스(Alberto Fernandez) 대통령과 오브라도르 대통령의 강세를 전망한다.

마침내 라틴아메리카 좌파 독재에 변화가 올까? 쿠바에서는 60년 이상 계속된 카스트로 왕조가 공식적으로 종말을 맞이한다. 2019년 젊은 관료 미겔 디아스 카넬(Miguel Diaz-Canel)에게 대통령직을 넘겨준 라울 카스트로(89세)는 2021년 4월 열리는 공산당 총회에서 쿠바 공산당 제1서기 자리에서도 물러난다(라울 카스트로는 형 피델 카스트로로부터 두 가지 직책을 모두 물려받았다). 쿠바 국민들은 디아스 카넬 대통령이 당수 자리도 차지할지, 아니면 리더십을 공유할지, 그리고 새 중앙위원회에서는 당의 스탈린주의자나 개혁파가 정상을 차지할지 지켜볼 것이다. 카스트로 가문이 완전히 끝나지는 않았다. 라울 카스트로의 아들 알레한드로(Alejandro)가 정보국을 운영하고 있기 때문이다.

니카라과의 독재자 다니엘 오르테가(Daniel Ortega)는 11월 선거를 자신의 왕조를 출범시킬 기회로 이용할 것이며, 그의 별난 아내 로사리오 무리요(Rosario Murillo)를 자신의 대통령직 계승자로 만들려고 할 것이다. 선거 부정이 불 보듯 뻔하고 새로운 시위 물결도 일 것이다.

베네수엘라의 정치 갈등이 2021년 새로운 국면으로 접어들게 됐다. 거의 60개국에서 '잠정적 대통령'으로 인정받고 있는 후안 과이도(Juan Guaido) 국회의장의 권한은 1월에 끝날 예정이다. 이 나라의 독재자 니콜라스 마두로(Nicolás Maduro)는 반대파를 분열시켰다. 하지만 그는 부분적으로 미국의 제재 때문에 재정이 거의 바닥났다. 지금까지 마두로를 축출하지 못한 미국은 2021년 마두로와 협상을 통해 민주주의 복귀를 시도할 수도 있다. 미국은 2021년의 어느 시점에 미주의 모든 국가가 참여하는 제9차 미주 정상회담을 개최할 예정이다. 베네수엘라가 최우선 의제가 될 것이다.

What If 베네수엘라의 독재자 마두로 정권이 대규모 시위와 500만 인구의 탈출, 국가 경제 붕괴에 직면했다. 하지만 그는 여전히 버티고 있다. **만약 마두로 대통령이 결국 실각한다면 어떻게 될까?** 베네수엘라는 대규모 인도주의적, 경제적 지원이 필요할 것이다. 야당 의원들과 아마도 마두로 정권의 몇몇 온건파 의원을 포함한 과도 정부는 자유롭고 공정한 선거를 준비할 것이다. 민주적인 베네수엘라는 라틴아메리카 정부들 사이에 가장 의견이 분분한 문제 중 하나를 해결할 것이다.

콜롬비아 수도 보고타 시장 **클라우디아 로페스(Claudia López)**는 팬데믹이 사회 변화를 가속한다고 말한다.

코로나19 시대의 낙관론

팬데믹은 어려운 과제를 던졌지만, 혁신의 기회이기도 했다.

20년의 시작은 나에게 위대한 꿈의 시작처럼 보였다. 수년간의 고군분투 끝에 보고타는 나에게 콜롬비아 수도의 최초의 여성, 최초의 성 소수자, 그리고 엘리트 계층이 아닌 서민 출신 시장이 될 기회를 주었다. 나는 시장에 취임해 불평등 문제 해결, 기후 위기, 성별 차원의 빈곤 문제 등이 진정한 우선순위가 되는 새로운 사회 및 환경 계약을 보고타에 제안했다.

이어지는 몇 달 동안 보고타는 대중들의 시위 무대가 되었다. 청년들과 중산층이 부족한 기회와 사회적 이동성(social mobility)에서 이룬 미미한 성과마저 잃을 위험에 대한 불만을 표출하기 위해 거리로 나섰다. 새해 첫날 우리는 이런 불만들 속에서 우리가 선출된 플랫폼에 충실하면서 통치하는 것을 가장 큰 도전으로 생각했다. 하지만 코로나19는 새로운 질서를 요구했다.

팬데믹 관리가 거버넌스의 중심이 되었다. 여러 격차가 더욱더 가시화되었다. 디지털 격차를 예로 들 수 있다. 공립학교 학생 40%는 컴퓨터나 인터넷에 연결되지 않았다. 성별 격차도 문제. 무급 돌봄 일로부터 간신히 해방된 수많은 여성이 집에 머물며 다른 사람들을 돌볼 수밖에 없었다. 질병의 건강상 결과 외에도, 이 팬데믹의 가장 나쁜 점은 내가 자랑스럽게 대변하는 두 집단인 청년들과 여성들에 대한 아마도 10년 정도의 사회적·경제적 후퇴였다. 팬데믹은 우리가 선거 캠페인에서 제안한 새로운 사회 및 환경 계약 달성을 더욱더 어렵게 하는 것 같았다.

우리는 매일 새로운 조처를 해야 했다. 건강을 관리해야 했고, 죽음은 막아야 했고, 수입은 보호해야 했고, 굶주림은 어떤 희생을 치르더라도 피해야 했다. 우리는 정부 프로그램들을 수정해야만 했다. 이를테면 연초에 2만 가구에 현금을 이체하는 방식에서 7개월 만에 71만 2,000가구에 기본소득과 식량을 지원하는 방식으로 되었다. 우리는 겨우 12만 4,000명의 학생에게 인터넷을 연결하고 태블릿 컴퓨터를 제공했다. 우리는 더 많은 사람이 다시 학교로 돌아가거나 처음으로 학교에 등록하는 더 나은 기회를 얻을 수 있도록 대학과 고등 교육 기관들이 비용을 절감하고, 프로그램을 단축하고 더 유연하게 만들도록 설득했다. 요컨대 팬데믹은 새로운 도전을 제기했지만, 이는 또한 혁신하고 변화를 일으킬 기회였다.

팬데믹은 우리가 개략적으로 설계한 사회 및 환경 계약을 즉시 실행에 옮길 것을 강요했다. 이는 우리를 더 지속 가능한 도시로 이끄는 생활과 일, 소비와 통근의 새로운 방법을 가져왔다. 우리는 ICU(Intensive Care Unit, 중환자실)를 두 배로 늘렸을 뿐만 아니라, 시내 자전거 여행 비율도 두 배로 늘렸다. 기존 550km에 85km의 자전거 도로를 추가했다. 우리는 거리를 보행자 전용으로 만들고 식당, 상점, 예술가들이 다시 일터로 돌아갈 수 있도록 공공 공간을 개선했다. 우리의 지금 대기 오염은 몇 년 동안 가장 낮은 수준이다. 보고타 인구의 약 93%가 얼굴 마스크를 사용하고 있으며, 대부분 사람은 심지어 봉쇄가 풀린 상황에서도 가능한 한 집에 머무르고 있다.

이런 개선 사항의 많은 부분이 여기서 아직 유지되고 있다. 하지만 팬데믹이 어떤 것을 가속하듯이 이는 또 사회적 불만의 표출 등 다른 것들을 일시적으로 중단시켰다. 그 압력이 댐에 갇힌 물의 힘이 되어 되돌아왔다. 젊은이들, 여성들, 그리고 불만스러운 사람들이 팬데믹으로 인해 악화하는 문제들을 안고 거리로 돌아왔다.

궁극적으로 시민들은 거리뿐만 아니라 투표에도 나설 것이다(콜롬비아에서의 다음 선거는 2022년에 있다). 그리고 선거에서 우리는 또 다른 팬데믹을 물리쳐야 할 것이다. 바로 사람들의 좌절감을 노리는 포퓰리즘이다. 우리가 민주주의로 쌓아온 것들을 잿더미로 만들 수 있는 좌파의 권위주의적 포퓰리즘과 상급 법원을 폐지하고 대중 시위를 금지할 수 있는 우파의 권위주의적 포퓰리즘이다. 우리는 우리가 싸워온 변화를 지탱하는 바로 그 제도들을 훼손하는, 일시적인 구세주들에게 넘어가지 않고 민주적 변화를 공고히 해야 한다.

나는 그 어느 때보다도 자부심과 낙관론을 가지고 있다. 나는 우리 시와 사람들의 가장 좋은 면들을 봐왔다. 2021년과 그 이후 우리는 더 나은 인간, 시민으로 일어설 것이며, 우리가 항상 노력해왔지만, 우리나라에서 좀처럼 실현하지 못했던 것을 이룰 것이다. 더 평등하고 평화로운 사회를 실현하는 민주주의가 그것이다.

The World in
2021

두 거인 사이에서

동남아시아는 중국과 미국의 고래 싸움에 끼게 될 것이다

도미닉 지글러 Dominic Ziegler | 홍콩, 〈이코노미스트〉 반얀 칼럼니스트

현재 미국과 중국의 경제, 전략, 군사 경쟁으로 인한 리스크 부담이 가장 큰 곳은 동남아시아 11개국이다. 양국의 갈등은 2021년에 더 깊어질 것이다.

한편 동남아시아는 19~20세기 서양과 일본의 제국주의 침탈 이전까지 중국이 누렸던 지위를 되찾으려는 중국 현 정부의 의지를 경계하고 있다. 중국은 엄청난 규모의 해상 무역이 통과하는 브루나이, 인도네시아, 말레이시아, 필리핀, 베트남의 남중국해 해양과 영토 주권을 놓고 공격적으로 대립하고 있다. 시진핑 대통령은 "아시아의 일은 아시아 국가끼리 해결"하자며 중국이 아시아 문제를 처리하겠다는 뜻을 돌려 말한 듯하다. 중국 외무장관은 동남아시아국가연합(Association of South-

East Asian Nations, ASEAN) 10개국 모임에서 이렇게 말하기도 했다. "중국은 대국이고 동남아 국가들은 소국이다. 사실이 그렇다."

아세안 회원국들은 미국이 아시아에서 영향력을 더해가는 중국을 견제하길 바라면서도 양국의 갈등이 아시아에 악재로 작용할 것을 안다. 동남아시아 외교관들은 트럼프 행정부의 반중 슬로건(바이든이 정권을 잡아도 유지될)에 공공연히 환호하지 않았다. 그럴 법하다. 동남아시아 정부는 대부분 민주주의에 적대적이며, 미국의 정치 체제를 따라가려는 국가는 없다.

무엇보다 중국은 적으로 돌리기엔 이미 너무 가깝고 너무 강력하다. 동남아시아의 최대 무역 상대국이며, 일본에 이어 두 번째로 큰 투자자이기도 하다. 아세안의 성장과 공급망은 중국에 달려 있다. 이 지역을 예의 주시해온 세바스찬 스트란지오(Sebastian Strangio)가 신간 《용의 그늘(In the Dragon's Shadow)》에서 지적하듯, 동남아시아 국가들은 중국의 성장과 안정성을 중요하게 생각한다. 역사적으로 중국이 혼란할 때면 남쪽으로 불안정성이 번졌다.

어떻게 해야 고래 싸움에 끼지 않을 수 있을까? 동남아시아 전략가들은 열강의 경쟁으로 인한 문제라면 과거에 더 심각했다고 본다. 냉전의 절정기에 인도차이나반도의 유혈 분쟁과 곳곳에서 발생한 공산당 혁명으로 동남아시아의 자치권은 사라지다시피 했다. 인도네시아, 말레이시아, 필리핀, 태국과 싱가포르가 50년도 더 전에 아세안을 형성한 것도 이러한 문제와 상호 불신을 관리할 필요가 있다고 여겨서였다. 오늘날은? 전략가들이 농담처럼 하는 말이지만, 중국과 미국이 세력 싸움에 휘말린 지역을 나눠 갖는 상황은 아니지 않은가.

2021년에는 열강의 갈등에 대처했던 경험이 빛을 발할 것이다. 동남아시아는 천 년간 중국의 그늘에 있었으며, 제2차 세계대전 이후로는 미국의 존재도 무시할 수 없었다. 싱가포르의 전 최고외교관 빌라하리 카우시칸(Bilahari Kausikan)은 양국 사이에서 "양다리 걸치기(hedging), 균형(balancing), 편승(bandwagoning)" 전략을 취하게 되리라 전망했다. 국제관계학 전공 학생들은 보통 세 가지 접근 중 하나를 선택해야 한다고 배운다. 그러나 카우시칸에 따르면 실용적인 동남아시아 국가는 셋을 동시에 할 요령이 있다. 사례를 하나 들자면 로드리고 두테르테(Rodrigo Duterte) 필리핀 대통령은 중국의 투자를 계속 요구하는 한편 한때 삐걱거리던 미국과의 군사 동맹 문제를 조속히 해결하려 한다. 2021년의 동남아시아는 번영과 안보를 담보하기 위해 타 국가, 특히 일본, 대한민국, 호주와 인도의 힘을 빌릴 것이다.

2021 IN BRIEF

대한민국 국방부는 2021년 **최초의 항공모함** 건조를 시작하고, 이를 위해 전투기를 인수할 계획이다. 1대당 1억 2,200만 달러인 미국의 F-35B 제트기를 도입할 것으로 예측된다.

2021 IN BRIEF

연기된 **2020년 도쿄 하계 올림픽**에서 5개 신종목이 채택됐다. 가라데, 스케이트보드, 서핑, 스포츠 클라이밍과 야구/소프트볼 선수들이 처음으로 메달을 놓고 겨룬다.

양다리, 균형, 편승 정책에는 대전제가 있다. 미국과 중국 둘 다 양국의 경제적 교류를 완전히 끊을 마음은 없어야 한다. 아마 실제로 그럴 것이다. 두 열강의 끈질긴 경쟁과 협상으로 세계의 공급망에 어떤 변화가 있더라도 동남아시아는 그로부터 이익을 얻으려 한다.

그렇다고 해도 도박은 도박이다. 다른 위험성도 도사리고 있다. 아세안의 연대를 유지하기도 쉽지 않을 것이다. 중국은 이미 캄보디아와 라오스를 의존국으로 만들면서 아세안 국가들을 이간질하려 했다. 시진핑 대통령이 계속해서 3,000만 중국계 동남아시아인을 포함한 해외 중국인을 대변하려 하면서 반중 정서가 민족 간 증오로 이어져 이민배척주의를 낳을 수도 있다.

아마도 남중국해를 둘러싼 중국과 미국의 의도치 않은 충돌이 현재로서 가장 큰 위험일 것이다. 결국 군사 분쟁이 발생하면 양다리, 균형, 편승 정책 모두 큰 효과를 보지 못한다.

최고의 적

베트남은 균형 잡기에 총력을 기울여야 한다

찰리 맥켄 Charlie McCann | 싱가포르, 〈이코노미스트〉 동남아시아 통신원

2021년 1월 베트남공산당(Communist Party of Vietnam, CPV)은 5년에 한 번 열리는 전당대회, 13대 국회를 소집할 것이다. 당원들의 지지를 받은 당내 선거의 승자는 새로운 서기장이 되어 몇 년 동안 우선할 사안을 정하게 된다. 중국에 대한 논의가 더 중요해질 것이다. 북쪽으로 접경한 중국과의 관계는 항상 까다로웠지만 새해에는 더 어려울 전망이다. 중국은 광범위한 남중국해 지배권을 주장하며 베트남 영해를 침식하려 한다. 2020년 중국 배가 베트남 어선을 들이받아 침몰시키는 등 공격성을 드러내기도 했다. 이런 식의 도발이 반복되면 대규모 반중 시위가 일어난 2014년, 2018년과 마찬가지로 베트남 국민이 거리로 나설지도 모른다.

베트남 정부는 반중 정서를 고려해 표면적으로 중국에 대해 냉랭한 태도를 유지할 것이다. 그러나 뉴사우스웨일스대학교 칼라일 세이어(Carlyle Thayer)에 따르면 베트남은 초강대국과 적이 될 생각이 없다. 베트남과 관계를 유지할 공산 국가는 거의 남아 있지 않으며 CPV와 중국 공산당의 유대는 역사가 깊다. 게다가 베트남과 중국의 경제는 늘 긴밀하게 연결돼 있었다. 중국은 베트남의 최대 무역 상대국이자 최대 수입원이고 베트남 수출의 대부분을 차지하고 있다. 게다가 오리건대학교의 쯔엉 부

베트남에 있어 중국과의 관계는 늘 까다로웠다.

(Tuong Vu)에 따르면 CPV는 중국과의 정면 대결을 피하려 한다.

따라서 새로운 정권은 양다리 걸치기(hedging) 전략을 계속할 것이다. 중국과의 활발한 무역으로 경제 개발을 꾀하는 한편, 미국과의 관계를 다짐으로써 중국의 남중국해 진출에 대응할 것이다.

공산당의 차기 서기장으로 유력한 두 사람은 공산당 사무국 대표이자 현 서기장의 충실한 심복인 쩐 꾸옥 브엉(Tran Quoc Vuong)과 현 총리 응우옌 쑤언 푹(Nguyen Xuan Phuc)이다. 둘 다 골수 공산당원으로 당내 권력을 우선순위에 두고 있지만, 누가 승리하든 골수 실용주의자가 돼야 할 것이다. 차기 서기장은 중국에 강경한 태도를 유지해 국내 반중 정서를 통제하면서, 성급하게 미국과의 결속을 다지려는 당내 파벌의 요구를 진정시킬 것이다. 미국 군함의 항구 방문을 허락하는 등 미국과의 관계가 깊어졌음을 중국에 보여주면 당장은 협상력이 강해질 것이다. 그러나 결국 베트남 리더들은 장기적으로 보면 중국과의 관계는 반드시 유지되겠지만, 미국과의 관계는 끊어질지도 모른다는 사실을 잘 알고 있다.

엘레노어 화이트헤드 Elenor Whitehead | 〈이코노미스트〉 호주 및 뉴질랜드 통신원

호주는 행운의 국가라 하지만 2021년에는 그 운이 다할 것이다. 28년 동안 불황이 없었던 기록적인 경제 성장 무패 행진을 거치며 호주 국민은 평균적으로 세계 2위의 부를 갖게 됐다. 그러나 그 기록은 팬데믹으로 인해 불시에 끝나버렸다. 불황의 늪을 빠져나가야 할 힘겨운 한 해가 기다리고 있다.

호주 정부는 내년 초 실업률을 8%로 예상한다. 3월에는 350만 개의 일자리를 보존했던 임금 보조금이 고갈될 예정이다. 코로나 바이러스를 막기 위한 노력으로 국경을 닫으면서 호주 경제의 동력이었던 이민자 유입은 중단됐다.

호주는 너무나 오래, 너무나 쉽게 발전해왔다. 그러나 이제 논의가 필요한 때다. 최근 호주의 동력은 중국이었다. 어떤 국가보다도 호주의 생산품을 게걸스럽게 집어삼키는 중국으로의 수출은 총수출의 거의 40%를 차지했다. 가장 많은 관광객을 보내는 국가이기도 하다. 2019년 호주의 중국인 관광객은 140만 명이었다. 호주 주요 대학 학생의 13%가 등록금을 내는 중국 유학생이다.

2021년에는 어려운 조정이 기다리고 있다. 양국은 코로나19에 대한 베이징 정부의 대응에서부터 인도양에서의 합동 훈련에 호주 해군이 참여한 사건까지 만사에 갈등을 빚었다. 중국이 보이콧하는 호주 수출

품 목록은 매달 늘어나고 있다. 중국은 대형 도축장에서 소고기 수입을 규제하고 보리 수출에 관세를 매겼으며, 공장에 호주 목화 구매 중단을 명령했으며, 일부 목재 운송을 차단했고, 기타 여러 상품에도 위협을 가하고 있다.

호주가 처한 상황의 위험을 대수롭지 않게 보는 사람들은 중국이 산업 혁명의 원료인 엄청난 규모의 호주산 자원을 당장 대체할 수는 없다고 주장해왔다. 그러나 최근 중국 수입업자들은 호주 석탄을 외면하기 시작했다. 중국이 호주에 의존하는 정도보다는 호주가 중국에 기대는 바가 크다. 중국은 마음만 먹으면 규모가 작은 호주 경제에 혼란을 줄 수 있지만, 호주가 중국에 타격을 입히기는 힘들다. 호주의 경제적 발전뿐만 아니라 현대 세계에서 취해온 입장도 위태롭게 됐다. 이제껏 중국에 의존해 경제를 지탱하면서도 가장 중요한 군사적, 외교적 동맹국은 미국이었던 것이다.

동시에, 외부 세력(특히 중국)의 간섭에 대한 국민적 우려는 점점 깊어지고 있다. 정치인들은 '외부' 개입을 차단할 새로운 힘을 찾고 있으며, 중국의 군비 확장과 인권 침해에 반대의 목소리를 내고자 한다. 그래서 불편한 선택을 마주하게 됐다.

앞으로 호주는 뜻을 같이하는 다른 국가들이 함께 중국에 맞서도록 유도해야 한다. 더 강경하게 대응할 경우 호주가 치르게 될 대가와 향후 수출입 이익의 대안에 대한 격렬한 논쟁이 일어날 것이다.

정권 유지
일본의 새로운 지도자는 선거를 비롯한 시험을 앞두고 있다

노아 스나이더 Noah Sneider | 〈이코노미스트〉 도쿄 지국장

19 90년과 2012년 사이 재임한 일본 총리는 15명이다. 2012년 아베 신조 총리가 취임했을 때 2년이 채 되지 않는 평균 임기보다 오래 버티리라 예상한 사람은 거의 없었다. 사실 그가 2006년 처음 총리직에 올랐을 때는 1년 후에 퇴임했었다. 그러나 2020년 9월 건강상의 이유로 물러난 아베 총리는 2,822일의 대기록을 세웠다.

아베 전 총리의 충실한 심복인 스가 요시히데는 연속성과 안정성을 약속하며 후임에 올랐다. 집권당인 자유민주당의 긴급 투표에서 선출돼 아베 전 총리의 남은 임기를 맡은 것이다. 2021년 9월에 있을 3년 임기의 차기 총재 선거 결과를 보면 인력이 자주 바뀌던 과거의 자민당으로 돌아갔는지 알 수 있을 것이다. 대중은 10월(또는 지배적인 예측처럼 스가가 국회를 미리 해산할 경우 그 이전) 총선에서 아베의 뒤를 잇는 자민당의 노선에 대한 판결을 내릴 수 있다.

스가는 처음엔 임시 후보처럼 등장했지만 입지를 유지하려 할 것이다. (스가처럼 배후에서 움직이기를 선호하는 인물이라 해도, 직업 정치인이라면 자의로 총재 자리를 포기하지는 않을 것이다.) 유권자들은 그에게 기회를 줄 의향이 있는 듯하다. 아베 전 총리 퇴임 이전의 여론 조사에서 후임자로 스가를 선호하는 일본인은 10%가 되지 않았지만, 새로운 행정부의 지지율은 거의 70%에 달한다.

스가를 추가한다

　스가는 어려운 상황을 빠르게 타개해야 한다. 코로나19가 팬데믹 이전에도 지지부진했던 일본 경제의 발목을 잡고 있다. 2020년 2분기 GDP는 연간 기준 28.8% 감소했다. 역사상 최악의 급락이다. 설 자리를 잃은 일본은 회복을 위해 노력할 것이다. 늘 위협적인 디플레이션은 2021년 수요가 위축되면서 다시 심화될 것이다. 일본 정부와 국제올림픽위원회(IOC)가 안전하게 올림픽을 치를 방법을 찾아낸다면 부양책이 될 수도 있겠다.

　외교 정책의 어려움도 무시할 수 없다. 아베 전 총리는 외교에 우선순위를 뒀고, 80번 이상 해외 출장을 다니며 각국 원수들과 긴밀한 관계를 쌓았다. 스가는 대면 접촉이 제한된 시기에 국제 무대에서 나름대로 신뢰를 쌓아야 할 것이다. 미국과의 주둔국 지원 협정 갱신이 첫 시험이다. 양국의 안보 동맹을 뒷받침할 5만 명 규모의 주일 미군에 대한 계약이다. (현 계약은 2021년 3월 종료된다.)

그러나 팬데믹 혼란이 스가의 가장 중요한 개혁에 도움이 될 수도 있다. 스가는 일본의 구식 행정 서비스를 현대화하기 위한 디지털 에이전시 신설을 약속했다. 2021년에는 공식 문서에 사용되는 인감도장이 사업 영위에 필수적인 도구가 아니라 유물이 될 것이다. 일이 잘 풀리면 팩스 기계도 사라질지 모른다.

경제를 안정시키고 코로나19를 통제한다면, 스가는 아베 전 총리의 사임 직후처럼 사전에 소속당 분파 리더들의 지지를 확보해 자민당 당내 선거를 독점할 수 있을 것이다. 그러나 스가가 리더로서 불안하다고 판단되면 자민당 총재직을 놓고 전면전이 벌어질 것이다.

아베 전 총리의 긴 임기가 끝난 후 야망에 찬 정치인들은 자신의 차례가 돌아오길 바라며 조바심을 내고 있다. 2020년 스가에게 패한 전 국방장관 이시바 시게루는 아마 이번에도 정권을 노릴 것이다. 자민당의 일반 구성원들이 참여하는 정기 선거에서는 승산이 있을지도 모른다. 조지타운대학교 출신의 전 국방장관 및 외무장관이며 현재 행정 개혁을 감독하는 고노 타로가 차세대 후보로 부상할 수도 있다(57세로 연공을 따지는 자민당에서 상대적으로 젊은 편이다). 자민당에서 고위직에 있는 몇 안 되는 여성 중 하나인 노다 세이코는 일본의 첫 여성 총리가 되길 원

What If 북한의 독재자는 젊지만, 건강이 좋지 않다. **김정은이 죽으면 어떻게 될까?** 여동생 김여정을 후계자로 삼을 것이라는 의견도 있다. 그러나 북한 고립주의 정권의 고위 관리들이 이를 받아들일지는 미지수이며, 어떤 상황이 벌어질지는 여러모로 확실하지 않다. 북한 내부의 권력 투쟁은 결국 대한민국, 중국과 미국의 개입을 촉발할 수 있다. 핵무기로 인한 안보 위협의 우려도 있다. 북한은 지금보다 더 위험하고 예측 불가능해질 것이다.

한다. 누가 승리하든 정권을 유지하는 어려움에 비하면 선거에 이기는 일은 아무것도 아니었다고 생각하게 될 것이다.

아프가니스탄의 혼란
탈레반은 다시 정부에 합류할까?

다니엘 놀스

아프가니스탄에서 미군이 철수할 때 사이공과 같은 풍경이 펼쳐지지는 않을 것이다. 탈레반이 카불을 침략하는 가운데 헬리콥터가 미 대사관에서 사람들을 실어나를 일은 없다. 그러나 2020년 최소한 미국은 전쟁의 끝이 보인다고 판단했다. 트럼프 행정부는 2월 탈레반과 미군 철수를 계약했다. 탈레반은 그 대신 국제사회가 인정하는 아프간 정부와 대화하기로 했다. 아프간 정부는 이 과정에서 탈레반 수감자 5,000명을 풀어줘야 했다. 연말쯤에 아프가니스탄에 남아 있을 미군은 5,000명이 되지 않을 것이다. 카불에 있는 국제기구 본부의 안전을 보장하는 정도만 가능한 규모다.

1970년대 말 소련의 침략을 받은 뒤로 쭉 전쟁에 노출된 아프가니스탄에 평화가 임박했다는 뜻일까? 슬프지만, 확실하지 않다. 런던 소재의 씽크탱크 해외 개발 연구소(Overseas Development Institute) 연구원 애쉴리 잭슨(Ashley Jackson)에 따르면 2021년이 어떤 모습일지는 아무도 짐작할 수 없다. 미군 철수는 대혼란을 남길 것이다. 그러나 한 가지 가

적과의 대화

능성은 확실하다. NATO와 북부동맹 반군의 연합체에 의해 20년 전 카불에서 밀려난 탈레반이 다시 권력을 잡을 공산이 크다. 문제는 어떤 형태의 정부에 합류하느냐 하는 것이다.

　3월에 관련 논의가 예정돼 있었으나 결국 9월에야 카타르에서 이야기를 시작했다. 진행은 지지부진했고 프로토콜에 대한 논쟁이 대부분이었다. 정부는 다음 단계로 나아가기에 앞서 탈레반이 휴전에 협의하길 바라지만 그럴 가능성은 낮다. 아프가니스탄의 정부는 역사상 가장 취약한 상태다. 원래도 딱히 전투력이 없었던 정부군은 미 공군의 지원이 없는 지금 더욱 무력하다. 탈레반은 미군을 대상으로 한 대규모 공격을 중단했지만, 아프간 정부 관리를 특정한 암살은 늘어났으며 주요 도로를 점거하고 통행료를 받고 있다. 카불의 포위 상태가 심각해지면서 정부의 협상력은 사라지고 있다.

탈레반은 모순되는 목표를 갖고 있다. 2001년 침공 이후 제정된 헌법의 제약을 받지 않는 아프가니스탄 이슬람 수장국의 새로운 정부에서 지배적인 위치를 차지하려 하지만, 한편으론 아프가니스탄이 생존하기 위한 국제 원조를 원한다. 암울하지만 희망이 있을지도 모른다. 2014년부터 대통령직을 수행하는 아슈라프 가니(Ashraf Ghani)는 과거의 적과 정부를 형성하려면 자신의 행정부를 사실상 해체해야 하는 상황을 맞았다. 무너진 아프가니스탄을 바로 세우겠다고 약속하며 정권을 잡은 그는 쓴 약을 삼켜야 할 것이다. 그럴 의지가 있는지가 앞으로 가장 중요한 문제일지도 모른다.

이전부터 존재하던 환경
코로나19 이전부터 나빴던 인도 경제는 위기가 지나가도 어려울 것이다

톰 이스턴 Tom Easton | 〈이코노미스트〉 남아시아 비즈니스 & 파이낸스 편집자

나렌드라 모디 총리가 말하듯 지금은 인도에 있어 절호의 기회다. 서양과 중국이 대립하면서 조 단위의 달러가 오가는 공급망을 누구든 차지할 수 있게 됐다. 인도는 땅이 넓어 제조업에 적합하고, 긴 해안선은 해상 운송에 유리하며, 일자리를 찾는 수백만 청년이 노동력을 제공할 수 있고, 소프트웨어 엔지니어 인력마저 넘친다. 모든 조건을 볼 때 까다로운 공산 국가 중국의 훌륭한 대안, 최소한 보완책

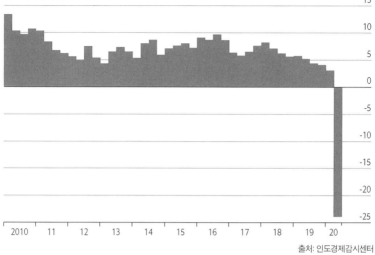

휘청거리는 인도
인도, GDP, 전년 대비 변화 %

출처: 인도경제감시센터

은 될 수 있을 것이다.

그러나 코로나19 확산이 인도 경제에 막대한 타격을 입히기 전에도 상황은 나빠지고 있었다. 기업들은 이론상 완벽했던 인도의 장점이 현실에서는 뚜렷하지 않다는 사실을 알게 됐다. GDP 성장은 2016년, 투자는 2018년 이후로 하락하고 있다. 2020년에 보고된 연간 차량 판매(즉 코로나 이전)는 전년 대비 저조했다. 독립 리서치 회사인 인도경제감시센터(Centre for Monitoring Indian Economy)에 따르면 산업 생산은 "바닥에서 지하"로 내려갔다.

당연히 반등의 지점은 있을 것이다. 경제학자들은 2021년 하반기에 놓쳤던 매출이 회복되어 경기가 급격히 반등하면서 결과적으로 GDP가 소폭 축소될 가능성을 제시했다. 그러나 다년간의 불황을 예견하는 사람도 많다.

몇 년간 재무 상태가 나쁘다는 것은 코로나 사태 이전에도 국고에 부

2021 IN BRIEF

인도의 차기 달 탐사선
찬드라얀(Chandrayaan) 3호는 2021년 초에 발사 예정이다. 2019년 9월 찬드라얀 2호 프로젝트로 달 표면에 탐사선을 보내려 했으나, 불시착하면서 실패로 끝났다.

담이 컸다는 의미다. 세금 징수액과 정부 통제 기관의 주식 매각을 통한 우발 소득을 지나치게 낙관적으로 예상하며 숨겨왔을 뿐이다. 합리적으로 보였던 예측조차 현재는 실현 불가능하다. 세금 징수는 어려웠고, 주식 매각은 이뤄지지 않았다. 이미 용납 불가능할 정도로 큰 결손액은 특별히 추가로 요구되는 액수가 없어도 더 불어날 것이며, 대규모 백신 접종과 은행의 자본 재구성으로 추가 요구액이 발생할 것이다.

꼭 필요한 정부 산하 은행의 청산을 여러 차례 미루면서 재무 시스템은 쇠약한 상태로 위기를 맞았다. 긴급 규정으로 회사들은 상환을 미루고 은행은 조기 상환을 가장할 수 있게 되면서 상황은 더욱 악화됐다. 동시에 현금에 굶주린 정부가 휘발유에 부과한 세금으로 인플레이션이 발생했고 차입 비용은 더 늘어났다. 2021년에는 (부국과는 달리) 저비용으로 돈을 찍어낼 수 없는 상황에서 구제금융을 시행하는 것이 숙제다.

모디 총리는 필요한 해외 투자를 유치하기 위해 세계 각국을 순회했다. 공식적으로는 환영을 받았으나 민간 부문에서는 투자를 주저했다. 예외적으로 일부 해외 펀드는 델리공항처럼 강력한 독점 사업권을 가진 기업이나 은행의 소수 지분을 획득했다. 인도 최대 기업인 릴라이언스 인더스트리스(Reliance Industries)와 (금액은 훨씬 적지만) 또 다른 대기업 아다니그룹(Adani Group)에 자금이 흘러들어왔다. 둘 다 인도의 변덕스러운 규제 기관과 법원에 대응할 수 있는 기업이다. 페이스북, 구글, 사모펀드 대기업, 국부펀드와 다국적 기업이 수십억 달러를 투자하면서, 현지 언론은 이를 인도 기업에 대한 신뢰로 해석하며 크게 반겼다. 그러나 사실은 그 반대일 수 있다. 오랜 시간 인도 시장 진출을 시도해 엇갈린 결과를 얻으면서, 많은 해외 기업은 인도에서 성공하려면 이른바 '줄'이 있는 현지 기업과 협력하는 방법밖에 없다고 결론 내린 것이다.

인도가 회복하려면 광범위한 투자가 반드시 필요하다. 그러려면 해외 기업에 불리하게 판이 짜여 있다는 인상을 주지 않아야 한다. 애플은 중국에 집중된 생산을 다각화하고 가격 인상 요소인 수입 관세를 피하기 위해 인도에서 스마트폰 생산 규모를 키우고 있다. 그러나 이런 예외를 제외하면 모디 총리가 원했던 투자는 기업 환경이 더 나은 방글라데시, 베트남 등 다른 개발도상국을 향할 것이다.

눈앞의 문제들을 생각하면 인도의 심각한 경제 위기는 당연히 예상되는 결과다. 신용평가사들은 2020년 인도의 국채를 투자 부적격으로 강등해야 할지 논의했으나, 이전의 성장 수준이 회복될지 지켜보기로 했다. 인도는 해외 국채가 거의 없어 강등 자체에 큰 의미는 없지만 이미 아슬아슬한 신뢰도가 흔들릴 것이다. 지난 2년간 여러 금융 기관이 파산했다.

아직 끝은 아니다. 8월 전염병과 장마에도 불구하고 영업을 재개하려는 낯익은 서적상, 휴대폰 수리기사와 차이왈라(chaiwalla, 차 파는 사람)가 〈이코노미스트〉 지사 사무실이 있는 뭄바이빌딩에 돌아오는 걸음을 반겨줬다. 아마도 인도 고용의 80%, GDP의 절반을 차지할 광범위한 비공식 경제의 구성원들이다. 정부의 꽉 막힌 규제가 닿지 않는 곳에서 기업가 정신이 꽃핀다. 이들이 2021년 인도를 지탱할 것이다.

싱가포르국립대학교 아시아 연구소(Asia Research Institute)의 **키쇼어 마부바니(Kishore Mahbubani)**는 팬데믹에 대한 서구의 무능한 대처가 동아시아로의 권력 이동을 앞당길 것이라고 주장한다.

아시아의 시대가 밝아온다

동아시아 국가의 훨씬 낮은 사망률은 모두에게 교훈을 준다.

역사는 변곡점에 도달했다. 서양이 지배하던 시대가 끝을 보인다. 코로나19가 창궐하기 전에도 세계의 정치와 경제에서 아시아가 부활하고 있었으나, 위기를 계기로 세계 질서의 재편은 확실해졌다. 19세기와 20세기 서구 사회에 대한 경외가 당연했다면 이제는 동아시아에 존중과 감탄이 쏟아질 것이다. 이러한 주장은 꽤 오래전부터 제기됐지만 팬데믹은 진짜 아시아의 시대를 열었다.

아시아 정부(특히 중국, 싱가포르, 대한민국과 대만)의 유능한 대처와 서구 정부(미국, 영국, 프랑스, 스페인 등)의 무능한 대처는 극명한 대조를 이뤘다. 동아시아 국가의 훨씬 낮은 사망률은 모두에게 교훈을 준다. 의료 역량뿐만 아니라 뛰어난 행정력과 시민들의 문화적 신뢰가 드러난다.

일부 서구 정부가 과학과 기본적인 역학 모델링에 기반에 합리적인 대응 정책을 꺼린다는 사실에 아시아는 충격을 받았다. 중국 정부는 우한에서의 최초 발발을 은폐했지만(물론 이 부분은 엄청난 재앙이었다), 첨단 과학과 강력한 공공 정책 조치로 중요한 고비를 넘겼다. 중국 과학자들은 1월 바이러스의 게놈 서열을 밝혀냈고 책임감 있게 그 자료를 공개했다.

50년 전에 지금과 유사하게 글로벌 팬데믹이 발발했다면 서양에서는 능숙하게 대처하고 동아시아의 개발도상국은 고전했을 것이다. 오늘날은 동아시아의 우수한 행정력이 세계의 기준을 다시 세우고 있다. 그 결과 코로나19 이후의 세계에서는 팬데믹에 대한 대처뿐만 아니라 일반적인 통치 구조 측면에서 동아시아가 롤모델이 될 것이다.

중국의 공산주의 시스템과 일본, 싱가포르, 대한민국, 대만 사회 사이에는 분명 큰 차이가 있다. 그러나 공통적인 특징은 최고 인재가 이끄는 강력한 정부 기관에 대한 믿음이다. 실력주의는 유교 문화에 깊게 뿌리 내리고 있다. 중국 공산당에 입당하기 위한 기준은 매우 높아서 최고의 졸업자들만 허기를 받는다. 중요한 것은 뛰어난 행정력이 문화적 신뢰의 기반이 되며, 신뢰는 다시 행정력을 담보한다는 것이다. 이 과정에서 한때 아시아의 지향점이었던 서양에 대한 자연스러운 경외는 서서히 무너지고 있다.

모든 점을 종합해보면 동아시아의 역량과 자신감이 세계 질서를 재편할 것이다. 그 과정은 이미 시작됐다. 20년 전에는 중국 출신 리더가 이끄는 유엔 조직이 없었으나 현재는 4개나 된다. IMF와 세계은행이 유럽과 미국 출신의 리더만을 고집하며 서양 권력의 보루로 남는다면 차츰 신뢰를 잃게 될 것이다. 아시아(아프리카, 라틴아메리카도 마찬가지다)인에게도 관리직을 줘야 한다.

미국은 지금의 위치를 지키기 위해 뛰어난 외교술을 보여줘야 할 것이다. 그러나 중국 외교부가 가장 자신감을 보이는 지금, 미국의 외교는 역대 최악이다. 아직 미국의 완패는 아니다. 동남아시아에서는 미국이 오랜 개입으로 얻은 호감도가 크게 남아 있어 외교에 도움이 될 것이다.

중국은 세계 정세에 더 큰 영향력을 발휘하면서 더 큰 책임을 안게 될 것이다. 미국은 유엔 기관에서 점차 멀어지는 중이다. 반면 중국은 새로이 얻은 자신감으로 기꺼이 중요한 역할을 맡을 수도 있다. 예를 들면 팬데믹 이전에 WHO가 힘을 잃은 것은 1970년대 서양 국가들이 회원국의 기금 투자 부담을 줄이는 방침을 주도했기 때문이다. 예산의 대부분(80%)이 자발적 기여에 의존한다. 중국은 의무 투자금을 이전처럼 60% 정도로 올리자고 제안하며 세계에 리더십을 보여줄 수 있다.

이는 시작에 불과하다. 위기 이후로 서양은 절뚝이고 중국은 대담해질 것이다. 중국이 권력을 휘두를 수도 있다. 역설적이게도, 중국이 이끄는 질서가 더 '민주적'일지도 모른다. 중국은 공산주의를 수출할 생각이 없다. 다양하고 다각화된 세계를 받아들인다. 서양을 포함한 다른 나라들이 앞으로 다가올 아시아의 시대를 불편해할 이유가 없다.

The World in
2021

여전히 경쟁자

바이든 행정부는 중국을 상대로 영리하게 행동하며
원하는 것을 얻으려 할 것이다

데이비드 레니 David Rennie | 〈이코노미스트〉 베이징 지국장

지난 4년 동안 중국 관료들은 트럼프 대통령이 이따금 이기적인 욕심에 이끌리기도 하지만, 그 외의 순간에는 공산당을 싫어하는 참모들의 조언을 따르는 예측할 수 없는 폭군이라고 투덜거렸다. 유출된 한 외교문서에 따르면 시진핑 주석은 미국과의 관계가 '규칙 없는 권투 시합' 같다고 유럽 외교사절들에게 불평했다. 바이든 대통령 당선인 주변 참모진은 이 다툼이 좀 더 규칙을 따르고, 이념을 덜 따지며, 중국에 더 힘든 경쟁이 되길 바란다. 마치 헤비급 챔피언이 복귀를 계획하듯, 다시 정권을 잡게 된 민주당원들은 좀 더 튼튼하고 영리해진 미국이 중국에 신중하게 싸움을 걸고, 맹연습해서 각각의 시합을 이기는 모습을 보고 싶어 한다.

경계하고 있는 중국은 긴장을 완화하려 하겠지만, 관계를 완전히 새로 설정하려는 환상은 품지 않는다. 민주당과 공화당 출신 미국 대통령들이 포용 정책으로 중국 경제를 (어쩌면 사회를) 세계에 개방시킬 수 있으리라고 주장했던 2016년 이전으로 상황이 되돌아가는 일은 없을 것이다. 하지만 바이든 당선인은 다른 이유로 트럼프 대통령을 비판할 것이다. 시진핑 시대의 자신감 넘치는 중국에 그가 방망이를 너무 거칠게 휘두르다가 결정타를 날리는 데 실패했다고 말이다.

트럼프 대통령이 중국산 수입품 3분의 2에 부과한 관세를 바이든이 서둘러 전면적으로 철폐하기 바라는 기업인들은 실망하게 될 것이다. 바이든은 트럼프 행정부가 중국의 기술 기업에 가했던 수출 규제와 투자 제한도 즉각 완화하지는 않을 것이다. 바이든은 미국이 작정하고 중국을 제압하려 해서 두 나라의 세력 다툼이 불가피하다고 확신하는 중국 지도자들을 상대해야 한다. 그는 유리한 입장을 유지하기 위해, 트럼프 대통령이 세운 무역 장벽 해체에 매우 조심스럽게 접근할 것이다.

바이든 당선인은 중국을 상대로 상호주의의 필요성을 이야기하고, 필요할 경우 미국 내 기업을 지원하는 산업 정책과 '바이 아메리카' 규칙을 내세워 제조업 일자리를 미국으로 되돌리는 것에 관해 이야기할 때 때로는 트럼프와 비슷해 보일 수도 있다. 그는 지난 40년 동안 상원에서 자유무역협정을 지지하는 쪽이었지만, 그 어느 때보다 세계화에 회의적인 민주당을 이끌고 있다. 부통령 시절의 바이든은 중국의 중상주의 정책에 맞서기 위해 계획된 환태평양경제동반자협정(Trans-Pacific Partnership, TPP) 같은 자유무역 동맹의 치어리더 역할을 했다. 대통령이 된 바이든은 성급하게 그런 약속들을 맺지 않을 것이다.

중국은 일부 변화들에 안심하게 될 것이다. 바이든의 백악관은 무역 관세가 대체로 문제를 키운다고 믿는 주류 경제학자들로 채워질 것이다. 그들은 중국을 견제하는 수단으로 달러 기반 금융 시스템을 이용하는 데 심각한 우려를 내비치고 있다. 이 시스템은 트럼프의 고위 보좌관 몇몇의 관심을 끌었던 방식이었을 것이다. 바이든의 대통령 집무실은 실리콘밸리의 기술 기업 리더들에게 더욱 활짝 열려 있을 것이다. 그들은 정부가 '특정 첨단 제품과 공급망은 국가 안보에 위협이 되므로 중국을 배제해야 한다'고 선언하는 데 아주 신중해야 한다고 청원할 것이다.

그럼에도 불구하고 기술에 정통한 바이든 행정부는 몇 가지 사항에서 중국을 더욱 힘들게 할 것이다. 바이든은 기초과학에 대한 대규모 투자를 통해, AI에서 양자 컴퓨팅에 이르는 미래의 기초 기술에서 미국이 중국보다 우위에 서야 한다고 요구할 것이다. 그는 10대들이 자신의 춤동작을 촬영하는 데 즐겨 쓰는 중국의 디지털 플랫폼인 틱톡 같은 앱을 덜 경계할 것이다. 또 트럼프 대통령과 달리 미국 대학에 유학 온 중국 학생들을 반기면서, 기밀을 훔치러 온 소수의 스파이들은 FBI가 잘 찾아낼 것이라고 우스갯소리를 할지도 모른다. 전보다 개방된 미국은 유능한 연구자들을 본국으로 데려가려 애쓰는 중국 관리들에게 유리하게, 또 불리하게 작용할 수도 있다.

중국 관리들은 트럼프 대통령이 인권이나 자유민주주의적 가치에 관심이 적었던 게 마음에 들었다고 사석에서 공공연히 말하고 있다. 그들은 상황이 바뀌리라는 것을 알고 있다. 바이든의 참모들은 바이든이 자유를 확대하기 위해 디지털 도구를 사용하는 기술 민주국가(techno-democracies)와, 중국이 주도하는 기술 독재국가(techno-authoritarian) 사이의 격차를 특히 우려하고 있다고 말했다. 바이든이 조심스러운 태도를 취할지라도, 미국 의회는 중국이 홍콩에서 시민의 자유를 탄압하고, 신장 자치구의 무슬림 위구르인들에게 '재교육'을 강요한 데 대해 제재를 가하라고 요구할 것이다.

바이든 당선인은 대만에 대해 신중한 행보를 보일 것이다. 중국이 대만을 침략하려는 시도를 막기 위해 군대를 동원하는 한편, 미국은 대만이 공식적으로 독립을 선언하도록 부추기지 않을 것이라고 중국 지도자들을 안심시키면서 수십 년 동안 이어온 균형 잡기 노력을 이어갈 것이다.

큰 변화도 있을 것이다. 바이든 당선인은 트럼프 대통령이 조롱했던 기후 변화 문제나, 혼자 공을 세우고 싶어 했던 코로나19 치료제 개발 같은 글로벌 문제에서 중국의 도움을 구하려 할 것이다. 오바마 전 대통령이 이란과 맺었지만 트럼프 대통령이 파기한 핵 협정을 되살리는 데 중국이 동참해주기를 요청할 수도 있다. 2024년 선거를 노리고 있는 공화당원들은 중국을 향한 이런 화해의 손짓을 비난할 것이다.

미국은 연합을 구축하거나, 적어도 동맹국들에 싸움을 덜 거는 예전 모습을 되찾을 것이다. 바이든 당선인은 중국과 싸울 준비를 할 때 자기편에 친구가 있어주길 바라고 있다. 규칙이 있으나 없으나, 힘든 대결이 될 것이다.

보건 로드?
백신 외교가 중국을 쇄신시킬 것이다

도미닉 지글러

2020년 중국의 일대일로 이니셔티브(Belt and Road Initiative, BRI)에 부정적이었던 대다수의 회의론자들은 그것이 과장되고 무리한 사업이라고 비판했다. 시진핑 국가주석의 대표적인 대외 정책은 경제 조약, 외교, 영리한 꼬리표 붙이기를 혼합한 것이다. 미국 지도부가 휘청거리자 그는 중국의 입맛에 맞게 세계 질서를 형성하기 위해 자신의 정책으로 역사적 순간의 주도권을 쥐려 했다. 인프라를 개선한다는 명목으로 전 세계를 육로로, 그리고 (심지어) 해상으로 둘러싸는 은유적인 실크로드를 추진하는 데 드는 비용은 6조 달러로 추산된다.

BRI에 대한 찬반 주장들은 다소 과장됐다. 중국은 그 사업이 새롭고 변혁적인 발전으로 이어진 길을 세계에 보여주고 있다고 설명했다. 미국 비평가들은 중국이 디스토피아적인 독재주의를 전파하고 있으며, 국가 부채를 통해 의도적으로 가난한 나라들을 옭아매고 있다고 비판했다. 하지만 코로나 팬데믹으로 전 세계 성장이 급격히 둔화되기 전부터 BRI는 빛을 잃고 있었다.

출처: 메르카토르 중국 연구소(Mercator Institute for China Studies), 홍콩무역발전국 리서치(HKTDC Research), 〈이코노미스트〉

주력 사업인 중국–파키스탄 경제 회랑(China Pakistan Economic Corridor, CPEC) 건설은 투자와 대출 규모가 600억 달러에 이른다고 알려졌다. 이 사업으로 전부터 절실히 필요했던 발전소가 몇 개 지어지기는 했지만, 전반적으로 부족했다. 사업들은 보류되고, 부채는 재조정되고 있다. CPEC는 파키스탄의 위태로운 재정이나 국제 수지 상황, 그들의 골치 아픈 정치에는 거의 관심이 없다. 약속된 산업 협력이 추진될 가능성도 희박하다. CPEC는 양국 관계의 변화는 고사하고 그 한계만 드러냈다.

말레이시아, 스리랑카, 몰디브 등 또 다른 나라들에서는 중국의 경제 활동 규모와, 부패한 지도자들을 봐주는 행태가 현지인들의 분노를 불러일으켰다. 워싱턴 소재 싱크탱크인 게르만마셜펀드(German Marshall Fund of the United States)의 앤드루 스몰(Andrew Small)은 그 일이 중국의 경제적, 전략적 목표를 위축시켰다고 설명한다. 코로나 팬데믹 탓에 상황은 더욱 악화됐다. 전 세계에서 중국은 (보통 금액이 막대하긴 하지만) 부채 상환을 연장해줘야 하고, 많은 대출 건에 대해 조건

만일 중국의 '보건 실크로드'를 아직 들어보지 못했다면 머지않아 듣게 될 것이다.

을 완화해줘야 하는 입장이다. 중국이 주도하는 아시아인프라투자은행(AIIB)은 2021년 부실채권을 더 많이 보고할 것이고, 신용 등급 강등 논의까지 맞닥뜨릴 것이다. 대출 규모를 대폭 줄이고 나면 빈곤국에서 중국의 인프라 사업은 빛이 바랠 것이다.

하지만 일대일로 사업에 관해 새로 책을 낸 에이크 프레이만(Eyck Freymann)은 코로나19 때문에 BRI가 퇴색됐다는 보고는 과장됐다고 말한다. 2021년 상반기에 이 프로젝트는 크게 활기를 띨 것이다. 만일 중국의 '보건 실크로드(health Silk Road)'를 아직 들어보지 못했다면 머지않아 듣게 될 것이다. 중국의 백신 외교를 살펴보면 알 수 있다.

중국은 백신 3종의 긴급 사용을 이미 승인했다. 브라질과 파키스탄에서 임상시험이 진행되고 있으므로, 그 백신들이 서양 백신보다 먼저 시장에 나올지도 모른다. 프레이만은 중국 백신이 가격도 더 저렴할 것이라고 말한다. 모더나가 개발한 미국 백신은 치료당 비용이 70달러를 넘으리라 예상되므로 개발도상국들이 감당할 수 있는 범위를 넘어선다. 중국은 멕시코와 필리핀 같은 BRI 협력국에 이미 백신 중 한 가지를 내밀면서 비용도 대주겠다고 제안하고 있다. 규제와 물류 상의 문제가 있고, 백신이 효과가 없다고 입증될 수도 있다. 하지만 시진핑 주석은 중국이 악덕 고리업자라는, 또 코로나 바이러스의 근원지라는 오명을 벗고 싶어 한다. 그러기 위해 일대일로 주변 국가들을 도와주고 그 공로를 인정받고 싶어 할 것이다.

제임스 마일스 James Miles | 〈이코노미스트〉 중국 담당 편집자

2021년 중국 공산당은 만천하가 이 특별한 생일을 기억하게 할 것이다. 상하이의 프랑스 거류지였던 (지금은 유행의 첨단을 걷는 쇼핑 지역이 된) 장소에서 비밀리에 설립된 공산당은 7월 1일 공식적으로 100주년을 맞을 것이다. 많은 기억들이 1년 내내 사람들의 정서를 지배할 것이다.

다양한 오페라와 영화, 그리고 약 100편에 달하는 TV 드라마들이 선보일 것이다. 거의 모든 공식 연설에서 이 기념일이 언급될 것이다. 2020년 내내 공산당은 두 가지 문제, 즉 코로나19와 홍콩의 혼란이 100주년 기념행사를 망칠까봐 엄중히 대응했다. 2021년 초에는 극심한 빈곤의 종식과 '만사가 보편적으로 번영하는 사회'의 탄생을 선언할 것이다. 공산당은 승리감에 휩싸일 것이다.

1921년 7월 1일을 창당일로 정한 사람은 마오쩌둥이었다. 공산당이 나라를 장악하기 10년 전인 1930년대 말 마오쩌둥을 비롯한 당원들은 중국 북서부 동굴에 은신해 있었다. 그즈음 마오쩌둥이 창당일의 중요성을 깨달았을 때 실제 창당일인 7월 23일은 이미 기억에서 지워진 뒤였다. 세계 최대 정당으로 꼽히는 중국 공산당은 기념일 준비 기간에 9,000만 당원들에게 당의 역사를 복습하라고 지시했다. 특별히 세세한 부분까지는 아니더라도(당이 몇몇 날짜를 혼동하는 것을 인정하기는 했다), 당의

설립과 70년 넘는 권력 유지와 관련된 사건들을 폭넓게 훑어보라는 의도다.

당국자들은 이를 당, 공산당의 중국 통치, '개혁·개방', 사회주의의 발달 등에 관한 '네 가지 역사'라고 부른다. 공산당은 모든 당원이 이 역사를 똑같이 이해하도록 함으로써, 당원들이 국가의 지도자인 시진핑과 이념적 노선을 함께하기를 기대한다.

축 생일?

시 주석은 이른바 '역사적 허무주의'를 걱정한다. 그것은 한때 중국의 진보주의자들이(요즘은 감히 고개를 드는 사람이 없지만) 당의 역사에서, 특히 마오쩌둥의 잔혹한 통치 기간 동안의 부정적인 측면을 곱씹던 풍조였다. 네 가지 역사에 대한 학습은 그런 허무주의가 당의 생일을 망치지 않도록 하기 위한 조치다. 당의 100년 역사에서 통일된 가르침이 도출될 수 있으며, 그것이 희망을 주리라는 생각이다.

'위대한 중국 공부(Study the Great Nation)'라는 학습용 앱도 출시됐다. 공산당은 2019년부터 이 앱을 활용해 사상적 순응을 확실히 하려 했다. 모든 공무원들은 틈틈이 로그인해 시진핑 사상(Xi Jinping Thought)에 관한 기사를 학습하고, 그에 대한 질문에 답해야 한다(업무 태만 주의: 앱 사용 시간은 모니터링된다). 그 결과물의 일부가 '네 가지 역사'다. 상하이에서는 학생들과 정부 관료들이 공산당 역사 읽기 '마라톤'에 참여하고 있다. 이것은 몇 날, 몇 주, 몇 달 동안 당의 역사에 관해 되도록 많은 작품들을 읽는 경쟁이다.

기억 상실도 어느 정도 필요하다. 시진핑 주석은 창당 60주년 기념식을 준비하던 1981년의 분위기를 되살리고 싶어 하지 않는다. 그것은 1976년 마오쩌둥이 사망하고, 2년 뒤 덩샤오핑이 개혁과 개방을 추진한 이후 처음 열린 대규모 창당 기념행사였다. 공산당은 마오쩌둥 통치의 참상을 덮지 않고 그 일부와 정면으로 맞섰다.

그해 7월 1일 공산당 기관지 〈인민일보〉는 당시 총서기였던 후야오방(胡耀邦)이 창당일을 맞아 내놓은 긴 연설을 실었다. 이 신문은 자체 역사와 관련된 '특정 문제들'에 대한 당의 결의문도 발표했다. 둘 다 마오쩌둥에 대한 비판과, 특히 그가 10년 동안 문화 혁명을 추진함으로써 저지른 '심각한 실수'에 대한 비판이 담겨 있었다.

그 시기의 참상에 대한 어떤 논의도 이제 모두 금지됐다. 집권 직후 시진핑 주석은 개혁 시대의 성과가 이전에 있던 것들을 부정하는 수단으로 이용될 수 없다고 밝혔다. 2021년 기념일을 둘러싼 온갖 소동 속에서, 당은 40년 전 후야오방이 한 연설에서 '문화혁명이 그토록 오래 지속된 이유는 마오쩌둥의 절대 권력의 횡포(집단 지도 체제의 붕괴) 때문'이었다고 꼬집은 것을 상기시키지는 않을 것이다.

많은 관측자들은 시진핑 주석이 통상적인 관례대로라면 물러날 것으로 예상되는 2022년 이후에도 절대 권력을 유지할 것으로 내다보고 있다. 시 주석은 과거 역사와 비교되는 것을 원치 않을 것이다.

멋진 구세계
중국 경제에 2021년은 묘하게 친숙해 보일 것이다

사이먼 콕스 Simon Cox | 홍콩, 〈이코노미스트〉 신흥 시장 부문 편집자

2021년 중국 경제는 2019년에 모두가 예상한 대로 큰 규모를 자랑할 것이다. 이 주장의 의미를 잠시 곰곰이 생각해보면, 중국 경제 총생산이 코로나 팬데믹이 발생하지 않았을 경우 이뤘을 결과만큼이나 어마어마하리라고 말하는 것과 다름없다. 이것은 딱히 대담한 예측도 아니고, 대다수의 의견보다 조금 높게 잡았을 뿐이다. 하지만 여전히 인상적이다.

모두가 2021년 중국 경제가 급격히 성장하리라 예상한다. 8%의 성장률은 당연하게 여겨지고, 몇몇 이름난 경제학자들은 9%를 넘으리라 예상한다. 성장률이 이전 시기로 잠깐 되돌아간 것은 그리 놀라운 일이 아니다. 전년도에 전례 없는 속도로 경제가 위축됐던 대부분의 나라들

막상막하
명목 GDP, 단위: 조 달러

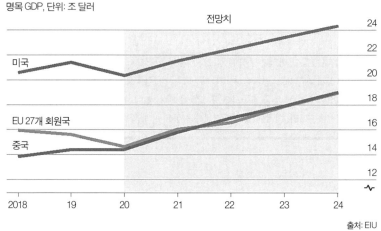

출처: EIU

은 2021년 코로나 팬데믹을 딛고 일어서서 평소와 다른 속도의 경제 팽창을 경험할 가능성이 크다. 중국이 다른 나라들과 구별되는 점은 2020년 중국 경제가 대단치는 않더라도 그럭저럭 성장을 이뤘으리라는 점이다.

중국 경제가 즉각 되살아나면 2021년 그들의 GDP는 팬데믹 이전 전망치에 근접할 것이다. 2019년 12월 EIU는 2021년 중국의 GDP가 약 15조 8,000억 달러에 이를 것이라고 전망했었다. 이제 그들은 (부분적으로는 달러 약세 때문에) 그보다 조금 늘어날 것이라고 예측하고 있다.

코로나19에 비교적 잘 대응한 나라들을 포함한 다른 어떤 강대국도 그 정도로 완전히 회복할 수는 없을 것이다. 이를테면 독일과 마찬가지로 일본의 성장도 기대치를 밑돌 것이다. 2021년 즈음 중국 경제는 EU의 GDP를 다 합친 수치를 따라잡을 것이다.

물론 중국의 경제 회복은 균형이 잘 잡히거나 모든 곳에 골고루 미치지는 않았다. 세계 시장에서 기록적인 점유율을 차지한 수출이 힘이 컸

상황이 나아지고 있다

다. 인기 수출 품목으로는 전 세계에서 개인 보호를 위해 필요로 하는 마스크와 소독제, 개인적 오락 활동을 위해 필요로 하는 텔레비전과 가전 제품 등이 있다.

강력한 신용 성장에 힘입어 인프라와 부동산에 대한 투자도 한몫했다. 2020년 8월 중국국유철도그룹(CSR)은 인구가 50만 명 이상인 모든 도시를 국가의 고속철로 연결시키고, 2035년까지 그 규모를 두 배 가까이 늘릴 것이라고 발표했다. 반면 가계 지출은 줄었다. 2020년과 2021년 민간 소비는 중국의 성장에 투자만큼 보탬이 되지 않을 것이다. 2015년 이후 민간 소비가 중국 경제 성장에 큰 보탬이 된 적은 없었다.

불균형한 회복이 전혀 회복되지 않은 것보다 낫긴 하다. 그렇더라도 중국의 성장 양상은 2021년 중국 정책 입안자들에게 몇 가지 골칫거리를 안겨줄 것이다. 이 양상은 나라를 투자 지출에 대한 의존에서 벗어나게 하려는 정치인들의 점진적인 노력에 제동을 걸었다. 또 중국의 '부채 축소(deleveraging)' 캠페인을 일부 후퇴시켰다. 중국은 이 캠페인으로 경제 규모 대비 부채 비율을 안정시키는 데 잠깐 성공했었다.

2016년 부채 축소 캠페인이 본격적으로 추진됐을 때, '권위자'로만 밝혀진 공산당의 한 내부인사는 당 기관지 〈인민일보〉와의 인터뷰에서 그 타당성을 설명했다. 그는 중국의 안정이 투자 부양이라는 '낡은 방식'에 의존했다고 비평했고, 가지가 너무 많이 썩어 와르르 무너지기 전에 국가 부채를 가지치기하려는 정부의 노력을 정당화하면서 "나무가 하늘 높은 줄 모르고 마냥 자랄 수는 없다"고 지적했다. 2021년 그와 똑같은 권위자가 다시 등장하더라도 놀라지 않아야 한다. 중국 정책 입안자들은 성장을 막지 않으면서 경제를 재정립하고 부채를 축소하는 방법을 다시 익혀야 한다.

팬데믹은 대부분의 나라를 취약한 회복, 미지의 정책, 막연한 비즈니스 모델로 특징지어지는 불확실한 신세계로 이끌었다. 하지만 중국은 상황이 다르다. 코로나 바이러스가 경제를 친숙한 정책 국면으로 되돌려놓았다. 중국에서 지난 1년 내내 잠을 잔 사람이 2021년 GDP 수치를 보고 놀라지 않을 가능성이 크듯, 5년 내내 잠을 잔 사람도 현재 직면하고 있는 정책 입안 딜레마에 전혀 놀라지 않을 것이다.

홍콩 민주화 운동가인 **네이선 로(Nathan Law)**는 중국의 커가는 독재 정권을 제압하기 위해 각 나라들이 힘을 합쳐야 한다고 당부한다.

20 20년 팬데믹 탓에 다른 많은 주요 뉴스들은 묻힐 수밖에 없었다. 이로 인해 중국 공산당은 행동하기에 완벽한 시기를 맞았다. 2020년 6월 30일 홍콩에서 새로운 국가보안법(NSL)을 시행함으로써, 1997년 홍콩이 중국에 반환될 때 영국 식민지 시대의 자유를 보장한 정치적 합의인 '일국양제'를 사실상 종식시켰다.

이 새로운 법은 세계적인 도시인 홍콩의 체제와 분위기를 바꿨으며, 이 국제 금융 중심지에 치명적인 위협이 되고 있다. 또 중국 공산당이 어떤 경우에도 자국 영토 구석구석에서 강압적인 통치를 멈추지 않으리라는 점도 보여줬다. 신장과 티베트에서 그들이 보여준 행동은 이런 견해를 뒷받침했다. 2021년에도 이렇게 가혹한 통치가 이어질 듯하다.

중국은 국민의 자유와 인권을 실존적인 위협으로 보고 있다. 홍콩 거리에서 자유를 지지하며 수개월간 시위한 반대파들이 보여줬듯이, 공산당은 그런 가치들이 정치적 도전으로 이어질 수 있음을 알고 있다. 그들은 중국이 국내에서 직면하고 있는 경제 문제와, 그 문제들이 일으킬 수 있는 불안정에 대한 두려움에 끌려다니고 있다. 중국의 경제 성과는 오랫동안 정통성과 안정성의 근원으로 여겨졌다. 하지만 팬데믹은 다가오는 부채 위기와 고르지 못한 회복, 커가는 소득 격차, 실업률 증가로 타격을 주었다. 중국의 성장 모델과 부의 재분배 시스템은 중국이 계속 지금과 같은 길을 가게 하는 충분한 경제력을 내놓지 못할 수도 있다. 내부의 불화가 거세지고 있다.

이런 불안정 속에서 베이징 정부는 당의 노선을 고수하고 대중의 관심을 돌리기 위해 국수주의적 화법과 강도 높은 억압에 의존하고 있다. 시진핑 정부에서 채택된 '전랑(wolf-warrior)' 외교는 당에 대한 줄어드는 신뢰를 대신해 국수주의적 자부심을 북돋우려는 변화의 한 예다. 본토에서 목소리를 높인 비평가들은 지금 홍콩에서와 마찬가지로 진압됐다. 성공한 사업가 런즈창(任志强)은

싸움은
계속된다

홍콩인들의
저항 정신은 꺾이지
않을 것이다.

최근 시 주석을 비판했다가 징역 18년형을 선고받았다. 소수민족 탄압 가운데 가장 악명 높은 사건은 신장 북서부 수용소에 위구르족 수십만 명을 억류한 것이다.

하지만 억압은 더 많은 저항을 불러일으킬 뿐이고, 이는 지역적 불안정이 끝나지 않게 한다. 강압은 계속되겠지만, 그 대가는 평범한 중국 국민이 치러야 할 것이다. 중국 본토인들이 거리에서 공공연하게 저항하는 것은 불가능하지만, 많은 이들이 홍콩인들처럼 계속 저항하고 있다.

한편 홍콩에서는 국가보안법에 대한 두려움으로 사람들이 거리로 나오지 않아서 단속 효과가 뚜렷이 나타났다. 나의 전 동료 조슈아 웡(Joshua Wong)은 '무허가 집회'에 참가했다는 이유로 9월에 체포됐다. 공산당은 한때 독립적이었던 홍콩의 법체계에 영향을 미치고 있으며, 경찰 폭력을 규제 없이 허용하고 있어서 더욱 광범위한 단속의 길을 열어주고 있다. 폭력성이 누그러질 기미는 보이지 않는다.

중국 공산당이 유럽에서 평화 중재자로 위장하고 미국에 대한 힘의 균형추가 돼 연대를 형성하려 애쓰고 있지만, 중국이 세계 인권에 위협 전파를 멈출 가능성은 희박하다. 이제 일부 서양인들이 이 사실을 이해하는 듯하다. EU는 홍콩 국가보안법에 대한 우려가 담긴 중대한 성명을 발표했다. 독일은 홍콩과의 범죄인 인도조약을 유예함으로써 이에 대응했다. 이것은 중국에 책임을 묻기 위한 다자 동맹이 공고해질 수 있다는 신호다. 그런 모든 압박이 보탬이 될 것이다.

하지만 가장 중요한 것은 중국 공산당이 홍콩인들의 저항 정신이 꺾이지 않으리라고 예상하지 못했다는 점이다. 지금은 거리 시위가 일어날 것 같지 않지만, 저항 정신은 여전히 살아 있으며 더 교묘하고 집요해졌다. 사람들은 저항운동 지지를 의미하는 노란 리본을 내건 업소를 이용하면서 은밀하게 경제적으로 도우려 애쓰고 있다. 또 나 같은 사람들이 당의 손길이 닿지 않는 곳에 머물 수 있도록 해외에서 지지를 강화하고 있다. 홍콩인들은 가치 기반 시스템을 보호하려는 자신들의 노력을 전 세계 민주주의 국가들이 더 많이 지지해주길 기대하고 있다.

홍콩인들은 수년간 중국 본토로부터의 위협에 저항해왔다. 우리는 자유를 위한 투쟁을 결코 포기하지 않을 것이다. 예상대로 내년에도 중국이 홍콩을 철권통치하는 상황이 이어지면 우리는 새로운 저항 방법을 찾아야 할지 모른다. 하지만 우리는 계속 저항할 것이다. 부디 모든 민주주의자들이 우리와 함께 싸워주길 바란다.

2021년 국가별 주요 지표

별도의 표시가 없는 수치는 모두 2021년 전망치다.
인플레이션은 전년 대비 연평균 수치이며, 달러 GDP는 2021년 예상 달러 환율로 계산했다.
괄호 안은 구매력평가(PPP) 환산 GDP다. 모든 수치는 반올림되었다.

출처: EIU(london@eiu.com) The Economist INTELLIGENCE UNIT

팬데믹 이후 만회로 전 세계와 일부 지역 성장률은 급상승하겠지만, 상대적으로 큰 나라들은 10위권에 진입할 만큼 성장하는 일은 없을 것이다. 이 명단에는 작은 나라들이 대부분인데, 이들 중 절반은 휴가객들이 돌아오기를 기대하는 섬나라들이다.

마카오는 성장률 1위(35%)를 기록하면서 코로나19 타격으로 국가 경제의 3분의 2가 토막 난 관광과 도박 산업의 대재앙에서 일부나마 회복할 것이다. 봉쇄로 인해 영국령 버진아일랜드, 신트마르턴, 앤티가바부다, 세인트루시아, 몰디브 등의 관광 산업도 엄청난 충격을 받았다. 2021년의 현저한 성장률에도 불구하고 부분적으로만 회복할 것이다.

상위 10위 안에 든 다른 나라들은 자신들만의 이야기가 있다. 리비아의 높은 성장률은 내전이라는 재난으로부터의 완만한 회복을 반영하고 있는데, 여기에는 상당한 정조의 석유 증산도 포함될 것이다. 알바니아 경제는 자체적인 코로나19 타격과 함께 주요 교역 상대국인 이탈리아의 극심한 불황으로 인한 전염 효과로 힘들었지만, 2020년에 잃어버린 기반을 모두 되찾을 것이다.

가이아나는 이 명단에서 바이러스의 영향을 거의 받지 않은 유일한 나라로 해양 석유 개발의 혜택을 누리고 있다. 10위 안에 드는 가장 큰 나라인 페루는 구리 생산량 증가와 높은 구리 가격의 혜택을 볼 것이다.

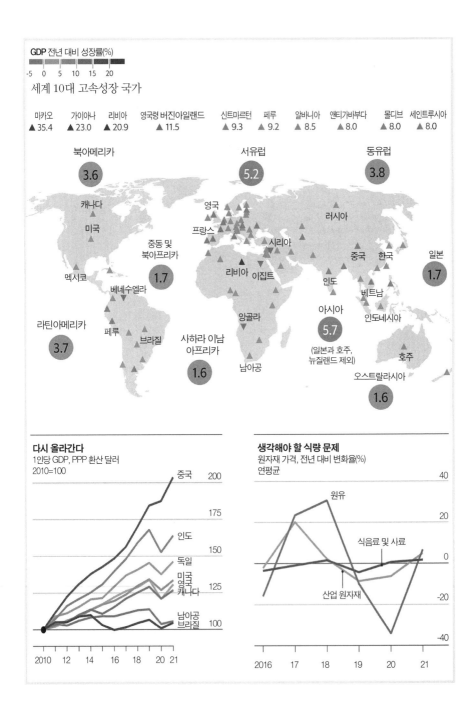

GDP 전년 대비 성장률(%)

-5 0 5 10 15 20

세계 10대 고속성장 국가

마카오	가이아나	리비아	영국령 버진아일랜드	신트마르턴	페루	알바니아	앤티가바부다	몰디브	세인트루시아
▲ 35.4	▲ 23.0	▲ 20.9	▲ 11.5	▲ 9.3	▲ 9.2	▲ 8.5	▲ 8.0	▲ 8.0	▲ 8.0

북아메리카 **3.6**

서유럽 **5.2**

동유럽 **3.8**

캐나다
미국
멕시코
베네수엘라
라틴아메리카 **3.7**
페루
브라질

중동 및 북아프리카 **1.7**
리비아 이집트
앙골라
사하라 이남 아프리카 **1.6**
남아공

영국
프랑스
시리아

러시아
중국 한국
인도
베트남
아시아 **5.7**
인도네시아
(일본과 호주, 뉴질랜드 제외)

일본 **1.7**

호주
오스트랄라시아 **1.6**

다시 올라간다
1인당 GDP, PPP 환산 달러
2010=100

중국 200

175

인도 150

독일
미국 125
영국
캐나다

남아공 100
브라질

2010 12 14 16 18 20 21

생각해야 할 식량 문제
원자재 가격, 전년 대비 변화율(%)
연평균

40

원유

20

식음료 및 사료

0

산업 원자재

-20

-40

2016 17 18 19 20 21

344

유럽

오스트리아

GDP 성장률: 4.7%

1인당 GDP: 5만 3,123달러(PPP: 6만 280달러)

인플레이션: 1.7%

재정수지(GDP 대비, %): -3.1

인구: 870만 명

충분한 재정적 여력을 가지고 코로나19 위기 상황에 돌입한 오스트리아 정부는 코로나19 바이러스의 영향을 완화하기 위해 재난 지원 정책을 널리 펼칠 것이다. 중도 우파인 오스트리아 국민당 (Austrian People's Party)과 녹색당 (Greens) 연립정부는 유럽 최초로 중도 우파 정당과 환경주의 정당의 연합이다. 11석 차이로 아슬아슬하게 다수를 점하고 있는 상황에서 집권 유지를 위해 극우파인 자유당(Freedom Party) 등 다른 당의 지지를 구할 수밖에 없다. 경제는 회복되겠지만, 관광 산업이 위축되고 신중한 소비자들이 발목을 잡고 있어 2020년의 위축을 상쇄할 정도는 아니다.

벨기에

GDP 성장률: 5.4%

1인당 GDP: 4만 6,150달러(PPP: 5만 3,220달러)

인플레이션: 1.0%

재정수지(GDP 대비, %): -5.1

인구: 1,160만 명

팬데믹 구제의 승자와 패자
EU 자금 지원 패키지의 최대 순기여자와 수혜자

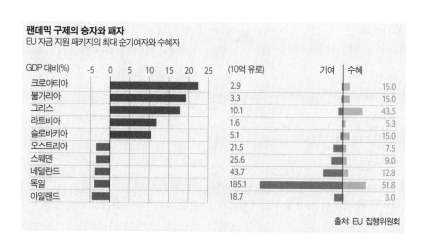

GDP 대비(%)	(10억 유로)	기여	수혜
크로아티아	2.9		15.0
불가리아	3.3		15.0
그리스	10.1		43.5
라트비아	1.6		5.3
슬로바키아	5.1		15.0
오스트리아	21.5		7.5
스웨덴	25.6		9.0
네덜란드	43.7		12.8
독일	185.1		51.8
아일랜드	18.7		3.0

출처: EU 집행위원회

2020년 말 7개 정당이 연합해서 새 연립 정부를 구성하고, 플랑드르 자유민주당(Flemish Liberal Democrats)의 알렉산더 데 크루(Alexander De Croo)를 총리로 선출했다. 사회주의 정당들은 재정 지출 확대를 원하지만, 자유주의자들은 세금 인상을 막으려고 하는 등 연정 내부의 이념적 차이가 주요 개혁의 발목을 잡을 것이다. 복잡한 정치 체제와 취약한 연정이 팬데믹 관리를 어렵게 할 것이다. 경제는 대량 백신 접종이 가능해질 때까지 국지적인 봉쇄를 겪을 것이고, 불황 회복은 부진할 것으로 예상된다.

볼거리: 분리 정도. 집권 연합은 특히 노동 시장, 교통, 보건 정책 등에서 지방정부에 더 많은 권력을 이양함으로써 오랫동안 심화해온 분리주의 경향을 가라앉힐 수 있을 것이다.

불가리아

GDP 성장률: 3.7%

1인당 GDP: 1만 840달러(PPP: 2만 5,230달러)

인플레이션: 2.5%

재정수지(GDP 대비, %): -2.5

인구: 690만 명

2021년 봄 총선이 예정돼 있지만, 불안정한 정치로 인해 선거가 더 일찍 앞당겨

질 수도 있다. 2020년 말 집권 중도 우파인 불가리아 유럽발전시민당(Citizens for European Development of Bulgaria)은 대규모 반부패 시위에 굴복하고 새 헌법 제정을 요구했으며, 이는 조기 선거로 구성된 의회에서 승인될 예정이다. 이 제안이 국회 승인을 얻지 못할 경우, 3월 또는 4월에 정기 총선이 실시되는데, 여당은 이 총선에서 승리하기를 희망한다.

볼거리: 눈을 뜨다. 불가리아는 2007년 EU에 가입한 이후 가입 후 관찰(post-access monitoring)을 받아왔다. 검토가 마무리될 것으로 예상했지만, 부패와 법 개혁 부문 진전이 미약해서 정밀 조사를 받게 될 것이다.

크로아티아

GDP 성장률: 4.7%

1인당 GDP: 1만 4,950달러(PPP: 2만 8,210달러)

인플레이션: 1.1%

재정수지(GDP 대비, %): -4.7

인구: 410만 명

안드레이 플렌코비치(Andrej Plenkovic) 총리는 2020년 7월 선거가 끝난 후 총리직을 유지하고 자신의 중도 우파 크로아티아 민주연합(Croatian Democratic

Union)이 주도하는 연합을 이끌고 있다. 플렌코비치 총리는 두 번째 임기 동안 소속 정당의 우파를 장악하고, 셍겐(Schengen) 조약 회원권과 유로화 채택 등 EU 내에서 더 긴밀한 관계를 추구할 것이다. 크로아티아는 코로나19 팬데믹 초기 단계에서는 잘 대처했지만, 결정적인 관광 수요가 둔화되고 2020년에 잃어버린 기반의 회복이 절반도 채 안 되면서 큰 경제적 타격을 입을 것이다.

볼거리: 브뤼셀 노다지. EU의 8,500억 달러 규모의 코로나19 금융 지원 패키지에서 크로아티아의 지분은 GDP 대비 22.4%로 회원국 중 가장 클 것이다.

체코

GDP 성장률: 4.4%

1인당 GDP: 2만 4,800달러(PPP: 4만 2,830달러)

인플레이션: 1.9%

재정수지(GDP 대비, %): -3.9

인구: 1,070만 명

안드레이 바비시(Andrej Babis) 총리는 극좌파 보헤미아·모라비아 공산당(Communist Party of Bohemia and Moravia)과의 협정에 의존하면서, 중도 좌파 ANO 운동(ANO movement, 불

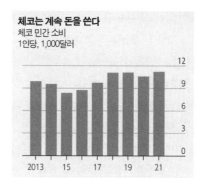

체코는 계속 돈을 쓴다
체코 민간 소비
1인당, 1,000달러

만스러운 시민 행동)과 체코 사회민주당(Czech Social Democratic Party)의 불안한 연정을 이끌고 있지만, 연임을 희망하며 10월 선거에 임한다. 그는 국내에서 팬데믹 이후 회복에 초점을 맞추고, 친EU 외교 정책을 추진하면서 더 많은 자금을 지원하도록 브뤼셀에 압력을 가할 것이다. 제조업과 소비자 수요는 회복되어 2019년 수준으로 돌아갈 것이다.

덴마크

GDP 성장률: 4.1%

1인당 GDP: 6만 1,280달러(PPP: 6만 780달러)

인플레이션: 0.5%

재정수지(GDP 대비, %): -2.7

인구: 580만 명

조기에 엄격한 봉쇄와 관대한 재정 개입

을 통해 코로나19가 보건과 경제에 미치는 영향을 제한했고, 2021년 반등으로 경제는 2019년 상태로 회복될 것이다. 메테 프레데릭센(Mette Frederiksen) 총리는 코로나19 위기로 조성된 국민 통합 분위기의 덕을 볼 것이며, 자신이 속한 사회민주당(Social Democrat)이 이끄는 소수 정부와 '레드 블록(Red Bloc)' 중도 좌파 동맹 간의 분열은 일단 묻힐 것이다.

볼거리: 베갯머리 송사(Pillow talks). 유럽 성과학 연맹(European Federation of Sexology)은 6월 덴마크 올보르(Aalborg)시에서 제15회 격년 대회를 개최한다.

에스토니아

GDP 성장률: 4.3%

1인당 GDP: 2만 4,590달러(PPP: 3만 9,130달러)

인플레이션: 2.7%

재정수지(GDP 대비, %): -4.3

인구: 130만 명

중앙당(Centre Party), 유럽회의주의 보수인민당(Eurosceptic Conservative People's Party of Estonia, EKRE), 조국과 공화국을 위한 연합(Isamaa)이 연합한 위리 라타스(Juri Ratas) 총리 정부는 코로나19 대응을 위해 내분을 잠시 중단하기로 했다. 하지만 코로나19 위기가 진정되면 이민 등의 문제에 대한 의견 불일치가 다시 나타날 것이다. 감염은 상대적으로 적었지만, 주요 수출 시장 침체로 경제가 휘청거리고 있다. 지속적인 실업 증가와 임금 하락은 성장에 타격을 줄 것이다.

핀란드

GDP 성장률: 2.4%

1인당 GDP: 5만 780달러(PPP: 5만 1,330달러)

인플레이션: 1.2%

재정수지(GDP 대비, %): -4.3

인구: 550만 명

전임자가 노동계 파업으로 쫓겨나면서 세계 최연소 총리가 된 산나 마린(Sanna Marin) 총리는 코로나19 비상사태 동안 정치적 적대 행위 중단의 덕을 톡톡히 봤다. 하지만 기후 정책과 같은 분야에서 집권 연합 내부의 불화가 다시 불거질 것이다. 극우 야당인 핀스(Finns)는 이민과 긴축에 대한 불만이 높아지면서 반격의 기회를 놓치지 않을 것이다.

프랑스

GDP 성장률: 7.1%

1인당 GDP: 4만 3,000달러(PPP: 4만 9,670달러)

인플레이션: 1.5%

재정수지(GDP 대비, %): -7.4

인구: 6,540만 명

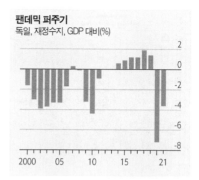

팬데믹 퍼주기
독일, 재정수지, GDP 대비(%)

에마뉘엘 마크롱 대통령은 코로나19가 몰고 온 경기 침체 회복에 초점을 맞춰 폭넓은 정책 플랫폼을 수정할 것이다. 프랑스의 경기 부양책은 수요 부양책보다는 감세 등 공급 측면 개혁에 의존하는 것이 이례적이다. 마크롱 대통령은 이 정도면 2022년 4월 선거를 앞두고 자신의 대중적 이미지를 회복할 수 있으리라고 확신한다. 하지만 실업률이 높아지면서 사회 불안이 다시 찾아올 것이다. 프랑스 경제는 잃어버린 기반을 모두 회복하지는 못할 것이다.

독일

GDP 성장률: 4.6%

1인당 GDP: 4만 8,160달러(PPP: 5만 6,870달러)

인플레이션: 1.0%

재정수지(GDP 대비, %): -3.6

인구: 8,290만 명

4선 앙겔라 메르켈 총리의 기독교민주연합(Christian Democratic Union, CDU)은 2021년 새 당대표 체제로 출범한다. 중도 성향의 아르민 라셰트(Armin Laschet) 연방 상원의원이 유력한 도전자다. CDU 총리 후보인 그는 2021년 말 총선에서도 당선될 가능성이 있다. 독일 정계는 이민과 기후 정책으로 양극화될 것이다. 하지만 CDU는 팬데믹으로 입지가 강화되고 있어서 차기 연립정부를 이끌 것이다. 독일은 드물게 관대한 재정 정책으로 코로나19에 대응해서 독일의 경기 침체는 EU 평균보다 덜할 것이다.

볼거리: 지하로 간다. 독일과 덴마크 간 페마른벨트(Fehmarnbelt) 터널 작업이 시작될 예정이다. 터널의 길이는 18km로 도로와 철로가 병행하는 세계에서 가장 긴 해저 튜브 터널이 될 것이다.

그리스

GDP 성장률: 3.5%

1인당 GDP: 1만 9,680달러(PPP: 3만 1,230달러)

인플레이션: 0.2%

재정수지(GDP 대비, %): -3.7

인구: 1,040만 명

EU의 예산 요구 궁지에서 잠시 벗어난 키리아코스 미초타키스(Kyriakos Mitsotakis) 중도 우파 정부는 팬데믹으로 잃은 거의 25년 동안의 성장을 복구하는 데 초점을 맞출 것이다. 하지만 재정 공백이 엄청나고 공공 부채가 경제 규모의 2배 정도 되는 상황에서 반격은 더디게 될 것이다. GDP의 18%에 해당하는 EU 구제 기금의 재정적 지원이 도움이 될 것이다. 하지만 생활 수준이 떨어짐에 따라 그리스 정부는 팬데믹 위기를 견실하게 처리해서 얻은 모든 평판이 필요하게 될 것이다.

헝가리

GDP 성장률: 4.8%

1인당 GDP: 1만 6,600달러(PPP: 3만 4,260달러)

인플레이션: 2.7%

재정수지(GDP 대비, %): -3.9

인구: 960만 명

비록 조기 봉쇄로 피해를 줄였지만, 통화 약세와 높은 부채 수준 때문에 빅토르 오르반(Viktor Orban) 정부는 팬데믹의 경제적 영향을 완화하기 위한 무기가 없다. EU 구제 기금으로부터 지원되는 65억 달러의 보조금이 다른 EU 지원 축소를 상쇄할 것이다. 세 번 연임으로 강력한 다수당의 지지를 받는 오르반 총리는 권력을 중앙집권화하고 EU의 압력에 맞설 것이다.

아일랜드

GDP 성장률: 4.3%

1인당 GDP: 8만 4,630달러(PPP: 9만 870달러)

인플레이션: 0.5%

재정수지(GDP 대비, %): -5.3

인구: 500만 명

녹색당(Greens)과 함께 라이벌인 피어너 팔(Fianna Fail)과 피너 게일(Fine Gael)의 첫 연정을 이끄는 미하일 마틴(Micheal Martin) 총리가 팬데믹의 정점에 취임했다. 하지만 적어도 그에게는 두 번째 큰 도전이 예고되어 있다. 2021년 주요 무역 파트너인 영국의 EU 탈퇴가 확실하고, 아마도 충격을 완화하기

위한 무역 협정 없이 이루어질 것이기 때문이다. 아일랜드와 북아일랜드 간 국경 협정은 막판에야 해결되기 때문에 무역에 어느 정도 차질이 불가피하다. 코로나19 경기 회복을 위해 아일랜드 연립정부는 보건, 주택, 복지에 대한 더 많은 재정 지출과 (녹색당을 대표해서) 탈탄소화를 촉구할 것이다.

이탈리아

GDP 성장률: 5.8%

1인당 GDP: 3만 3,630달러(PPP: 4만 2,610달러)

인플레이션: 0.8%

재정수지(GDP 대비, %): -5.2

인구: 6,040만 명

국익이 말썽 많은 연립정부를 결속하는 데 일조했지만, 주세페 콘테(Giuseppe Conte) 총리는 불필요한 관료적 형식주의 타파, 부패 축소 등 근본적인 개혁 추진을 위한 뒷받침이 부족하다. 팬데믹 사태가 진정되면서 이탈리아가 엄격한 재정 규율을 유지하는 한, 유럽중앙은행(European Central Bank, ECB)은 자산 매입을 통해 이탈리아의 불안정한 국채를 인수하게 될 것이다. 이탈리아 경제는 유럽에서도 가장 심각한 바이러스로 인한 경기 침체를 견뎌내겠지만, 회복은 더딜 것이다. 2020년 대방출로 벌어진 재정수지 격차는 좁혀질 것이며, GDP 대비 공공 부채는 소폭 감소할 것이다.

볼거리: 균형 감각. 집권 연합은 다시 기승을 부리는 우파인 동맹(Lega)과 극우파인 이탈

리아 형제당(Fratelli d'Italia)의 집권을 더 어렵게 하는 완전 비례대표제(all-proportional) 선거 제도를 추진할 것이다.

라트비아

GDP 성장률: 4.9%

1인당 GDP: 1만 7,680달러(PPP: 2만 2,850달러)

인플레이션: 0.9%

재정수지(GDP 대비, %): -2.4

인구: 190만 명

중도 우파 정부는 코로나19 발발과 함께 출범했고, 때맞춰 비상사태를 선포했다. 경제가 살아나면서 다시 연정의 틈이 부각될 것이다. 크리샤니스 카린슈(Krisjanis Karins) 총리의 뉴 유니티(New Unity)는 이 연합에서 가장 작은 정당이고, 다른 3개 연합 정당은 집권이 생소한 정당이다. 나머지 두 개 정당으로 대중주의 정당인 누가 국가를 소유하는가?(Who Own the State?)와 유럽회의주의 국민동맹(Eurosceptic National Alliance)은 라트비아의 오랜 중도 우파적 합의에서 벗어난 정책을 밀어붙일 것이다. 수출 의존도가 높아 코로나19 위기로 특히 경제가 취약해졌지만, 유럽 수요 증가가 2021년 성장을 뒷받침할 것이다.

리투아니아

GDP 성장률: 3.8%

1인당 GDP: 2만 2,230달러(PPP: 4만 360달러)

인플레이션: 1.6%

재정수지(GDP 대비, %): -2.4

인구: 270만 명

변화무쌍한 연합이 2020년 10월 선거에서 야당인 조국 연합-리투아니아 기독교민주당(Homeland Union-Lithuanian Christian Democrats)이 이끄는 취약하기는 매한가지인 집권 동맹으로 대체되었다. 국가 장기 목표(저출산 문제 해결, 집단 이민, EU 및 NATO와의 관계 강화)는 남겠지만, 코로나19 피해 복구가 우선일 것이다. 경기 회복은 상당하겠지만, 2020년 손실을 메우지는 못할 것이다.

네덜란드

GDP 성장률: 4.1%

1인당 GDP: 5만 5,980달러(PPP: 5만 9,140달러)

인플레이션: 1.1%

재정수지(GDP 대비, %): -2.1

인구: 1,740만 명

2017년 선거 후 거의 7개월간의 협상 끝에 형성된 집권 연합은 양원에서 과반수에 못 미치고 임기 내내 절뚝거리고 있다. 그렇기는 하지만 팬데믹 대처에 대한 국민의 호응이 대체로 높기 때문에 이 연합은 3월 선거에서 승리하고, 마르크 뤼터(Mark Rutte) 총리가 이끄는 자유민주 국민당(People's Party for Freedom and Democracy)이 제1당으로 부상할 것이다. 감세 정책은 경제 회복에 우선순위가 밀릴 것이다.

볼거리: 구제에 대한 분개. 정치 평론가들은 GDP의 3.8%에 해당하는 순결제를 요구하는 EU 구제 협정을 지지하는 집권 연합을 맹비난할 것이다.

노르웨이

GDP 성장률: 3.0%

1인당 GDP: 7만 130달러(PPP: 6만 6,670달러)

인플레이션: 1.4%

재정수지(GDP 대비, %): 1.3

인구: 540만 명

효과적인 팬데믹 대응으로 9월 선거에 들어가는 중도 우파 연합의 입지가 강화되었다. 2020년 초 극우파인 진보당(Progress Party)이 빠져나간 후 소수 정부를 자처한 이 연정은 야당의 지원이 있어야 법안이 통과되는 상황이어서 정책 의제 진전이 더디다. 낮은 유가로 인해 수출 수입이 줄었지만, 자금이 넉넉한 국영 석유 펀드는 팬데믹의 영향을 완화하기 위해 광범위한 지원책을 마련한 정부에 재정적 여유를 준다.

볼거리: 의료 관광. 환각제와 그 임상 잠재력을 연구하는 노르웨이 환각제 과학협회(Norwegian Association for Psychedelic Science)가 2021년 첫 회의 개최를 목표로 하고 있다.

폴란드

GDP 성장률: 4.2%

1인당 GDP: 1만 6,100달러(PPP: 3만 5,000달러)

인플레이션: 2.4%

재정수지(GDP 대비, %): -3.9

인구: 3,780만 명

사회적으로는 보수적이고 경제적으로는 개입주의 성향인 법과 정의(Law and Justice)당이 이끄는 정부는 사법부를 정치적으로 더욱더 통제하고 독립 언론을 제한하는 등 제도 개혁을 추진할 것이다. EU는 투덜거리겠지만, EU 내 폴란드 동맹국들은 징벌적 조치를 반대할 것이다. 폴란드는 유럽 표준에 비추어 팬데믹의 피해가 그다지 크지 않지만, 재정 지원과 민간 소비의 회복이 팬데믹으로 잃어버린 대부분의 경제 기반을 회복하는 데 도움이 될 것이다.

2019년 흑자 재정 이후 코로나19 관련 지출로 적자가 급증해 다가오는 해에는 지출이 제한될 것으로 보인다. 국내 봉쇄와 해외여행 금지로 인한 경제적 타격이 상당했고 회복은 더딜 것이다.

포르투갈

GDP 성장률: 5.0%

1인당 GDP: 2만 3,410달러(PPP: 3만 5,430달러)

인플레이션: 0.4%

재정수지(GDP 대비, %): -3.0

인구: 1,020만 명

사회당(Socialist Party) 안토니우 코스타(António Costa) 총리의 집권 2기 소수 정부는 팬데믹으로 인한 연대가 당분간 도움이 되겠지만, 입법 의제에 대한 의회의 지지를 확보하는 것이 첫 번째 임기보다 어려움을 알게 될 것이다.

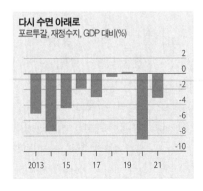

다시 수면 아래로
포르투갈, 재정수지, GDP 대비(%)

루마니아

GDP 성장률: 4.2%

1인당 GDP: 1만 3,050달러(PPP: 3만 2,650달러)

인플레이션: 2.8%

재정수지(GDP 대비, %): -6.6

인구: 1,910만 명

팬데믹 국면에서 주요 정당들이 연합전선을 펴는 공백기가 지나고 정치적 불안정이 다시 나타나고 있다. 제1야당인 사회민주당(Social Democratic Party)은 어수선하고, 국민자유당(National Liberal Party, PNL)이 이끄는 소수 정부는 2021년 초까지 남은 임기를 채우게 된다. 3월에 치러질 총선은 PNL을 중심으로 한 중도 우파 연합으로 이어질 전망이다. 팬데믹 불황 회복은 제한적일 것이다.

러시아

GDP 성장률: 3.0%

1인당 GDP: 1만 540달러(PPP: 2만 8,470달러)

인플레이션: 3.9%

재정수지(GDP 대비, %): -2.0

인구: 1억 4,890만 명

코로나19에 강타당한 러시아 경제는 저유가, 세계 수요 위축, 신중한 재정 정책, 그리고 서구의 제재로 인해 2021년 회복이 더딜 것이다. 헌법 개정으로 대통령직을 강화해서 이론상으로는 블라디미르 푸틴(Vladimir Putin)이 2036년까지 대통령직을 차지할 수 있게 했다. 정부는 체포와 독살에서부터 온라인 트롤(troll, 인터넷 토론방에서 다른 사람의 화를 부추기기 위해 보낸 메시지 또는 이런 메시지를 보내는 사람)에 이르기까지 반대 세력을 잠재우기 위해 다양한 도구를 사용할 것이다. 푸틴 정권은 변함없이 이웃 나라와 그 너머에 러시아의 영향력을 발휘할 것이다.

슬로바키아

GDP 성장률: 6.4%

1인당 GDP: 2만 470달러(PPP: 3만 4,090달러)

인플레이션: 1.9%

재정수지(GDP 대비, %): -4.6

인구: 550만 명

슬로바키아는 유럽에서 코로나19로 인한 건강 영향은 가장 가벼운 편이지만, 가장 심각한 경제 침체를 겪은 나라 중 하나이며, 2021년에는 주로 잃어버린 기반을 되찾는 데 전념할 것이다. 이고르 마토비치(Igor Matovic) 총리와 그의 평범한 사람과 독립적인 인격(Ordinary People and Independent Personalities)당과 그 파트너들의 우경화 정부는 봉쇄 기간에 집권해서 광범위한 재정 조치를 단행했다. 비록 반부패 의제를 중심으로 연합했지만, 이 연정은 재정 지출 우선순위에 합의하기 위해 고군분투할 것이고, 노골적인 당 지도부는 충돌할 수 있다. 경제는 회복되겠지만, 2020년의 손실을 만회하기에는 충분하지 않다.

슬로베니아

GDP 성장률: 5.0%

1인당 GDP: 2만 4,740달러(PPP: 4만 150달러)

인플레이션: 1.5%

재정수지(GDP 대비, %): -5.1

인구: 210만 명

중도 우파인 슬로베니아 민주당(Slovenian Democratic Party)의 야네스 얀샤(Janez Jansa) 총리가 연이은 취약한 연합의 최근 연정을 이끌고 있다. 이 행정부는 전임자 3명과 마찬가지로 임기를 마치지 못할 수도 있다. 기후 회의론자와 반이민 민족주의자들에 대한 얀샤 총리의 지지가 더 많은 대중적 시위를 촉발할 것이다. 코로나19 감염과 사망자는 비교적 가볍지만, 관광객에 의존하는 경제와 심각한 타격을 입은 이탈리아와의 공급망 연결고리로 인해 과도한 어려움을 겪었고 회복에는 시간이 걸릴 것이다.

스페인

GDP 성장률: 6.8%

1인당 GDP: 2만 9,600달러(PPP: 4만 450달러)

인플레이션: 0.9%

재정수지(GDP 대비, %): -7.4

인구: 4,680만 명

유럽에서 가장 심각한 축에 속하는 코로나19 발발이 스페인의 격동하는 정당정치에 초기 통합의 분위기를 가져왔다. 하지만 이념적 적개심이 곧 되살아났고, 2020년 말 중도 좌파인 스페인 사회주의 노동자당(Spanish Socialist Workers' Party)과 극좌파인 포데모스(Podemos) 연합이 명목상으로 2023년에 끝나는 임기를 마치기는커녕 2021년 예산안 표결 성공 가능성조차 보장이 없었다. 건강

위기와 맞물린 경제 위기의 회복은 더디고 생활 수준의 급락을 동반할 것이다.

스웨덴

GDP 성장률: 2.9%

1인당 GDP: 5만 5,690달러(PPP: 5만 6,880달러)

인플레이션: 1.2%

재정수지(GDP 대비, %): -2.5

인구: 1,020만 명

코로나19 발병에 대한 스웨덴 정부의 비교적 불간섭주의적인 대응은 궁극적으로 경제에 대한 충격을 완화하지 못했으며, 특히 노년 가정의 높은 사망률에 기여해서 스테판 뢰벤(Stefan Lofven) 총리의 중도 좌파 연합정부에 대한 초기 지지를 약화시켰다. 한 정당 간 위원회에서 진보적 감성을 건드리지 않고 극우 스웨덴 민주당(Sweden Democrats)의 도전을 막아낼 이민 정책에 합의하기 위해 안간힘을 써왔으며, 이 문제는 2021년 임시 입법이 만료됨에 따라 생생한 정치 이슈로 남을 것이다. 정부가 경제 회복에 힘쓰는 가운데 경제 정책을 오른쪽으로 이동시켰을 연정 합의는 보류될 것이다.

볼거리: 마지막 춤. 2018년 28세의 나이로

스스로 목숨을 끊은 슈퍼스타 DJ 겸 작곡가 아비치(Avicii)가 스톡홀름에 자신의 박물관을 갖게 된다.

스위스

GDP 성장률: 3.5%

1인당 GDP: 8만 4,770달러(PPP: 7만 270달러)

인플레이션: 0.3%

재정수지(GDP 대비, %): -1.2

인구: 870만 명

의회 최다 의석을 차지하고 7인 연방 평의회(내각)에서 두 자리를 차지하고 있는 우파 스위스 인민당(Swiss People's Party, SVP)이 가장 빠르게 성장하는 녹색당의 도전에 직면해 있다. 2020년 9월 SVP가 후원한 EU 이민 제한 국민투표가 부결되면서 SVP의 쇠퇴하는 브랜드가 더욱 훼손됐다. 거리 시위마저도 드물게 만든 엄격한 코로나19 봉쇄로 전염과 사망률은 억제했지만, 큰 경제적 대가를 치러야 했고, 2021년에 경제 상황은 부분적으로만 나아질 것이다.

볼거리: 외부자. 스위스와 영국은 2020년 말 영국의 브렉시트 이후의 이행 기간이 끝나갈 때 기존 협정을 모사한 무역 협정을 체결할 것이다.

터키

GDP 성장률: 3.6%

1인당 GDP: 7,690달러(PPP: 2만 9,900달러)

인플레이션: 10.8%

재정수지(GDP 대비, %): -4.8

인구: 8,500만 명

레제프 타이이프 에르도안(Recep Tayyip Erdogan) 대통령은 코로나19로 인한 경기 침체에 대응하기 위해 중앙은행에 통화 정책을 완화하도록 압박하고, 국영 은행을 통해 경제에 더 많은 신용을 불어넣음으로써 이미 취약한 터키의 금융 안정을 해쳤다. 터키가 의존하는 외국 채권단은 갈수록 신중해지고, 외화보유액 부족으로 리라화 방어가 어려워져 외환 위기 위험이 심화할 것이다. 터키는 2021년에 경착륙을 향하고 있으며 점점 더 고립되고 있다.

볼거리: 술탄 로션(sultan lotion). 수입 의존도를 낮추기 위한 석유와 가스 탐사가 확대되면서 지중해 동부 지역의 에너지 탐사권을 둘러싸고 그리스 등 지역 국가들과의 마찰이 불가피할 것이다.

둡게 할 것이다.

우크라이나

GDP 성장률: 5.7%

1인당 GDP: 3,750달러(PPP: 1만 3,630달러)

인플레이션: 6.7%

재정수지(GDP 대비, %): -4.4

인구: 4,170만 명

볼로디미르 젤렌스키(Volodymyr Ze-
lensky) 대통령이 제안한 야심 찬 개혁
프로그램은 팬데믹으로 인해 보류되었
고, 봉쇄로 2014년 러시아의 크림반도
합병 충격 이후 달성한 경제 성장의 상
당 부분이 날아갔다. 팬데믹에 가려졌던
젤렌스키 대통령의 인민의 일꾼(Servant
of the People party)당의 균열이 비상
사태가 진정됨에 따라 다시 나타날 것이
다. 국제 채권단은 일단 인내할 것이다.
하지만 우크라이나가 청구서를 계속 변
제하려면 개혁에 복귀할 필요가 있으며,
동부의 갈등이 증폭되면 성장 전망을 어

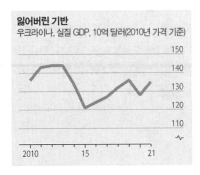

잃어버린 기반
우크라이나, 실질 GDP, 10억 달러(2010년 가격 기준)

영국

GDP 성장률: 6.9%

1인당 GDP: 4만 290달러(PPP: 4만 7,130달러)

인플레이션: 0.5%

재정수지(GDP 대비, %): -7.1

인구: 6,820만 명

영국은 아마도 가장 큰 파트너(EU)와의
새로운 무역 협정이 없는 상태에서 2021
년을 완전히 EU 밖에서 시작할 것이다.
이에 따른 영향은 일부 부문에서 상당하
겠지만, 코로나19의 타격은 훨씬 더 클
것이다. 비록 결단력 있는 재정 개입으
로 많은 사람에게 가는 타격을 줄였지
만, 늦고 형편없는 대응으로 끔찍한 인
명 피해와 경제적 피해를 가져왔다. 보
리스 존슨(Boris Johnson) 총리의 보수
당(Conservative Party) 정부는 일찍이
생산성 향상을 위한 투자 프로그램을 약
속했다. 하지만 이 약속은 그가 속한 보
수당 내부의 재정 통합 요구로 인해 축
소될 수 있다.

볼거리: 스코시트(Scoxit, 스코틀랜드 분리).
스코틀랜드 의회 선거와 스코틀랜드 국민당
(Scottish National Party)의 과반수 갱신 예

상으로 스코틀랜드 분리 독립에 대한 새로운 국민투표 요구가 거세질 것이다.

아시아

호주

GDP 성장률: 1.6%

1인당 GDP: 5만 6,700달러(PPP: 5만 3,160달러)

인플레이션: 1.5%

재정수지(GDP 대비, %): -5.6

인구: 2,580만 명

코로나19에 대한 조기 대응에도 불구하고 2020년 경제는 급격히 위축되었고, 세계 무역이 약세에 머무름에 따라 회복은 미미할 것이다. 팬데믹으로 인한 어려움이 지속되면서 스콧 모리슨(Scott Morrison) 총리는 인기가 떨어질 것이며, 2022년 선거가 다가옴에 따라 자유당(Liberal)-국민당(National) 세 번 연속 연정의 임기 마지막 해가 될 수도 있다. 코로나 위기의 여파, 에너지와 기후 정책을 둘러싼 내부 의견 불일치, 그리고 정부의 아슬아슬한 과반수가 입법 의제 추진에 걸림돌이 될 것이다.

볼거리: 섬 체인(island chain). 호주와 뉴질랜드, 그리고 태평양 9개 섬나라를 연결하는 무역 및 원조 조약인 '더 긴밀한 경제 관계에 관한 태평양 협정 플러스(Pacific Agreement on Closer Economic Relations Plus, PACER Plus)'가 2021년 발효된다.

방글라데시

GDP 성장률: 5.8%

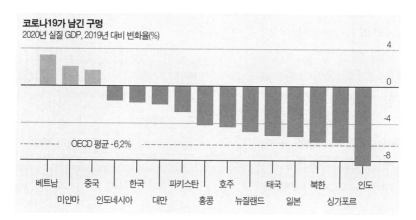

코로나19가 남긴 구멍
2020년 실질 GDP, 2019년 대비 변화율(%)

베트남 / 미얀마 / 중국 / 인도네시아 / 한국 / 대만 / 파키스탄 / 홍콩 / 호주 / 뉴질랜드 / 태국 / 일본 / 북한 / 싱가포르 / 인도

OECD 평균 -6.2%

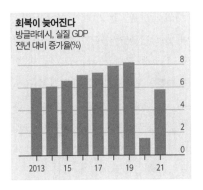

회복이 늦어진다
방글라데시, 실질 GDP
전년 대비 증가율(%)

1인당 GDP: 2,200달러(PPP: 5,550달러)

인플레이션: 5.6%

재정수지(GDP 대비, %): -6.8

인구: 1억 6,630만 명

코로나19 팬데믹으로 인한 고용과 생활 수준에 대한 충격이 현재 세 번째 연임 중인 셰이크 하시나 와제드(Sheikh Hasina Wajed) 총리가 이끄는 정부에 대한 반대에 기름을 부을 것이다. 그렇기는 하지만 집권당인 아와미 연맹(Awami League)의 정치·군사력 장악과 탄탄한 후원 네트워크가 생존을 보장할 것이다. 경제는 회복되겠지만, 지난 10년간 5% 이상 성장세를 보인 GDP 성장률을 회복하려면 1년이 더 걸릴 것이다.

볼거리: 감금. 부패 혐의로 수감되었지만 건강상의 이유로 석방된 야당 지도자 칼레다 지아(Khaleda Zia)가 다시 수감될 경우 시위가 급증할 것이다.

중국

GDP 성장률: 7.3%

1인당 GDP: 1만 1,300달러(PPP: 1만 8,710달러)

인플레이션: 3.1%

재정수지(GDP 대비, %): -5.0

인구: 14억 명

시진핑 국가주석은 신속한 코로나19 대응으로 얻은 정치 자본을 이용해 국내 의제를 억누르고 비판론자들에게 족쇄를 채우며, 보안 기구에 대한 장악력을 강화하고 정치적 협력자들을 영향력 있는 지위로 승진시킬 예정이다. 서구 열강과 지역 강국들의 반감이 고조되는 상황에서 중국 정부는 에너지와 기술 등 분야에서 자급자족 의지를 배가하는 한편, 적대적인 세계의 이미지를 이용해 국내 지지를 강화할 방침이다. 경제는 2020년 경기 둔화에서 회복될 것이다.

홍콩

GDP 성장률: 2.4%

1인당 GDP: 5만 670달러(PPP: 6만 2,030달러)

인플레이션: 1.4%

재정수지(GDP 대비, %): -2.2

인구: 760만 명

이 지역의 가혹한 새 국가보안법은 시위대가 거리에 나오지 못하게 하고, '지역주의자(localist)' 운동은 공개적인 논쟁에서 배제하며, 입법부는 친정부 인사들로 꽉 차게 할 것이다. 홍콩 당국은 주택난과 같은 구조적 · 장기적 문제를 해결함으로써 더 큰 불만을 잠재우려 할 것이다. 하지만 코로나19가 부과하는 부정적인 재정적 걸림돌이 계획을 지연시킬 것이다. 경제는 회복될 것이고, 바이러스로 잃은 많은 기반을 회복할 것이다. 하지만 '일국양제(One Country Two Systems)' 모델에 대한 중국의 공격이 미치는 파장은 막기 어려운 것으로 드러날 것이다.

인도

GDP 성장률: 6.7%

1인당 GDP: 2,150달러(PPP: 6,850달러)

인플레이션: 4.0%

재정수지(GDP 대비, %): -6.8

인구: 13억 9,000만 명

두 번째 5년 임기를 시작한 나렌드라 모디(Narendra Modi) 총리는 널리 인기가 있는 데다 야당도 약해 입지가 더욱더 단단해진다. 하지만 초기 국가 봉쇄 완화 이후 2020년 말에 폭발적으로 발생한 코로나19와 그 규제로 인한 광범위한 경제적 피해는 사회 불안 위험을 경고한다. 종교 단체의 집단 충돌과 시위가 수시로 터져 나올 것이다. 팬데믹으로 타격을 입은 경제를 회복하기 위해 시장 자유화와 인프라 투자 프로그램의 속도를 낼 것이다.

볼거리: 태평양의 무게 중심(Pacific gravity). 중국과 국경을 맞대고 있는 북부 지역의 인프라 건설 때문에 더 큰 분쟁이 일어날 것이며, 인도는 이 지역에서 중국의 영향력을 억제하려는 국가들과의 동맹을 더욱 강화할 것이다.

인도네시아

GDP 성장률: 4.3%

1인당 GDP: 4,260달러(PPP: 1만 2,840달러)

인플레이션: 3.2%

재정수지(GDP 대비, %): -6.0

인구: 2억 6,980만 명

'조코위'라는 별명으로 알려진 조코 위도도(Joko Widodo) 대통령은 여론의 강력한 지지를 받고 있지만, 자신의 정당이 없기 때문에 정치적 입지를 유지하기 위해서는 정책 계획을 타협해야 한다. 그는 민주항쟁당(Democratic Party of Struggle)과 골카르(Golkar)당의 지지를 받고 있으며 내각에 6개 정당의 대표가 있다. 따라서 개혁보다 안정성이 우선되겠지만, 일자리 창출과 인프라 투자 계획에는 진전이 있을 것이다. 경제 성장률은 2020년 말 급증한 코로나19 영향으로 주춤했지만, 수출과 내수가 회복되면서 강하게 반등할 것으로 보인다.

일본

GDP 성장률: 1.7%

1인당 GDP: 3만 9,950달러(PPP: 4만 2,060달러)

인플레이션: 0.5%

재정수지(GDP 대비, %): -8.7

인구: 1억 2,610만 명

집권 자민당은 2020년 말 일본 최장수 총리 아베 신조(Abe Shinzo)가 건강상의 이유로 사임함에 따라 스가 요시히데(Suga Yoshihide)를 새 당총재, 그리고 총리로 선출했다. 스가 총리는 경제 활성화를 위한 전임자의 접근법을 유지할 것이다. 임기응변식 팬데믹 대응으로 정부의 인기는 약해졌지만, 자민당과 입법 파트너인 공명당은 오는 10월 치러질 중의원(하원에 해당) 선거에서 우세할 것으로 예상된다. (조기 선거도 가능하다.) 팬데믹 대응 조치들은 가파른 경기 침체를 가져왔고, 회복은 더딜 것이다.

볼거리: 햇불을 넘긴다. 지연된 제32회 하계 올림픽은 2021년 여름에 열릴 것이다. 하지만 2020 브랜드는 그대로 남는다.

카자흐스탄

GDP 성장률: 3.5%

1인당 GDP: 8,930달러(PPP: 2만 6,820달러)

인플레이션: 6.3%

재정수지(GDP 대비, %): -2.5

인구: 1,900만 명

카심-조마르트 토카예프(Kassym-Jomart Tokayev) 대통령은 오랜 기간 재임한 전임자 누르술탄 나자르바예프(Nursultan Nazarbayev)가 권좌 뒤에서 지켜보는 가운데 지배권을 다질 것이다. 정부가 잘 비축된 국부펀드에서 일부 지급한 원조 대책으로 대응했지만, 유가 폭락과 맞물린 2차 대유행, 그리고 두 번

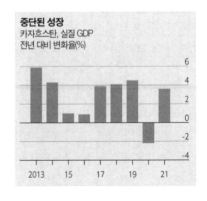

중단된 성장
카자흐스탄, 실질 GDP
전년 대비 변화율(%)

째 봉쇄로 오래된 경제 성장은 끝났다. 연말 이전에 잃어버린 기반을 완전히 회복하는 등 회복은 빠를 것이다. 유가도 크게 오르지는 않지만, 오를 것이다.

말레이시아

GDP 성장률: 5.0%

1인당 GDP: 1만 620달러(PPP: 2만 8,330달러)

인플레이션: 1.3%

재정수지(GDP 대비, %): -6.9

인구: 3,280만 명

2018년 집권 60년이 넘은 통일 말레이 국민조직(United Malays National Organization, UMNO)이 축출된 이후 정치가 아직 안정되지 않았다. 이후 두 개의 정부가 있었고, 비록 2023년까지 선거가 예정되어 있지 않지만, 현재의 페리카탄 나시오날(Perikatan Nasional) 연합과 그 지도자인 무히딘 야신(Muhyiddin Yassin) 총리의 허약성을 고려하면 2021년에는 3차 정부가 탄생하게 될 것이다. 무히딘 총리가 조기 투표에서 우세할 수도 있지만, UMNO의 총리가 복귀할 가능성도 있다. 정치적 불확실성은 이미 코로나19로 휘청거리는 경제에 피해를 줄 것이다.

뉴질랜드

GDP 성장률: 1.4%

1인당 GDP: 4만 760달러(PPP: 4만 1,680달러)

인플레이션: 1.6%

재정수지(GDP 대비, %): -7.8

인구: 500만 명

널리 칭찬받는 코로나19 대응에 힘입어 저신다 아던(Jacinda Ardern) 총리는 10월 선거에서 자신의 집권 노동당(Labour Party)을 압도적인 승리로 이끌었다. 중도 좌파인 여당은 49%의 득표율을 기록했고, 드물게 완전한 의회 다수를 차지해 좌파 정책을 밀어붙일 것이다. 하지만 공중 보건의 성공은 심각한 불경기의 대가를 치렀다. 회복은 더딜 것이다.

파키스탄

GDP 성장률: 0.8%

1인당 GDP: 1,180달러(PPP: 4,690달러)

인플레이션: 6.0%

재정수지(GDP 대비, %): -7.6

인구: 2억 2,520만 명

임란 칸(Imran Khan) 총리가 이끄는 파키스탄 정의운동(Pakistan Tehreek-e-Insaf) 정부는 보안 정책과 외교 업무를 담당하는 군부와 암묵적인 합의를 통해 정권을 유지하게 된다. 야당들은 입법 프로그램을 방해하기 위해 연합하겠지만, 이들의 지도자들이 감옥에 있거나 조사를 받는 상황에서 정부의 생존에 위협이 되지는 않을 것이다. 공공 지출과 해외 근로자들의 기록적인 송금으로 코로나19 타격을 완화했지만, 최근의 완만한 성장률을 회복하는 데는 몇 년이 걸릴 것이다.

필리핀

GDP 성장률: 5.8%

1인당 GDP: 3,610달러(PPP: 9,150달러)

인플레이션: 3.2%

재정수지(GDP 대비, %): -6.8

인구: 1억 1,100만 명

필리핀 경제는 코로나19 경기 침체에서 강하게 회복되어 최근 추세에 미치지는 못하지만 2020년에 잃어버린 기반을 만회하는 것 이상일 것이다. 감염 급증으로 로드리고 두테르테(Rodrigo Duterte) 대통령의 권위가 흔들릴 위기에 처했다. 생활 수준의 압박으로 여론은 더욱 나빠질 것이다. 언론에 대한 보도 금지령 등 시민의 자유에 대한 제약은 반대 의견을

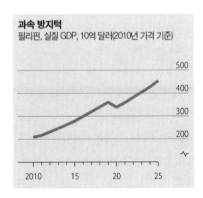

과속 방지턱
필리핀, 실질 GDP, 10억 달러(2010년 가격 기준)

잠재울 것이다.

볼거리: 표지 모델(cover girl). 두테르테 대통령은 다바오시(Davao City) 시장이자 오는 2022년 대선 후보인 딸 사라 두테르테(Sara Duterte)의 이미지를 다듬으며 한 해를 보낼 예정이다.

싱가포르

GDP 성장률: 3.9%

1인당 GDP: 6만 4,190달러(PPP: 10만 1,990달러)

인플레이션: 1.3%

재정수지(GDP 대비, %): -6.6

인구: 560만 명

역사상 최대 규모의 경기 부양책과 성공적인 바이러스 억제에도 불구하고, 싱가포르는 2020년에 아시아 최대의 경기 후퇴를 겪었고, 수출 주도 경제의 회복은 더딜 것이다. 1959년부터 장기 집권해온 인민행동당(People's Action Party, PAP) 4세대 지도부로 권력을 이양하기 위한 리셴룽(Lee Hsien Loong) 총리의 준비 작업은 2020년 총선에서 PAP가 실망스러운 성적을 거둔 이후 제동이 걸릴 전망이다. 대신 그는 이민, 주거비 절감, 사회복지 개선 등 젊은 유권자들이 우려하는 분야에서 정부 성과 개선에 주력할

예정이다.

대한민국

GDP 성장률: 2.4%

1인당 GDP: 3만 2,870달러(PPP: 4만 4,530달러)

인플레이션: 1.3%

재정수지(GDP 대비, %): -5.9

인구: 5,130만 명

문재인 대통령은 더불어민주당이 2020년 총선에서 압도적 과반수 확보에 성공함에 따라 개혁 추진을 배가할 것으로 예상된다. 정부는 코로나 바이러스 발생에 대한 효과적인 대처로 선거 전 힘을 얻었으며, 이로 인해 건강과 경제에 미치는 영향이 최소화되었다. 정책은 불평등 해소, 중소기업 활성화, 노동 시장 개혁 심화에 초점을 맞출 것이다. 경제는 다시 성장 추세로 돌아설 것이다.

볼거리: 다시 벼랑 끝으로. 도널드 트럼프와의 사랑의 기억이 희미해지면서 북한의 전통적 호전성이 다시 돌아올 것이다.

스리랑카

GDP 성장률: 2.3%

1인당 GDP: 3,940달러(PPP: 1만 3,580달러)

인플레이션: 5.1%

재정수지(GDP 대비, %): -8.5

인구: 2,150만 명

2020년 선거에서 스리랑카 인민전선(Sri Lanka People's Front, SLPP)의 압승은 라자팍사(Rajapaksa) 가문(마힌다 라자 팍사는 총리, 고타바야 라자팍사는 대통령)이 이끄는 정부에 막강한 권한을 부여했다. 그들은 즉시 대통령 권한을 강화하기 위해 헌법을 개정하겠다고 맹세했다. 제1야당은 SLPP와 마찬가지로 싱할라(Sinhala)어를 사용하는 불교 다수파를 지지한다. 수출의 점진적인 호전은 비록 부분적으로나마 경제가 코로나19 경기 침체에서 회복하는 데 도움이 될 것이다.

Party, DPP)은 2020년 연임을 확보했다. 과반수가 약간 줄어든 승리였지만, 이탈 표는 주로 동조하는 정당으로 갔기 때문에 입법적 우위는 거의 약화되지 않을 것이다. 정책은 세대 간 불평등, 인프라 투자, 차세대 정보기술과 재생 에너지 산업 촉진을 위한 복리후생과 주택 건설에 초점을 맞출 것이다. 코로나19에 대한 단호한 대응은 공중 보건과 경제적 영향을 최소화했고, 경제 활동은 회복될 것이다.

볼거리: 말장난. 코로나19로 인해 2020년에서 연기된 '제13회 링구아 프랑카(Lingua Franca, 모국어가 서로 다른 사람들이 상호 이해를 위해 사용하는 제3의 언어)로서의 영어 콘퍼런스'가 여름에 타이난(Tainan)에서 열린다.

대만

GDP 성장률: 1.5%

1인당 GDP: 2만 7,500달러(PPP: 5만 7,480달러)

인플레이션: 0.2%

재정수지(GDP 대비, %): -0.9

인구: 2,360만 명

차이잉원(Tsai Ing-wen) 총통과 집권 민주진보당(Democratic Progressive

태국

GDP 성장률: 3.2%

1인당 GDP: 8,000달러(PPP: 1만 8,940달러)

인플레이션: 1.1%

재정수지(GDP 대비, %): -5.1

인구: 7,000만 명

쿠데타 지도자였던 쁘라윳 짠오차(Prayuth Chan-ocha)의 군부 후원을 받는 정부에 대한 시위와 국왕에 대한 시위가 점점 커져, 태국의 오랜 '레드 셔츠(red shirt, 도시 빈민층과 농민들을 지지 기반으로 하는 세력)' 대 '옐로 셔츠(yellow shirt, 왕실과 군부 등 지배 엘리트 계층을 옹호하는 세력)' 권력투쟁에서 기득권을 지지했던 중산층 도시민들을 끌어들이고 있다. 정부가 시위대를 통제할 수 있겠지만, 군부의 탄압 가능성도 배제할 수 없다. 코로나19가 잠잠해짐에 따라 정부는 외국인 투자자들의 사업 환경 개선을 위해 노력할 것이다. 부분적인 경기 회복이 기대할 수 있는 최선이다.

우즈베키스탄

GDP 성장률: 6.3%

1인당 GDP: 2,220달러(PPP: 8,970달러)

인플레이션: 12.2%

재정수지(GDP 대비, %): -3.1

인구: 3,390만 명

샵카트 미르지요예프(Shavkat Mirzi-yoyev) 대통령은 세제 개혁과 민영화를 추진할 예정이다. 정부는 중국과 러시아와의 주요 경제 파트너십을 유지하면서 이웃 국가들과의 관계 개선에 노력할 것이다. 팬데믹으로 국내외 수요가 급감했지만, 2021년에는 경제가 강한 회복세를 보일 것이다.

볼거리: 근접전. 당초 개최지로 선정되었던 비엔나가 정부 스캔들로 배제된 이후 수도 타슈켄트가 세계유도선수권대회를 개최하게 되었다.

베트남

GDP 성장률: 5.2%

1인당 GDP: 3,780달러(PPP: 1만 1,430달러)

인플레이션: 2.1%

재정수지(GDP 대비, %): -4.8

인구: 9,820만 명

2021년 초 제13차 베트남 공산당 전당대회 이후 새 팀이 집권 공산당을 장악하게 되는데, 아마도 응우옌 쑤언 푹(Nguyen Xuan Phuc) 총리가 총서기가 될 것이다. 전환은 순조로울 것이며, 코로나19로 인해 중단되었던 외국인 직접 투자 유치와 국영기업 구조조정 방안 등 정부의 경제 자유화 프로그램이 재개될 것이다. 팬데믹으로 인한 경기 침체가 점차 해소됨에 따라 경제는 다시 고성장 국면에 진입할 것이다.

북아메리카

캐나다

GDP 성장률: 4.0%

1인당 GDP: 4만 5,930달러 (PPP: 5만 650달러)

인플레이션: 1.5%

재정수지(GDP 대비,%): -8.3

인구: 3,810만 명

쥐스탱 트뤼도(Justin Trudeau) 총리가 이끄는 자유당 정부는 연임에서 과반수를 차지하지 못했기 때문에 법안 통과를 위해 주요 야 3당의 지지를 얻어야만 한다. 코로나19가 발생했을 때 트뤼도 총리를 중심으로 힘을 합쳤지만 팬데믹이 점차 약화됨에 따라 상황이 훨씬 더 어려워질 것이다. 정책 실패는 정부의 조기 종식으로 이어질 수도 있다. 2020년 경제는 바이러스와 저유가로 타격을 입었으며 의료 위기는 지나가겠지만 저유가는 당분간 지속할 것이다. 완전히 회복하려면 몇 년이 걸릴 것이다.

멕시코

GDP 성장률: 3.3%

1인당 GDP: 8,940달러 (PPP: 1만 9,160달러)

인플레이션: 3.9%

재정수지(GDP 대비,%): -3.2

인구: 1억 3,030만 명

안드레스 마누엘 로페스 오브라도르 (Andrés Manuel López Obrador) 대통령과 그의 모레나당(Morena party)이

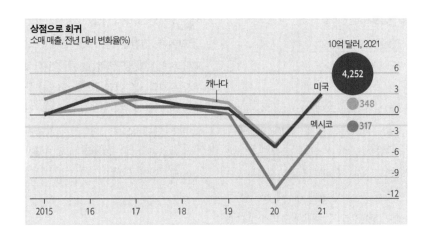

상점으로 회귀
소매 매출, 전년 대비 변화율(%)

10억 달러, 2021

캐나다 / 미국 4,252 / 348 / 멕시코 317

2015 16 17 18 19 20 21

이끄는 정부는 6월 중간선거에서 심판을 받을 것이다. 그들은 인기 있는 반부패 조치와 약한 반대로 도움을 받겠지만, 코로나19에 대한 빛바랜 늦장 대응으로 인해 상처를 받을 것이다. 모든 것을 고려할 때 그들은 다수를 유지해야 한다. 정부는 극빈층을 지원하기 위해 재분배 정책을 추진하겠지만, 2020년 극심한 불황에 이어 경기 회복이 더딘 것은 여러 가지 일을 추진할 형편이 못 된다는 것을 의미한다.

볼거리: 북쪽을 바라보다. 지금까지 외교 정책에 거의 집중하지 않았지만 앞으로 로페스 오브라도르 대통령은 멕시코의 주요 경제 파트너이자 거의 1,200만 명에 달하는 이민자들의 제2의 고향인 미국과 더 좋은 관계를 추구할 것이다.

미국

GDP 성장률: 3.6%

1인당 GDP: 6만 4,790달러 (PPP: 6만 4,790달러)

인플레이션: 1.7%

재정수지(GDP 대비,%): -9.2

인구: 3억 3,290만 명

대통령 선거에서 조 바이든의 승리는 미국을 정상의 모습으로 되돌릴 것이며,

정책을 중도 좌파 쪽으로 바꿀 것이다. 그러나 법률 제정은 어려울 것이며, 팬데믹은 심각할 정도로 많은 사망자를 내고 있다. 미국의 인구는 세계 인구의 4%를 조금 넘었지만 코로나19로 인한 사망자 수는 전체 사망자의 거의 20%에 달하고 있다. 비록 '백신 반대 지지자'들은 백신을 꺼릴 수도 있지만 백신을 사용할 수 있으면 경제 회복에 도움이 될 것이다. 그렇기는 하지만 경기 회복은 전혀 신나지 않을 것이다. 미국의 21조 5,000억 달러 경제는 2021년 말에 가서야 2019년 수준으로 회복될 것이다. 인종 정의에 대한 시위는 정기적으로 터져 나올 것이다. 경찰은 먼저 질문하고 나중에 총 쏘는 법을 배우려면 수년간의 재교육이 필요할 것이다.

라틴아메리카

아르헨티나

GDP 성장률: 6.0%

1인당 GDP: 8,530달러 (PPP: 2만 500달러)

인플레이션: 45.3%

재정수지(GDP 대비,%): -6.4

인구: 4,560만 명

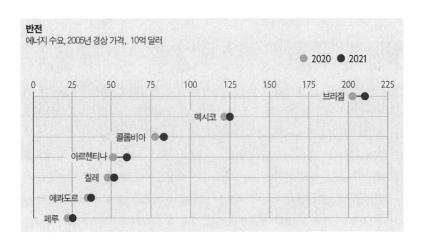

반전
에너지 수요, 2005년 경상 가격, 10억 달러

● 2020 ● 2021

알베르토 페르난데스(Alberto Fernóndez) 대통령 정부는 2020년 민간 채권자들과 협상을 끝낸 뒤 IMF의 도움을 받을 수도 있다. 그것은 환영받을 것이다. 코로나19는 경제에 큰 구멍을 남겨 이미 가격 통제와 구조적 약점 하에서 정부는 고역을 치르고 있으며 만약 IMF의 지원을 받을 수 없다면 또 다른 평가 절하가 불가피하다. 정부는 10월 중간 선거에서 일부 의석을 잃게 되겠지만 과반수를 유지할 것이다. 인플레이션은 일부 가격 통제가 완화됨에 따라 상승 추세를 보일 것이다.

인플레이션: 1.5%

재정수지(GDP 대비,%): -8.8

인구: 1,180만 명

사회주의 운동당의 루이스 아르케(Luis Arce)가 2020년 말 대통령 선거에서 승리했다. 이는 그가 에보 모랄레스(Evo Morales) 전 대통령 시절 경제 장관으로 시행했던 개입주의 정책으로 회귀하는 것을 의미한다. 볼리비아는 코로나 바이러스에서 비롯한 심각한 불황으로부터의 회복을 촉진하기 위한 압박을 견디며 경제와 재정의 심각한 불균형을 다루어야 한다.

볼리비아

GDP 성장률: 3.8%

1인당 GDP: 3,350달러 (PPP: 8,090달러)

브라질

GDP 성장률: 3.0%

1인당 GDP: 6,940달러 (PPP: 1만 5,040달러)

인플레이션: 2.9%

재정수지(GDP 대비,%): -7.5

인구: 2억 1,330만 명

자이르 보우소나루(Jair Bolsonaro) 대통령은 사회자유당(Liberal Social Party)이 어떤 일이든 완수하기 위해서 분열된 야당의 지지가 필요한 의회에서 친시장 개혁을 추진하기보다 2022년 재선을 우선시할 것이다. 2월로 예정된 하원 지도부 경선에서 입법 의제를 장악하는데 민감한 야당 중도 우파 정당들과 전열을 분명히 할 것이다. 완화된 코로나19 대응은 경제를 보호했지만 많은 사망자를 낳았다.

볼거리: 중도. 극우 포퓰리즘으로 선출된 보우소나루 대통령은 자신의 지지 기반을 벗어나지 않고 탄핵을 피하려고 중도파의 지지를 호소할 것이다.

칠레

GDP 성장률: 4.6%

1인당 GDP: 1만 3,940달러 (PPP: 2만 5,010달러)

인플레이션: 2.7%

재정수지(GDP 대비,%): -8.1

인구: 1,920만 명

유권자들은 2020년 말 국민투표에서 피노체트(Pinochet) 시대의 헌법을 개정하는 계획을 압도적으로 찬성했다. 이번 투표는 2019년 11월부터 시작된 대규모 반(反) 불평등 시위에 대한 해결책으로 치러졌다. 새 헌법의 입안자들이 4월에 선출될 것이고 새 헌법은 2022년에 다시 국민투표로 비준될 것이므로 잠재적으로 오랜 기간 지속되어온 범(凡) 정당 간 정치적 합의를 좌파로 변화시킬 것이다. 효과적인 코로나19 대응은 경제를 보호했으며 적절한 경제 회복을 보장할 것이다.

볼거리: 구리 생산량 바닥. 바이러스에 대한 관대한 재정 지원으로 고갈된 국부 펀드를 보충하기 위해 구리 생산량은 반등할 것이다.

콜롬비아

GDP 성장률: 4.4%

1인당 GDP: 5,550달러 (PPP: 1만 5,080달러)

인플레이션: 2.9%

재정수지(GDP 대비,%): -5.4

인구: 5,130만 명

우파인 민주중도당의 이반 두케(Ivén

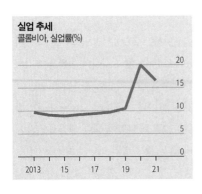

실업 추세
콜롬비아, 실업률(%)

Duque) 대통령은 건강 위기가 약해짐에 따라 국가 자산 매각과 함께 조세, 노동법, 연금, 의료 등을 포함한 야심 찬 친성장 개혁을 재개할 예정이다. 하지만 이번 개혁은 코로나19로 입은 큰 손실 일부만 복구하는 데 도움이 될 것이다. 경기 회복이 지연되는 바람에 베네수엘라 이주민의 유입 그리고 시골에서 FARC 게릴라 움직임 및 폭력과 관련된 평화 협정은 사회적 긴장을 가중시킬 것이다.

쿠바

GDP 성장률: 2.3%

1인당 GDP: 9,880달러 (PPP: 1만 3,480달러)

인플레이션: 6.0%

재정수지(GDP 대비,%): -5.5

인구: 1,130만 명

이미 천천히 진행되던 친시장 개혁 의제는 코로나19가 닥치면서 중단되었고 비상사태가 진정됨에 따라 서서히 재개될 것이다. 미겔 디아스 카넬(Miguel Díaz-Canel) 대통령은 중앙집권적 리더십 구조에서 벗어나 점차 마누엘 마레로(Manuel Marrero) 총리에게 일상적인 정책 결정을 양도할 것이다. 팬데믹은 취약한 경제를 강타했으며 회복은 보잘것없을 것이다.

에콰도르

GDP 성장률: 5.1%

1인당 GDP: 5,720달러 (PPP: 1만 1,000달러)

인플레이션: 0.0%

재정수지(GDP 대비,%): -2.5

인구: 1,780만 명

레닌 모레노(Lenín Moreno) 대통령은 국민의 사랑을 받지 못하고 의회 내에서는 다수당인 야당에 의해 방해받으며 여러 가지 공격을 받으면서 2월 총선을 치를 것이다. 재정난 때문에 코로나 바이러스로 고통받는 국민을 거의 지원할 수 없고 긴축 정책은 경기 회복을 곤란하게 만들 것이다. 의료 비상사태가 완화됨에 따라 시위가 재개될 것이며 아마도 중도파의 통제 하에 있는 차기 정부는 까다로운 대중과 무기력한 경제를 물려받게될 것이다.

파라과이

GDP 성장률: 2.9%

1인당 GDP: 4,930달러 (PPP: 1만 3,070달러)

인플레이션: 2.1%

재정수지(GDP 대비,%): -5.1

인구: 720만 명

코로나19에 대한 모범적인 초기 대응은 나중에 코로나가 급증하는 바람에 빛이 바랬다. 이는 대통령 선거가 2023년에 있지만 2021년 초 치러질 집권당인 콜로라도 당의 예비 선거에서 줄리오 마졸레니(Julio Mazzoleni) 보건부 장관의 대통령 후보 지명 가능성을 약화시켰다. 마리오 압도 베니테스(Mario Abdo Benítez) 대통령은 정부 내 부패 의혹에 대한 대중의 반발 속에 정치적 제휴를 강화하는 데 주력할 예정이다. 불경기는 중남미 지역에서 가장 가벼운 축에 속할 것이다.

페루

GDP 성장률: 9.2%

1인당 GDP: 6,340달러 (PPP: 1만 2,220달러)

인플레이션: 2.3%

재정수지(GDP 대비,%): -7.0

인구: 3,350만 명

특히 경제적으로나 의학적으로 가혹한 팬데믹은 4월 총선을 앞두고 민족주의 정당에 공격 수단을 제공할 것이며, 중도 우파인 현직 마틴 비즈카라(Martín

Vizcarra) 대통령은 버틸 수 없을 것이다. 승자는 이 지역에서 가장 심한 불황으로 인해 타격을 입었지만 그런데도 10년 동안의 강한 성장 후에 회복하는 경제를 물려받게 될 것이다. 의회는 분열되고 소란스러울 것이다

볼거리: 해방된다. 만약 비즈카라 대통령이 임기 말에 구속을 면하게 된다면, 그는 과거 5명의 대통령 중 처음으로 구속을 면한 대통령이 될 것이다.

우루과이

GDP 성장률: 3.5%

1인당 GDP: 1만 4,710달러 (PPP: 2만 3,960달러)

인플레이션: 7.5%

재정수지(GDP 대비,%): -4.0

인구: 350만 명

중도 우파 국민당의 루이스 라카예 포우(Luis Lacalle Pou) 대통령은 코로나19를 효과적으로 관리한 결과 대중의 지지를 받아 사기가 오른 다수당 정부를 이끌고 있다. 노동계는 사회보장 개혁 노력에 저항할 것이고, 팬데믹 이후 재정 격차를 줄이기 위해 세금이 늘어나겠지만, 생산성과 경쟁력 개혁은 성공할 것

이다. 두 개의 대형 건설 프로젝트, 즉 펄프 공장 건설과 항만 및 철도의 정비 사업이 경제 회복에 도움이 될 것이다.

베네수엘라

GDP 성장률: -1.7%

1인당 GDP: 2,110달러 (PPP: 4,480달러)

인플레이션: 640%

재정수지(GDP 대비,%): -16.7

인구: 2,780만 명

니콜라스 마두로(Nicolás Maduro) 대통령은 생활수준이 추락하고 해외에서 적대감이 커지는 가운데 당분간 자리를 지키겠지만 그의 정권은 지탱할 수 없다. 그가 자리를 오래 지킬수록 정권 이양은 더 혼란스러워질 것이다. 군부가 지지를 철회하면 그는 끝장이다. 달러 기준으로 경제 규모는 2018년에서 2020년 사이에 3분의 2 수준으로 축소되었으며 2021년에 다시 줄어들 것이다.

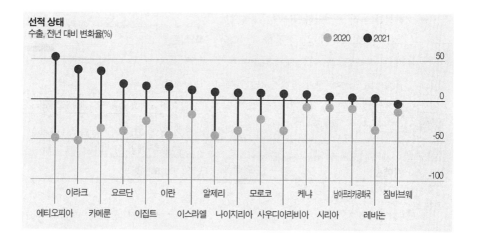

선적 상태
수출, 전년 대비 변화율(%)

● 2020   ● 2021

에티오피아 이라크 카메룬 요르단 이집트 이란 이스라엘 알제리 나이지리아 모로코 사우디아라비아 케냐 시리아 남아프리카공화국 레바논 짐바브웨

중동과 아프리카

알제리

GDP 성장률: 1.3%

1인당 GDP: 3,710달러 (PPP: 1만 870달러)

인플레이션: 2.2%

재정수지(GDP 대비,%): -12.5

인구: 4,450만 명

의료 비상사태가 진정됨에 따라 대중들의 시위가 다시 고조될 것이며 이는 2019년 장기 독재자였던 압델라지즈 부테플리카(Abdelaziz Bouteflika)를 사임시킨 불만을 제대로 해소하지 못한 정권에 대한 좌절감을 반영하는 것이다. 2020년 말 국민투표로 통과될 예정인 헌법 개정안은 권력을 휘두르는 기업, 군사, 정치 동맹을 약화시키는 데 거의 도움이 되지 않는다. 2020년 극심한 경기 침체 이후 경제가 활기를 잃을 것이다.

앙골라

GDP 성장률: -0.1%

1인당 GDP: 2,000달러 (PPP: 6,410달러)

인플레이션: 19.1%

재정수지(GDP 대비,%): -3.1

인구: 3,390만 명

주앙 로렌쑤(João Lourenço) 대통령은 전임자인 조제 에두아르두 두스 산투스(José Eduardo dos Santos)가 40년 가까이 구축한 권력 망을 해체하는 방안을 추진하지만 기득권의 반발을 피하려고 천천히 움직일 것이다. IMF는 재정 위기를 극복하도록 지원을 제공할 것이다. 저유가와 코로나19의 경제적 타격이 복합적으로 작용해 경기 침체가 2년 연속 이어질 것이다.

카메룬

GDP 성장률: 2.5%

1인당 GDP: 1,500달러 (PPP: 3,670달러)

인플레이션: 2.7%

재정수지(GDP 대비,%): -5.0

인구: 2,720만 명

앙글로폰 서부 지역에서 무장 분리주의 운동이 늘어나고 일곱 차례 연임 중인 폴 비야(Paul Biya) 대통령의 대응에 대한 불만과 무장 이슬람 단체인 보코하람의 최북단 지역 공격에 대한 불만이 가중되면서 안정이 위협받을 것이다. 크리비(Kribi) 항구의 새로운 연안 터미널을 통해 천연가스를 수출하면서 경제는 팬데믹 침체에서 회복될 것이다. 지연되었던 인프라 프로젝트가 재개될 것이다.

이집트

GDP 성장률: -2.3%

1인당 GDP: 3,710달러 (PPP: 1만 2,380달러)

인플레이션: 5.1%

재정수지(GDP 대비,%): -10.6

인구: 1억 280만 명

압델 파타 알시시(Abdel Fattah el-Sisi) 대통령은 코로나 공황으로부터 경제를 되살리는 데 주력할 것이다. 그는 시간이 충분하다. 헌법 개정으로 2030년까지 통치할 수 있고 재선거는 2024년에 있으며 다수당의 위치에 있고 반대가 거의 없으므로 그는 아마도 경제 회복에 초점을 맞출 수 있을 것이다. 코로나19 이후 긴축 예산을 강화하면서 시위가 일어나겠지만 정권은 군부의 지지로 잘 보호되고 있다.

에티오피아

GDP 성장률: 3.1%

1인당 GDP: 900달러 (PPP: 2,250달러)

인플레이션: 19.3%

재정수지(GDP 대비,%): -6.0

인구: 1억 1,790만 명

아비 아흐메드(Abiy Ahmed) 총리가 반대 세력을 잠재우기 위해 티그레이(Tigray) 북부 지역으로 군대를 보낸 뒤 내전의 위험성은 더욱 커질 것이다. 지연된 입법 선거가 2021년 초에 치러질 것으로 보여 집권 여당인 번영당의 다수당 위치가 강화될 것이다. 정부가 두 가지 재앙인 코로나19와 메뚜기들로 인해 좌절된 고성장 자격을 다시 갖추기 위해 노력함에 따라 경제 자유화는 뒷전으로 밀리게 될 것이다

이란

GDP 성장률: 2.0 %

1인당 GDP: 6,150달러 (PPP: 1만 1,510달러)

인플레이션: 21.3%

재정수지(GDP 대비,%): -6.7

인구: 8,500만 명

이미 서방의 제재, 미국의 완강한 반대, 그리고 유가 급락으로 타격을 입은 경제에 팬데믹은 추가적인 타격을 주었으며, 이 모든 것 때문에 6월 대선에서 강경파가 승리했다. 코로나19에 대한 느린 대응은 대중의 분노와 이미 악화되어 있는 의료 시스템에 인도주의적 위기를 불러일으킬 것이다. 2020년 극심한 경기 침체 이후 중국의 강력한 경기 회복은 이

란 경제를 활성화할 것이다.

이라크

GDP 성장률: 0.7%

1인당 GDP: 4,450달러 (PPP: 1만 70달러)

인플레이션: 1.9%

재정수지(GDP 대비,%): -13.2

인구: 4,120만 명

석유 시장의 회복은 팬데믹으로 인한 세계 수요 감소로 시간이 걸리기 때문에 이라크의 석유 의존형 경제는 극심한 불황 후에 침체할 것이다. 과도기 상태의 무스타파 알 카디미(Mustafa al-Kadhimi) 총리는 경제를 회복시키고 국가의 뿌리 깊은 통치권 도전에 맞서려고 하겠지만 이는 6월로 예정된 선거에서 그가 총리 자리를 영구히 확보해야만 가능하다.

이스라엘

GDP 성장률: 2.5%

1인당 GDP: 4만 2,390달러 (PPP: 4만 320달러)

인플레이션: 0.2%

재정수지(GDP 대비,%): -8.6

인구: 940만 명

팬데믹의 출현을 대처하기 위해 형성된 연립정부는 우파인 리쿠드당(Likud party)의 베냐민 네타냐후(Binyamin Netanyahu) 총리가 10월에 중도 우파인 청백당(Blue and White party)의 베니 간츠(Benny Gantz)에게 추가로 18개월 동안 권력을 넘겨주게 될 것으로 내다봤다. 그러나 연정은 흔들리고 있으며 임기를 못 채울 수도 있다. 재정 지원 조치는 시간이 지나면서 철회될 것이며 실업률이 높아져 경기 회복을 저해할 것이다.

볼거리: 네타냐후 총리에 대한 부패 혐의 재판이 1월부터 본격적으로 시작된다. 그는 판결과 상관없이 리쿠드당 지도자로 교체될 수도 있다.

요르단

GDP 성장률: 2.1%

1인당 GDP: 3,690달러 (PPP: 8,420달러)

인플레이션: 0.9%

재정수지(GDP 대비,%): -12.3

인구: 1,160만 명

생활수준 저하, 높은 실업률, 그리고 팬데믹 이후 긴축 정책에 대한 국민의 불만이 높아질 것이다. 바이러스로 서구의 재정 지원이 제한되고 경제적으로 궁핍해진 주변 국가들로부터 이주 노동자들이 고국으로 돌아오는 바람에 사회적 긴장이 고조될 것이다. 시위가 발생하겠지만 압둘라(Abdullah) 2세는 안전할 것이다. 팬데믹에 대응하느라 취약한 공공 재정이 더욱더 약화되고 경기 회복이 지연될 것이다.

케냐

GDP 성장률: 2.0%

1인당 GDP: 1,790달러 (PPP: 4,460달러)

인플레이션: 6.0%

재정수지(GDP 대비,%): -9.0

인구: 5,500만 명

코로나19에 대한 효과적인 대응은 우후루 케냐타(Uhuru Kenyatta) 대통령에 대한 지지를 높일 것이다. 정부가 집권 마지막 해에 접어들면서 양대 정당은 내부는 물론 서로 간의 긴장감은 더욱 격화될 것이며, 윌리엄 루토(William Ruto) 부통령의 지지자들이 지지 기반 구축을 모색할 때 케냐타 대통령의 주빌리당(Jubilee Party)의 분열은 예정되어 있다. 국제적인 위기 지원 자금은 경제 회복에 도움이 될 것이다.

볼거리: 다리 건설. 케냐타 대통령의 탄탄한

지지 기반으로 행정 권력의 희석을 포함해 야당과 논의된 헌법을 다시 작성할 수 있게 될 것이다.

레바논

GDP 성장률: 1.1%

1인당 GDP: 9,440달러 (PPP: 1만 2,620달러)

인플레이션: 98.8%

재정수지(GDP 대비,%): -7.7

인구: 680만 명

레바논보다 더 분명하게 재앙에 취약한 곳은 아무 데도 없다. 2020년 8월 베이루트 항구를 폐허로 만들고 정부를 무너뜨린 비료 원료 폭발로 코로나19조차도 무색해졌다. 과도기 총리인 무스타파 아디브(Mustafa Adib)는 정부를 구성하지 못하자 사임하고 사드 하리리(Saad Hariri)가 총리에 임명되었다. 완전한 경

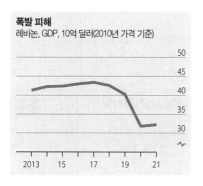

폭발 피해
레바논, GDP, 10억 달러(2010년 가격 기준)

제 붕괴도 배제할 수 없다. 새 정부가 구성될 수 있다면 IMF 구제책이 가능하다.

리비아

GDP 성장률: 20.9%

1인당 GDP: 4,230달러 (PPP: 1만 970달러)

인플레이션: 7.7%

재정수지(GDP 대비,%): -2.6

인구: 700만 명

지역적 영향력을 추구하는 국제적인 지지자들은 자칭 리비아 국민군(LNA, Libyan National Army)을 부추겨 유엔이 인정한 리비아 통합 정부(Government of National Accord)와 대리전을 치르게 만들고 있다. 유엔이 후원하는 정치적 정상화 과정은 휴전이 중재될 때까지 중단될 것이다. 팬데믹은 LNA에 의한 석유 수출에 대한 파괴적인 봉쇄 조치를 더 심각하게 만들어 경제는 부분적으로만 회복될 것이다.

모로코

GDP 성장률: 1.6%

1인당 GDP: 3,180달러 (PPP: 7,700달러)

인플레이션: 0.8%

재정수지(GDP 대비,%): -8.2

인구: 3,730만 명

지속적인 실업과 지역 불평등은 불만에 불을 붙이겠지만 코로나19와 가뭄이 경제를 망가뜨린 후 성장이 재개될 것이다. 이것과 집권당인 정의개발당(Justice and Development Party)의 내분은 정부를 곤란하게 만들겠지만, 정부는 모하메드 6세 밑에서 권위를 유지할 것이다. 경제 회복이 미온적으로 이루어질 것이다.

나이지리아

GDP 성장률: 1.0%

1인당 GDP: 2,090달러 (PPP: 5,050달러)

인플레이션: 16.8%

재정수지(GDP 대비,%): -3.1

인구: 2억 1,140만 명

무하마드 부하리(Muhammadu Buhari) 대통령의 주요 임무는 팬데믹과 이와 연결된 유가 하락이 가져온 경제 침체를 다루는 일이 될 것이다. 그러나 그는 또한 2020년 말 발생한 북동부 지역의 이슬람주의자 폭동, 남부 지역의 분리주의와 반 경찰 시위에도 맞서야만 한다. 위기는 시장 친화적 개혁에 대한 논의를 증가시키겠지만, 경제가 회복됨에 따라 이를 추진하려는 정부의 결의는 희미해질 것이다.

사우디아라비아

GDP 성장률: 2.0%

1인당 GDP: 2만 520달러 (PPP: 4만 6,150달러)

인플레이션: 1.6%

재정수지(GDP 대비,%): -7.8

인구: 3,590만 명

병든 왕인 살만 빈 압델 아지즈 알 사우드(Salman bin Abdel-Aziz al-Saud)는 코로나19와 유가 하락의 결과를 처리하기 위해 왕세자인 무하마드 빈 살만 알 사우드(Mohammad bin Salman al-Saud)에 의지한다. 결국 그의 후계자는 결국 왕실의 경쟁자들을 억압함으로써 종국에 가서 왕위에 오르려고 준비할 것이다. 팬데믹이 퇴조함에 따라 그는 엄격한 정치적 통제를 혼합한 사회 자유화 정책을 활성화할 것이다.

남아프리카공화국

GDP 성장률: 1.5%

1인당 GDP: 5,110달러 (PPP: 1만 2,390달러)

인플레이션: 4.1%

재정수지(GDP 대비,%): -9.0

인구: 6,000만 명

시릴 라마포사(Cyril Ramaphosa) 대통령은 팬데믹 이후 경제 회복을 유지하고, 재정 지출 삭감을 통해 부채 위기를 사전에 방지하며 토지 개혁이 토지 수탈이 되는 것을 방지하고 단지 이익을 추구하는 업무로 매우 바쁠 것이다. 그는 집권당인 아프리카민족회의(African National Congress) 분파들의 저항에 직면하게 될 것이다. 주요 반부패 보고서의 결과는 3월에 발표될 예정이다.

1인당 GDP: 1,400달러 (PPP: 3,780달러)

인플레이션: 54.5%

재정수지(GDP 대비,%): -6.9

인구: 1,630만 명

팬데믹으로 인한 불황은 전쟁, 국제적 제재, 그리고 지역 내 주요 수입 경로인 베이루트의 폭발로 황폐해진 경제 안에서 지속될 것이다. 경제난이 가중될수록 시위는 증가하겠지만 바샤르 알 아사드(Bashar al-Assad) 대통령 정권은 안전하게 지낼 수 있는 자원과 정치적 영향력을 갖추고 있다. 4월이나 5월에 형식상의 대통령 선거가 있을 것이다.

시리아

GDP 성장률: -1.7%

짐바브웨

GDP 성장률: 0.4%

2021년의 인물

우간다의 **요웨리 무세베니(Yoweri Museveni)** 대통령은 1986년부터 집권했으며 현역이라는 이점으로 2021년 초에 치러질 선거에서 6번째 임기에 출마할 것이다. 그러나 그는 아프로비트 가수 보비 와인(Bobi Wine)으로 알려진 로버트 캬굴라니(Robert Kyagulanyi)라는 젊은 도전자와 대결하게 된다. 캬굴라니는 2017년 무소속으로 하원의원에 선출된 뒤 '피플 파워' 운동을 구축하고 2020년 7월에 정당을 출범시켰다. 자칭 '게토 대통령'은 대부분 젊고 가난하며 붉은 베레모를 쓴 지지자들에게 무세베니로부터 구제해줄 것을 약속했다. 무세베니는 팬데믹을 이용해 경찰 단속에 나서고 정적들을 괴롭히고 위협하고 있다. 캬굴라니에게 불리하지만 그는 단지 그에게 권력을 가져다주는 대중들이 감정을 홍수처럼 토로하게 할지도 모른다.

1인당 GDP: 1,390달러 (PPP: 2,480달러)

인플레이션: 223%

재정수지(GDP 대비,%): -6.5

인구: 1,510만 명

코로나19가 휘몰아치기 전 국가가 바랄
수 있었던 최고의 단어들은 사회적 갈
등, 경제적 어려움, 정치적 불안정이었
다. 그 결과 에머슨 음낭가과(Emmerso
n Mnangagwa) 대통령이 이끄는 정부
는 증가하는 대중적 항의에 직면하게 될
것이다. 음낭가과 대통령은 군부의 지원
을 유지하는 한 반대파와 경쟁자들을 밀
어내고 권력을 장악할 것이다.

2021년 산업별 주요 지표

특별한 표시가 없는 수치는 모두 2021년 예상치다.
세계 총계는 60개 국가를 기준으로 했으며, 이 국가들이 세계 GDP의 95%를 차지한다.

출처: EIU(london@eiu.com)

〈2021년 10대 비즈니스 트렌드〉

01 악성 부채가 쌓인다. 중국 은행의 부실채권은 5,000억 달러(2019년 대비 50% 증가)에 근접하며, 시리아, 레바논, 예멘이 국가 부채 위기에서 허덕인다.

02 각국 정부는 성장을 촉진하기 위해 기반시설에 대한 지출을 늘린다. 이를 보여주는 지표인 총 고정 투자는 세계적으로 8%, 인도에서 18% 증가한다.

총 고정 투자
전년 대비 변화(%)

03 2019년 210만 대였던 전기차 판매가 340만 대로 크게 늘어난다. 세계 자동차 판매는 15% 증가하지만 코로나 이전 수준을 회복하지는 못한다. 허리띠를 졸라매는 추세다.

04 세계 관광객 수는 8% 증가하지만, 코로나 이전 수준보다는 15% 낮다. 온라인 회의가 출장의 1/3을 대체한다.

05 항공사들이 고전하면서 항공기 제조사가 만드는 대형 민간 항공기는 코로나 이전의 60~70%에 불과하다. 보잉 737 MAX가 운항을 재개한다.

06 유가는 배럴당 평균 45달러로 다소 회복된다. 주요 시장에서 이동 제한 조치가 시행되면 10달러가 다시 하락할 수 있다.

브렌트 원유
배럴당 평균 가격($)

07 광고 지출은 6% 회복된 5,730억 달러가 된다. 도쿄 올림픽 등 지연된 스포츠 행사가 광고 매출 8억 달러를 발생시키며 긍정적으로 작용한다.

08 글로벌 경제 위기 지속에 대한 우려로 평균 금 가격은 변동이 없다. 팬데믹이 악화되면 역대 최고가인 트로이온스당 2,000달러로 돌아갈 가능성이 있다.

09 미뤄졌던 유명 영화들이 개봉하면서 박스오피스 수익은 78% 급등한다. 그러나 영화관 수용 인원 제한 등으로 인해 매출액은 여전히 2019년 대비 38% 뒤처진다.

10 소매업 매출은 3% 상승하지만 이전 수준에도 달하지 못하면서 소매 기업 파산이 늘어난다. 바이러스가 창궐하면 성장 자체가 무산될 것이다.

출처: EIU, 모건스탠리, 무디스, 마그나 리서치, PwC

세계 GDP와 무역
전년 대비 변화(%)

■ GDP, 실질가치, 구매력평가 기준
■ 무역, 달러 기준

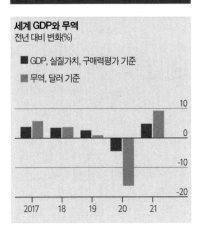

세계 경제 성장 측면에서 2021년도 잃어 버린 한 해가 될 것이다. 세계 경제는 4.8% 성장하겠지만 저조한 소득, 높은 실업률, 기업 심리 악화, 계속되는 이동 제한 조치로 팬데믹 이전 수준을 회복하지 못하고 마무리될 듯하다. 코로나19 백신은 2021년 말에야 본격적으로 배포될 것이다.

정부 지출이 경제를 떠받치겠지만 향후 신용 리스크가 쌓일 것이다. 중국은 자국 경기 회복에 집중하며 해외 투자와 무역에 쓰는 금액을 줄일 것이다. 미중 무역 긴장은 다시 악화될 것이다. 공급망의 '니어쇼어링(near-shoring, 인접 국가에 생산기지 설립)'이 추진될 전망이다. 이로 인해 최소한 끔찍했던 2020년을 벗어나 무역의 회복이 가속화될 것이다.

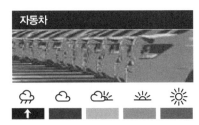

2020년 자동차 판매는 그전의 부진을 떨쳐내리라 전망됐지만, 예상과 달리 팬데믹의 재앙이 덮쳤다. 2021년에는 억눌렸던 수요가 회복되며 승용차와 상용차 판매가 전년 대비 15% 정도 증가하여 제조사들이 한숨 돌릴 것이다. 보통은 아시아가 성장의 추진력이지만, 이번에는 슬럼프가 깊지 않았으므로 변화 폭이 크지 않아 유럽과 미국이 회복세를 이끌 것이다. 2019년 수준을 회복하는 지역은 없을 것이다. 글로벌 판매는 팬데믹 이전보다 5% 낮은 8,400만 대로 예측된다.

전기차 시장에는 활력이 돌 것이다. 2019년 210만 대에서 2021년 340만 대로 판매량이 증가할 전망이다. 중국은 전기차 시장의 절반 이상을 차지했었지만, 세금 우대 조치를 연장하더라도 2021년 점유율은 45%로 떨어질 것이다. EU는 탄소 배출을 더 엄격하게 규제하고 전기차에 대한 보조금을 지출하면서 성장을 이어갈 것이다. 테슬라를 비롯한 기업들이 중국으로 시장을 확장하는 한편, 중국의 BYD는 차량 10대당 4

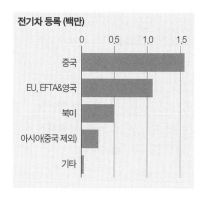

전기차 등록 (백만)

```
        0      0.5     1.0     1.5
중국     ████████████████████████
EU, EFTA&영국  ████████████
북미     ██████
아시아(중국 제외)  ███
기타     █
```

대가 전기차인 노르웨이를 겨냥할 것이다. 자율주행차의 발전은 느리다. BMW가 '레벨 3'의 자동화에 도달하여 조건이 갖춰지면 스스로 주행할 수 있는 자동차를 만들겠지만, 그 이상의 단계를 희망하는 기업은 어려움을 겪을 것이다. 자동차 제조사들은 재무 손실을 극복하기 위해 힘을 합칠 것이다. 혼다는 북미의 GM과 협력한다. 최근 피아트 크라이슬러와 PSA그룹이 합병하여 설립한 스텔란티스(Stellantis)는 GM을 제치고 세계 4위 규모로 올라선다. 일부 회사는 비용 절감을 위해 구조조정을 감행할 것이다. 혼다는 7월 스윈던의 영국 공장을 폐쇄한다. 닛산은 2021년 12월 바르셀로나를 떠나며, 인도네시아에서도 공장을 철수한다. 대신 인도네시아에는 동남아시아 진출을 희망하는 현대의 공장이 생길 것이다. 다른 곳에 둥지를 트는 회사도 있다. 석유화학 회사였던 이네오스는 프랑스의 전 다임러 공장에서 차량

제조를 시작한다.

주목할 점: 전기차 부문의 기업 분리. 테슬라 등 순수 전기차 브랜드의 주가가 더 높다는 데 분노한 GM은 전기차 사업의 지분을 매각할지도 모른다. 현대는 전기차 브랜드 아이오닉의 분리를 계획하고 있다. 지분 판매가 없는 하위 브랜드이긴 하지만 현대의 주가는 오를 것이다.

방위 및 항공우주

2021년 상업용 항공기 제조사의 운명은 관광객들이 비행기를 타느냐에 달려 있으며, 이는 팬데믹의 추이에 따라 결정된다. 항공사가 경영난에 처하면서 에어버스와 보잉은 수십억 달러의 손실을 입었다. 항공기 제조의 쌍두마차는 생산을 감축하고 인도를 늦춰야 했다. 주문 취소는 더 이어질 수 있다. 신용평가사 무디스는 2021년 항공기 제조사의 대형 상용기 생산이 코로나 이전보다 30~40% 적을 것이라고 예측했다.

항공기 제조사에 있어 최선의 희망은 코로나를 우려하는 고객들이 짧은 국내 여행을 선택하면서 협폭동체 항공기의 수

요가 늘어나는 것이다. 규제 기관에서 운행을 금지했던 보잉 737 MAX(737-8로 명칭이 변경될 수 있다)는 이에 해당하는 제품으로, 규제가 풀리면 도움이 될 것이다. 그러나 보잉은 먼저 이미 생산된 450을 인도할 것이다. 무디스는 보잉이 2021년 57억 달러로 수익을 회복할 것이라고 전망했다. MAX에 문제가 생기기 전인 130억 달러보다는 훨씬 적다. 중국상용항공기유한책임공사(COMAC)가 뒤늦게 중형 C919를 인도하기 시작하면 MAX와 에어버스 320 NEO에는 또 다른 경쟁 상대가 생긴다.

방위 분야는 비교적 안전할 것이다. 여러 국가가 군 현대화를 위해 구식 장비를 교체하고 있다. 팬데믹이 아니더라도 지정학적 리스크는 곳곳에 만연하다. 미중 긴장은 심지어 우주 기반 무기 영역까지 확장됐다. 방위비를 가장 많이 지출하는 미국 정부는 국내 무기 제조사의 주요 수입원이다. 그러나 팬데믹으로 발생한 부채 부담이 더 커지면 심지어 방위 예산도 삭감을 피할 수 없을 것이다.

주목할 점: 가상 전쟁. 국방 전략가들은 코로나19로 인해 가상현실 전쟁을 사용한다. 소프트뱅크가 자금을 출자한 임프로버블(Improbable) 등이 제공하는 '합성환경(synthetic environment)'을 통해, 전략가들은 기존의 위협뿐만 아니라 치명적인 바이러스의 위협에 대한 대응을 모델링할 수 있다. 물론 일어나서는 안 될 일이다.

What If 코로나19 백신이 기록적인 속도로 개발 중이다. 그러나 백신은 일반적인 3단계 임상시험을 통과해야 한다. (러시아의 스푸트니크 V는 이 과정을 생략했다고 알려졌다.) 규제 기관의 승인에 앞서 약의 안정성과 효과를 증명하는 과정이다. 엄격한 시험 후에도 몇 개월, 몇 년 후에 문제가 나타날 수 있다. **코로나19 백신에 위험한 부작용이 있다고 밝혀지면 어떻게 될까?** 최대 70억 회분이 유통될 예정이므로, 합병증의 영향은 엄청날 것이다. 백신 제조사는 법적 책임을 꺼리며 제조사가 리스크를 부담할 수 없다고 주장한다. 팬데믹이 종료되기 전까지 백신으로 이익을 창출하지 않는다는 것이다. 각국 정부는 곤경에 처했다. 2020년 중반 몇몇 국가에서 아스트라제네카를 비롯한 회사에 면책권을 부여하자 논란이 일었다. 미국은 이미 백신 제조사에 대한 피해 보상 청구를 면책했으며 이들을 대신해 연 2억 달러 이상을 지출한다.

그러나 심각한 부작용이 발생했을 때 각국 정부는 경제적 리스크보다 정치적 반발에 부딪히게 될 것이다. 그렇게 되면 백신 거부자들만 백신을 거부하지는 않을 것이다. 이미 유럽과 미국, 일본 각지에서 회의주의가 만연하다. 대중이 코로나19 백신을 거부하면 의료 위기가 심각해질 것이다.

에너지

팬데믹으로 인해 에너지 수요는 곤두박질쳤다. 소비자와 기업의 발이 묶이고 연료를 많이 쓰는 관광 등의 산업군이 엄청난 타격을 받으면서 원유 소비가 감소했다. 세계 경제가 차츰 회복되면서 억눌렸던 세계적인 원유 수요가 5% 정도 늘어 2021년에는 평균 일 9,600만 배럴을 소비하게 될 것이다. 원유 소비가 가장 많은 미국과 중국의 몫이 크며, 아시아는 앞으로 신규 원유 소비의 60%를 차지하게 될 것이다.

정유 회사는 불확실한 경제의 궤도에 생산량을 맞춰야 하는 까다로운 과제를 떠안았다. 미국의 셰일가스 생산자들이 대표적으로 가격 하락의 타격을 입었다. 후순위 부채 수십억 달러가 2021년 만기가 되면서 파산하는 기업이 더 생길 것이다. 이에 따라 미국의 생산량은 더 증가하지 않을 것이다. OPEC과 러시아가 2021년부터 일 580만 배럴을 감산하기로 한 협약으로 가격이 유지되겠지만, 러시아의 강력한 민간 정유 회사로 인해 어느 정도의 하락은 불가피하다. 그러나 이란, 리비아, 베네수엘라의 정쟁이 공급 억제에 도움이 될 것이다. 기준이 되는 브렌트 원유의 가격은 2021년 배럴당 평균 45달러 정도로 형성될 것이다.

유가 하락은 액화천연가스 가격도 끌어내렸다. 저렴한 LNG의 수요는 5% 가까이 늘었다. 화력 발전소의 연료가 석탄에서 가스로 전환되면서 추가적인 수요 증가가 예상된다.

화석 연료의 가격 하락을 감안하면 팬데믹 이후 환경이 개선될 가능성은 낮아 보이지만, 태양열과 풍력 발전은 두 자릿수 성장을 기록할 것이다.

주목할 점: 파이프 차단. 발트해를 거쳐 러시아와 독일을 잇는 가스프롬(Gazprom)의 노르트 스트림 2(Nord Stream 2) 파이프라인이 1분기 드디어 가스 수송을 시작한다. 미국은 이를 중단시키기 위해 최선을 다할 것이다. 110억 달러 규모의 이 프로젝트는 미국의 제재로 이미 지연된 바 있다. 미국 역시 급성장 중인 천연가스 생산국으로서 유럽 시장에 대한 러시아의 영향력을 최소화하고 싶겠지만, 늦출 수는 있어도 피할 수는 없는 일이다. 노르트 스트림 2가 가동을 시작하면 EU의 코로나 이전 수요의 11%인 550억m³를 운송할 수 있게 된다.

엔터테인먼트

다가오는 해에도 엔터테인먼트 분야에서는 비디오 스트리밍 등의 오버더톱(over-the-top, OTT) 서비스가 가장 선전하겠지만, 수입이 줄어들며 OTT 구독 성장률은 둔화될 것이다. 컨설팅사 PwC에 따르면 2019년에는 29% 성장했지만 2021년에는 11%에 그칠 것이다. 영상에 대한 수요는 크게 늘지 않는 반면 선택권은 급속도로 넓어진다. 거대 방송사인 비아콤CBS는 'CBS 올 액세스(CBS All Access)' 스트리밍 서비스라는 새로운 이름으로 시장에 뛰어들었다. 넷플릭스는 라이선스 콘텐츠 일부(대표적으로 '더 오피스')를 경쟁사에 빼앗겼지만, 워낙 방대한 콘텐츠와 알고리즘 기반의 맞춤 콘텐츠 추천의 인기로 선두 자리를 유지할 듯하다.

박스오피스 수익은 2021년 78% 훌쩍 뛰겠지만 수용 인원 제한으로 인해 2019년에 비하면 38% 낮은 수준으로 유지될 것이다. PwC에 따르면 미국 매출액은 끔찍했던 2020년에서 80% 상승하여 64억 달러가 될 것이다. 개봉이 미뤄졌던 대작[예를 들면 〈탑건: 매버릭(Top Gun: Maverick)〉과 장편SF 〈듄(Dune)〉]이 관객을 유혹한다. 그러나 2020년의 제작 지연으로 오랫동안 기다리던 워너브러더스의 〈배트맨〉 등의 신작은 1년 더 미뤄진 2022년에야 볼 수 있을 듯하다.

스트리밍 플랫폼과 제작사가 잘되려면 매력적인 신작을 만들어야 한다. 아시아에서는 촬영이 재개됐지만 할리우드는 2021년 난관에 봉착할 것이다. 팬데믹 관련 촬영 규제로 인해 몇몇 용감한 제작사에서는 AI를 도입한다. 2021년 제작 예정인 할리우드 SF영화 〈b〉는 일본의 휴머노이드 로봇 에리카를 출연시킨다.

주목할 점: 마이크로소프트가 게임에 뛰어든다. 게임의 전장은 점점 콘솔이 아니라 클라우드 플랫폼으로 변해간다. 마이크로소프트는 클라우드 전문가를 내세워 소니와 닌텐도, 그리고 차세대 경쟁사 구글, 아마존, 엔비디아와 전쟁을 치르려 한다. 마이크로소프트는 2020년 22개국에서 안드로이드 스마트폰 유저를 상대로 가입자들이 콘솔 게임을 모바일 장비에서 할 수 있는 프로젝트 x클라우드를 론칭했다. 마이크로소프트의 클라우드 장악 시도는 2021년 오랜 시간 준비한 〈헤일로 인피니트(Halo Infinite)〉 출시와 함께 본격화될 것이다.

금융 서비스

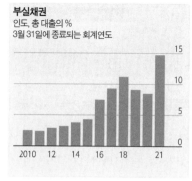

부실채권
인도, 총 대출의 %
3월 31일에 종료되는 회계연도

코로나 사태로 인한 경제 위기의 주범이 아닌데도 불구하고, 금융 분야는 2021년에 가장 큰 타격을 감내해야 한다. 부채는 이미 과도하며, 파산이 늘어날 것이다. 미국 은행들은 최악의 사태에도 버틸 만한 위치에 있다. 반면 유럽 은행은 합병에 대비할 것이다. 그리스와 키프로스 은행이 특히 취약하다. 인도 은행의 부실 채권은 전체 채권의 15%에 근접할 것이다. 중국 은행 또한 회수 불능 부채가 5,000억 달러에 이르면서 어려움을 겪을 것이다. 시리아, 레바논, 예멘을 포함해 금융 시스템이 취약한 국가는 국가 부채 위기를 겪을 것이다.

은행은 발 빠르게 대손충당금을 늘릴 것이며, 중앙은행과 정부는 저금리와 디플레이션 리스크에 효율적으로 대처해야 한다. 규제 기관은 감시의 눈을 늦추지 않겠지만 새로운 결제 플랫폼(왓츠앱 결제 등)으로 은행, 기술 회사와 소매업자 사이의 경계가 흐려지면서 난제에 봉착할 것이다. 디지털 화폐 역시 과제다. 러시아에서는 1월부터 자유 유통이 시작되며, 중국 역시 자체 화폐를 발행한다.

홍콩과 런던이 정치적 격변을 헤쳐나가면서, 2020년 폭락했던 주식 시장은 반등할 것이다. 로빈후드(Robinhood) 등 모바일 앱이 초보 투자자들의 도전을 유도하면서 거래가 확장되고, 선진국 주식 시장에 활력을 불어넣을 것이다. 보험 역시 중국이 앞장서서 2020년의 하락세를 회복하며 영업에 나설 것이다. 재보험사 스위스리(Swiss Re)는 개발도상국 보험료가 2021년 7% 상승하리라고 예측했다.

주목할 점: CIPS vs. SWIFT. 홍콩의 지위를 둘러싼 중국과 미국의 실랑이는 국제 결제를 복잡하게 만들지도 모른다. 미국이 중국의 SWIFT 접속을 차단한다면, 중국은 자체적인 국제 결제 시스템(Cross-border Inter-bank Payment System, CIPS)을 대안으로 삼을 것이다. CIPS가 SWIFT보다 저렴하다면 글로벌 무역 시스템은 달러를 등질지도 모른다.

식품에 대한 수요는 좀처럼 변화 없이 유지된다. 소비자들에겐 어떨지 몰라도, 글로벌 팬데믹 상황에서 농부들에게는 좋은 징조다. 이코노미스트 인텔리전스 유닛(The Economist Intelligence Unit)의 농산품 가격 지수는 2020년 1% 미만으로 올랐고, 2021년에는 추가로 2% 정도 오를 것이다. 음료와 곡물이 특히 회복력이 좋을 것이다.

그러나 농업 종사자들에게도 문제가 있다. 생산량을 늘릴 시점이지만 달러화 강세로 인해 빈국에서의 식품 수입은 제한적일 것이다. 무역보호주의를 걱정하는 사람들도 많다. 팬데믹으로 인해 식품 공급망이 타격을 입었고, 노동력도 부족해졌다. 영국에서는 2020년 말에 만료되는 브렉시트 전환 기간 이후의 노동력 부족 문제가 더 심각해질 것이다. 보통은 수만 명의 EU 노동자들이 영국 농부들의 추수를 돕곤 했다.

코코아를 포함한 1차 생산품 측면에서 2021년은 문제투성이다. 생산자들은 시장의 큰손인 가나와 코트디부아르 사이의 거래에 의지하고 있지만, 2021년 세계적으로 가격이 10% 하락하면 두 국가의 결속력에 문제가 생길 것이다. 커피 시장 역시 혼란스럽다. 수요가 많은 아라비카 원두의 가격은 6% 하락하고, 경쟁 제품 로부스타 원두 가격은 16% 상승할 것이다. 그러나 아라비카 원두가 여전히 약 2배 비싸다. 커피 소매업자들은 코로나19 이후의 수요에 대응해야 할 것이다. 커피머신과 배달 서비스의 새 물결이 예상된다.

주목할 점: 수직농장. 첨단 기술 '수직농장(vertical farming)'이 코로나 시대의 식량난을 해결하는 데 도움이 될 수 있다. (질병 감염 우려가 없는) 로봇이 실내에 겹겹이 설치된 트레이에서 작물을 재배한다. 소비자와 가까운 곳에 위치하는 경우가 많아 공급망도 짧아진다. 2021년에는 영국의 베드퍼드셔, 텍사스 휴스턴 등에 큰 농장들이 속속 생겨날 것이다.

코로나19 백신의 출시는 2021년의 희망이자 골칫거리다. 임상시험을 마무리하고 대규모 생산을 하는 과정도 힘들고,

운송비도 어마어마할 것이다. 특히 선진국의 의료계 종사자가 우선적으로 면역이 되어야 할 것이다. 세계 백신 연합 가비(Gavi)는 후진국에 최소 20억 회분을 공급하며 종식의 노력을 주도할 것이다. 백신 제조사는 보통 최대 1,000억 달러를 벌며, 폭리를 취하는 것으로 보이면 집중포화를 받을 것이다. 안전 문제가 발생하면 백신 거부 운동의 반발을 피할 수 없다.

한편 4월이면 코로나19 사망자는 200만 명을 넘을 것이다. 뇌손상과 만성피로 등 장기적 영향이 있다는 증거도 쌓이고 있다. 병원에서는 치료가 미뤄졌던 코로나 확진자 외의 환자를 돌보기 위해 노력하겠지만 격리 규정으로 어려움을 겪을 것이다. 보험사들이 관련 비용을 부담에 나서면서, 원격 의료는 모든 곳에서 빠르게 발달할 것이다. 경제의 불확실성으로 어려운 점도 있겠지만, 미국의 병원 간 합병은 비용을 낮추는 데 도움이 될 것이다.

이동 제한 조치 기간 동안 축소됐던 글로벌 의료 지출은 달러 기준 6% 정도 상승하는 데 그칠 것이다. 보험사, 종합병원과 1차 병원을 포함한 혁신을 선도하려는 중국의 최신 5개년 계획이 가속화되면서 아시아가 선두에 설 것이다. 미국과 중국의 가격 압박으로 인해 백신 판매에도 불구하고 제약 매출 성장은 5% 선으로 높지 않겠지만, 그렇다 해도 제약 산업은 확장에 투자할 수 있는 몇 안 되는 분야일 것이다.

주목할 점: 디지털 딜레마. 코로나19로 지연된 EU의 새로운 의료장비규정(Medical Device Directive, MDD)이 5월에 전면 발효된다. 규제 기관에서는 스마트헬스 어플리케이션과 웨어러블을 따라잡기 위해 서두르고 있다. 핏빗과 애플이 이를 예의주시하고 있다.

기반시설

각국 정부는 딜레마에 빠졌다. 기반시설은 자본집약적이고, 정부 부채는 이미 폭주했다. 선진국의 GDP 대비 부채 비율은 2021년 초에 120%를 넘어설 것이며, 빈국에서도 엄청난 부채가 쌓이고 있다. 그러나 기반시설은 경기 부양 효과가 큰 지출 분야다. 세계적으로 필요한 투자 금액과 예상 지출 금액은 수조 달러의 차이가 난다. 전반적으로 2021년에는 지출의 욕구가 이길 것이다. 기반시설 지출을 대략 알 수 있는 지표인 총 고정 투자는 세계적으로 8% 증가할 것이다. 2020년에는 정부가 코로나 바이러스에 집중하고 건설 노동자들의 일이 없어지면서 10% 하락했다.

기반시설 관련 사업은 주로 선진국에서 진행될 것이다. 지출 규모가 가장 빨리 늘어나는 25개국 중 9개국이 유럽 국가로, 프랑스와 아일랜드는 20% 이상의 성장을 보여줄 것이다. 영국 보수당 정부 역시 중부와 북부 지방의 경기 부양책으로 기반시설 개선 정책을 도입할 것이다. 그러나 투자의 규모 측면에서는 중국을 따라갈 나라가 없다. 중국의 고정자산 투자는 달러 기준 거의 7% 회복하여 세계 총합의 30%인 6조 달러가 될 것이다. 중국은 주로 디지털 인프라를 개선하는 데 자본을 투자하려 하지만, 비교적 전통적인 시설(철도, 도로 및 도시 기반시설)에도 투자가 이뤄질 것이다. 인도의 경우 지출 액수는 훨씬 적지만, 나렌드라 모디 정부가 기반시설을 회복의 기둥으로 삼으면서 18% 늘어날 것이다.

다른 지역에서는 지출 억제가 계속될 것이다. 조코 위도도 인도네시아 대통령은 인도네시아의 무수한 섬들을 잇는 새로운 연결망 창조에 투자하려 했었다. 그러나 코로나 사태와 인도네시아의 보잘것없는 재정 수입으로 대통령이 목표를 달성하기는 쉽지 않아 보인다. 인도네시아의 기반시설이 2021년에 눈에 띄게 개선되기는 힘들 듯하다.

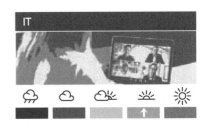

IT 분야에 있어서는 팬데믹이 영양제였다고 할 만하다. 사회적 거리두기는 로봇 기술, IoT, 가상 사업장과 화상 회의 등 기술 발전을 촉진한다. 가트너(Gartner)는 원격 근무로 인해 백업 시스템과 클라우드 기반 소프트웨어의 수요가 늘면서, 소프트웨어가 2019년에 이어 2021년 지출이 7% 늘어나는 선진 분야가 되리라고 전망했다. '서비스로서의 인프라' 규모는 28% 급등하여 640억 달러에 이를 것이다. 아마존, 구글, 마이크로소프트 등 시장의 리더들은 데이터 센터를 앞다투어 보강할 것이다. 아시아와 아프리카가 주 고객층이다.

첨단 웨어러블 공급사들은 이동 제한 조치 이후 모바일 게임과 '집콕 엔터테인먼트'(또는 '넷플릭스 보기')의 인기를 최대한 활용하려 할 것이다. 애플은 2021년 호환 가능한 헤드셋을 출시하기 전에 애플TV+에 스트리밍 서비스인 AR 콘텐츠를 추가할 수도 있다. 인도에서 릴라이언스 지오(Reliance Jio)는 대중 시장을 겨냥한 AR 글래스를 출시할 계획이다.

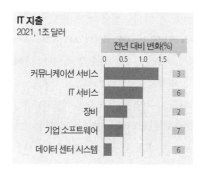

IT 지출
2021, 1조 달러

	전년 대비 변화(%)	
커뮤니케이션 서비스		3
IT 서비스		6
장비		2
기업 소프트웨어		7
데이터 센터 시스템		6

하지만 미래가 장밋빛만은 아니다. 총 IT 지출이 4% 성장하여 3조 7,000억 달러 규모가 되겠지만, 이는 코로나19 이전보다 여전히 3% 낮다. 사무실 근무자가 적다는 것은 하드웨어 수요가 최근 최대치보다 14% 떨어질 것이라는 의미다. 또한 원격 근무로 사이버 범죄의 기회가 생길 수 있다. 팬데믹 이전에도 사이버 범죄 손실은 2021년 6조 달러에 이를 것으로 추산됐다. 2015년보다 두 배 늘어난 수치다. 전자 상거래 스타트업은 피싱 사기꾼들의 주요 먹잇감이다. 치솟는 수요에 대응하기 위해 규제 기관의 승인을 받아 방화벽을 약화한 원격 의료 제공자도 마찬가지다.

주목할 점: 기술 기업의 기회. 인도의 기술 분야는 새로운 도전을 맞이했다. 미국과 유럽의 경기 둔화는 인포시스(Infosys)와 TCS 등 IT 서비스 기업에 부담이 될 것이다. 중국-인도 사이 긴장이 이어지는 가운데, 인도의 전자 상거래 및 기술 스타트업은 중국 투자자만 바

What If 평균적인 소셜미디어 사용자는 젊고 집중력이 없다고 상상하기 쉽지만, 미국의 소셜미디어 대기업들은 젊지도 집중력이 없지도 않다. 페이스북, 트위터, 인스타그램, 유튜브, 핀터레스트, 텀블러와 레딧은 모두 10년이 넘었다. 인터넷 용어로 하자면 '고대 유물'이다. 2021년에는 **새로운 SNS가 등장할까? 이 분야에서는 고전을 면치 못했던 구글이 성공할 수 있을까?** 구글은 소셜미디어 트래픽의 75%를 차지하는 최대의 라이벌 페이스북과의 경쟁을 이어갈 것이다. 구글이 보유한 유튜브의 트래픽은 4%에 불과하다. 결정적으로, 구글의 광고 수익은 팬데믹을 거치며 폭락했지만 페이스북은 오히려 성장했다. 그러니 구글은 동기가 있다. 수단은 어떨까? 초반 구글의 오르컷(Orkut)은 페이스북에 밀려났다. 구글플러스는 2019년 서비스를 중단했다. 심지어 유튜브를 이용하던 소셜미디어 중독자들은 틱톡의 15초 영상으로 넘어갔다. 그러나 유튜브를 통해 구글에 접속하는 방문자는 월 20억 명이다. 스마트폰 75%를 차지하는 구글의 안드로이드 운영 시스템에서 새로운 소셜미디어 어플리케이션을 홈 스크린에 띄울 수 있다. 풍부한 사용 데이터로 변덕스러운 소셜미디어 팬을 유혹할 수 있다. 구글은 '문샷(moonshot)' 프로젝트에 수십억 달러를 투자하고 있다. 과연 세계 최고의 소셜미디어 플랫폼을 만들 수 있을까?

라보지 말고 다른 곳에서 자금원을 찾아야 한다. 기회를 포착한 미국 거대 기술 기업은 앞으로 인도에 수억 달러를 쏟아부을 것이다.

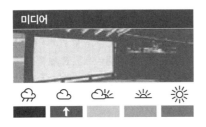

미디어

마그나 리서치(Magna Research)에 따르면, 2020년 7% 하락했던 광고 수익은 약 6% 상승하여 5,730억 달러 규모가 될 것이다. 일정이 변경된 스포츠 행사('스포츠' 참조)에서 광고주는 지갑을 열 것이다. 그러나 세계적으로 광고 수익은 코로나 이전 대비 90억 달러 줄어든 규모일 것이다. 관련 효과가 8억 달러로 예상되는 도쿄 올림픽의 영향으로, 아시아태평양 지역이 가장 빠르게 성장(8%)할 것이다. 2020년 대선 진행으로 선거 광고 지출이 있어 가장 타격을 덜 입은 북미 지역의 성장률이 가장 낮을 것이다(4%). 그러나 미국은 2,220억 달러의 광고 수익으로도 2020년의 손해를 메꾸는 데 그칠 것이다.

전통적 미디어를 통한 광고는 겨우 마이너스를 면할 것이다. 개발도상국에서조차 디지털 구독 모델로의 전환이 가속화되면서, 신문과 잡지의 광고 수익은 줄어들고 있다. 제니스 미디어(Zenith Media)에 따르면, TV와 라디오의 수익은 각각 2%, 1% 상승할 것이다. 야외 및 영화관 광고가 2020년의 급격한 하락에 이어 급증(각각 16%, 65%)하겠지만, 코로나 이전의 고점에는 도달하지 못할 것이다. 소셜미디어와 영상 콘텐츠에 붙는 광고가 급격히 확산될 것이다. 스트리밍 회사들은 플루토 TV(CBS 소유), 피콕(컴캐스트), 인도의 소니 LIV처럼 광고가 들어간 무료 영상으로 시청자들을 유혹하는 전략을 택할 것이다. 인스타그램 릴스나 틱톡처럼 플랫폼의 사용자 생성 콘텐츠가 인기를 얻으며, 영상 광고는 인스타그램이나 페이스북에서 시선을 끌기 위해 지금보다 더 짧아질 것이다.

금속 및 광업

코로나 이전에도 공급 과다로 인해 하락 중이던 금속, 특히 철 가격은 경제 위기로 인해 한 번 더 농업보다도 훨씬 크게 타격을 입었다. 희망이 있다면? 2020년에 하락했던 금속 가격은 2021년 다소 빠르게 회복될 것이다.

이전의 가격 수준을 찾진 못하겠지만, 수요가 어느 정도 회복되면서 재고가 소비되고 EIU의 산업용금속지수가 5% 상승할 것이다. 특히 중국에서 기반시설에 대규모로 투자하며 구리 등 산업용 금속 공급자들이 한숨 돌릴 것이다. 중국의 경제 회복은 확실히 많은 광산에 전환점이 될 것이다. 생산자들은 또한 미중 무역 분쟁이 자동차 제조사에 타격을 입히지 않길 간절히 바라는데, 전기차 배터리 제조를 위한 광물 수요 상승이 중요하기 때문이다.

한편 남미와 인도네시아 구리 광산의 파업으로 생산량이 제한될 것이다. 가격은 2021년 5% 정도 상승할 것이다. 보호주의는 다른 산업용 금속에도 위협을 가한다. 알루미늄을 예로 들면 미국의 수입세로 공급사들이 발길을 돌렸고 생산이 줄어들면서 가격도 높아졌다. 2019~2020년 타격을 입었던 알루미늄 가격은 2021년 4% 이상 상승할 것이다.

불확실성의 시대인 만큼 귀금속 중에서 금이 빛을 발하는 것도 당연하다. 평균 가격이 2020년 27% 상승했다. 그러나 경기가 회복되면서 소비가 7% 떨어져 2021년 가격은 유지될 것이다.

소매업

2020년 5% 가까이 감소한 글로벌 소매 매출은 2021년 3% 상승할 것이다. 베트남과 중국의 매출이 4%, 필리핀이 7% 상승하며 아시아가 회복세를 이끌 것이다. 2020년 타격을 입은 인도는 매출이 4% 정도(인도의 기준에서는 부진한?) 상승하겠지만 이전의 영광을 찾지는 못할 것이다. 아프리카의 소매가 살아나려면 시간이 필요하다. 코로나19로 인해 아프리카의 수입은 엉망이 됐다. 세계적으로 팬데믹 이전보다 매출이 낮아지면서 언제나처럼 경쟁이 치열한 소매업에는 피바람이 불 것이다. 개발도상국 소매업자와 해외 시장 침투자들의 경쟁이 격화될 것이다. 릴라이언스 인더스트리스(Reliance Industries)의 온라인 시장인 지오마트(JioMart)는 아마존, 월마트 소유의 플립카트(Flipkart)와 격돌할 것이다.

코로나로 생긴 소비자들의 구매 습관이 몸에 밸 것이다. 한 온라인 마케터의 설문에 의하면 이동 제한 조치 동안 55세 이상 미국인의 47%가 온라인 쇼핑을 늘렸다. 신규 고객은 앞으로도 계속 전자

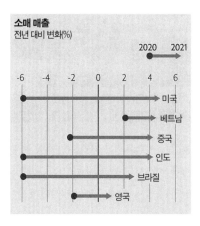

소매 매출
전년 대비 변화(%)

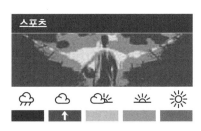

상거래를 이용할 것이다. 온라인 쇼퍼들이 편리한 배송 서비스를 원하기 때문에, 판매자들은 기술과 물류에 투자해야 한다. 자금력이 있는 기업이 유리하며 소매, 기술과 결제 회사 사이의 긴밀한 협력이 필요하다. 미국에서 온라인 예약 후 현장 픽업 판매는 2020년 60%의 폭발적인 성장을 보였으며, 추가로 10% 성장할 것이다.

앞으로 더 많은 사람이 소파에 앉아 증강현실로 상품을 확인하고 스마트 스피커로 주문하면서 쇼핑을 하게 될 것이다. 소매업자들은 오프라인 매장을 운영하는 비용을 아낄 수 있다. 많은 회사가 자체 웹사이트를 개선하거나 아마존, 페이스북 숍 등의 온라인 시장에 물건을 납품하기 위해 투자할 것이다. 한 장소에서 다양한 브랜드를 취급하는 대형 할인점에 밀려난 매장은 창고로 바뀔지도 모른다. 파산 사례가 더 생길 것이다.

스포츠 산업은 2021년 화려한 부활을 꿈꾸고 있지만 팬데믹 이전에 예측했던 5,800억 달러의 수익을 창출하지는 못할 것이다. 미뤄졌던 행사로 1년이 바쁘다. 도쿄에서는 1만 1,000명 이상이 참가하고 스케이트보드, 서핑 등 신종목이 승인된 하계 올림픽과 패럴림픽이 원래의 타이틀('도쿄 2020')로 열릴 것이다. 휴대폰 단말기 620만 개를 재활용해 얻은 금속으로 메달이 만들어진다. 역시 연기됐던 UEFA 유로 2020 토너먼트는 유럽 12개 도시에 걸쳐 경기를 개최하며 이동 금지 조치를 피할 것이다. 비슷한 행사인 2021 코파 아메리카는 콜롬비아와 아르헨티나에서 열린다.

중국 역시 2020년 중반에 실시된 국제 스포츠 행사 금지 조치가 풀리면서 미뤄졌던 경기를 진행할 것이다. 코로나가 더 심해지지 않는다면 오래전부터 2021년 말로 예정됐던 럭비 리그 월드컵이 연기 없이 시행될 것이다. 이러한 행사들이 성공하면 스포츠 산업의 부흥은 물론 및 호텔 산업과 850억 달러 규모의 스포츠 베팅 시장 등 관련 산업의 회복을 이끌 수 있다.

하지만 후원사와 광고주의 회사 재정이 불안정해지면서 계약 갱신에 신중해지고, 사회적 거리두기로 입장권 판매에 제약이 있을 것이다. 감염 위험에 동요하지 않는 팬들은 환불된 티켓을 덥석 사들이겠지만, 관중석이 이전처럼 붐비지는 않을 것이다. 수백만 명이 온라인 관람에 만족할 것이다. e-스포츠 시장 규모는 12억 달러에 달할 것이다. 새로운 입찰자가 참가할 TV 스포츠 중계권은 가격이 하락할 것이다.

2021년 이후 디즈니와의 10억 달러 계약이 종료되는 미국 내셔널 풋볼 리그에는 나쁜 소식이다.

통신

급속히 발전하는 온라인 쇼핑과 원격 근무는 모바일 및 인터넷 서비스에 대한 기록적인 수요를 촉진한다. 그러나 팬데믹이 경기에 미친 악영향으로 인해 모바일 및 브로드밴드 가입자가 코로나 이전 수준보다 3% 이상 늘기는 어려울 것이다. 미국과 중국 통신사들은 이제 시작한 5G의 범위를 확장하고 수익화하는 데 집중할 것이다. 유럽은 2020년 화웨이 기술 사용 여부를 고민하다 늦어진 5G 서비스 론칭을 서두를 것이다. 한편 남미와 아프리카, 남아시아는 2G와 3G에서 고속 4G LTE로의 전환에 여념이 없을 것이다. 모바일 수익은 선진국보다 개발도상국에서 더 빠르게 성장할 것이다. 통신 업계의 GSMA에 따르면 2% 성장이 예측된다.

단말기 시장은 더욱 세분화될 것이다. 화웨이는 미국의 보이콧으로 타격을 입겠지만, 화웨이의 손실이 바로 애플의 이익으로 이어지는 것은 아니다. 대한민국의 대기업 삼성은 적절한 가격의 5G 단말기로 새로운 고객을 끌어들인다면 성장을 이룰 수 있는 위치에 있다. 기타 중국 기업(샤오미, 오포, 비보)도 급성장할 것이며, 저비용 제조사인 트랜션(역시 중국)과 빈스마트(베트남)는 아프리카와 아시아에서 새 시장을 개척할 것이다. 미중 갈등, 브렉시트와 경제 성장 둔화로 인해 EU의 경쟁 방침은 느슨해질 것이다. O2와 쓰리(Three)의 합병 불허 결정은 2020년에 번복됐는데, 이는 팬데믹 이후 타 기업의 합병으로 이어질 수 있다. 스페인 등 통신사가 3개 이상인 국가의 합병 여부를 지켜보자.

주목할 점: 화웨이와 반도체. 미국의 제재로 화웨이 스마트폰의 핵심 반도체 공급이 전면

중단되면, 화웨이의 단말기 생산량은 2021년 75% 곤두박질칠 수 있다. 세계 2위 스마트폰 기업의 위치를 잃을 위기에 처한 것이다. 하지만 여전히 무시할 수는 없다. 다른 사업도 있고, 거대한 내수 시장에 의지할 수 있다. 게다가 반도체 자립을 시도할 엄청난 연구개발 예산도 있다.

여행 및 관광

여행과 관광업만큼 팬데믹으로 큰 타격을 입은 산업도 없을 것이다. 2021년에는 여행에 나서는 사람들이 있겠으나, 예약 취소나 격리를 겪게 될 수 있다. 세계 경제 규모 상위 60개국의 해외 입국자는 8% 증가할 전망이지만 2019년에 비하면 15% 낮은 수치다. 레저와 출장도 어렵다. 모건스탠리는 출장의 31%가 온라인 미팅으로 대체될 것이라 내다봤다. 관광업과 관련된 수백만 개의 일자리가 위험에 처할 것이다.

모든 조건이 같다면 아시아가 가장 빠르게 회복할 것이다. 태국과 뉴질랜드가 여행 금지 조치를 풀었다. 팬데믹 이전에는 관광업이 GDP의 절반을 차지했던 마카오는 다시 중국 외 관광객을 받을 것이다. 그러나 중국 여행자(세계 최대의 관광 소비 국가)들은 관광을 자제할 것이며, 미국(최대 관광지)은 관광객을 선별적으로 받을 것이다. 유럽의 경우, 영국은 브렉시트 전환 기간이 만료되면 새로운 문제를 마주하며 이탈리아는 관광객 수를 제한하기 위해 관광세를 부과할 것이다. 연기됐던 도쿄 올림픽, 두바이 엑스포와 같은 공공 행사는 사회적 거리두기 방침에 따라 시행된다.

선진국에서는 이미 관광 수익의 75%를 차지하는 국내 여행이 격차를 어느 정도 메울 것이다. 그렇다고 해도 2020년보다 증가할 호텔과 레스토랑에서의 지출은 달러 기준으로 2019년보다 9% 낮을 것이다. 여러 여행사는 정부의 자금 지원으로 유지될 것이다. 그러나 항공사는 1,230억 달러의 지원금에도 불구하고 2021년 150억 달러의 손실을 낼 것이다. 화물 수요가 여객 수를 앞지르겠지만, 그래도 일부 항공사는 파산할 것이다. 예약 취소가 잇따르면서 크루즈 여행사 역시 난항을 겪을 것이다.

코로나19의 첫 희생자

펜데믹 이전 세계의 근심 걱정 없는 삶이여, 영영 안녕!

앤 로 Ann Wroe | 〈이코노미스트〉 부고 편집자

새 해가 밝고 몇 주 후 K는 진료를 받아야겠다는 생각이 들었다. 병원은 바로 골목 끝에 있었다. 지나가는 길에 방문할까 했지만 그 생각은 즉시 지워버렸다. 예정에 없던 곳에 가서 누가 앉아 있었을지 모를 의자에 앉아, 누가 읽었을지 모를 월간지의 페이지를 넘길 수는 없었다. 신중해야 했다. 그러나 확실히 뭔가 조치는 필요했다. 편안하고 성공적으로 살고 있으면서도 조여드는 불안감을 느꼈기 때문이다.

한때는 종달새처럼 거침없이 세상을 누볐다. 아침마다 잠자리를 박차고 일어나 블라인드를 걷고 창문을 열어젖힌 다음 한껏 숨을 들이마셨다. 지금은 침대를 내려오다 발목이라도 삘까 조심스럽게 일어난다. 블라인드가 엉키면 수리할 사람이 없을까봐 최대한 부드럽게 당긴다.

아래층 남자가 주방에서 기침하는 소리라도 들리면 아침 환기는 생략한다.

전에는 보통 이동하면서 아침을 먹었다. 입맛이 당기면 장갑도 안 낀 사람이 건네는 음식을 받아들고 달리며 엉킨 이어폰을 푸는 와중에 큰길을 건너며 손을 흔들어 버스를 세웠다. 때로는 지하철역 앞에 쌓아두고 파는 과일을 먹었다. 아무 생각 없이 상자에서 집어든 사과를 베어 물곤 했다. 뜨거운 토스트나 바닷가에서 파는 조개도 마찬가지였다. 그러나 이제, J. 알프레드 프루프록[1]을 인용하자면, 감히 복숭아를 먹어도 되는가? 아니면 포장되지 않은 음식을?

집에서 불린 뮤즐리를 씹으면서 K는 매일 그렇듯 출근을 해야 할지

---

[1] T. S. 엘리엇의 시, 〈J. 알프레드 프루프록의 사랑 노래〉에서 가져옴.

내면의 싸움을 벌였다. 갑자기 그러고 싶다는 이유만으로 갈 수는 없었다. 계획이 필요했다. '갑자기'라는 말 자체가 문제다. 합당한 이유가 있어야 했다. 한때는 그에게 일어나는 일을 모두 기꺼이 받아들이며 수영 선수처럼 이 도시에 온몸을 던졌다. 이제 도시는 돌아다니다 집에 들어가면 즉시 공들여 손을 씻어야 하는 곳일 뿐이다.

과거의 존재 방식은 얼마나 경솔했는가! 얼마나 절제도, 생각도 없었는가! 그때는 기분 내킬 때면 사무실을 슬쩍 빠져나왔다. 살 생각도 없는 재킷을 걸쳐 보고, 에밀 졸라의 소설 1분, 실비아 플라스의 시를 1분 훑어보며 서점에서 한 시간을 보내기도 했다. 안 될 이유가 있는가? 지금은 혹여 원시적인 오프라인 쇼핑을 할 일이 생기더라도 먼저 살 물건을 결정하고 바로 목표물을 향해 돌진한다. 다른 물건에 주의를 빼앗기지 않는다. 허튼 생각을 하지 않는 진지한 시민의 모습이다.

이제 허튼 생각 따위는 하지 않는다. 한때는 동료들과 말도 안 되는 제안을 나누며 술집에서 밤을 보내곤 했다. 갑자기 옷을 벗고 강에 뛰어든다든지, 기막힌 다단계 사업이 생각났다는 식이었다. 물론 멍청했다. 강바닥에 잠겨 있는 바위나 쇼핑 카트가 있을지 누가 알겠는가? 기막힌 사업 계획은 전부 어디로 갔을까? 기운찬 하이파이브나 어깨 두드리기처럼 얼빠진 짓이었다. 옹기종기 모여서 새로운 계획을 짜다니, 왜 그런 위험한 짓을 했을까? 애초 왜 쓸데없이 번뜩이는 아이디어를 잡으려 했을까?

길을 걷다가 눈이 마주친 젊은 여성이 미소를 보내오던 때가 있었다. 우연히 대화하고, 운이 좋으면 침대까지 갈 수도 있었다. 미투 운동으로 이미 어려워진 일이었지만 지금 생각하면 심각하게 어리석은 짓이다. 이제는 위

과거의 존재 방식은 얼마나 경솔했는가!

험 부담을 안고 여성들의 집에 가거나 자신의 집에 들이지 않는다. 키스와 포옹, 영화관 맨 뒷자리에서 무릎을 문지르는 건 모두 상상할 수 없는 일이 됐다. 사무실조차 황량해졌다. 탕비실에서 간식을 먹으면서 동료와 이야기를 나누는 것은 주말을 틈타 베니스에서 짧은 휴가를 보내며 항공 마일리지를 쌓는 것만큼이나 무책임한 일이 되었다. 예전에는 그랬던 적도 있었다.

사망 진단

안타깝게도, K는 여전히 전산실의 도린을 안아올려 치렁치렁한 붉은 머리칼에 얼굴을 묻고 지구 반대편으로 함께 떠나는 꿈을 꾸었다. 성욕은 언제나처럼 자유분방하다. 그러나 이제는 안다. 꿈에서 깨면 상세한 위험 평가 없이 그런 가능성을 생각할 수 없다는 것을. 갑자기 소름이 돋았다. 확실히 자신에게 문제가 있다는 생각이 들었다.

　닥터 M과의 온라인 진료는 짧았다. 친절한 의사는 순식간에 이 문제에 대한 진단을 내렸다. 즉흥적이고 자연스럽던 K는 죽었다. M은 보편적인 현상이라며 K를 안심시켰다.

'애프터쇼크(Aftershocks): 코로나19의 교훈과 기회'

우리는 팬데믹의 경고에 주의를 기울여야만 한다

팬데믹의 발발은 인류의 취약성을 드러냈으며 미래의 다른 위험에 대비할 필요가 있다

토비 오드 Toby Ord | 옥스퍼드대학교 인류미래연구소 선임연구원, 《벼랑 끝: 인류의 존재 위험과 미래(The Precipice: Existential Risk and the Future of Humanity)》의 저자.

코로나 바이러스 팬데믹은 인류에 대한 경고다. 그것은 인류의 모든 기술적 진보에도 불구하고 인류는 여전히 세계를 뒤흔드는 재앙에 취약하다는 사실을 상기시킨다.

많은 사람이 2020년을 사상 초유의 시기라고 부르지만 사실은 정반대다. 인류는 오랫동안 파괴적인 팬데믹에 취약했다. 1346~1353년의 흑사병으로 유럽 인구의 약 3분의 1을 포함해 세계 인구의 약 10분의 1이 사망했다. 유럽의 질병을 아메리카 대륙에 옮겨놓았다면 세계 인구의 10분의 1에 해당하는 그곳 인구의 90%가 사망했을지도 모른다. 그리고 불과 100년 전인 1918년 독감(진정한 세계 최초의 팬데믹)으로 전 세계에서 30명 중 1명이 사망했다. 인류의 취약성이 종식되었더라면 이번

일은 진정으로 전례 없는 사건이 되었을 것이다. 이번 재앙은 단지 아주 오랫동안 지속해온 추세의 한 부분에 해당할 뿐이다.

그러나 우리 시대에 전례 없는 것이 한 가지 있다. 인류는 20세기 핵무기의 개발로 가장 큰 규모의 재앙을 일으켜 마침내 우리가 성취했거나 되고자 했던 모든 것과 인류 종족 자체도 파괴할 수 있을 정도로 힘이 세졌다.

인류는 다른 모든 생물의 종과 마찬가지로 언제나 자연 멸종의 위험에 노출된 대수롭지 않은 존재지만 그런 위험은 이제 우리 자신이 만들어낸 위험에 압도당하고 있다. 핵전쟁으로 인한 인류의 존재 위험에 극심한 기후 변화가 힘을 보탤 것이며 금세기에는 첨단 바이오 기술과 AI의 위험이 한층 더 커질 것이다. 우리는 이러한 위험을 제때 인식하고 통제하는 데 필요한 조치를 할 것인가, 아니면 위험이 우리의 발목을 잡을 때까지 계속 다른 일에 집중할 것인가? 이것은 우리 시대와 아마

인류 전체 역사의 본질적인 질문이 될 것이다.

　인류의 존재 위험을 관리하는 데 있어 가장 큰 도전 중 하나는 우리가 그것에 절대로 희생되지 말고 미래에 살아남아야만 한다는 것이다. 만약 인류의 생존을 위협하는 대재앙이 닥치면 그것으로부터 어떤 교훈을 배우기에는 너무 늦을 것이다. 그러므로 우리는 1962년 쿠바 미사일 위기와 같은 아슬아슬한 실수들과 1346년, 1918년, 2020년의 팬데믹처럼 심각했지만 이를 극복하고 살아남을 수 있었던 재앙들로부터 가능한 한 모든 교훈을 찾아내야만 한다.

　우리는 팬데믹과 유사한 재앙에 대한 방어력을 개선함으로써 코로나19로부터 교훈을 확실히 배울 것이다. 게다가 과거의 충격이 가시지 않겠지만 미래를 바라볼 수 있을 만큼 회복되는 2021년은 그렇게 하기에 가장 좋은 기회가 될 것이다. 하지만 열심히 노력하지 않으면 인간이 만들어낸 팬데믹의 위협이 점점 더 중요해지는 상황이나 인류가 직면한 일련의 다른 존재 위험에 제대로 대처하지도 못한 채 우리는 2020년 팬데믹의 재발을 방지할 정도의 한정된 교훈만 얻는 것은 아닌지 우려된다.

　100년에 한 번 있는 팬데믹으로 인한 사회적 항체가 사라질 날이 머지않았기 때문에 이번 위기는 진로를 바꿀 수 있는 보기 드문 기회다. 우리는 반드시 이번 기회를 최대한 활용해야 한다.

투쟁의 도시

파리는 도시의 앞길을 조명한다
창의적인 시민들을 신뢰하고 자전거 도로를 더 많이 건설하라

앤 히달고 Anne Hidalgo | 파리 시장

코로나 바이러스 위기는 우리의 삶을 뒤흔들어놓았으며 앞으로 더 많은 일이 일어날 것이다. 세계로 개방된 도시, 문화의 도시, 그리고 만남, 대화, 교류를 중심으로 삶의 방식이 돌아가는 도시인 파리와 같은 곳에 그것은 전례 없는 변화였다. 이번 위기는 우리에게 도시에서 사는 방법, 여행하는 방법, 소비하는 방식에 관한 질문을 던졌다. 그것은 우리에게 다른 사람과의 관계와 공유하는 공간을 새롭게 생각하는 계기가 되었다.

시장의 주된 임무는 이러한 혼란을 이해하는 것이다. 그것들이 시민들의 일상생활에 어떤 의미를 지니고 있으며 도시는 어떻게 작동하는가? 다른 모든 공공 정책 입안자들과 비교해볼 때 시장이 시민들의 삶의 실상을 이해하는 데 더 유리한 위치에 있다. 따라서 도시 차원의 조치가 이런 위기의 영향에 대한 구체적인 대책을 수립하는 데 가장 좋은 척도가 될 것이다. 코로나 이후 세상에 대한 준비는 현재의 위급 상황을 해결하는 것으로부터 시작한다.

이번 위기는 인간의 생명이 연약하다는 사실을 일깨워줬다. 그러한 자각을 통해 우리는 생명을 보전하기 위해 우리가 할 수 있는 모든 것을 해야만 한다는 것을 실감했다. 즉 모든 사람의 건강을 위해 환경

도시 차원의 조치가 이번과 같은 위기를 대처할 때 가장 좋은 척도다.

을 보호하고, 도시 공기를 깨끗하게 유지하기 위해 오염과 싸우며, 전염병이 사람들의 운명이 서로 어떻게 얽혀 있는지 보여줬기 때문에 우리 가운데 가장 취약한 사람들을 도와줘야 하고, 시민들 모두가 더 잘살 수 있는 미래를 위한 해결책을 만들고 개발해야 한다. 우리는 서로가 필요하며 핵심은 우리가 공통적으로 가진 것에 있다. 내가 최근 몇 주 동안 목격한 일들은 내가 앞으로 가야 할 길을 표시해줄 것이다. 나는 도시의 생명줄인 수많은 시민의 에너지, 창의력, 결속력을 보았다. 우리는 절대로 이런 에너지가 낭비되는 것을 용납해서는 안 되며 창의력이 퇴색하거나 결속력이 사라지게 해서는 절대로 안 된다.

우리는 모든 파리인의 힘으로부터 영감을 끌어내야 하며 도시로서 우리 자신도 시민들과 같은 결단을 해야만 한다. 시민들이 우리와 함께 미래의 도시를 만들고 그들 자신의 손으로 도시를 건설할 수 있도록 우리는 시민들을 믿고 민주적으로 자신을 표현할 수 있는 수단을 제공해야만 한다. 우리가 시민들을 신뢰할 때마다 그들은 구체적이며 현지에 알맞은 해결책을 찾아낸다.

우리가 테라스를 확장하려는 식당 주인들을 신뢰하자 그들은 도시를 더 매력적으로 만들고 이웃들이 활기차게 생활하도록 만들었다. 우리가 파리 시민들을 신뢰해 새로운 자전거 도로를 개통했더니 그들은 자전거 타기를 즐기며 이러한 변화에 생명력을 불어넣었다. 우리는 빛의 도시의 진정한 영광을 다시 찾아오기 위해 파리를 사랑하는 전 세계 모든 사람을 신뢰해야만 한다. 나는 그들이 우리의 도전에 동참할 것이라고 확신한다. 2021년의 세계는 예전과 완전히 같지는 않겠지만 미래를 향해 열려 있다. 그 세계에서는 문화가 중심적인 역할을 할 것이며 앞으로 환경은 미래 변화의 원동력이 될 것이다. 또한 사람과 지역 간의 결속력이 인류 보존을 위한 새로운 생태계 협정의 기초가 될 것이다.

원격 근무는 생소하지만 더 좋은 근무 방식이다
몇몇 소프트웨어 회사에서는 직원 대부분이 이미 원격에서 일하고 있다
그들은 다른 기업들에 어떤 교훈을 줄 수 있을까?

에리카 브레시아 Erica Brescia | 깃허브 최고운영책임자

현대 세계의 많은 부분을 움직이는 오픈소스 소프트웨어를 개발하는 전 세계에 분산된 프로그래머 팀은 1조 달러 이상의 가치를 창출하고 있을 가능성이 매우 크다. 그들이 개발하는 코드는 인터넷의 기반을 구축하고 스마트폰에서 의료 기기에 이르는 모든 것을 작동하게 만든다. 오픈소스 모델은 서로 의사소통하고, 협력하고, 이바지할 수 있는 분산된 팀이 세계 어느 곳에 있든지 엄청나게 가치 있는 제품을 만들 수 있다는 사실을 증명했다. 깃허브(Github)는 전 세계 대부분의 오픈소스 소프트웨어의 온라인 저장소를 관리하고 있으며, 플랫폼을 이용하는 5,000만 개발자와 매우 비슷하게 분산 방식, 비동기(非同期) 방식, 온라인 방식으로 회사를 운영한다. 직원 2,000여 명 중 70% 이상이 원격에서 근무하고 있

다. 이것이 10년 넘게 우리 회사의 '정상적'인 근무 방식으로 자리 잡고 있다.

코로나19 때문에 원격 근무가 모든 사람의 정상적인 근무 방식이 되었다. 강제적으로 원격 근무로 전환한 것은 지장을 초래했지만 많은 기업이 이 개념의 장기적인 가치를 수용하기 시작했다. 어떤 직원들은 가정에서 일하는 것이 더 생산적이다. 그들은 근무의 유연성, 통근 시간 절약, 또는 방해받지 않고 혼자 일할 수 있는 것을 장점으로 높게 평가한다. 그리고 분산된 팀을 구축하는 기업들은 전 세계 어디서든지 최고의 인재를 채용할 수 있다. 분산 작업을 수용하는 미래에는 인재 발굴 작업이 사무실 위치나 비행기 직항 경로에 구애받지 않는다. 2021년에는 모든 산업에서 분산 작업에 대한 수요가 증가함으로써 인도네시아, 나이지리아, 파키스탄과 같은 개발도상국의 엄청나게 우수한 인재들은 전 세계 기업들이 제공하는 고용과 경제적 발전 기회와 연결될 것이다.

그러나 이렇게 분산 작업으로 전환한다는 것이 사무실에는 어떤 의미일까? 우리가 분산된 직원들을 10년간 경험해본 결과 사무실이 없어지는 게 아니라 그것을 사용하는 방식이 바뀐다는 사실을 깨달았다. 근무 유연성이 높아지면 직원들은 일주일 가운데 사무실로 출근하는 날이 적어진다. 핫 데스킹(hot-desking)[1]의 증가와 사무실 설치 공간의 감

---

1 직원 개인별 책상이 정해져 있지 않고 필요에 따라 적당한 책상을 사용하는 공유 좌석제.

분산된 팀을 구축하는 기업들은 전 세계 어디서든지 최고의 인재를 채용할 수 있다.

소 현상이 나타난다. 회사들은 단지 그만 한 상업적 공간이 필요하지 않을 것이다. 사무실은 팀의 심층 작업, 고객 및 커뮤니티 행사, 축하 행사, 기획 및 설계 작업 등 협업을 위한 용도로 설계된다. 직원들은 회사 방침이 요구해서가 아니라 다른 직원들과의 관계를 원하거나 그들이 필요해서 사무실에 간다.

이것은 일하는 방법과 기업 문화를 육성하는 방법 등 모든 것을 바꿀 것이다. 근로자들이 더 많이 분산되면 작업 자체도 분산되므로, 작업 시간대와 환경이 다른 개인들이 서로 독립적으로 작업할 수 있도록 작업 내용을 비동기 방식으로 문서화하고 가시화하며 실행할 수 있도록 만들어야 한다. 새로운 것은 아니지만 비디오 회의, 가상 회의, 인스턴트 메시징 기술의 개선을 통해 협업과 동료애가 가상으로 구축될 것이다. 직원들의 사기 진작과 연대감 고취를 위한 비공식 가상 모임과 전화 회의 시 '카메라 켜기' 정책은 팬데믹이 가져온 차선책으로 보일 수 있지만, 사실상 그것들은 코로나 이후 기업 문화의 중요한 구성 요소들이다. 원격 작업을 지원하기 위한 수단은 풍부하지만 분산된 팀을 성공적으로 구축하기 위해서는 사람들의 일하는 방식에 신중한 변화가 필요하다. 새로운 방식으로 일하기 위해 기업들은 직원 훈련, 권한 부여, 지원 방식을 변경해야 한다.

분산된 팀의 협업 문화를 만드는 일을 담당하는 관리자들은 리더의 프로필이 바뀐다는 사실을 알게 될 것이다. 최근 한 연구에 따르면 사무실 기반의 대면 환경에서 성공한 리더들의 기량과 특성은 분산된 원격 팀을 이끄는 데 필요한 자질과 다르다고 한다. 자신감과 카리스마를 중요시하는 대신 원격 팀들은 조직적이고 생산적이며 동료들 간의 연결을 쉽게 만들어주는 리더들을 높게 평가한다. 코로나 이후 세상에서 기업들은 이런 역량을 발휘하는 리더들을 유지하고 승진시키는 데 역점을 더 많이 둬야 할 것이다.

불과 몇 주 만에 코로나19의 확산은 누구도 상상하지 못한 빠른 속도로 분산 작업으로의 전환을 가져왔다. 그러나 오픈소스 공동체는 20년 넘게 이런 방식으로 일해왔다. 2021년 기업들은 더 이상 원격 근무를 불편한 것으로 인식하지 않으며 그 어느 때보다 유연하고 역동적인 글로벌 인력을 상호 연결하면서 비동기 방식으로 일할 수 있게 만드는 기회로 받아들일 것이다. 모든 위기에는 기회가 있다. 게다가 이번 위기는 미래의 더 좋은 근무 방식을 받아들일 수 있는 엄청난 기회다.

근로자들을 위한 새로운 협상이 필요한 시점이다
팬데믹으로 근로자 권리에 대한 새로운 사고의 필요성이 대두되었다

아짐 아자르 Azeem Azhar | 익스포넨셜 뷰(Exponential View) 설립자

1990년대 중반 미래학자들은 근로자들의 암울한 미래를 예측했다. 그들은 사무 자동화와 공장 현장의 로봇들로 수백만 개의 일자리가 영구적으로 사라질 수 있다고 예상했다. 2016년 어느 한 저명한 분석가는 2025년까지 미국의 일자리 6개 중 1개가 사라질 것이라고 내다봤다. 그러나 코로나 바이러스가 세계 각국에서 확산하기 직전 선진국들의 모임인 OECD는 회원국들의 고용 수준이 기록적인 수

준이라고 보고했다.

수천만 개의 일자리 감소를 초래한 것은 로봇이나 스마트 소프트웨어가 아니라 그 대신 팬데믹으로 인한 불황, 소비자 지출의 감소, 기업의 폐업 등 오히려 전통적인 이유 때문이었다. 그리고 첨단 기술에 투자한 회사들은 직원들을 해고하기는커녕 앞다투어 고용을 늘려갔다. 첨단 기술에 대한 통찰력으로 유명한 아마존은 2020년 3월 봉쇄 조치가 시작됐을 때 17만 5,000명을 추가로 고용했다. 기술 주도형 미디어 기업인 넷플릭스는 팬데믹 내내 채용을 계속했다. AI와 산업용 로봇이 고용에 타격을 주는지에 대한 학술적 증거는 결론을 내지 못하고 있다. 사라질 위험에 처한 일자리 수에 대한 예측치는 감소했고, 어떤 경우는 일자리가 오히려 증가한다고 예측하기도 했다. 최근 EU 집행위원회 보고서는 "로봇 채택이 총고용을 증가시키는 경향이 있다"고 시사했으며 런던 정경대학교(LSE)의 경제학자 레슬리 윌록스(Leslie Willocks)의 연구도 이와 비슷한 결론에 도달했다.

아직 로봇이 모든 일을 담당하지는 않더라도, 기업들이 팬데믹 이후 그들의 사업을 다시 생각할 것이므로 기술은 근본적으로 일의 본질을 다른 방식으로 재구성하고 있다. 거기에는 새로운 기술의 학습, 새로운 책임, 원격 및 혼합 근무의 새로운 모델들이 포함되어 있다. 직원들은 어쩔 수 없이 적응해야 한다. 이런 변화는 끊임없이 계속될 것이다. 모든 사람이 담당 업무, 함께 일하는 동료, 그리고 필요한 기술이 자주 변화하는 환경에서 일하는 것을 즐기는 것은 아니다. 그러나 이러한 새로운 기술을 활용한 업무 처리 방식을 채택하지 않는 기업들은 블록버스터, 코닥, 블랙베리의 길을 답습하는 위험을 감수해야만 한다.

기업들은 팬데믹이 가져온 고용 단절 사태를 새로운 노동 관행을 채

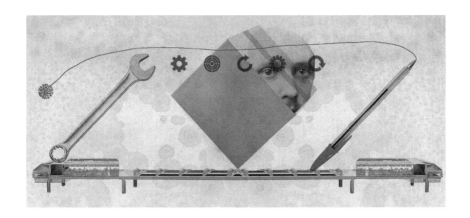

택하는 데 이용하고 싶은 유혹을 받을 수도 있다. 예를 들어 직원을 고용하기보다는 특정 업무나 프로젝트에 대해 근로자에게 급여를 지급하는 긱 워크(Gig Work, 임시직 근무) 플랫폼에 더 많이 의존할 수 있다. 기업의 경우 그 혜택은 명확하다. 기업은 계약직 근로자가 작업을 수행함으로써 그들에게 급여를 정기적으로 지급해야 하는 부담을 지지 않는다. 일부 근로자들은 유연성 있는 임시직 근무의 혜택을 고맙게 생각하지만 그것은 정규직 일자리처럼 경제적 안정이나 개인 계발의 기회를 제공하지 못한다.

기술 주도형 변화가 기업뿐만 아니라 근로자에게 이익이 되게 하려면 고용주의 새로운 사고가 필요하다. 반가운 소식은 진전의 조짐이 보인다는 것이다. 많은 대기업이 미래를 위해 직원 재교육에 투자하고 있다. 컨설팅 업체인 PWC는 2020년 직원 27만 5,000명을 재교육하는 데 30억 달러를 투자할 것이라고 발표했다. 컴퓨터 거대 기업인 IBM은 인력 재훈련을 위해 10억 달러 투자를 약속했다. 아마존은 7억 달러를 약속했다. 더 많은 회사가 그 뒤를 따를 것이다.

소규모 기업들은 근로자들의 새로운 요구를 다루고 있다. 실리콘밸리

새로운 기술 주도형 업무 처리 방식을 반영하려면 고용법을 개정할 필요가 있다.

에 본사를 둔 람다스쿨(Lambda School)은 소프트웨어 개발자를 양성하고 졸업생들이 연봉 5만 달러 이상을 받을 수 있는 일자리를 찾을 때까지 교육비 납부를 연기해준다. 포르티파이(Portify)는 거대 산업 대기업으로부터 수입을 지원받지 못할 수 있는 프리랜서 근로자들이 신용 등급을 높일 수 있도록 도와준다. 허슬(Hustle)과 제고(Zego)와 같은 회사들은 단체 보험 혜택을 활용해 긱 근로자들이 유급 휴가와 병가를 사용할 수 있도록 그들이 일하는 동안 적절한 보험을 제공한다.

정책 입안자들도 움직여야 한다. 긱 워킹이 이미 보여줬듯이 새로운 기술 주도형 업무 처리 방식과 관련된 권리와 책임의 변화를 반영하기 위해 고용법을 개정할 필요가 있다. 비록 로봇-일자리 대재앙의 위협이 지연된 것처럼 보이지만 근로자들은 여전히 기술 변화의 불리한 쪽에 서 있다는 사실을 알 수 있다. 새롭고 공평한 해결책을 마련하려면 더 많이 혁신해야 한다.

자연은 속일 수 없다
위기는 증거, 과학적 전문 지식, 국제적 협업의 가치를 상기시킨다

우술라 바슬러 Ursula Bassler | 유럽입자물리연구소(CERN) 회장

세계 각국이 2020년 늦여름 코로나19 봉쇄 조치에서 벗어나면서 한 가지 확실한 추세가 명백해졌다. 과학의 메시지에 귀를 기울

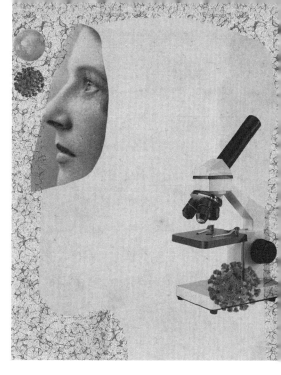

이지 않았던 국가들이 그 대가를 치른 것이다. 봉쇄 조치를 지연하는 바람에 감염과 치사율이 급격하게 상승해 봉쇄 조치를 철저하게 더 오랫동안 지속해야 했으며 경제는 대체로 더 깊은 불황에 빠졌다. 우리는 이것으로부터 무엇을 배울 수 있을까?

보건 당국자들이 조기 봉쇄 조치를 요구한 것은 당시 이용 가능했던 과학적 증거에 근거한 것이었다. 그러한 증거를 받아들이려면 겸손해야 한다. 그것은 없어지기를 바란다고 없어지는 것이 아니며 만약 무시하면 장기적으로 더 큰 타격을 줄 수 있기 때문이다. 물리학자인 리처드 페인만(Richard Feynman)은 이렇게 말한 적이 있다. "자연은 속일 수 없기 때문에 진실은 홍보보다 우선해야 한다." 우리는 전 세계의 또 다른 여러 가지 긴급한 도전을 극복하려고 할 때 이 말을 명심하는 것이 좋을 것이다.

궁극적으로 과학의 목적은 문제 해결에 이용할 수 있는 증거를 확보하는 것이다. 이것은 시간이 걸릴 수 있고 종종 과학적인 논쟁을 수반한다. 과학은 관찰, 편견 없는 연구를 위한 절차 수립, 실험 수행, 검증, 오류 추적 등 일련의 과정을 거쳐야 하는 동태적인 학문이다. 따라서 과학은 확실한 것을 즉시 찾아내려는 사람들에게는 혼란스럽고 좌절감을 줄 수도 있다. 그러나 증거를 더 많이 수집하고 분석하면 결과는 (보통 더 복잡하지만) 점점 더 정확해지며 의사 결정의 근거는 갈수록 더 분명해진다.

과학이 어떻게 작용하는지를 더 많은 대중에게 전달하는 것은 어렵지만 필수적인 일이다. 전통적인 미디어와 소셜 미디어 플랫폼은 모두 이 점에 막중한 책임이 있다. 전통적인 미디어는 클릭 수를 쫓기보다는 황당한 입장이나 터무니없는 주장에 대해 신빙성을 검증함으로써 증거를 기반으로 하는 보도와 해설에 중점을 둬야 한다. 그리고 소셜미디어 플랫폼은 잘못된 정보를 감시하고 알려줄 책임이 있다.

코로나19 팬데믹은 바이러스를 이해하고 대응책을 마련하며 치료방법과 백신을 찾기 위해 전례 없는 과학적 동원을 촉발했다. 전염병에 긴급하게 대처하기 위해 세계적인 협력이 필요했으므로 과학자들 사이의 노력은 국제적이고 협력적이었다. 그것은 또한 코로나 바이러스와의 장기적인 싸움에서 정책 입안자들을 적절하게 돕기 위해 생체의학 분야는 물론 수학에서 사회과학 등 여러 전문 분야와 관련된 일임이 틀림없다. CERN은 컴퓨팅 자원과 전문 지식을 제공하는 역할을 담당했다. CERN의 물리학자 그룹도 특히 개발도상국의 코로나19 환자들의 회복을 도울 수 있는 저비용 인공호흡기를 설계했다.

팬데믹 위기는 과학자들에게 직접 도전했을 뿐만 아니라 엄청난 양의 결과물과 출판물을 추적하고, 품질을 보증하며, 효율적이고 일관성 있게 일을 진행하고, 경쟁 집단들 간의 조정과 협력을 보장하는 것이 얼마나 어려운 일인지를 부각했다. 그것은 또한 산업과 사회 전체가 과학적 결과를 공평하게 공유하는 방법에 관한 질문을 강조했다. 그것은 팬데믹이 발생하기 전에 이미 등장했으며 과학 분야에 광범위하게 적용되는 질문이다. 팬데믹 위기는 그 질문에 답하려면 개방적이고 다각적인 접근 방식을 따르는 것이 중요하다는 사실을 보여줬다.

최근 몇 년 동안 정책 입안자들은 호기심에서 시작한 연구보다는 문제 지향적인 연구에 중점을 많이 뒀다.

그러나 코로나19를 이해하는 데 있어 겉으로 보기에는 아무 관련이 없어 보이는 분야가 결정적으로 이바지했다. 예를 들어 양자역학이 없었다면 전자현미경을 사용해 바이러스의 이미지를 생성하는 것은 불가능했을 것이다. 과학은 모든 면에서 가장 중요하고 필수적인 노력이며, 코로나19는 과학의 결과를 의사 결정의 핵심적 근거로 사용하는 것이 중요하다는 사실을 증명했다. 과학적 근거가 존중되고 다각적인 협력이 촉진되면 모두의 이익을 위한 해결책이 더 빨리 나온다.

시스템 충격
대규모 전기화 사업은 일자리를 많이 창출할 것이다

린 저치 Lynn Jurich | 선런(Sunrun) 공동설립자 겸 CEO

2021년에는 우리가 팬데믹으로 눈앞에 다가온 위기와 기후 변화의 장기적 도전에 대한 해결책을 모색할 때, 신기술이 탁월한 기회를 제공할 것이다. 재생 가능한 에너지로 구동하는 신세대 전기화 기술을 채택하는 것은 수백만 개의 새로운 지역 및 내수 일자리를 창출함과 동시에 경제를 탈탄소화하는 데 도움이 될 것이다. 재생 가능한 에너지가 성장할 수 있는 여지가 충분한 미국에서, 우리는 지속 가능한 미래를 만든다는 것이 미국의 국제적 지위를 희생시키거나 약화시킨다는 생각을 버리게 될 것이다. 올바른 기술을 사용하면 우리는 여전히 대형 자동차, 집, 에어컨을 가질 수 있다. 무탄소 미래는 실현 가능하며 가정에서 시작한다.

전기와 난방, 운송과 제조를 포함한 에너지 분야가 전 세계 탄소 배출량의 3분의 2를 차지한다. 재생 가능한 자원으로 구동하는 전기화가 해결책이다. 2021년에는 캘리포니아의 산호세(San Jose), 산타로사(Santa Rosa), 로스가토스(Los Gatos)와 같은 더 많은 지역사회가 신축 주택에 태양광 패널을 설치해 완전히 자체 전기화함으로써 천연가스에 의존하지 않아도 되는 건축 법규 요건을 도입할 것이다. 이러한 주거용 태양광 발전 시스템에는 태양 에너지를 저장하고 이를 전력망과 공유하기 위해 자동차용 충전기와 배터리가 필요하다. 사람들은 요리할 때 인덕션을 이용하고 라디에이터 대신 복사 난방 시스템을 사용함으로써 주유소를 방문할 필요가 전혀 없어 생활비를 절약할 수 있을 뿐만 아니라 더 쾌적한 일상을 즐길 수 있다. 배터리는 허리케인이나 정전이 발생했을 때 각 가정이 더 빨리 원상을 회복할 수 있도록 도와준다.

유틸리티 기업들도 이런 미래를 받아들일 것이다. 2020년 퍼시픽 가스 & 일렉트릭(Pacific Gas & Electric)은 가스 기반 시설이 '나중에 충분히 활용되지 않을 수도 있다'는 근거에서 전기화 사업에 대한 지원을 발표한 미국 최대의 유틸리티 기업이다. 태양광 패널을 설치할 수 있는 지붕에 이 패널을 모두 설치하면 미국 전체 전력 수요의 거의 절반과 캘리포니아주 전력 수요의 75%를 제공할 수 있다. 이러한 설비에 배터리를 쌍으로 설치하면 가상 발전소(virtual power plant)[2]와 연결할 수 있다.

건물들은 옥상에 설치된 태양광 패널로 자체 에너지를 생성하고 사용하지 않는 전기를 저장했다가 전력망에 판매한다. 따라서 기존 발전소들은 전력 피크 수요에 대비해 발전소를 가동함으로써 환경을 오염시키지 않아도 된다. 로스앤젤레스에 있는 7만 5,000개의 건물만으로도 천연가스 발전소 한 군데가 생산하는 전기량에 버금가는 300메가와트의 전기를 생산할 수 있다. 그리고 고객들은 전통적인 전기료보다 적은 돈을 낸다.

오늘날 수십 개의 가상 발전소가 이미 가동하고 있지만 2021년에는 더 많은 발전소가 온라인에 등장할 것이다. 2020년 미국의 옥상 태양광 발전 시스템에 배터리를 설치한 곳은 얼마 되지 않았다. 2021년에는 배터리 설치가 두 배 이상 증가해 전기 저장 용량이 총 35억 와트가 될 것이다. 이는 캘리포니아주 천연가스 발전소의 거의 10%를 폐쇄할 수 있는 규모다. 한 해에 10%, 그것도 2021년 한 해만 계산해도 그 정도다.

더 좋은 것은 이 모든 것이 향후 10년 동안 미국에서만 거의 3,000만 개에 달하는 새로운 일자리를 기록적으로 창출할 것이라는 사실이다. '태양광 설치 기술자'는 팬데믹이 발생하기 전 가장 빠르게 성장하던 직업군이었다. 이러한 변혁은 불가피하다. 따라서 우리가 빠르게 변화하면 할수록 비용이 더 적게 든다.

---

2 분산된 전원을 클라우드 기반 소프트웨어로 통합해 발전소처럼 관리하는 시스템.

미셸 부커 Michelle Wucker | 경제 분석가 겸 작가.
《회색 코뿔소가 온다: 보이지 않는 위기를 포착하는 힘》,
《당신은 당신이 모험한 결과다: 불확실한 세계를 항해하는 신기술과 과학
(You are What you Risk: The New Art and Science of Navigating an Uncertain World)》 (발간 예정)의 저자.

코로나19 팬데믹의 가장 큰 교훈 중 하나는, '만약' 이 아니라 '언제' 가 중요한 문제가 될 수 있는 매우 가능성이 크고 엄청난 충격의 위험에 대한 경고를 무시한 어리석은 행동이었다는 것이다. 수년 동안 많은 정부는 세계가 전염병의 세계적 대유행에 대한 준비가 미흡하다는 믿을 만한 경고를 수도 없이 무시했다. 중국에서 신종 코로나 바이러스가 등장했을 때 너무나 많은 나라가 너무 느리게 움직여서 제대로 대응할 수 없었다.

팬데믹으로 정책 입안자들은 불평등 증가, 위험한 기업 부채 수준과 자산 거품을 포함한 금융 불균형, 그리고 기후 변화와 같이 알고는 있지만 제대로 대처하지 못한 또 다른 위험에 관심을 더 많이 기울여야 한다. 뿔을 우리 쪽으로 겨냥하고 육중한 몸무게로 우리를 짓누를 것 같은 2톤짜리 회색 코뿔소처럼 이렇게 확실한 위험들을 하나하나 상상해보라. 그것들은 매우 분명하고 그 충격을 예견할 수 있다. 이러한 코뿔소들의 상호작용이 위험을 고조한다. 당신은 그것들을 동물학 용어로 회색 코뿔소의 충돌이라고 적절하게 부를 수 있다.

정치인, 전문가, 투자자들은 종종 가능성이 매우 낮고 심지어 상상할 수 없는 사건들을 표현할 때 '블랙스완(black swan)' 이라는 은유를 사용한

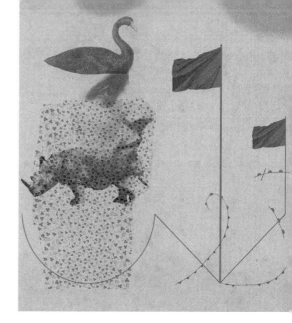

다. 특히 2007~2009년 글로벌 금융 위기는 파생상품과 서브프라임 주택 시장 거품에 대한 경고가 있었음에도 종종 블랙스완 사건으로 묘사된다. 정의상 블랙스완은 예측할 수 없으므로 그것을 대비함에 있어서 아무것도 할 수 없다. 이런 유형의 사고방식은 운명론을 조장하고, 책임을 거부하며, 단기 성과주의와 의도적인 무지에 고개를 끄덕여줌으로써 상황을 더 악화시킨다. 따라서 이것은 결국 변동성과 꼬리 위험[3]을 증가시킨다. 다가오는 2021년의 위험을 대비하기 위해 우리는 블랙스완의 운명론을 회색 코뿔소의 건설적인 실용주의로 대체해야 한다.

코로나19가 확산함에 따라 분석가들은 경제가 팬데믹에서 빠르게 회복할 것이라는 V자형 회복의 초기 예측을 회복 속도가 느린 U자형 회복으로 수정하고, 이를 다시 점진적인 회복을 의미하는 '스워시(swoosh)'[4]형 회복으로 신속하게 하향 조정했다. 우리는 이제 필수 노동자와 취약 부문은 허우적거리지만 부유층은 금융 자산 거품으로 큰 활력을 얻는 K자형 회복기를 맞았다. 2021년 세계 경제는 파산, 일자리 감소, 채무 불이행 등의 파급효과를 겪게 될 것이며 주식 시장은 이런 것들을 영원히 무시할 수 없을 것이다. 이와 동시에 맹렬한 폭풍, 가뭄, 산불 등 변덕스러운 기후 변화는 보험사, 부동산, 해안 도시, 더 나아가

----

3 일회성 사건이 자산 가치에 엄청난 영향을 줄 수 있는 위험.
4 나이키사의 로고.

우리는 블랙스완의 운명론을 회색 코뿔소의 실용주의로 대체해야만 한다.

금융 부문의 안정성을 위협할 것이다.

앞으로 닥칠 무시무시한 도전에 대처하려면 장기적인 사고를 갖추고 증시 실적보다는 실물 경제를 더 중시해야 하며, 무엇보다 우리 자신과 지도자들이 책임지겠다는 다짐이 필요할 것이다. 하지만 그것은 또한 새로운 기회를 제공한다. 화석 연료 보조금을 없애고 친환경 기술에 대한 투자를 촉진하면 일자리가 창출되고 에너지와 건강관리 비용이 절감될 것이다. 불평등을 타개하면 K자형 회복의 아래쪽 다리를 들어 올리고 경기 회복의 수혜가 확산할 것이다.

우리는 블랙스완을 백미러에서만 볼 수 있을 것이다. 2021년 우리는 우리 앞에 있는 분명하고, 예측할 수 있고, 대응할 기회를 주는 회색 코뿔소에 초점을 맞춰야 한다.

변화의 기회
팬데믹 위기는 사람들의 생활을 뒤집어놓았다
새로운 습관을 기르려면 무엇이 필요한가?

슬라비 찬코바

새해 결심 중 겨우 8%가 1월 말까지 살아남는다. 어떤 사람들은 너무 야심 찬 목표를 세우고, 또 어떤 사람들은 그저 너무 많은 목표를 세운다. 그러나 사람들이 불쌍하게도 목표 달성에 실패하는 가장 큰 이유는 아마도 특정 행동을 둘러싼 일상이 촘촘히 짜여 있어 그것을 변화시키

기가 어렵기 때문일 것이다. 아침 출
근길에 열량이 높은 캐러멜 라떼의 유
혹을 물리치려면 달리 애쓰는 것보다

커피숍을 지나가지 않는 노선으로 길을 변경하는 것이 더 쉬울 것이다.

2020년 8월 영국인 7만 명 이상을 대상으로 실시한 설문 조사에서 약 4분의 1이 코로나19 이후 그들의 삶이 완전히 또는 많이 바뀌었다고 응답했으며, 3분의 1은 영국인들 특유의 점잖은 표현으로 '약간 변화' 했다고 대답했다. 팬데믹이 사람들의 생활 방식을 극적으로 뒤집어놓았기 때문에 이러한 변화 중 많은 것들이 지속될 것이다. 만약 커피숍이 문을 닫았거나 여러분이 좀처럼 집 밖으로 나서지 않는다면, 커피숍을 지나치든지 지나치지 않든지 상관없다.

더 나쁘게 변화한 것도 많다. 하지만 전부는 아니다. 봉쇄 기간 중 건강에 나쁜 간식을 먹는 일이 증가했다. 하지만 마찬가지로 집에서 요리하고 가정식을 함께 먹는 일도 증가했는데, 이는 일반적으로 더 건강한 식습관과 연결된다. 사람들은 친구와 일가친척을 찾아볼 수 없었지만 옆집에 사는 사람들을 알게 되었다. 영국인들의 약 20%는 팬데믹 이후에도 이웃들과 이야기를 더 많이 나누는 변화가 지속될 것이라고 말했다. 체육관과 단체 스포츠 시설이 몇 달 동안 문을 닫으면서 어떤 사람들은 규칙적인 운동을 줄였다. 그러나 다른 사람들은 새로운 스포츠를 시작했다. 2020년 6월 영국에서는 일주일에 한 번 이상 자전거를 타는 사람들의 비율이 16%에 도달했는데, 이는 봉쇄 초기보다 두 배 높은 수준이다. 유럽 여러 나라에서 공유 자전거 서비스를 운영하는 넥스트바이크(Nextbike)에 따르면 4~5월에 자전거를 타는 사람 수가 2019년 같은 기간보다 35% 증가했다고 한다.

큰 인기를 끌고 있는 요리, 이웃 간의 대화, 자전거 타기 등은 오랫동안 지속될 것이다. 만약 당신이 어떤 새로운 일을 매일 한 번씩 2주 동안 계속한다면 당신은 자동적이라고 느끼게 될 것이다. 런던 킹스 칼리지(King's College London)의 벤자민 가드너(Benjamin Gardner)는 그것을 습관을 규정하는 특징이라고 설명한다. 어떤 일을 오래 하는 것이 습관을 굳히는 데 도움이 된다. 건강한 식습관을 갖고 있거나 규칙적으로 운동하는 사람들을 대상으로 한 연구에서 어떤 일을 하는 것이 자동적이라고 느끼는 정도가 처음에는 증가하지만 평균 66일 후가 되면 안정된다는 사실을 발견했다. 그것은 대략 유럽인들이 봉쇄 상태에서 생활한 기간이다.

다른 것들도 도움이 될 것이다. 사무실 기반의 직업을 가진 많은 사람이 미래에는 적어도 어느 정도 집에서 일하게 될 것이다. 그렇게 되면 사람들은 집에서 요리한 음식에 익숙해지고 이웃들과 더 잘 어울리게 된다. 사무실로 다시 출근하는 사람들은 붐비는 대중교통으로 이동하는 것을 불안해할 수 있으므로 자전거 타기가 인기를 더 끌게 된다. 대도시들은 위기가 주는 기회를 놓치지 않으려고 애쓰고 있다. 그들은 자전거 구매 보조금을 지급하고 자전거 전용 도로를 더 많이 설치함으로써 자전거 타기 유망주들에게 바람을 불어넣고 있다.

팬데믹은 많은 것을 변화시켰다. 하지만 적어도 어떤 사람들에게는 그런 변화들은 그들이 오래전에 했더라면 좋았을 새해 결심과도 같다.

2021년 세계 주요 일정

〈이코노미스트〉에서 선정한 전 세계의 다양한 이벤트

1월

- 브렉시트가 영국과 EU 사이에 합의된 전환기가 끝나면서 마침내 발효한다.
- 새해는 유엔이 선포한 지속 가능한 발전을 위한 국제 창조 경제의 해(International Year of Creative Economy for Sustainable Development)이자, 국제 평화와 신뢰의 해 (International Year of Peace and Trust), 국제 과채의 해(International Year of Fruits and Vegetables)다. 또한 유엔 생태계 복원 10개년 계획(UN's Decade on Ecosystem Restoration)과 지속 가능한 개발을 위한 해양 과학 10개년 계획(Decade of Ocean Science for Sustainable Development)이 시작되는 첫해이기도 하다.
- 미국 대통령 취임식이 워싱턴 DC에서 거행된다. 군중은 얼마나 모일 수 있을까?
- 제63회 그래미 시상식이 로스앤젤레스에서 열린다.

2월

- 2020년 발사된 미국의 화성 탐사선 마스 2020(Mars 2020), 중국의 톈원 1호 (Tianwen-1), 아랍에미리트의 호프(Hope)가 각각 궤도권에 진입해 화성에 도착할 예정이다. 곧이어 미국의 퍼시비어런스(Perseverance) 로버가 표면에 착륙을 시도한다. 톈원 1호도 4월에 착륙을 시도할 예정이다. 톈원은 '천문(天問)'을 의미한다. 두 탐사선 모두 화성에서 과거 생명체의 흔적을 찾으려 노력할 것이다. 퍼시비어런스에는 인제뉴어티(Ingenuity)라는 드론이 장착되어 있다.
- 수백만 명의 사람들이 플로리다주 탬파에서 열리는 슈퍼볼 LV 중계를 시청할 것이다.
- 중국의 설날인 춘절이 들어 있다. 소의 해에 태어난 사람은 성실하고 정직하다는 속설이 있다. 그리고 1961년생, 2021년생 등 오행의 금(金)에 해당하는 소띠는 특히 사교성이 좋다고 한다.
- 제78회 골든 글로브 시상식이 통상 1월에 열리는 예년보다 늦게 로스앤젤레스에서 개최된다.

3월

- 세계에서 가장 유서 깊은 국제 요트 대회인 제36회 아메리카컵(America's Cup)이 뉴질랜드 오클랜드에서 열린다. 디펜딩 챔피언인 뉴질랜드팀과 이탈리아팀이 트로피를 차지하기 위해 치열한 경쟁을 벌일 것으로 예상된다.
- 영국이 잉글랜드, 웨일스, 북아일랜드를 대상으로 10년 주기의 인구총조사를 실시한다. 통상 같은 날 실시하는 스코틀랜드 인구총조사는 2022년으로 연기됐다.
- 프랑스가 환자 3,000명을 대상으로 의료용 대마초에 대한 2개년 연구를 실시한다. 대마초의 치료 효과는 이미 입증되었다. 다만 이번 연구는 프랑스 의료 체계 내에서 의약품으로 공급하기 위한 실용적 측면의 평가가 주된 목적이 될 것이다.

4월

- 영국의 아카데미인 제74회 바프타 시상식(BAFTA Awards)이 통상 2월 열리는 예년보다 늦은 일자에 런던에서 열린다(그러나 예년과 마찬가지로 오스카상보다 약간 먼저 개막한다).
- 라울 카스트로 쿠바 공산당 제1서기가 제8차 공산당 총회에서 사임함으로써 카스트로 형제들의 도합 62년 집권기가 끝날 것으로 예상된다. 2019년 카스트로 서기의 뒤를 이은 미겔 디아스 카넬 대통령이 국가의 최고 직책인 제1서기 자리를 대신할 것이다.
- 제93회 아카데미 시상식이 통상 2월 열리는 예년보다 늦게 로스앤젤레스에서 개최된다. 영화가 오스카상 후보에 오르려면 적어도 7일 이상 극장에서 상영해야 한다는 요건이 2021년에 한해 철회된다.
- 필리핀에서 라푸라푸(Lapu-Lapu) 추장이 페르디난드 마젤란(Ferdinand Magellan)을 무찌른 막탄 전투의 승리 500주년을 기념한다.

5월

- 2020년 연기되었던 제65회 유러비전 송 콘테스트가 로테르담에서 개최된다.
- 21세기 들어 두 번째로 짧은 개기 일식을 5월 26일에 아메리카 대륙과 아시아의 많은 지역에서 14분 30초간 볼 수 있다. 붉게 물든 달이 구름에 가려질 수 있겠지만, 코로나 바이러스로 연기될 우려는 없다.

- 마찬가지로 코로나 바이러스에 영향받지 않는 북미 17년 매미의 가장 큰 무리인 브루드 X(Brood X) 종이 델라웨어, 조지아, 일리노이, 인디애나, 켄터키, 메릴랜드, 미시간, 노스캐롤라이나, 뉴저지, 뉴욕, 오하이오, 펜실베이니아, 테네시, 버지니아, 웨스트버지니아, 워싱턴 DC에서 출현하기 시작할 것이다. 역사상 이들이 최초로 발견된 때는 1715년으로 거슬러 올라간다.

6월

- 6월 10일 러시아, 그린란드, 캐나다 북부 지역에서 금환 일식이 보일 것이다. 북아시아, 유럽, 미국에서는 날씨가 맑다면 부분 일식이 보일 것이다.
- UEFA 유로 2020 대회가 유럽 전역에서, 그리고 코파 아메리카가 아르헨티나와 콜롬비아에서 열린다. 두 대회 모두 코로나 사태로 인해 2020년 6월부터 일정이 조정되었다.
- 애초 3월 예정에서 연기된 세계 최대의 통신 무역 박람회인 모바일 월드 콩그레스(Mobile World Congress)가 바르셀로나에서 개막함에 따라 5G 핸드폰이 필수품으로 부각될 것이다. 2020년 행사는 전면 취소된 바 있다.
- 아마존이 리비안(Rivian) 전기 밴을 이용한 국내 배송을 시작한다. 2030년까지 10만 대를 배송에 투입하는 것을 목표로 하고 있다.

7월

- 연기된 2020년 하계 올림픽이 일본 도쿄에서 개최된다. 실제로 2021년에 열리지만 명칭과 로고는 그대로 사용한다.
- 주노(Juno) 우주 탐사선이 대기권으로 뛰어들어 10년간의 목성 탐험 임무를 마무리한다. 주노는 스스로 소멸함으로써, 혹시 외계 생명체가 존재할지도 모를 목성의 위성을 우주 쓰레기와 오염으로부터 지킬 것이다.
- 태국의 새로운 중앙역인 방 수 그랜드 스테이션(Bang Sue Grand Station)이 방콕에 개장한다. 동남아시아에서 최대 규모를 자랑하는 기차역이 될 것이다.
- 프랑스가 남성의 유급 출산 휴가 일수를 14일에서 28일로 두 배 늘린다. 또 다른 변경 사항은 이 중 최소 7일을 남성이 의무적으로 사용해야 한다는 점이다.

8월

- 대만에서 2021년부터 대선 연도를 국민투표 연도와 분리하고, 국민투표를 격년제로 8월 넷째 주 토요일에 실시하는 것을 골자로 한 새로운 법이 발효한다. 유권자들을 기다리고 있는 주요 사안으로는 개헌 문제와 원자력 발전소 신설 여부 결정 등이 있다.
- 멕시코가 스페인 정복자 에르난 코르테스(Hernán Cortés)에 의한 테노치티틀란(Tenochtitlan, 현 멕시코 시티)의 몰락 500주년을 맞이한다. 오브라도르 대통령은 2021년이 두 나라 간 '화해의 해'가 되기를 바라고 있다.
- 마이크로소프트가 1995년 발매된 인터넷 익스플로러에 대한 지원을 중단한다. 마지막 버전인 인터넷 익스플로러 11은 2013년에 출시되었다. 하지만 여전히 많은 사람들의 사랑을(동시에 비판도) 받고 있다.

9월

- 2020년 9월 연기된 홍콩 총선이 실시되어, 입법회 의원 70명을 뽑는다. 이 중 35명은 지역구에서 직접 선출되고 나머지 35명은 직업 및 특정 이익 단체를 대표하는 '직능' 대표로서 간접 선출된다.
- 노르웨이에서 총선을 실시한다. 전체 의석인 169석이 새로 선출될 것이다.
- 독일이 연방 의회 선거를 치르며(어쩌면 10월로 미뤄질 가능성도 있다), 메르켈 총리의 네 번째이자 마지막 임기가 종료된다.
- 러시아가 국제 우주정거장을 위한 2개의 새로운 모듈 중 두 번째 모듈을 발사해 자국의 지분을 확장하고 기지를 늘리려 한다.

10월

- 엑스포 20200이 예정보다 1년 늦게 두바이에서 열린다.
- 휴스턴 소재 기업 인투이티브 머신스(Intuitive Machines)에서 제작한 상용 로봇 착륙선 노바 C(Nova-C)가 NASA 장비를 싣고 달로 향한다. 한편 러시아 탐사선 루나 25(Luna 25)는 달의 남극으로 향한다.
- 2021년 럭비 월드컵이 영국에서 개막한다.
- 제임스 웹 우주 망원경(The James Webb Space Telescope)이 궤도로 발사된다. 원래 2007년에 5억 달러의 비용을 들여 발사할 예정이었으나 그 이후 비용은 약 100억 달

러로 불어났다. 이 망원경은 미국 항공 우주국의 자랑이던 허블 우주 망원경을 대체할 것이다. 유럽과 캐나다 항공 우주국도 이번 프로젝트에 관여했다.

11월
- 2021년 유엔 기후변화협약(COP26이라고도 한다)이 애초 2020년 11월에서 일정이 변경되어 글래스고에서 개최된다. 여기에는 세계 평균 온도의 상승 범위를 기준치인 2도보다 '한참' 안쪽으로 억제하는 것을 목표로 2015년 파리기후변화협약에서 결정된 최초의 '범지구적 이행 점검(global stocktake)'이 포함될 것이다.
- 2021년 ICC 남자 T20 크리켓 월드컵이 인도에서 시작된다. 호주에서 열릴 예정이던 2020년 대회는 코로나 사태로 취소되었다. 대신 호주는 2022년 대회를 개최하길 희망하고 있다.
- 바베이도스가 독립 55주년을 기념한다. 그리고 이달부로 엘리자베스 2세 여왕을 국가 원수로 섬기지 않기로 하면서 공화국으로 거듭날 예정이다.

12월
- 인도의 항공 우주국인 ISRO가 이달 말 최초의 유인 우주 비행을 계획 중이다. 임무를 성공적으로 완수한다면 인도는 러시아, 미국, 중국에 이어 인간을 우주로 보낸 네 번째 국가가 된다.
- 러시아와 구동구권 국가의 국민들이 소련 해체 30주년을 축하 또는 애도할 것이다.
- 은행 간 기준 금리로서 수백조 달러 규모의 자산 가격을 책정하는 데 사용됐으나 조작 파문으로 논란을 일으켰던 리보 금리가 12월 31일에 마지막으로 공시된다. 대신 투자자들은 새로운 기준 금리로 전환하고 있다.

자료 협찬: foresightnews.com

2021년을 그리다
Drawing on 2021

〈이코노미스트〉의 시사만화가 케빈 칼(Kevin Kallaugher 'KAL')이 묘사한 다가올 한 해의 모습.

예측의 승자

좋은 판단 프로젝트(Good Judgment, GJ)와 공동으로 조직한 **2020년의 세계 예측하기 대회**에서 우승한 세바스찬 위틀러(Sebastian Witteler)에게 축하 인사를 전한다. GJ는 최근 UNU-MERIT 마스트리히트대학 석사 과정생인 위틀러를 '슈퍼 예언자(super-forecaster)'로 선정했다.

당신도 슈퍼 예언자가 될 수 있을까? 2021년의 세계 예측하기 대회에 참가해 예측 능력을 시험해보자. 대회는 2020년 11월부터 2021년 10월까지 gjopen.com/economist에서 진행된다.

Photographs: © Alamy © Getty Images © Reuters © Shuttertock.com © Courtesy of the artist, Vitamin Creative Space and Sprüth Magers

Illustration: Steve Carroll, Dave Simonds, Nick Lowndes, Sébastien Thibault, Kevin ("KAL") Kallaugher, Ellie Foreman-Peck, Lauren Crow, Adam Maida, Klawe Rzeczy, Matthew Richardson, Klawe Rzeczy, NASA/Johns Hopkins, APL/Steve Gribben

이코노미스트
2021 세계경제대전망

제1판 1쇄 발행 | 2020년 12월 15일
제1판 3쇄 발행 | 2020년 12월 31일

지은이 | 이코노미스트
번역 | 석혜미, 손용수, 신현승, 이희령, 임경은, 정유선
펴낸이 | 손희식
펴낸곳 | 한국경제신문 한경BP
책임편집 | 이혜영
교정교열 | 이근일
저작권 | 백상아
홍보 | 서은실 · 이여진 · 박도현
마케팅 | 배한일 · 김규형
디자인 | 지소영
본문디자인 | 디자인 현

주소 | 서울특별시 중구 청파로 463
기획출판팀 | 02-3604-590, 584
영업마케팅팀 | 02-3604-595, 583   FAX | 02-3604-599
H | http://bp.hankyung.com   E | bp@hankyung.com
F | www.facebook.com/hankyungbp
등록 | 제 2-315(1967. 5. 15)

ISBN 978-89-475-4669-0   03320